传播学原理

申 凡 主编

华中科技大学出版社
中国·武汉

内 容 提 要

　　传播学是利用多学科理论研究人类传播行为的学说,它以人类交流活动及交流者和交流的内容、技术、社会环境为研究对象,使之成为现代人必需的一种基本知识。特别是信息社会里,大众传播、组织传播、人际传播、人内传播已经与各行各业结合在一起,对传播要义的把握能力决定着传播的成败与效果的大小。本书以新的体例,从传播总体论、系统论、主体论、客体论、媒介论、效果论、社会论、方法论等诸方面,全面阐述传播的理论、方法与模式,通俗易懂,可以更好地帮助读者学习传播学的基本知识与主要理论。

图书在版编目(CIP)数据

传播学原理/申　凡　主编.—武汉:华中科技大学出版社,2012.2(2024.2重印)
ISBN 978-7-5609-7551-1

Ⅰ.传… Ⅱ.申… Ⅲ.传播学 Ⅳ.G206

中国版本图书馆 CIP 数据核字(2011)第 255463 号

传播学原理	申　凡　主编

责任编辑:刘　亭
责任校对:周　娟
封面设计:阮志翔
责任监印:周治超

出版发行:华中科技大学出版社(中国•武汉)　　电话:(027)81321913
　　　　　武汉市东湖新技术开发区华工科技园　　邮编:430223
录　　排:华中科技大学惠友文印中心
印　　刷:武汉邮科印务有限公司
开　　本:710mm×1000mm　1/16
印　　张:19.5
字　　数:392 千字
版　　次:2024 年 2 月第 1 版第 4 次印刷
定　　价:39.00 元

本书若有印装质量问题,请向出版社营销中心调换
全国免费服务热线:400-6679-118　　竭诚为您服务
版权所有　侵权必究

前　　言

自从人类进入信息时代以来,我们从来没有像今天这样,每天不能不和他人打交道;从来没有像今天这样,每天不能不借助报纸、广播、电视来了解这个世界;从来没有像今天这样,每时每刻都离不开互联网,通过互联网与外界联系……

现代社会是一个由交往编织的社会,被信息浸润的社会,被大众媒介连接的社会。在今天,人与人的沟通,人与机构的沟通,人与社会的沟通,都被"传播"贯穿。传播是人类之间的信息传递。它像社会的神经系统,把个人与他人、个人与外部环境组成各种各样的关系,开展各种各样的活动;传播又是社会整合的平台,有此,才有了各种社会组织、社会活动,才有了社会结构及其演变。

而传播学就是研究沟通的学问,它给了人们一套怎样交往、说话,并界定人们关系的行事规则;传播学也是解读信息与媒介的学问,它可以为人们提供一套选择社会信息、解读媒介行为的原则与框架,指导人们的"信息化生存"与"媒介化生存"。

传播学要解决的是人类以什么样的行为、方式进行信息联系,以及为什么会有如此这般的行为、方式的问题。其实,在社会科学中有一些学科也曾介入了人类联系的问题。比如社会学研究人类联系中的关系及其形成的格局,心理学的交往理论研究人类联系中心理层面的问题,语言学研究人类联系中的符码规则,信息学科研究的重点是人类联系的内容,通信技术、印刷技术等研究的是人类联系的技术与设备,等等。传播学则综合了这些研究的内容,从总体上把握人类的联系,并着重研究信息联系的行为与方式。

传播学的研究对象是人类的交流,包括交流者和交流的内容、形式、手段、技术及社会环境。

传播学的研究范围包括信息传播者、信息接受者、传播的形式、传播的内容、传播的过程、传播与社会的互动、传播的媒介、传播的历史等。

今天,现代信息网络左右着整个世界,它把个人与世界捆成一个不可分割的整体,把各个地区、国家与整个世界捆成一个不可分割的系统。当代传播媒介的沟通已经使千里万里之遥、远在异域他乡的人们在"地球村"中"鸡犬之声"相闻,使用大众传播媒介的习惯也早已成为人们日常生活的一部分。正因为这样,世界上多数国家已经接受了"大传播"这样一个观念,这就是凡是涉及人的交流、沟通的工作、活动,都是广义的传播。搞广告的是从事传播工作,搞艺术的是从事传播工作,搞通信的是从事传播工作,搞电影的是从事传播工作,搞公关、宣传、新闻等的也是从事传播工作。在这样的形势下,"传播的知识"就成了当代人必须具备的一种基本知识。

产生于20世纪40年代的传播学,已经走过了半个多世纪的路程。60多年来,它先是从北美创立,而后发展到欧洲,再扩展到世界各地。吸收了多个学科的营养,发展壮大自己,融合了许多学科,也影响了许多学科。特别是当大众传播媒介已经成为这个世界影响政治、经济、文化的无形之手,媒介平台已经成为整合社会资源的一种力量;而新兴的网络媒介又长江后浪推前浪地,几乎要把整个世界搬到互联网上的时候,社会上的人们、各种组织机构、各个学科对传播的重视、对传播学的重视,又被提到了更高的程度。

传播学是一门新兴的学科,它的理论尚有很大的发展空间;它的研究方兴未艾,也有许多工作要做。而本书就是要把已有的传播学理论与相关的知识介绍给读者,以帮助大家应用它去认识信息时代的种种传播现象与传播关系。

本书的体例考虑到了传播学体系的特点,分八个部分展开:第一章"传播总体论"从总体上看待传播,主要介绍什么是传播,传播学的来源,传播学的流派。第二章"传播系统论"用系统论的观点看待传播,介绍了传播过程与传播系统、传播模式,分析了传播的主要类型。第三章"传播主体论"从"人"这个传播主体的角度讨论问题,分别探讨了传播者与受众在传播过程中的地位、行为特点,以及相关的研究理论。第四章"传播客体论"从传播的对象这个客体的角度看待传播,探讨了内容传播中的信息、符号、意义生成与解读,以及相应的理论。第五章"传播效果论"从传播效果的角度,介绍了传播效果研究发展的历史,以及各个阶段的效果理论。第六章"传播媒介论"从传播载体的角度,介绍了媒介史与各类媒介的特征,以及各种媒介理论。第七章"传播社会论"从传播与社会的关系角度,讨论了传播的功能、大众传播与社会控制,传播与文化的关系。第八章"传播研究方法论"从学科方法论的角度,重点介绍了抽样调查法、内容分析法和控制试验法。

本书大纲由申凡主持讨论、拟订。各章写作的分工是:申凡负责第一章,鲍立泉负责第二章,苏征负责第三章,周婷婷负责第四章,范龙负责第五章,陈少华负责第六章,徐明华、方艳、全燕负责第七章,余红负责第八章。

本书在编写过程中借鉴了我国传播研究学者们的著作、论文,吸收了学界同行们的相关成果,在这里谨表谢意。

本书如有疏漏和不当之处,恳请学界同行和读者批评指正。

作　者

2011年夏于喻园

目　录

第一章　传播总体论 …………………………………………………………（1）
　第一节　什么是传播 ………………………………………………………（1）
　第二节　传播学的来源 ……………………………………………………（5）
　第三节　传播学的流派 ……………………………………………………（19）
第二章　传播系统论 …………………………………………………………（32）
　第一节　传播过程与传播系统 ……………………………………………（32）
　第二节　内向传播 …………………………………………………………（40）
　第三节　与内向传播相关的理论 …………………………………………（42）
　第四节　人际传播 …………………………………………………………（45）
　第五节　群体传播 …………………………………………………………（48）
　第六节　组织传播 …………………………………………………………（53）
　第七节　大众传播 …………………………………………………………（57）
　第八节　融合传播模式 ……………………………………………………（65）
第三章　传播主体论 …………………………………………………………（75）
　第一节　传播者分析 ………………………………………………………（75）
　第二节　受众分析 …………………………………………………………（90）
第四章　传播客体论 …………………………………………………………（114）
　第一节　信息与符号 ………………………………………………………（114）
　第二节　语言符号与非语言符号 …………………………………………（121）
　第三节　符号互动与意义交换 ……………………………………………（131）
　第四节　内容影响受众的若干理论 ………………………………………（140）
第五章　传播效果论 …………………………………………………………（150）
　第一节　传播效果研究 ……………………………………………………（150）
　第二节　早期的强大效果论 ………………………………………………（152）
　第三节　传播的有限效果理论 ……………………………………………（156）
　第四节　传播的适度效果理论 ……………………………………………（162）
　第五节　传播的新强效力论 ………………………………………………（170）
　第六节　传播效果的其他理论与研究的新方向 …………………………（175）
第六章　传播媒介论 …………………………………………………………（181）
　第一节　传播媒介发展的历史 ……………………………………………（181）
　第二节　传播媒介的特征及分类 …………………………………………（189）

第三节　传播媒介技术……………………………………………（194）
　　第四节　当代主要大众传播媒介……………………………………（202）
　　第五节　主要传播媒介理论…………………………………………（209）
第七章　传播社会论……………………………………………………（222）
　　第一节　传播的功能…………………………………………………（222）
　　第二节　大众传播与社会控制………………………………………（234）
　　第三节　传播与文化…………………………………………………（246）
第八章　传播研究方法论………………………………………………（258）
　　第一节　抽样调查法…………………………………………………（258）
　　第二节　内容分析法…………………………………………………（280）
　　第三节　控制实验法…………………………………………………（291）
参考文献…………………………………………………………………（303）

第一章 传播总体论

第一节 什么是传播

一个人走在路上,遇见了熟人打招呼,这是传播;一个人给他的朋友写信、打电话,这是传播;一个人上网收发信息,这也是传播;一个人在报刊上发表文章,这还是传播……对于人来说,传播和人的活动如影随形,无处不在。它是人类的本能,是人类招呼同伴、协同动作、建立关系的基本手段,因而它的产生与人类的诞生几乎同步。在人类的活动中,每个人所有的行为都和传播有关,人们也会习惯地使用它,但是我们要给传播下个定义,却是颇费周章的事。

在传播学的研究中,学界对传播定义的研究有一个发展的过程。本节我们就从"传播"这个词的来源,看它的原义;了解传播学研究的历史,看学者们给它下过哪些定义;最后再讨论如何给它下个学科性的定义。我们可以把以上分别叫做原义层面的研究、功用层面定义的研究、学科层面的定义研究。

一、"传播"一词的原义

传播学对我们来说是舶来品,因而我们必须从它的外文原义入手,研究其含义。

传播学产生于美国,"传播"的英文单词是 communication。这个词是抽象名词,同其他同类字眼一样,有多种含义:①给予或传递的行为、行动;②被传递的事实或情报、信件笔记或其他书面消息;③个人交往;④共同参与;⑤人与人或地点与地点之间的通路,传达消息、命令的系统,从事通信工作的人员,传送消息的媒介;⑥思想、意见交流中互通意思的过程;⑦共济会分会的会议;⑧讲话、书写或书画、戏剧表达和交流思想的艺术;⑨通信。可见这是一个多义词,这个词包含有"传播"、"传达"、"传递"、"沟通"、"通信"、"交流"、"交换"、"交通"、"交际"等多种意思。

我们再来看看中文中"传播"的含义。在中国文字里,"传播"一词使用的历史十分悠久,《北史·突厥传》中有"宣传播天下,咸使知闻"的句子,这里"传播"一词的意义已与现代汉语中"广泛散布"的意义十分相近了。但是在古代更多的是"传"

和"播"两个字的单独使用。"传"在汉语中有"传布、流传"、"传送、传递"等意思,多表示纵向的传递,如《礼记·祭统》:"有善而弗知,不明也;知而弗传,不仁也。"①而"播"在汉语中的原始意义是"撒、布种"等,使用更广泛的是"传扬"的意思,如《后汉书·袁绍传》中有"播名海内"②的句子,所以"播"本身暗含有扩张、张扬之意,有一个"一"对"多"的数量指示。

我国很多学者对 communication 和"传播"两词的异同进行过比较,认为两者有相同的部分,也有不同的部分。总体来说,中文中的"传播"一词不能涵盖英文 communication 的全部意义。学者们在传播学的学术研究中也发现了两个词内涵不完全一致。比如说汉语中"传播"的概念要求交流信息时有两个以上的个体,这就否定了"自我传播",而英文 communication 则包括这个意义,因而它更宽泛一些。

由于中西文化的差异,中文里还没有一个词是可以和 communication 完全对应的,因而很多学者认为对于大众传媒的"传"来说,译为"传播"是合适的;而对于其他类型的"传",译为"沟通"似乎更恰当。正因为这样,早期有的港台传播学书籍把 communication 译为"传通",而把传播学就叫做"传学"。但是,相对来说,在传播学研究的意义上,"传播"是最接近 communication 的比较好的一个词,所以自从我国内地最早的翻译者将 communication 译成"传播"以来,这个词便逐渐得到了大家的认同。在使用中,大家也取其"沟通"、"交流"的意义,并注意回避它不太符合 communication 原义的理解,或者说"传播"一词在传播学中已是大家确认其含义的一个学术词语了。

这些可以说是对"传播"原义层面的理解与研究。

二、"传播"功用层面的定义

传播学的产生同许多学科一样,是先有个别的一个个单项研究,或者是分散的局部研究,到了一定时候才有了归纳性的系统的学科性研究,因而早期的研究者总是从自己的具体研究出发,给传播下过种种定义。

对于在多学科背景下发展起来的传播研究,早期介入的社会学家、心理学家、政治学家、新闻学家做了大量的研究工作,产生了许多令人瞩目的研究成果。这些研究者在论证自己的研究时,纷纷对"传播"进行描述,并下了各自的定义。由于他们的学科背景不同,各自从自己的学科出发来研究,因而他们研究中的定义往往带有本学科的特征,这些定义有百种之多。由于这些定义不是从传播学学科角度进行全面研究的归纳,可以说这些定义有些各取所需的意味,所以我们可以把这些叫

---

①② 《辞海》,上海辞书出版社,1980年版缩印本,第214、711页。

做传播功用层面的定义。

传播功用层面的定义主要有四种类型。

1. 传播影响说(或劝服说)

持这种观点的学者认为传播是传播者有意识地影响他人的劝服行为。如霍夫兰等人认为传播就是"某个人传递刺激以影响另一些人行为的过程"[①]。奥斯古德等人认为"从最普遍的意义上说,传播是一个系统(信源),通过操纵可选择的符号去影响另一系统(信宿)"[②]。

"影响说"很多是从政治学、宣传学(特别是战争宣传)的视角来研究传播问题的。比如其代表人物霍夫兰在第二次世界大战期间为美军做战时心理研究,战后一直主持"劝服传播与态度改变"的项目研究。

这些定义强调了传播者传递信息的目的性和影响性,把传播目的的实现和受者行为的改变看做是一切传播的基本特征。美国传播学者沃纳丁·赛弗林、小詹姆斯·W.坦卡特指出,从传播者的角度来看这一类定义是很有用的,可以据此检验是否有传播行为。但是,它不能概括所有的传播,因为有的传播不一定是要影响别人的。另外,有些信息的传播也并非人们有目的地施加影响的活动。

2. 传播反应说(或刺激说)

持这类观点的学者认为受传者(也叫受者、受众)遇到外界刺激,必然会作出相应的反应,这就是传播。如S.S.史蒂文斯认为传播就是"一个有机体对于某种刺激的各不相同的反应"[③]。

这种定义是从心理学的视角所做的研究,借鉴了心理学中生物的刺激—反应论的观点。研究时,持这种观点的学者意识到了传播中受传者的感知与接受行为的作用,一定程度上突破了"传播"单纯从传者立场出发的不足,同时把传播对象的外延扩大到了"有机体"。但是这类定义在强调传播的广泛性和受者反应的必然性的同时,抛弃了传播的社会性和受传者的能动性;并且也容易使传播无所不包,混淆人类传播与动物传播的界限,不能把传播学与心理学、生物学区别开来。

3. 传播互动说

持这种观点的学者认为,传播是传者与受者在这一行为中互相影响的过程。如鲁士奇认为"传播是把互不关联的事物联系起来的过程"[④]。格伯纳认为"传播

[①③] 沃纳丁·赛弗林等:《传播学的起源、研究与应用》,福建人民出版社,1985年版,第6、7页。
[②] 斯文·温德尔、丹尼斯·麦奎尔:《大众传播模式论》,上海译文出版社,1987年版,第5页。
[④] 周晓明:《人类交流与传播》,上海文艺出版社,1990年版,第5页。

可以定义为通过讯息进行的社会的相互作用"①。

这种定义是从社会心理学角度来研究传播的,代表人物米德就是一位社会心理学家。这种研究强调了传者与受传者之间通过信息传播相互作用、相互影响的双向性,这比单纯从传者或受传者角度进行的研究要全面一些。但是人类传播毕竟不是一种简单意义上的一来一往的信息互动,而是一种复杂的多向的信息交流与沟通。传播学需要研究信息交流中是如何互动的,才会更有意义。

4. 传播共享说

持这种观点的学者认为传播是传受双方对信息的共同分享,信息是双向交流的。如亚历山大·戈德认为:"它(传播)就是使原为一个人或数人所独有的化为两个或更多人所共有的过程。"②

这种定义是从考察 communication 的语源入手的,从而强调其"使共同"、"共享"的意义。到了传播学家施拉姆那里,他指出,"社会是各种关系的总和,在这些关系中,某些信息是共享的"。传播"即是对一组告知性符号采取同一意向"③。

这种定义从政治学、新闻学角度研究传播,定义强调了传者与受传者对符号的共有性和共享性,但没明确指出:传受两者要"分享的是含义,而非符号"。因为同一个符号对两个人可能有完全不同的含义,或者对一个人有意义,对另一个却毫无意义。这种研究的初衷是好的,但是在很多情况下,传播达不到共享的目的。

以上种种定义,都是不同学科的学者从自己的研究出发,阐发自己对传播的理解,这些定义在解释他们的相关研究时可能是适用的,也有一定的解释力,但不是站在传播学学科立场上的科学总结,不是科学的定义。

三、"传播"学科层面的定义

对于传播定义的讨论,关系到学科的建设问题。近些年来,随着传播学的发展及其影响的扩大,有越来越多的学者离开原先个人介入传播学研究的学科立场,以构建传播学的目光来给传播学下定义。虽然目前尚没有一个统一的说法,但是通过这些研究,学者们越来越多地认识到了传播的本质特性,认识到了传播的主要构成因素。因而在这些年的研究中,共识越来越多。在研究传播的定义上也有了一些倾向性的意见,这些倾向性的意见主要强调这样几点:

① 传播是一种活动,或是一种行为、过程;
② 传播是与信息相关的行为;

---

① 丹尼斯·麦奎尔等:《大众传播模式论》,上海译文出版社,1987年版,第5页。
②③ 沃纳丁·赛弗林等:《传播学的起源、研究与应用》,福建人民出版社,1985年版,第6、6页。

③ 传播是一种交流、交换、沟通；
④ 传播（研究的）是人类的行为；
⑤ 传播是人类借助符号的区别于动物的活动。

给传播下定义，可以从社会系统视角考虑，也可以从个体视角考虑，还可以从信息系统视角考虑。我们的研究倾向于后者，正因为这样，我们可以把学者们有共识的这些点归纳起来，给传播下一个这样的定义：传播是人类借助符号交流信息的活动。

第二节 传播学的来源

人是社会性的群居动物。正是传播这种人类的本能，让人与人有了联系。有联系的人们组成了群体，这样人类才有了自己的社会。

在漫长的人类进化史中，人类的传播是个不断发展的过程。传播学家威尔伯·施拉姆在论述传播的历史时，着重分析了语言的产生、文字的产生、大众媒介的产生三个阶段人类传播的演进。可以说，正是在这一过程中，人类的传播经历了由低级到高级的发展过程。

尽管人类传播的历史与人类存在的历史一样悠久，并且两者都在同步发展，但是人类对传播的全面认识是一个先慢后快的发展过程：开始是不自觉地应用传播，后来认识到了它对他人的影响；接着是，发现了传播影响舆论的威力；再后来又认识到传播能影响社会群体，乃至影响一个国家政治决策的分量。从认识层次来说也有个逐步提高的过程：先是个体本能地应用传播，无意识的传播技能的经验积累；然后是群体的注意，有意识地对传播技术进行总结；最后是全社会的关注，并在社会分工下对传播进行研究。到了近代，工业社会特定环境的迫切需要，现代技术与知识形成的土壤，形成了使这种研究跨入新的阶段的条件，从而产生它的专门学科——传播学。

一、古代传播研究的萌芽

人类的一切知识都源于生活。比如人有吃饭的生活需要，于是就开始了捕捉猎物、下河摸鱼、采集植物果实等种种活动，这就使人们逐渐有了对打猎、捕鱼养鱼、农业种植的经验，随着时间的推移，人类社会也就开始了对这些方面的研究。在这个基础上再发展，就产生了关于畜牧业、渔业、农业的学说。

交流与沟通，是人类从诞生之日起便须臾不可或缺的一种活动。没有这种活动，人类便会孤立无援，就无法抵御狼虫虎豹的侵袭，便无法适应自然界严寒酷暑与灾害不断的恶劣环境。从这种需要出发,人们必须沟通、必须交流,不得不抱成团,联结成群体,一起与自然界抗争,从而共谋生存。在这种传播活动过程中,人类创造出了各种各样的交流方式、交流手段与门类众多的交流符号,如叫声、手势、表情以及后来发明的言语、图画,最后产生了文字,并且还出现了许多承载这些符号的传播工具。于是,关注这些交流,总结人类早期传播活动的研究也就悄然展开了。

1. 自古以来人们就意识到传播的巨大作用

从远古时期语言产生以来,人们就会用语言、歌声与别人交流,用表情、身体语言向他人表达自己的态度、情感,用手势、目光传递自己的意见……可以说,正是这种传播活动使人类有了群居的特点。随着生产的发展,人类活动与交流的范围逐步扩大,人们开始发明图画、文字以突破传播中的时空局限。威尔伯·施拉姆在其《传播学概论》中讲述这一段历史时说,法国南部、撒哈拉沙漠深处和澳大利亚土著人都有通过画画将信息传播给他人的记录;古代的埃及和克里特人通过像图画一样的象形字与他人、与社会沟通……这种传播手段的产生使人类进行传播活动时对即时性的依赖减少了,即不一定要传者与受者同时到场,传播可以做到时空分离,传播的范围也有了极大的扩展,每次传播可以持续的时间更长了。这就为人类走出原始群体,建立广泛而持久的社会联系,并进一步建立社会提供了基本的沟通条件。

但是,在原始社会里,由于人类还处于蒙昧时期,认识水平低下,研究问题的基本知识还不具备,所以人们只会本能地进行传播,也习惯地运用了不少传播手段,却无法研究它。

进入文明社会以后,一方面第二次社会大分工中脑体劳动的分离,使社会有专人去研究语言、文学、历史、哲学、政治、军事,等等,使传播所涉及的许多方面有了新的知识,也有了专门的研究人员。另一方面,随着国家的出现,集团的争斗,阶级的对立,国家之间的斗争日益激烈,这种政治斗争、军事斗争、国家间的斗争使用了大量的传播手段,有的甚至把传播变成了一种艺术,从而把传播的运用推进到了一个新的阶段,传播对社会的影响力也日益凸现出来了。人与人之间的关系也比蒙昧时代复杂了许多,所谓"人心不古"的叹息正是这种状况的写照,因此这个时代的人们充分见识了传播的魅力。比如:中国古代典籍记载的《触龙说赵太后》的故事,就表现了传播可以使人改变态度,甚至可以用此类方法影响和控制别人;春秋战国时的纵横家如晏子、苏秦、张仪等人,或讲合纵,或说连横,别国竟然会听他们的,会朝秦暮楚,这就是利用传播使国家改变态度,影响国家的行为,甚至是控制和利用这些国家的典型例子;而楚汉之争中的四面楚歌的传播,淝水之战中的谣言传播,又可以动摇军心,瓦解军队的斗志,以致摧毁这支军队……社会发展到这个时期,传播可以呼风唤雨,传播可以撒豆成兵。于是,日益领教传播厉害的人们便有了

"人言可畏"、"唇枪舌剑"、"舆论杀人"等种种令人畏惧的说法。

2. 古代对传播的侧面研究

一个社会中,当大家都关注某一方面的时候,就会有人去琢磨、研究这一方面。传播也是这样,当全社会都意识到它的巨大作用时,自然就会有一些政治家、军事家、教育家从自己感兴趣的方面来讨论它,并开始总结这一方面的方法与技巧,以适应社会教育发展和集团、国家斗争的需要。尽管由于各方面条件的限制,当时的研究还仅仅是从一些侧面切入的初步性的探索,但是这已在人类认识传播的历史长河中向前跨进了一大步。

语言方面的研究——这是对口头传播方面人类沟通的一种总结。比如,中国古代教育家孔子说:"《志》有之:'言以足志,文以足言。'不言,谁知其志?言之无文,行而不远。晋为伯,郑入陈,非文辞不为功。慎辞也!"①孔子许多类似的论述不仅阐述了言语对内向传播的作用,而且论述了应该怎样说话的问题,像谈话应当有文采,应当言行一致等。再比如"何谓知言"?孟子就曾说:"诐辞知其所蔽,淫辞知其所陷,邪辞知其所离,遁辞知其所穷。"②从而分析了偏颇的言辞、过分的言辞、邪恶的言辞、躲闪的言辞各自的问题。而欧洲早在古希腊时代就出现了修辞学,亚里士多德就提出了对话的三个要素——说话者、话题、听者,研究了在特定场合有效说服别人的方法,直到今天他的研究仍然对传播有重要意义。

写作方面的研究——这是重在总结文字传播中内容的选择,表达顺序的安排,词语的组合技巧等。这是比口头传播提高了一个档次的研究,比如:曹丕的《典论·论文》就研究了各种问题的特点,文与气的关系等;陆机的《文赋》对写作的构思、布局、体裁、风格、独创性等进行了系统性的研究;刘勰的《文心雕龙》研究了写作的基本原则,内容与形式的关系,写作的方法,作品的风格,等等。这方面的研究在古代中国与外国的论著中可谓汗牛充栋、数不胜数。

军事计谋方面的研究——这是以利用对方的弱点,有针对性地开展相应的活动以战胜对方为目的的传播行为。这种传播或是以诱骗对方为目标,或是以压抑对手的情绪、士气为目的,甚至是以控制对方的行动为出发点,往往是军事行动的辅助手段。比如《孙子兵法》中关于利用传播大肆攻心方面的内容很多,像"三军可夺气,将军可夺心"③;《三国志》讲到战斗也有"攻心为上,攻城为下;心战为上,兵战为下"④的说法。

---

① 《左传·襄公二十五年》。
② 《孟子·公孙丑上》。
③ 《孙子·军事》。
④ 《三国志·蜀志·马谡传》。

政治活动中传播手段的研究——这是政治家功利性很强的一种斗争手段或宣传手法。比如：王安石的"自古驱民在信诚，一言为重百金轻"[①]；而《史记》中的"众口铄金，积毁销骨"[②]则是政治宣传与舆论威力的总结；韩非子更是把传播作为计谋来研究，他在《说难》中提出"在之所说之心，可以吾说当之"，即是要针对听者的心理于恰当的时机去说服。

古代这些涉及传播的各方面的研究，用今天的观点来看，包含了人类早期传播研究中的许多重要思想的萌芽，涉及了传播的特性、功能、要素、技巧、途径、心理，等等。然而，这些研究对传播来说又是肤浅的、片段的。这主要是因为人的行为涉及十分复杂的心理活动，一切都与人的大脑这个"黑箱"有关。古代，在以经验知识为主体的知识水平制约下，以及比较原始的技术条件限制下，是不可能对人的行为研究出什么深刻的理论来的。于是，人们叹息"人心难测"，这足以表明古代研究的无能为力。

二、近代传播研究的背景

经过将近 2000 年的发展，人类的科学技术登上了一个个新的高峰，人类认识世界的水平也迈过了一个个新的起点。到了近代，当传播的话题重新成为社会议论的焦点时，人们的研究能力与古代早已不可同日而语了。近代以来人类社会发生了巨大的变化，产业革命促进人类向工业化社会过渡，科学技术的飞速发展使通信、印刷、摄影、无线电、电影等技术的发明与推广的速度日益加快，传播技术日益应用到人们的工作与生活中，社会科学在研究人的心理、行为方面的能力也大为提高，特别是在世界重大事件的发生与演变中，传播的作用更加引人注目，这样的背景与条件促进了传播学的诞生。

1. 科学的背景

18 世纪中期开始在西方发生的工业革命，对人类社会产生了极其深远的影响，新能源、新机器奇迹般地改变了人类的生活。19 世纪 70 年代开始的以电力应用为标志的第二次技术革命影响更大，这次革命不是直接源于生产实践，而是源于科学实验。由于科学技术获得了极大的进步，因而整个 19 世纪被誉为"科学世纪"。这个时期，许多新技术、新发明不断地涌现，人文社会科学也有了较快的发展。特别是在 19 世纪后期至 20 世纪中叶，一大批新的学科出现了，一个个具有创新思想的人文科学的研究者出现了，其中不少学科的研究内容与传播现象密切相

---

① 王安石：《商鞅》。
② 《史记·张仪列传》。

关,比如社会学、心理学、新闻学、符号学、语言学、政治学、信息科学、文化人类学等学科就有一大批这样的成果。这些学科与古代研究同类问题的有关学科相比,其研究方法更加科学,研究手段更加现代化,这就把人类对传播的认识推向了一个新的高点。

这里,我们简单列举几个学科的研究内容。

社会学的研究——19世纪中期产生的以研究人类社会共同生活为目的的社会学,在第一次世界大战后由综合社会学逐渐演变成为一个专门性的独立学科。第二次世界大战后,在实用主义哲学的指导下,美国社会学界开始注重对各类社会问题的调查与研究,使研究的领域不断扩大,研究的方法和手段也日趋现代化。这个时候,他们的研究已涉及了许多有关传播的课题。比如帕克的《群体与公众》探讨的就是研究大众媒介的作用以及塑造民意的过程。

政治学的研究——在这个时期使用了许多新的方法,出现了不少新成果。比如1922年美国著名专栏作家李普曼出版了他的名著《舆论学》一书,从政治学的角度研究了传播与舆论的问题。1927年美国政治学家拉斯韦尔出版了专著《世界大战时期的宣传技术》,提出了宣传分析的基本方法,他的研究引发了社会各界对这一问题的广泛兴趣,不少社会科学家紧随其后展开研究,出版了一批研究宣传问题的论著。

心理学的研究——这个时期实验心理学有了长足的进步,产生了许多新的理论,在研究能力上已经具备了各种条件与技术,可以用许多手段去测量人的心理活动、研究人的行为。苏联心理学家巴甫洛夫20世纪初开始进行有关条件反射的研究。1923年他公布了研究报告,陆续发表了《条件反射》、《大脑两半球机能讲义》等专著和论文,对学术界产生了巨大影响。1913年美国心理学家华生的《行为主义者眼光中的心理学》提出了行为主义心理学的原理和论点,从此以行为为研究对象的行为主义心理学就诞生了。奥地利心理学家弗洛伊德的精神分析学的建立,为分析潜意识提供了理论,他的《团体心理和自我分析》对后人研究传播有直接的影响。

社会心理学的研究——19世纪中叶从民族心理学、群众心理学、本能心理学中孕育出的社会心理学,到20世纪20年代进入了自己学科的确立阶段。这个时期社会心理学的研究已经从描述转变为实验,从定性转为定量,从理论转向应用。其中的学习理论、模仿理论、知觉与认知理论等,都研究了许多传播现象,而这些原理日后也成了传播学使用的一些基础理论。

文化人类学的研究——以研究人类社会文化异同为主要目标的文化人类学,起源于17世纪的欧洲,19世纪末和20世纪初产生了不少新的成果。到了20世纪20年代,兴起了一个"传播主义文化学"流派,其立场是重视作为文化发展的外在的契机,即研究各民族之间的文化因素的借用和传播,文化的整合等,这也就成了文化传播研究的开端。

……

仅仅从这几个学科的发展与研究中,我们已能窥视近代社会科学的新发展,以及它们多方位涉入传播研究的态势。

2. 社会形势的背景

20世纪初社会形势的变化也把传播的问题十分醒目地推到了全社会的面前。

1917年俄国的十月社会主义革命使西方世界大为震惊,他们不仅对这种人类历史上从未出现过的苏维埃政权根本不理解,而且更难以理解的是为什么工人、士兵以世所罕见的热情投身于这场革命。西方人士主观地认为,布尔什维克的胜利是赤色宣传的胜利,是"赤化"的结果。

1918年第一次世界大战的最后阶段,协约国在战场上节节胜利的同时发起了对同盟国的宣传战,这对瓦解同盟国军队的士气有一定的作用。特别是美国总统威尔逊提出的"十四点"计划,在促使德军投降中有一定的影响。战后,不可一世的德国极右分子不愿意承认战败的事实,于是就编出了一派谎言,宣称德军不是被战场上的战斗打败的,而是协约国的宣传战骗取了德军的投降。这个时期,不少德国人的文章、著作中都以这种口径夸大宣传战的影响,而西方也有不少人迎合这种说法。

20世纪二三十年代,意大利法西斯上台执政,德国纳粹掌握政权。其中引人注目的是他们上台前都充分利用大众传播媒介进行了疯狂的宣传。比如墨索里尼本人就曾当过新闻记者,十分注重对大众传播的利用。希特勒更是大肆宣传种族主义理论,特别是他们的广播宣传起到了蛊惑人心的作用。这些宣传确实在这两个国家造成了一些青年人的狂热。西方政治家在研究这两个法西斯政权建立的时候,不强调它们产生的社会历史原因,却十分极端地认为这也是宣传威力无穷的结果,一时间,这种说法成为了西方十分流行的一种论调。

20世纪初期,世界范围内的广告事业发展很快,厂家、商家、广告经营者持续不断地利用报纸、广播等大众传播媒介开展推销活动。特别是美国产生了一种新兴职业——公共关系咨询,这一新的传播职业的出现催生了一大批公关公司、公关代理人。这些人从扩展自己的业务出发,不断吹嘘广告的作用,极力夸大公共关系宣传的效果,从而由商界刮起了一股鼓吹"宣传万能"的旋风,出现了"宣传就可以成功"的神话。

本来这些社会变化与重大事件的发生十分引人注目,并且又都与大众传播有关,使公众增加了对大众传播的神秘感。而此时的某些名人、要人、学者又片面地下了一个"传播威力无比"的结论,再加上商家为了自己的利益,不遗余力、神乎其神地吹嘘宣传的功效,于是"传播"、"宣传"在人们的眼中就变得神秘莫测,甚至令

第一章 传播总体论

人生畏了。

还需要指出的是,在特殊环境下人们心理的变化也是促使人们认为"传播"神秘的一个重要原因。进入工业化社会以后,每个人被牢牢地捆绑在他所就业的社会格局的框架里,与外界直接接触的机会在减少,而个人对社会的依赖性在增强。这样他与社会发生联系的纽带就越来越多地被大众传播媒介所取代。人们忙忙碌碌,没有时间交往,没有时间干自己喜欢的事,没有时间了解周围的事件,也没有时间获取生活、学习、工作的信息,休闲、娱乐等越来越多地依赖于大众传播媒介,从而也就越来越紧地为大众传播媒介所控制。所以 20 世纪初期"宣传"与"传播",便成了人们离不开又很害怕的字眼。从全社会来说,这个时期社会的重大决策与社会热点的变化,也越来越多地受到大众传播的影响。我国早期著名新闻学家徐宝璜说:"盖自民权发达以来,各国政治上、社会上、经济上之大事,多视其舆论为转移。"[①]这时候的传播,特别是大众传播对社会往往是牵一发而动全身,布一语而天下闻,在这样的形势下,传播研究就被推到了全社会极端重视的地位上。

3. 传播技术发展的背景

从 17 世纪现代报纸产生以来,报纸在近 200 年的时间里作为唯一的大众传播媒介经历了由社会上层走向市民的大众化过程,经历了由简单技术到复杂的现代技术的发展阶段,并在这个过程中使社会接受了它,也日益承认了它对社会舆论的巨大影响,以至于美国总统杰斐逊说:"若由我来决定我们是要一个没有报纸的政府,还是没有政府的报纸,我会毫不迟疑地立即回答:我宁愿要后者。"[②]从 19 世纪末到 20 世纪初,大众传播媒介出现了全面开花的局面,新的传播媒介不断诞生,使人们体验到了比单纯受报纸影响更多更丰富的感官刺激与信息冲击,经历了一浪高过一浪的全社会性的感受新媒介的欣喜与激动。1894 年爱迪生发明的电影放映机开始放电影,使人们的业余生活开始被媒介所占用,为媒介所吸引了;1920 年匹兹堡广播电台开始播音,人们又被这可以随着自己到处走动,可以穿墙入室,时时包围着自己的媒介传播方式所震惊;1927 年美国电报电话公司把闭路电视图像从华盛顿传送到了纽约,从此人类又为一个新的神奇的传播媒介所吸引、所控制……新兴媒介的不断涌现,一方面使被工业社会的社会一体化困于一隅的人们对大众传播的依赖日益增强,另一方面人们又对自己越来越多地被大众传播所左右的现象产生了忧虑,甚至出现了抗拒心理。人们开始争论:大众传播起了好作用还是坏作用? 对大众媒介持乐观态度的人赞叹大众媒介在提供信息和娱乐方面的力量,称道大众媒介在报道观点、促进意见交流和促进民众文化素质提高方面的作

---

① 徐宝璜:《新闻学》,见《新闻文存》,中国新闻出版社,1987 年版,第 284 页。
② 埃德温·埃默里、迈尔克·埃默里:《美国新闻史》,新华出版社,1982 年版,第 123 页。

用；而持悲观态度的人则批评大众媒介扼杀人类的原始创造力,批判大众媒介以消遣取代文化,悲叹大众传播体系在工业社会受政治权威的控制和操纵,被运用于宣传各种政治主张以渗透大众的思想[①]。

总之,19世纪末和20世纪初科学技术发展的水平已经使人类有足够的知识和能力来系统研究传播行为了,20世纪初发生的重大历史事件与社会变化也把人们的目光吸引到了传播的问题上,而传播媒介及其技术的发展给人们的生活带来了新的内容,也给人们的心理产生了新的冲击,因而研究传播的任务在诸种因素的作用下,就被推到了历史的前台,于是政治集团、军事机构、工商企业纷纷从自己的需要出发设置研究中心,出资聘请专家研究传播现象;许多学科的学术机构、学者也纷纷从自己的学术背景出发,介入传播研究。在这样的形势下,20世纪初期大规模的传播学研究就展开了,并迅速在世界范围内热了起来。

三、传播学的确立

1. 传播学产生的土壤——美国

传播学的研究始于美国,最初的研究者和传播学的奠基人都集中于美国。之所以会有这种现象,是与美国的地理位置及它在20世纪上半叶的社会状况分不开的。20世纪上半叶,欧亚大陆连续遭受了两次世界大战的祸害,在近半个世纪里被搅得天昏地暗。而美国,由于其独特的地理位置,在两次世界大战中虽然参加了战争,但本土基本未遭到破坏,经济上由于其他国家受到打击反而日益强大。正因为这样,20世纪以来,在大众传播新技术的发明与应用中美国处于领先地位。比如1920年匹兹堡广播电台的开业,1926年全美广播公司NBC的成立,1927年闭路电视图像从华盛顿传到纽约,1929年科达发明了16毫米彩色电影,1946年哥伦比亚广播公司和全国广播公司播放彩色电视节目等。同时,由于美国有较为安定的环境,不少躲避战争或躲避纳粹迫害的科学家、社会科学专家逃到了美国,这批精英对美国的自然科学与社会科学的研究起了重要的推动作用。

从社会状况来说,美国在政治与社会生活中有着高度重视大众传播媒介的传统,在政治机制中大众媒介是与立法机构、政府机构互相制衡的力量之一,报纸曾被称为"第二国会"。政治家推行自己的主张,参加竞选,无一不通过大众传播媒介制造舆论,树立形象。因而大选中的民意测验之类的调查也就从美国发展起来了。再从学术传统来看,美国的实用主义哲学盛行,学术研究特别强调解决实际问题。大众传播产业与职业化的传播队伍日益强大,媒介信息铺天盖地而来,人们周围充

---

① 张咏华:《大众传播社会学》,上海外语教育出版社,1998年版,第18页。

斥着满天飞的信息。既有大量的实用信息为人们所用,方便了人们的生活、工作与社会的运行,也有大批强加给人们的商业推销、政治宣传甚至欺骗性、诱导性的内容,还有色情、暴力一类的文化垃圾。这就使人们对大众媒介不负责任的传播及它为工商集团、政治集团操纵而不安,为媒介不能在政治、经济问题上独立起作用而担心。于是人们开始考虑:大众传播媒介的宣传能否轻易影响到人们,大众传播能否改变人们选举投票、消费选择的态度与倾向,大众传播中的色情暴力等内容是否会诱发社会的不良行为,等等。这些社会问题或潜在的社会问题就成了美国学术界必须面对、必须研究的课题。

2. 传播学的形成——由分散到集中的过程

传播,既然是各个学科的学者们共同关注、共同参与的一个交叉性课题,那么它的研究也就必然是从多个方向的分散研究开始,而后走到一起来,它的研究也就必然带上了多学科的色彩。

传播学,作为一门学科来说,它的形成有两个明显的阶段。第一阶段是从19世纪末到20世纪初的传播学的孕育阶段。在这阶段,已经初步形成的新闻学以报纸为主要研究对象,对这种纸质媒介传播的目的、性质、内容、技巧等作了比较完整的归纳与概括。同时,在这个时期社会学、心理学、政治学等学科也纷纷展开对宣传活动、对媒介诱发的社会事件、对民意调查等的研究,有关传播的研究课题越来越多,论及传播的著作也越来越丰富。比如李普曼的《舆论学》——政治学,拉斯韦尔的战争宣传研究——宣传学,列文的"群体动力学"——社会心理学,盖洛普的民意调查——社会学,霍夫兰的"劝服和态度改变"研究——实验心理学,香农、维纳关于信息理论的研究——信息科学,等等。

这一阶段的研究特点是各研究基本都是从本学科出发而涉入传播课题,并且研究的是一个个具体的传播问题,尚未考虑到传播学学科的问题。

第二阶段是20世纪40年代前后,这是传播学的确立阶段。这个阶段的表现是传播研究由分散到集中,也是学者们从零星地研究传播行为、现象,到系统地研究传播过程、传播体系的时期。这个时期已经有学者开始用学科的目光构建传播学的理论框架了。

这个时期有代表性的事件如下:

1945年,联合国教科文组织在其文件中首次使用了"大众传播"一词,这意味着这一概念已正式被国际组织所承认;

1946年,拉斯韦尔等人在《宣传、传播和舆论》一书中首次明确地使用了"大众传播的科学"这一提法,指出大众传播所研究的课题应包括广播、报刊、影片、书籍、告示等①；

1948年拉斯韦尔在《传播在社会中的结构和功能》的论文中,把他以前提出的5W模式,清晰、完整地表达出来,并由此确定了传播学研究的五个领域;

1949年,施拉姆以学科的眼光总结了各学科学者对传播的研究,出版了《大众传播学》,这标志着传播学的初步确立。

这个时期发表的大量论文、出版的大批专著已明确地打出了"传播学"或"大众传播学"的大旗,并开始在拉斯韦尔划分的五个研究领域和施拉姆提出的学科构想的基础上进行建设性的研究。

3. 传播学的奠基人

1) 哈罗德·拉斯韦尔

哈罗德·拉斯韦尔(1902—1978),美国政治学家,1902年出生于伊利诺伊州堂奈森,小时候就阅读广泛,中学时当了校报的编辑,1918年16岁时到芝加哥大学主修经济学,1922年进入本校的政治学专业攻读博士学位。他的学习不受学科的限制,兴趣囊括了社会学、精神分析、历史、社会心理学和传播,并发表跨学科的社会科学成果。1926年以论文《世界大战中的宣传技术》获得政治学博士学位,第二年被任命为芝加哥大学政治学助理教授。第二次世界大战期间担任美国国会图书馆战时传播研究实验室主任,战后曾任耶鲁大学、坦普尔大学、哥伦比亚大学教授。②拉斯韦尔早期致力于政治术语研究与心理学视角的政治问题探讨。1935年与人合作出版了《世界革命的宣传》和《宣传与推行》两本书,用科学的方法研究宣传的功能及其社会控制。1932年他提出一个传播模式:谁(who)—说什么(say what)—对谁说(to whom)—有什么效果(with what effect)。后又增加了一项"通过什么渠道"(in which channel),被简称为5W模式。他的5W模式对传播学具有开创性的意义,首次科学地研究了传播过程及其结构,拉斯韦尔划分的传播研究领域,为传播学的建立开辟了道路。拉斯韦尔将宣传研究的方法应用到传播研究中来,使内容分析法成为传播研究的基本方法之一。

2) 库尔特·列文

库尔特·列文(1890—1947),又译为勒温、卢因,美籍德裔社会学心理学家。

---

① 范东生:《大众传播研究的发展过程》,见《传播学》,人民日报出版社,1983年版,第104页。
② E.M.罗杰斯著,殷晓蓉译:《传播学史——一种传记式的方法》,上海译文出版社,2002年版,第212~214页。

1890年出生于东普鲁士的莫吉尔诺,1914年在柏林皇家弗里德里克-威廉大学获得心理学博士学位,成为格式塔心理学派的一员。1921年在柏林大学任教。①1933年为躲避德国法西斯的迫害而到了美国,先是在康奈尔大学任教,后又到衣阿华大学、麻省理工学院任教。

库尔特·列文一生致力于人类行为动力和控制的研究,是社会心理学中"群体动力理论"和"场论"的最早提出者。第二次世界大战期间列文和他的学生运用他建立的群体动力理论研究军队士气问题,取得了不少研究成果。列文在研究传播效果问题时认为,不能只研究传播本身,还要看到个体所处的群体对个体态度的影响。列文的关于群体影响个人观念、动机、愿望、行为和倾向的理论对美国传播学的建立起了一定的推动作用。他在研究中还发现信息传播中有"把关人"的问题,他与他的学生提出的"把关人理论"是对传播学的又一贡献。

3) 保罗·拉扎斯菲尔德

保罗·拉扎斯菲尔德(1901—1976),美籍奥地利裔社会学家。1901年生于维也纳,1925年毕业于维也纳大学,获得应用数学博士学位,担任过心理学讲师,教过数学。② 希特勒吞并奥地利后,为避免被关进纳粹集中营而逃往美国。拉扎斯菲尔德1937年领导普林斯顿大学广播研究所,1939年带领广播研究所基金项目办公室迁到哥伦比亚大学,1944年"哥伦比亚大学广播研究所"更名为"应用社会研究局",1948年被任命为哥伦比亚大学社会学系主任。

拉扎斯菲尔德一直领导一批学者对传播效果进行研究。他们着重从受众的角度研究广播、报纸等传播媒介的影响力。后来他们的研究又从传播媒介的社会影响扩展到传播媒介的政治影响,1940年他们进行了美国总统选举的调查。拉扎斯菲尔德1943年加入美国国籍,同时获得了洛克菲勒基金会对广播研究项目的资助。拉扎斯菲尔德提出了"两级传播论",从而破除了20世纪初期"魔弹论"的错误说法,使传播学的研究进一步深入。拉扎斯菲尔

---

①② E.M.罗杰斯著,殷晓蓉译:《传播学史——一种传记式的方法》,上海译文出版社,2002年版,第335～337、262、265页。

德开创了媒体效果研究的传统,这一传统成为美国大众传播研究中占统治地位的范式。拉扎斯菲尔德对传播学作出的另一贡献是他把"实地调查法"确立为传播研究的又一基本方法。拉扎斯菲尔德还创造了以大学为基础的研究机构的原型。①

4) 卡尔·霍夫兰

卡尔·霍夫兰(1912—1961),美国实验心理学家。1912年生于芝加哥,在西北大学读本科和硕士,1934年获得硕士学位后进入耶鲁大学心理学系攻读博士学位,1936年获得博士学位,成为耶鲁大学一名助理教授。②

霍夫兰一生致力于人的心理对人的行为影响的研究。第二次世界大战期间,应美国陆军部的要求领导耶鲁大学心理学小组研究军队的士气,以指导军方的思想训练。他们在研究中探讨了劝服中的单面理与双面理、宣传者的信誉、受传者的个人差别等因素对传播效果的影响。战后霍夫兰回耶鲁大学建立了研究中心,他主持"劝服传播与态度改变"的课题研究,形成了传播学研究的"耶鲁学派"。霍夫兰领导的研究中心出版了很多著作,由他撰写或是与别人合写的主要著作有《大众传播实验报告》、《传播与说服》等。霍夫兰是最早研究以说服方式改变他人态度的学者,他的关于说服能力与说服方法的研究对传播学有一定贡献,并使"控制实验法"成为传播学研究的基本方法之一。

5) 威尔伯·施拉姆

威尔伯·施拉姆(1907—1987),又译为宣伟伯·施拉姆,美国新闻学家。1907年生于俄亥俄州玛丽埃塔,1928年毕业于玛丽埃塔学院,获历史和政治学学士学位,1930年在哈佛大学获美国文明硕士学位,1932年在衣阿华大学获英国文学博士学位。③ 1935至1942年在衣阿华大学任英语系助理教授、副教授、教授,1942至1943年成为华盛顿统计局和战时新闻局教育主任,1943至1947年回到衣阿华大学任新闻学院院长,成为第一门大众传播博士课程的创始人。

之后,他又在伊利诺伊大学、斯坦福大学等担任传播研究所所长等职务。

施拉姆一生不遗余力地从事传播研究,建立过四个传播学研究机构,写了将近

---

①②③ E. M. 罗杰斯著,殷晓蓉译:《传播学史——一种传记式的方法》,上海译文出版社,2002年版,第325～326、378、382.4页。

30部传播学著作,约有500万字之多。他不同于前面四位学者,他的研究不是从某一相关学科出发来研究传播,而是把新闻学、社会学、心理学、政治学等学科的方法综合起来运用,在汇集前人传播研究成果的基础上,以学科的目光力求建立一种学术思想体系,他的著作《大众传播学》、《大众传播的过程和效果》的出版是传播学正式建立的标志。正因为这样,施拉姆被誉为传播学的集大成者。几十年来,施拉姆培养了大批的研究生,其中的许多人后来成了美国著名的传播学研究者。施拉姆对传播研究提出了许多自己的创见,比如"信息时代",传播的直线型问题,阅读的"即时报偿"和"延缓报偿",教育传播中的"知识沟"问题,对"魔弹论"的形容等。他的著作《报刊的四种理论》、《传播媒介与国家发展》、《新媒介》、《人、信息和媒介:人类传播概览》等,一直被认为是传播学的经典之作。[①]

四、传播学的理论框架与研究层次

传播学的内容十分丰富,涉及人、物、社会、信息等众多对象,是一个十分庞大的系统。它的组成部分概括起来可以分为三个方面,即传播理论、传播模式与传播学研究方法,由此三者构成了传播学的体系。

在几十年的研究中,传播学吸取了相关学科的大量理论来研究传播学的课题。在这种研究中有的是改造了别人的理论为自己所用,有的则是借鉴别人的方法去研究自己的理论。比如美国的传播研究,在方法上把哲学的知识论、本体论、认识论、价值论列为影响传播理论确立的四个哲学主题,在研究中他们特别注重吸收当代西方哲学的理论,以解释各种传播现象。在具体课题的研究中,还大量借鉴了社会学、心理学、社会心理学、政治学、文化人类学、信息科学的理论与观点,像美国大学中使用数年的传播学研究生教材《人类传播理论》(美国学者 S. W. LittleJohn 著)一书,主要有三个部分:第一部分为探索和理论的本质,即介绍一般理论探索的过程与方法,详尽地介绍了结构和功能理论、认识和行为理论、相互作用理论、阐释理论、批判理论等,并指出"每种理论试图以一种或另一种形式来探讨传播的实践",也就是努力使这些理论为传播学所用,要求研究者尽可能地做好这些理论与传播学的融合工作;第二部分为传播理论命题,即进入传播研究的各学科的观点,如系统论、符号论、话语理论、信息生产理论、戏剧主义理论等;第三部分是传播的语境主题,即人际关系中的传播、群体决策中的传播、传播和组织网络、传播和媒介等。

---

① 中国社会科学院新闻研究所世界新闻研究室编:《传播学》,人民日报出版社,1983年版,第122~125页。

然而,传播学自身也形成了一些理论。比如两级传播论、把关人理论、议程设置假说等。但是,这些与整个传播研究工作相比,显得太少,尚不能撑起一个完整的体系。

客观地说,由于传播学的历史较短,而研究的范围又过大,触角深入人的心理、行为,社会的结构、功能,传媒的科学技术,信息及其调控,社会生活的文化层面、经济层面、社会心理层面等,因而不少理论目前还有"拿来主义"的感觉:在某一点上应用其他学科的概念或理论来研究传播问题,并且得出了正确的结论,于是改造一下就使用这个概念、理论。应当说,对一个新兴的正在发展中的学科来说我们不能苛求它立即成熟。任何一个新兴学科在其发展的初期阶段都有一个对其他学科的借鉴、吸收与改造的过程,这是十分正常的现象。如果从传播学研究的阶段来看其理论走向,有的学者认为19世纪末突出的是新闻学取向,20世纪20年代是以社会学、心理学为主的理论取向,到了40年代是一种多学科综合的理论取向。[①] 而到20世纪70年代以后,则是语言学及符号学为主导的理论取向。

理论成果"模式化"是传播研究的另一特点。迄今为止,传播学已先后创立了好几百个模式,其中主要有文字模式、图像模式、数字模式三种类型。模式可以简化理论,可以提示事物的内在结构与相互关系(本书第二章会具体介绍),这些绝大多数倒是传播学自己独创的东西。

传播学研究方法是传播学体系中的第三个组成部分,比如实地调查法、内容分析法、控制实验法等,都曾在传播学的形成和发展中起过重要作用。从根本上来说,方法是为理论服务的。当然传播学的这些方法也大多是从其他学科移植过来的(本书第八章将会介绍)。

传播学的理论、模式、方法之间有着十分密切的关系:理论是对传播研究的概括,是对传播规律的揭示;而方法是为理论服务的,大部分传播理论的产生都是以一定的传播学研究方法进行调查、实验、分析而来的;传播模式则是再现现实的一种理论性的简化形式,或者说是理论的一种简化了的表述方式。

传播学的研究层次包括三个层面的内容:

第一个层次是过程与要素层面——传播过程研究,传播者研究,传播内容分析,传播媒介研究,传播受众研究,传播效果研究等;

第二个层次是范围层面——内向传播,人际传播,群体传播,组织传播,大众传播;

第三个层次是内容层面——政治传播,文化传播,经济传播,教育传播等。

---

① 张国良:《现代大众传播学》,四川人民出版社,1998年版,第33页。

第三节 传播学的流派

传播学在其发展过程中有各个学科的研究者加入,这些研究者的学科背景不一样,使用的研究方法也不尽相同,研究的目标、对象也有差别,因此他们的研究成果带有不同学科的色彩,形成了不同的学派。比如以霍夫兰为代表的耶鲁学派,以拉扎斯菲尔德为代表的哥伦比亚学派都是久负盛名的老学派;而法兰克福学派、多伦多学派、政治经济学派也是研究特色鲜明的一些学派。

总体来说,在20世纪前半叶形成于美国的以实证研究为主的学派,比如耶鲁学派、哥伦比亚学派等,被统称为传统学派;而兴起于20世纪中叶以批判为主的学派,比如法兰克福学派、政治经济学派、文化研究学派等,被统称为批判学派。我国学者陈卫星认为,20世纪70年代后又有一些新的学派产生,我们可以把它叫做新兴学派。

一、传 统 学 派

传播学产生于美国,最早的一套研究方法与理论成果是从美国兴起的,因而习惯上人们把早期兴盛于美国的传播学研究学派称为传播学派,有时也称为经验学派或实证学派,或者说相对于后来出现的批判学派而言传播学研究学派属于传统的学派。

1. 传统学派的特点

传统学派人数众多,有许多分支。但是总体上,在研究取向、研究方法、政治立场上有一些共同性的东西。

1) 实用主义的研究目的

传播学出现于20世纪初,当时正值两次世界大战后以美国为代表的国家的社会问题大量涌现——政治观点冲突、移民问题、文化冲突、经济危机、失业率高;同时,大众传播媒介发展对社会与公众的影响日益增强,研究如何解决这些问题,怎样使用大众传播媒介来进行有效的社会沟通,就成了各学科学者在传播研究中首先要考虑的问题。这些早期的研究者遵循美国盛行的实用主义哲学理念,认为真理就是效用,社会科学研究就是要解决实际问题。像拉斯韦尔的宣传研究、拉扎斯菲尔德的政治选举研究、霍夫兰的说服实验等都是有明显的实用目的。可以说,他们在这些方面的工作卓有成效,取得了大量的研究成果。在这类研究中,他们的着眼点在于考察传播过程的结构与功能,考察传播对人的影响,以及如何通过传播来达到相应的目标,这就是说传播效果问题一直是传统学派关注的核心问题。[①]

2) 实证主义的研究方法

传统学派学者在研究中,往往使用实证主义的研究方法,从这个意义上他们也常常被称为实证主义者。社会科学中的实证主义研究者"受到自然科学量化研究范式的影响,认为只有客观的、实证的和定量的才符合科学的要求,才具有价值"[②]。所以他们就用可以被观察的、可被测量的、可以量化的经验材料,来研究社会现象。这种方法认为:①社会现象是一个可以被观察、选择、记录、研究的真实存在,例如选民的动态、受众的反应、消费者的爱好等,具有客观性;②人类有能力找出看得见的方法,即通过一种量化的研究方式反映这种客观存在;③研究这种社会现象的假设通过一定的科学方法可以被证实或是被否定;④具体方法是通过社会调查、控制实验和内容分析得出相关的经验性数据,从中得出结论。

3) 多元主义的社会观

传统学派的研究者认为传播学研究的任务不是为了变革现存的资本主义制度,而是通过改进传播机制来实现社会管理。这些思想来自他们多元主义的社会观,他们否认西方社会的阶级支配实质,而认为这个社会是一个多元利益相互竞争、相互制衡的社会。[③]英国一位学者在批评传统学派时指出:"在多元主义者看来,资本主义社会并不存在阶级支配现象,而是由相互竞争的各社会集团和利益派别所组成的复合体,这些集团和派别的合纵、连横状况是与时俱变的。大众传播媒介是一种保持着自己独立领域的组织体,它在国家、政党以及其他压力集团面前保有某种自治性。控制大众传播媒介的并非传媒企业的所有者,而是独立的享有相当的自主决断权的专职管理者和专业工作者。大众传播制度和受众之间基本上是一种均衡、平等的关系。之所以如此,是因为受众可以根据自己的需求自由地选择接触各种传播媒介,自主地决定自己或赞成、或反对、或顺应、或挑战的态度。"[④]正因为这样,传统学派也被称为管理学派或行政学派,拉扎斯菲尔德1941年曾撰文《评行政的和批判的传播研究》,这就揭示了拉扎斯菲尔德将他的经验主义的研究看做是为政府和大众传播组织服务的研究。

2. 传统学派对传播学的贡献

虽然是自从有了人类就有了传播活动,但是真正把传播作为一门独立的学科来研究的却是20世纪三四十年代美国传统学派的研究者。对于传播学来说,他们是拓荒者,是奠基人,后来的学派是在他们工作基础上的延续、发展和创新。

传统学派对于传播学的贡献在于以下几方面。

[①③④] 郭庆光:《传播学教程》,中国人民大学出版社,1999年版,第268、268、268页。
[②] 风笑天:《社会学研究方法》(第二版),中国人民大学出版社,2005年版,第10页。

1) 确定了最初的传播学研究领域与研究框架

正是拉斯韦尔划分出传播的五大研究领域,传播学才有了比较明确的研究范围;正是施拉姆以学科的目光搭建起了传播学的研究框架,传播学才真正成为一门学问。

2) 建立了传播基本模式

像拉斯韦尔 5W 模式,香农-韦弗模式,奥斯古德-施拉姆模式,德弗勒双向环形模式,等等。这些理论模式以简明的形式向人们揭示了传播活动中的规律,成为传播学体系的一个重要组成部分。

3) 在五大部类研究中产生了一大批引人注目的成果

传播过程与要素研究是传统学派的主要研究视点,在这方面他们的研究硕果累累。比如控制分析中的"把关人理论",内容分析中的"诉诸情感还是诉诸理智"、"一面理与两面理"等理论,渠道分析中的 N 次传播理论,受众分析中的个人差异论、社会类别论、文化规范论等,效果研究中的"适度效果论"、"新强大效力论"的研究等。

4) 吸收其他学科的方法,初步确定了传播学自己的研究方法

主要从实证研究的角度,吸收社会学、心理学等学科的研究方法,把实地调查法、内容分析法、控制实验法以及自然观察法、个案研究法等变成了自己的研究方法,初步确定了传播学自己的研究方法,从而使传播学成为一个理论、方法、模式三位一体的学科。

3. 传统学派的不足

尽管美国的传统学派建立了传播学,取得了巨大的学术成就,出现了一批闻名遐迩的学术大师,使传播学风靡世界,但是种种原因,也使得这个学派有它的历史局限性,这主要表现在以下几个方面。

首先,是研究立场的问题。传统学派的研究源于美国的纯商业化传播体系的需要,并且最初的研究往往是商业报刊的读者调查、商业电台听众分析、政治家竞选的民意测验、军队打仗的士气研究等方面提出来的课题,因而这类研究使用色彩浓厚、多少带有商业的"工具性"或者叫"传播中心论"的取向。比如研究传播受众和传播效果,是为了增强传播媒介的收视率、收听率和发行量,并为传播机构如何在政治上、商业上提高传播效果,提供改进意见。传统学派不研究为什么传播、为谁传播这个前提,只是研究如何传播得更好的问题。研究大众传播,站在媒体的立场上,被称为"工具中心主义";研究的商业色彩浓厚,多是站在政府、商业机构、媒体的立场上去研究传播效果的好坏,或者说是为了这些机构、组织去研究如何劝服受众,这显然是为政府、商业机构、媒体服务。比如受众分析是为传播机构增加发行量,提高收视率、收听率直接服务的,也就是在不触动现存的传播制度的前提下

研究问题,具有一定的保守性。

其次,是研究方法的问题。尽管经验性的研究方法可以用"数据说话",有一定的可靠性,但是不能把它作为研究社会问题的唯一方法。社会现象、人的行为中可观察、可测量的仅仅是一部分,比如人的心理活动,许多是难以量化研究的。并且实证研究的程序与技术在社会科学中的精确、严谨,在宏观层面的有效性等问题,都是值得讨论的地方。

二、批 判 学 派

如果说美国的传播学研究是在一个商业传播体制下发展出了传统学派的话,那么西欧传播研究的发端与发展则是处在和美国差别很大的媒介环境中的。西欧当时正处于公共广播制度蓬勃发展的时期,这一制度的出现更多是为了解决媒介商业体制的弊端而进行的改革,所以当时西欧的学者们就对传播的公平性、公正性等这些传播的前提性问题有了更多的关注,因而他们便对传播的批判研究和传播的政策研究产生了较大的兴趣。

20 世纪 60 年代中期,西欧面临着社会科学研究的转变。一方面从美国发展出来的行为主义、实证主义、经验主义等思潮大量涌入欧洲,另一方面"源起于欧洲的马克思主义又重新在传播研究领域获得重视;同时,一些原本就根植于欧洲丰饶人文哲学土壤的学术传统也开始进军传播领域,这些学术传统包括:符号学、结构主义、象征互动理论、社会语言学和当代的文化研究等"[①]。

在这样的背景下,以法兰克福学派为代表的批判学派从欧洲诞生,随后就在世界各地发展起来,他们对传播中传统学派的不足进行了尖锐的批评,并在批评中推动传播学的新发展。

1. 批判学派的研究特点

批判学派是由各种各样的派别组成的,没有统一的理论与组织。但是,这些学者有一些共同点,具体表现为以下几个方面。

1)研究视角上的全观取向

批判学派研究的主要方向不是传播机构与传播过程,也不是以微观的个人为研究对象,他们的研究更多地着眼于传播与整个社会秩序之间的关系,他们喜欢用宏观的视角来探讨个人与社会的联系。在研究过程中批判学派把传播制度与政治、经济制度结合起来,这就更能抓住传播制度研究的本质。从其理论来源上说,这种研究视角主要是受到西方马克思主义的影响。当然,西欧也有一些非马克思

---

① 翁秀琪:《大众传播理论与实证》,三民书局,1993 年版,第 2 页。

主义的传播学者持同类的观点,比如德国提出"沉默螺旋"的诺尔-纽曼,瑞典对媒介内容和媒介外的社会趋势进行文化指标研究的罗森衮等。因而,可以说传统学派的研究侧重于媒介与过程,而批判学派的研究重点在于媒介与社会。

2) 研究方法上的多重设计

批判学派对传播学派一味强调实证方法持一种批评的态度,批判学派的研究强调定性的方法。比如关于传播制度、传播理论与意识形态方面的课题,用定量研究不易做到清晰、明确的表达,而定性研究的方法在这方面是大有可为的。其实,在传播研究中,批判学派也并不完全排斥定量研究的方法,他们的许多课题是采用多重设计、全面研究的方法来进行的,把定性方法与定量方法结合起来使用。比如"沉默螺旋"的研究就使用了内容分析、调查访问、小样本多次访问等多种社会科学研究的方法。

3) 政治态度上的批判倾向

在政治上,传统学派研究的出发点是建立在现存社会制度和传播制度合理的前提下的,这些学者的政治态度是不触及西方社会的弊端,甚至是为之辩护的。批判学派的研究独立性更强一些,这些学者在研究中多半能直入政治问题,以政治经济结构、意识形态、权力等为研究重点,具有批判的倾向。特别是持西方马克思主义观点的研究者,多将大众传播媒介视为社会控制的工具,视为既得利益者或权力把持者用来实现剧烈的社会变迁或用以维持现状的工具。他们主张在大系统中来研究人类传播活动的小系统,并试图通过对传播的研究来参与社会变革。可以说,他们在政治态度上的批判倾向是十分明显的。

2. 批判学派的主要分支

批判学派的主要分支有法兰克福学派、政治经济学派、社会文化学派、"思想统治"理论学派、社会科学学派、多伦多学派等。

1) 法兰克福学派

这个学派以法兰克福大学社会研究所为中心,他们举起了批判理论的大旗,成为欧洲批判学派的典型代表。这个学派的兴起是以1923年法兰克福大学社会研究所的成立为起点的,1930年当霍克海默当上研究所所长,他们就正式打出了批判理论的旗号,开始从马克思主义理论出发对资本主义社会进行批判性研究。由于德国纳粹的迫害,社会研究所于1934年迁移到美国的哥伦比亚大学,1949年应联邦德国政府的邀请重新回到德国法兰克福大学,并成为西欧新马克思主义和新左翼运动的理论据点。法兰克福学派的代表人物有阿多诺、霍克海默、马尔库塞、弗洛姆、哈贝马斯。

这个学派对西方的政治制度及其控制的大众传播体系持批判的态度。比如马尔库塞在《单向度的人》一书中就认为,资本主义使其本身免受批评的方法是使消费者产生虚假意识,使思想和行为只由一个方向产生,个人因而丧失了批判精神。[①]他们还认为,大众传媒只从社会管理者层面去讨论公共事务,阻碍了社会对话的进行;大众传媒制约了人们思想方向等,就从这些方面批判西方传媒的垄断性。但是,该学派只批判现实,没有提出改善现实的具体建议,甚至不主张改变西方的社会制度及其秩序。

2)政治经济学派

这一学派形成于英国,代表人物有戈尔丁、默多克、柯伦等。

政治经济学派运用马克思经济基础决定上层建筑的理论——一个阶级是社会上占统治地位的物质力量,同时也是社会上占统治地位的精神力量,支配着物质生产资料的阶级同时也支配着经济生产资料的观点,研究资本主义社会对大众传播媒介的支配与控制状况。他们关心的一个焦点问题是现代媒介高度集中和垄断的趋势及其带来的社会后果。他们认为,这种高度的独占和集中是垄断资本控制着文化生产和流通的证明,大众传播媒介的活动最终是为了维护垄断资本的利益、意识形态和统治权力。政治经济学派主要从所有制关系和经济结构上来揭示资本主义大众传播的内在矛盾和制度的非合理性,对传播内容本身没有给予更多的关注。[②]

政治经济学派运用实证方法,主要研究传播体制所有制的结构,传播媒介市场约束力运营方式等问题。该学派认为,媒介的力量主要来自经济过程和媒介生产的结构,经济是较意识形态更为重要的一个决定因素,他们将意识形态的解释回归到"假意识",并否认其相对的对立性。他们视媒介的角色为拥有和控制媒体的阶级,这种角色透过"假意识"的生产来使现状合理化,政治经济学派学者最关心的是文化工业如何被垄断的问题。[③]

3)社会文化学派

社会文化学派又称为文化研究学派,英国"伯明翰学派"是其代表。这个学派以伯明翰大学现代文化研究所为中心,代表人物有 S. 霍尔、D. 莫利、P. 汤普森等人,主要方法有文本分析和受众调查。

文化研究学派把传统文化理论不屑一顾的文化表现领域如电影、大众文化纳入研究领域,肯定其文化价值,从而将这些文化实践合法化。这些学者打破传统的学科界限,形成了一个多学科研究领域,把大众文化作为艺术品的生产、流通和消费来研究;强调文化既是实践又是经验,不仅研究艺术品本身,如电影、小说、音乐等,同时也研究艺术品的生产、流通和消费过程,研究人们如何创造和体验文化。[④]

---

① ③ 翁秀琪:《大众传播理论与实证》,三民书局,1993 年版,第 11、21 页。
② 郭庆光:《传播学教程》,中国人民大学出版社,1999 年版,第 273 页。
④ 陆扬、王毅:《文化研究导论》,复旦大学出版社,2006 年版,第 115~116 页。

文化研究学派反对简单的"经济基础还原论",主张从上层建筑和意识形态的相对独立性出发来研究资本主义社会的大众传播,认为大众传媒通过新闻和信息的选择、加工、结构化等活动,每日每时都在赋予社会事物这样那样的"意义",这个活动后面有着利益和意识形态的驱动。资本主义媒介的突出倾向就是把统治阶级的特殊利益当做似乎是社会广泛"合意"的普遍利益加以提示。他们认为大众传媒是资本主义社会的一个重要组成部分,它在规定社会关系、行使政治统治方面发挥着重要的意识形态功能,并且有相对的独立性;大众传播可以分为文化生产和文化消费的两个部分,一个是通过媒介对象征事物进行选择、加工,对社会事物"符号化"和"赋予意义"的过程,一个是受众接触媒介讯息,进行符号解读、解释其意义的过程;大众传媒的符号化活动从本质上来说是按照支配阶级的价值体系为事物"赋予意义"。受众对符号的解读有三种形态,这就是同向解读或"优先解读",按照媒体赋予的意义来理解讯息,妥协式解读,部分基于媒介提示的意义部分基于自己的社会背景来理解讯息,反向解读或叫"对抗式解读"——即对媒介提示的讯息意义作出完全相反的理解。大众媒体的符号化和受众的符号解读过程体现了资本主义社会中占统治地位的文化和各种从属文化之间支配、妥协和反抗的关系,体现了"意义空间中的阶级斗争"。[①]

对文化学派更详细的研究,将在本书的第七章中具体介绍。

三、发展传播学

发展传播学是传播学的一个分支,也是大众传播研究后出现的一个领域。

发展传播学是把大众传播和社会发展联系起来研究,主要研究对象是大众传播对发展中国家社会发展的贡献。同时,研究范畴中还包括大众传播与经济发展,大众传播与文化水准的提高,大众传播与社会现代化程度等。

1. 发展传播学兴起的历史背景

20世纪中叶是世界历史上一个比较特殊的时期,这个时期显著的特点是民族解放运动的蓬勃发展。第二次世界大战结束以后,殖民地国家争取独立的民族解放运动如大海的波涛,一浪高过一浪,亚洲、非洲、拉丁美洲出现了一大批新独立的国家。由于这些国家长期遭受殖民主义的统治,经济十分落后,需要解决的社会问题很多,其中首要任务是摆脱资本主义国家的经济控制,加快经济建设的步伐,尽快实现现代化。当它们动手实现这一计划时,遇到了种种困难,诸如社会生产力水平低,人口压力大,资金短缺,经济模式单一,等等。当然,对于发展中国家来说,也

---

① 郭庆光:《传播学教程》,中国人民大学出版社,1999年版,第273~274页。

存在着一些机遇。这个时期,经历了第二次世界大战的各国都把战后重建作为共同的任务,科学技术在发展生产中逐步体现出巨大的作用。其中最重要的是在现代科学的推动下,信息处理的技术以及传播信息的技术在世界范围内有了突飞猛进的发展,尤其是报纸、广播、电视及其他电子传播技术的不断更新,使人们掌握信息的内容越来越丰富,获得信息的渠道越来越多,人们对外界的了解与接触也日益增多。如今坐在家里,就可以通过电视、广播、报纸、互联网了解世界刚刚发生的事情的详细过程。这种全球网络化体系把世界各个角落都紧密地联结起来,对第三世界国家经济与文化的发展也产生了重大影响。与此同时,随着发展中国家的崛起,它们的经济对整个世界形势产生的影响也日益增大。发展中国家要求发展的愿望与呼声在国际上的反响也越来越大,一时间关于发展的研究成了世界范围内的热门话题。在这样的形势下,各国的经济学学者、社会学学者等各个方面的专家开始对发展中国家的社会发展问题进行研究。传播学界也加入这一行列,不少传播学者开始运用发展的理论和大众传播的理论来探讨大众传播在发展中国家所能起的推动作用。这样就出现了传播学应用研究的一个新的领域——发展传播学。

进行发展传播学的研究,首先遇到的是在欧美等国大众传播实践基础上产生的传播研究成果与发展中国家的社会现实不相适应的问题。20世纪60年代,许多发展中国家的学者在借鉴西方学者研究成果的同时,注重从本国的实际情况出发探讨大众传播对国家发展的作用,提出了一些具体的带有可操作性的方案和整治措施。

联合国教科文组织高度重视传播在发展中国家现代化中的作用及其研究,该组织多次召开国际会议,提出应从全球的角度来看待传播与发展的关系,还建议各国制定综合的传播方针、政策,充分开发和利用传播渠道,使传播规划更有效地为教育、社会变革服务等。这一系列的活动,推动了发展传播研究的普及,并使之最终成为传播学理论的一个组成部分。

2. 发展传播学的理论基础

发展传播学的理论来源是有关发展的理论和大众传播的理论。

发展研究是第二次世界大战结束后才兴起的一个新的学科领域,它的研究范围围绕社会发展提出了一系列的理论。比如关于发展经济学理论,发展社会学理论,发展心理学理论,发展政治学理论等。

对于发展的定义,学术界有各种各样的意见。其中不少学者把发展视为应追求的目标,这些学者的发展理论认为应该通过工业化及都市化的方式来取得经济的增长,强调加强投资和引进新技术的应用,并认为由政府来计划经济是加速实现发展目标的好方法。此外还有一些学者把发展看做一个过程,把它解释为一个普遍性的由若干阶段组成的线性过程。

国家的发展是一个多元的概念,但首先还是经济的发展。有关发展过程的经济理论,大多是从经济成长理论演化而来的。学者们对于发达国家的研究是用土地、劳力与资本三个生产基本要素的观点来说明经济发展的,认为资本的形成是经济增长的关键。马克思除了重视这三点之外,还比较注意技术的改变;经济学家彼德十分重视市场、供应来源和企业精神在经济成长中的作用。关于发展中国家的经济成长理论则从上述种种观念演化而来。① 发展中国家经济的落后多是由于资本的不足,因此要改变这种落后的状况,首要的任务是引进外来的资本。美国经济学史学家罗斯托把经济增长划分为五个阶段,即传统社会、为起飞创造前提阶段、起飞阶段、向成熟推进阶段以及群众高额消费时代。在整个经济发展序列中,"起飞阶段"是关键,在这一阶段,妨碍经济增长的障碍物和阻力一旦被突破,经济增长就会成为一种"正常状况"②。

除了经济学以外,也有一些学者从心理学的角度来研究发展理论。其中以哈根和麦克里兰的研究最有影响。哈根的主要论点是社会结构基本上是由社会成员的人格决定,传统社会建筑在传统的人格上,创新性社会建筑在创新性的人格之上,要将一社会制度变成另一制度,就须把人格加以改变。比如传统社会的典型人格是崇尚权威,抵抗创新,不相信世界是可以驾驭的,只有这些人格特征改变,才能促成社会的发展。麦克里兰的主要观点是社会成员对于成就的需求与此社会的经济发展有着很强的因果关系。他所说的对于成就的需求是一个力求上进的动机,勇于接受挑战,愿意接受考验和追求成功的心理状态。此外,还有佛瑞、裴鲁恂等学者试图从政治学角度来探讨发展理论。他们研究了民主、稳定、动员与权力以及行政等问题。其中大部分研究政治发展的学者都认为,传播是发展过程中极重要的因素,从而称之为政治制度的"神经"、"血液"、"躯干"③。

发展传播学的另一个理论基础是大众传播学理论。早期传播学中流行的线性模式以及传播效果的观点对发展传播学产生了重大影响,比如受线性模式影响,最初的发展传播学研究往往从外部和上级的变革的角度来探讨大众传播与发展的关系。同时,传播学不断出现新的研究成果也时时促进着发展传播学的进步,比如后来的"有限效果论"、"两级传播理论"的流行和"使用-满足说"、"沉默螺旋"等学说的提出都为发展传播学的发展作出了理论上的贡献。

20世纪60年代以来,发展研究和大众传播研究都有了新的进展。在大众传播学研究中,人们越来越重视受众需要和反馈的作用,这就增进了学者们对大众传播过程的认识。在发展传播学研究中,学者们不断吸收发展理论和大众传播学研

---

① ③ 徐佳士:《资讯爆炸的落尘》,三民书局,1997年版,第86,85~90页。
② 张咏华:《大众传播学》,上海外语教育出版社,1992年版,第159页。

究中的新观点、新成果,特别是发展中国家的学者以西方的经验为蓝本的研究,出现一系列失败之后,他们开始根据各国不同的政治、文化、历史、社会背景的条件,重新探索大众传播的实践及其与社会结合的发展之路,使发展传播学的研究日益兴旺起来。

3. 发展传播学代表人物及其观点

发展传播学的研究是在欧美一些国家的政府支持下开展的,最先提出发展传播学诸多理论的当然是西方学者。这些理论都是依据西方国家的国情提出来,不一定符合发展中国家的实际情况,但是这些研究还是为发展传播学理论的建立作出了重大的贡献,发展中国家的传播学学者正是借用了他们的许多观点,才发展起了自己的发展传播学理论。

发展传播学的几个代表性观点如下。

第一,勒纳的基本理论模式。丹尼尔·勒纳是美国社会学家。他的大众传播与国家发展的基本理论模式是发展传播学中较有影响的一种理论。1950年到1951年,勒纳等学者对伊朗、埃及、叙利亚、黎巴嫩、约旦等国家进行了长时间1600人次的访问,力求了解这些被调查者对大众传播、对国家政治与社会发展的态度。1958年,他们在此调查研究的基础上整理出了《传统社会的消失——中东现代化》一书,该书体现了勒纳的主要观点。

勒纳认为,国家发展要经历三个阶段,即传统社会—过渡型社会—现代社会。人类的传播方式与社会形态及其发展水平是相适应的,传播发展的趋势是从传统社会简单的人际传播,向现代社会的大众传播方式演变。传播方式的演变伴随着商品经济的发展,伴随着专制体制向民主体制、文盲文化向现代读写文化的转变。他的理论模式的核心是以城镇化、教育、大众传播的普及、公众参与这四个要素相互作用来解释现代化过程。他所说的参与包括政治参与、经济参与、传播参与和心理参与。

同时,勒纳还认为国家发展的社会动力的第一要素是现代化的"流动性人格"的注入。他认为易于变化、具有高度适应新环境能力,应是现代社会占主导地位的个人性格。这样的人能迅速承担起与自己习惯性的经历格格不入的新任务与新角色,有信心通过自己的努力实现个人理想,这种人才能成为现代社会中合格的生产者和消费者、大众传播的受众和民主政治的选民。第二要素是大众传播媒介。他认为西方社会的现代个性与其在历史上曾出现过的地理流动和社会流动有关,比如农民流入城市,沿海人口流向内地和边疆,开拓海外殖民地,等等,而发展中国家不具备类似的条件,因此大众传播媒介应当传播社会流动性和变革的观念与态度,帮助人们打破地理限制与视野的局限,从而加速现代化的进程,因而大众传播是"巨大的增效器"。

勒纳发展传播学研究的特点是从心理学角度来解释发展中国家的不发达现象,强调人的自身现代化及大众传播对人的心理现代化的作用,这种观点在传播学领域里产生了很大的影响。但是,他的理论过于简单化,仅仅从个人和个人的心态来分析这种社会现象,忽视了整个社会形态和结构以及其他因素对大众传播的制约作用,并且忽视了发展中国家不同的民族特点、文化传统和具体的社会条件。

第二,施拉姆的传播发展战略。我们知道,在传播学领域施拉姆融会了多种学科学者的传播研究成果,是传播学的集大成者。在传播与发展研究领域,他同样在许多学者研究的基础上提出了有关发展中国家利用大众传播事业促进社会发展的理论以及一些政策性建议。

施拉姆综合了各国的研究成果,于1964年出版了《大众传播媒介与国家发展——信息对发展中国家的作用》一书。在书中,他分析了传播事业对社会发展的作用,指出传播在国家发展中有守望、决策和教育的基本功能。同时在农业新技术推广、普及卫生知识、扫除文盲和实施正规教育方面,都可以发挥直接的效用。在谈及传播学研究对发展中国家的重要性时,施拉姆指出"有效的信息传播可以对经济社会发展作出贡献,可以加速社会变革的进程,也可以减缓变革中的困难和痛苦"[①]。他还分析了发展中国家在传播事业发展方面需要解决的一系列问题,如资金、计划、设备等,并提出了相应的政策性建议。他也探讨了全球信息流通不平等的现象,指出发达国家和发展中国家在信息传播方面的不均衡现象反过来阻碍了第三世界国家的经济发展。发展中国家内部,也存在城市之间、发达地区与不发达地区之间信息传播的不均衡现象,最需要现代化信息的地方往往就是传播的稀缺地带。因此,发展中国家如何消除这种国际和国内的信息不平等和不均衡现象,是它们面临的一个重大难题。

第三,罗杰斯的创新-推广模式。美国著名传播学家弗里特·罗杰斯长期研究如何通过大众传播运动促进普及教育、改良农业、计划生育等项目的实施,他于1962年出版了《创新发明的推广》一书,提出了曾一度成为发展传播研究主导范式的创新-推广模式。这种模式把新事物传播的过程归结为四个因素。

(1) 新事物。这可以是新发明、新知识、新概念等。人们在决定是否采纳某一新事物时通常考虑是否能获得利益,与过去价值、经验是否容易协调,采用的复杂性程度如何,及实验性与可观察性如何等。

(2) 传播推广的渠道。这包括大众传播与人际传播。大众传播改变认知较好,人际传播改变态度和行为更有效。同时,新事物传播者与接受者同质性越高传播的效果就越好;反之,则相反。但新事物不免要由知识水平较高者传给知识水平较低者,因而最好是"同中求异",即社会经济地位相同,以对新事物认知高者传给

[①] 张隆栋:《大众传播学总论》,中国人民大学出版社,1993年版,第296页。

认知低者为好。

（3）时间。一般新事物的传播要经历四个阶段。这是罗杰斯和梅克在20世纪70年代提出的，他们认为，对个人来说，新事物的传播从开始推广到采用要经历知晓—劝服—决策—证实阶段。知晓是个人获得某一创新信息的阶段；劝服是个人对创新感兴趣，寻找材料来分析，并形成赞成或是反对态度的阶段；决策是个人分析自己是否有条件，是否有助于实现自己的目标，从而决定采纳或是拒绝某种创新，作出选择的阶段；证实是个人谋求加强他正在进行的决策的阶段，如果面临有分歧的意见信息，他可能改变他以前的决策。而在一个组织中，新事物传播的五个阶段是：公布新事物—理由化—改造新事物或组织结构—普遍认同—正规化。

（4）人。依创新性程度又分为创新者、早采用者、早跟进者、晚跟进者、落后群五个类别。

除此之外，社会体系也是影响"创新-推广"的一个重要因素。这里的社会体系指新事物在某社会体系内的人与人之间运行。罗杰斯认为来自不同组织结构的人接受新事物的速度与判断新事物的参考构架会不同，社会规范对新事物传播有影响，意见领袖对新事物传播有影响，社会体系内对新事物接纳是自行决定、集体共识，还是临时附从权威规定的决定形态也影响传播。

第四，莱克什马纳·老的理论模式。莱克什马纳·老是印度学者，从1962年起，他就开始研究传播媒介的发展与经济、社会发展之间的关系。当时有许多学者认为经济增长指标与传播发展指标之间的关系程度很高，莱克什马纳·老就想研究两者之间究竟谁是原动力，到底是经济发展带动了传播的发展，还是传播设施的改进促进了社会经济的发展。

莱克什马纳·老用实地调查的方法，分析印度两个在大小、位置、环境等方面都相当的村庄，发现两个村的经济改善、现代化程度大不一样。他从两个村的信息沟通渠道入手研究人们思想状况，最终得出了结论。他认为，传播是使社会变迁过程顺利进行的因素，充分的信息有助于发展活动的良性循环，有助于农民改进农业生产方法，提高产量和生产率，而生产率的提高又引起了收入的增加，这样消费习惯也就随之改变了。所以，经济、社会发展和传播之间是相互促进的关系，两者是互为因果关系，没有谁先谁后。

莱克什马纳·老的研究比西方学者的发展传播学理论更为可贵的是，该研究是他结合了印度的国情，通过充分的调查研究之后得出来的，因而具有更强的针对性。

本章思考题

1. 怎样看待传播的种种定义？怎样理解传播的学科定义？

2. 传播学的几位奠基人各有哪些贡献?
3. 传播研究的传统学派有哪些研究成果?
4. 批判学派的研究特点是什么?
5. 什么是发展传播学?有哪些流派与理论?

第二章 传播系统论

第一节 传播过程与传播系统

一、传播的基本要素

从传播学的意义上来说,一个完整的传播过程应该包括哪些要素呢?比如在公园里,一个人躲藏在他朋友身后的不远处,给他的朋友打电话,说:"你转过身来看!"他的朋友马上回头看。

这是一个日常生活中的例子,在这个例子中,我们可以看到这样几个要素:传播者(某人),受传者(朋友),讯息("你转过身来看"),媒介(电话),反馈(朋友回头一看)。这五个要素就是一个完整的传播过程的基本构成要素。

1. 传播者

传播者是传播行为的引发者,又可以称为"信源",他是以发出讯息的方式主动作用于他人的人。例如,老师在上课,即是传播者;广告主通过媒介传播广告,也是传播者。传播者的特点在于,他是整个传播过程的发起者,如果没有他,传播就无法启动。另外,传播者通常是主动的,而讯息也是由他传播出去的。

2. 受传者

受传者是讯息的接收者和反应者,又可称为"信宿",他是传播者的作用对象。虽然我们称它为受传者,但是他并不是完全被动的,他可以通过反馈来影响传播者。比如说,长沙某电视台的女主播,为一家美容整形机构拍摄了一个半裸广告,结果许多观众打电话到电视台,对这位女主播的行为表示质疑,最后电视台暂停了女主播的主持工作。这就是受传者影响传播者的一个很好的案例。

3. 讯息

讯息是由一组相互关联的有意义符号组成,能够表达某种完整意义的信息。

讯息是传播的内容,传播者是为了把讯息传递出去才会主动发起传播行为。

4. 媒介

媒介是讯息的运载者,又称为传播渠道、信道、手段或工具,是将传播过程中的各种因素相互连接起来的纽带。① 现实生活中的媒介是丰富多彩的,如广播、电视、杂志、网络、电话、声波(面对面讲话时的媒介)等。

5. 反馈

反馈指受传者对接收到的讯息的反应或回应,也是受传者对传播者的反作用。获得反馈讯息是传播者的意图和目的,发出反馈讯息是受传者能动性的体现。在传播学研究的初期是不重视反馈研究的,当时甚至有理论认为只要传播者传出讯息,那么受传者就一定会接受,这是不对的,没有看到受传者的能动作用。其实现在受传者的反馈可以说是丰富多彩、渠道甚广的。例如,打电话到报社、电台、电视台反映问题,参与媒体的现场互动节目,网络的出现更是使受传者的反馈变得容易和及时。

应该说,一个完整的传播过程不只包含这五个要素,但是必须包含这五个要素,它们是传播过程得以成立的基本条件,在任何一种传播活动中都是缺一不可的。

二、传播过程模式与特点

传播过程涉及多个因素,为了更清晰地对这个过程进行研究,在传播学史上,不少学者采用建构模型的方法来进行解释和说明。

现代传播研究开始以后,众多的学者站在各自时代和研究的角度,提出了许多传播过程模式,为深入研究传播过程作出了贡献。我们可以将学者们提出的传播过程模式分成两大类:传播过程的直线模式和传播过程的循环与互动模式。

1. 传播过程的直线模式

1) 表现传播过程的拉斯韦尔模式

美国学者拉斯韦尔在1948年的论文《传播在社会中的结构与功能》中提出,描述传播行为的一个方便的方法,是回答下列五个问题:谁(who)、说什么(say what)、通过什么渠道(in which channel)、对谁说(to whom)、有什么效果(with what effect)。这是在传播学历史上首次提出构成传播过程的五种基本要素,同时

---

① 郭庆光:《传播学教程》,中国人民大学出版社,1999年版,第58页。

拉斯韦尔还把它们按照一定的序列进行排列(见图2-1)。这个模型被称为"5W模式"或"拉斯韦尔模式"。

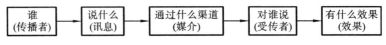

图2-1 拉斯韦尔的传播过程模式①

在传播学历史上,这是第一次比较详细、科学地对传播过程进行分解,是一个了不起的贡献。这个模式第一次将传播活动作为一个过程来研究,明确地提出了这一过程中的五个要素,为后来研究传播过程提供了一个框架。在这之前,尽管人们每天都从事着传播行为,却又不知道该从哪里入手去研究它。正是由于拉斯韦尔提出的这个模式,第一次为传播学搭建了一个比较完整、全面的理论构架,使得传播过程从学术上的模糊逐渐走向清晰。事实上,拉斯韦尔的5W模式也为传播学后来的研究领域的划分打好了基础,当代传播学研究的五大领域:控制研究、内容分析、媒介分析、受众分析、效果分析,正是脱胎于拉斯韦尔的模式。

尽管拉斯韦尔的模式具有开创性的历史功绩,但是基于时代的原因,这个模式的局限性也是不可回避的。

首先,这个模式的不完全性表现在它属于一个单向直线模式。所谓直线模式,就是将传播过程描述为一种直线的、单向的过程。从传播者那里开始,到效果结束,其中没有提到受传者的反馈,也没有提及各个要素之间的相互作用,不能揭示人类社会传播的双向性和互动性质。

其次,在拉斯韦尔描述的传播过程中,完全没有涉及传播过程与社会系统的联系,这显然是不符合实际情况的,任何传播行为都不可能脱离社会,在"真空"中进行。

2) 香农-韦弗模式

在5W模式问世后的第二年,美国两位信息学者香农和韦弗提出了一个传播过程的数学模式,被称为香农-韦弗模式,如图2-2所示。

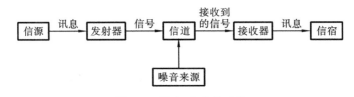

图2-2 香农-韦弗模式②

这个模式本来是描述电子通信过程的,是一个纯技术性的应用于自然科学领

---

①② 麦奎尔等著,祝建华译:《大众传播模式论》,上海译文出版社,1987年版,第17,20页。

域的模式。但是传播学界很快就发现，这个模式不但可以解释电话、电报等通信领域的传播活动，还可以用来解释一般的社会传播过程。

在这个模式中，信源相当于传播者，信宿相当于受传者。信源发出讯息，由发射器将讯息转变成为可以传送的信号，经过信道传输后，由接收器把接收到的信号还原成讯息，再传递给信宿。在这个过程中，讯息可能受到噪音来源的干扰而产生衰减或失真。

这个模式的进步性是明显的。

首先，这个模式将媒介细分为发射器和接收器两个部分，我们只要想想电视台和电视机之间的区别，就不得不承认香农-韦弗模式的适应性了。

其次，这个模型提到了讯息转变为信号再转变为讯息的过程，这反映了传播中常见的编码和译码的过程。例如，电视媒介的这个过程表现为将声音、文字、图像讯息转变为电磁波发射出去，然后接收者的电视机接收到这些电磁波信号，再通过译码将电磁波信号还原成声音、文字、图像讯息。

再次，这个模型的一个重要作用在于导入了"噪音"的概念，表明了传播不是在封闭的真空中进行的，过程内外的各种障碍因素会形成对讯息的干扰。例如，广播传播过程中受到电磁波干扰，接收不清楚。由此可见，香农和韦弗多少注意到了传播和周围环境的关系。

但是这个模式的局限性还是明显的。由于它本身是描述电子通信过程的，所以没有从根本上克服线性模式的局限性，仍然将传播过程描述为一个直线单向过程，缺少反馈环节。如果从纯粹的通信业务的角度来说，本着简要和经济的原则，忽略反馈是无可厚非的，但是如果照搬到社会传播领域里，显然就无法体现社会传播互动的本质，这是行不通的。

3）关于直线模式的总结

毋庸置疑，直线模式的提出反映了传播学者在理论上的探索和深入，成功地将传播这个复杂的过程用模式的形式表现出来了。这些直线传播模式从某些方面反映了大众传播媒介所含有的一些单向传播的特点。但是，直线模式将复杂的人类传播简单化了，忽略了受传者反馈行为的存在，不能体现人类传播的互动性质，这与社会传播活动是不相符的。另外，它把传播者和受传者的关系固定化，一方只能是传播者，而另一方只能是受传者，不能发生角色转换，而在实际的人类传播活动中，这种转换是常见的，其他传播类型中也有一定的角色转换现象。

2. 传播过程的循环和互动模式

为了克服直线模式的局限性，一些传播学家又开发出其他类型的传播模式。

1）奥斯古德与施拉姆的循环模式

1954年，施拉姆在奥斯古德观点的启发下，提出了一个"循环模式"，如图2-3所示。

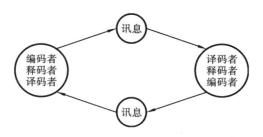

图 2-3 奥斯古德与施拉姆的循环模式[1]

这个模式与直线模式有着根本的区别。它打破了传播者和受传者的概念,偏重于解析传播双方的角色功能,认为传播双方都可以作为传播行为的主体,他们在传播的不同阶段依次扮演着译码者、释码者和编码者的角色。奥斯古德与施拉姆的循环模式强调了社会传播的互动性,认为传播信息会反馈。因此,"循环模式"的出现,意味着同拉斯韦尔直线模式的彻底决裂。

但是这个模式的缺陷也是很明显的。首先,它把传播者和受传者放在完全对等或平等的关系中,这与社会传播的现实情况是不相符的。例如,在大众传播中,传播者由于占据了传播媒介而处于强势地位,受传者由于无法控制传播媒介,其话语权就大打折扣。而人际传播中社会地位等的差异,造成了传播者和受传者之间不可能处于平等的地位。其次,这个模式更多是在体现人际传播特别是面对面传播的特点,却不能适用于大众传播的过程。

2)施拉姆大众传播过程模式

在提出"循环模式"的同时,施拉姆也认识到,上面的这个模式比较适合解释人际传播特别是面对面的传播,却不适用于大众传播过程。因此,施拉姆同时提出了另外一个模式——"大众传播过程模式",如图 2-4 所示。

这个模式充分体现了大众传播的特点。它描绘了在大众传播过程中,传受双方——大众传媒和受众之间的信息传达和反馈关系。其中,作为传播者的大众传媒与一定的信源相连接,通过大量复制讯息,把这些讯息传递给作为传播对象的受传者。受传者不仅仅是个体,他还分属于各自的社会群体,在对讯息的接受和理解上,受到他所在的社会群体的规范和制约。个人与个人、个人与群体之间都保持着特定的传播关系。施拉姆的这个模式在一定程度上揭示了大众传播中主要流程和相关群体间以及群体内传播等的相互连接性和交织性的问题。

3)德弗勒的互动过程模式

除施拉姆之外,德弗勒也提出了传播过程互动模式,如图 2-5 所示。

---

[1] 麦奎尔等著,祝建华译:《大众传播模式论》,上海译文出版社,1987年版,第20页。

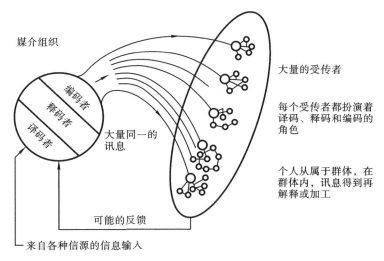

图 2-4 施拉姆的大众传播过程模式①

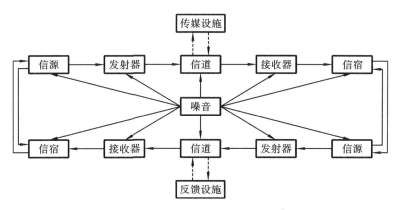

图 2-5 德弗勒的互动过程模式②

1966年,德弗勒提出的互动过程模式是在香农-韦弗模式的基础上发展出来的。它不再像前者那样是单向线型模式了,德弗勒增加了反馈的要素、环节和渠道,这就更加符合人类传播中有互动这样一个特点。这个模式还拓展了噪音的概念,认为噪音在传播的任何一个环节或要素都会产生影响,这与实际生活中的社会传播更加相似。

当然,德弗勒的模式也不是一个完美的模式,它把传播过程中复杂的内外部影响因素简单地归结为"噪音",这是不够的,社会传播远比此复杂。

---

①② 麦奎尔等著,祝建华译:《大众传播模式论》,上海译文出版社,1987年,第21、21页。

3. 对传播过程研究的总结

对传播过程的研究能够帮助我们更好地理解人类社会传播,但是无论是直线模式还是循环模式,都仅仅局限于传播过程本身的研究,只解决了传播过程的内部结构问题,并不能揭示社会传播的全貌,因为任何一个传播行为都是在社会大系统中发生的。对传播过程的研究不能反映传播行为与社会大系统之间的关系。

上面所涉及的传播过程的模式,除施拉姆的大众传播过程模式之外,基本都具有两个特点:第一,它们考察的是微观的、单一的传播过程,而不是宏观的、综合的传播过程;第二,这种研究主要目的是揭示传播过程的内部机制,即主要考虑传播过程内部因素之间的关系,并不重视对过程以外的因素进行考察。

对微观、单一的传播过程的考察是必要的,但这种考察无法揭示社会传播的总体面貌。任何传播过程都不是在真空中发生的,复杂的外部因素和条件都可能会对传播过程产生重要的影响。因此,对于传播行为的研究,不能仅仅局限于对传播过程的研究,还必须把它放到社会宏观环境中去进行研究。

三、传播系统结构与模式

为了解决传播过程研究中的局限性问题,传播学学者开始运用系统论的原理和方法来考察社会传播,将传播放在总体社会过程中进行研究和考察,这种研究一般被称为传播系统研究。

1. 赖利夫妇的传播系统模式

1959 年,美国学者赖利夫妇提出了一个引人注目的传播系统模式,如图 2-6 所示。

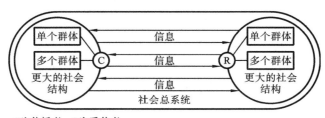

C为传播者　R为受传者

图 2-6　赖利夫妇的传播系统模式①

这个模式不再孤立地看待传播过程,而是把传播过程明确描述为社会过程之

---

① 麦奎尔等著,祝建华译:《大众传播模式论》,上海译文出版社,1987 年版,第 22 页。

一,并把它置于总社会过程中加以考察。这个模式提出:传播过程中传授双方都是具有内向传播的个体系统;这些个体系统之间相互影响,构成人际传播;个体系统又不是独立存在,而是从属于各自的群体,这样,群体系统之间又形成群体传播;而个体、群体又都是社会的组成部分,他们总是在社会中运行,因而又与总的社会系统有着互动关系。

这个模式将传播过程看做是庞杂的社会系统的一个子系统,强调了传播过程中个人与群体、群体与群体之间的相互影响,在传播过程中,个人自然会接受来自参照群体的影响。在这个观点的基础上,赖利夫妇对传播系统与社会系统之间的互动关系也进行了考察。他们的这种模式克服了有关传播现象的片面思考,超越了前人对传播过程系统内部的微观环节和要素的研究,开始着眼于传播过程的宏观环境,并更多地对社会系统的整体环境加以研究,将传播过程放到整个社会系统运行的大框架中去把握。这无疑将传播研究带入了一个新的时代,对传播现象的研究更全面、完整、立体了。

当然,赖利夫妇的这个模式也不是完美的。它最大的缺陷在于不够细致,只是提出了传播过程与社会系统关系的一个框架,但这个关系究竟如何,还需要更多的研究和补充。

2. 马莱兹克的大众传播过程系统模式

1963年,德国学者马莱兹克提出了大众传播过程系统模式,如图2-7所示。

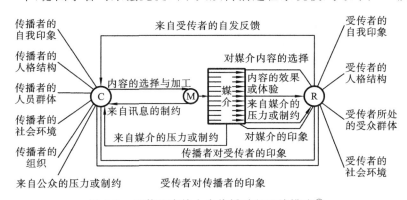

图2-7 马莱兹克的大众传播过程系统模式①

这个模式中,传播结构的四大要素并没有改变,但各个要素之间的复杂互动关系被勾画了出来。社会与传播之间的关系,包括影响和制约传播者的因素、影响和制约受传者的因素、影响和制约媒介与讯息的因素,被马莱兹克一一详细地列举

---

① 麦奎尔等著,祝建华译:《大众传播模式论》,上海译文出版社,1987年,第56页。

出来。

马莱兹克的系统模式说明,社会传播是一个极其复杂的过程,任何一种传播活动,即使看上去很简单,也必须对涉及该活动的各种因素或影响力进行全面的、系统的分析,这样才能真正理解这个传播活动的实质。

第二节　内　向　传　播

一、内向传播的界定

内向传播,也称人内传播或自我传播,如扪心自问、自言自语、内心矛盾等,是人的自我信息活动。一切发生于人体内部的信息交流都是人的内向交流,我们也可以说内向传播相当于人类的"思考"。

内向传播是人类有了语言后的普遍现象,它既是人的社会需要的体现,又是人的自我需要的体现,是人通过内向传播对周围变化了的事物作出反应的自我调节的过程。具体来讲,内向传播是通过人的视觉、听觉、味觉、触觉,对传播的客体进行回顾、记忆、推理、判断与其他反应。

内向传播具有很明显的心理学特征,它本质上体现的是人的思维的过程。我们知道,人的大脑中储存有许多信息,这些信息在某种指令下会交融、整合,甚至干扰,这是我们看不见的内向传播。一个人的思考、决策,是这种内向传播的结果;而一个人思维活不活跃,是不是有想象力,是这个人内向传播的水平体现。

同时,作为社会一分子的个人,他不可能孤立于社会之外而存在,他要与别人打交道,要处理社会上的各种事情,这就要时时处处思考问题,想好了再做,或者是边想边干;做好了总结,做错了反省,这都是内向传播的表现。人在社会化的过程中,完善自己,认识他人、社会,都离不开内向传播。

内向传播是一切社会传播活动的基础。虽然内向传播属于人体内部传播,但它仍然能够通过人的活动表现出来。例如,红灯亮了,红灯刺激甲的眼睛的感觉器官,通过神经系统传输到大脑,大脑作出判断,甲把这些判断用自己习惯的语言表达方式变成字句,然后甲通过声波告诉乙:"红灯亮了,停车。"这就是内向传播通过人的活动表现出来的实例。

二、内向传播的过程

1. 从生理的角度看内向传播的过程

人能够进行内向传播,首先与人体的生理机制分不开。人的身体具有一般信息传播系统的特点:人体既有信息接收装置(感官系统),又有信息传输装置(神经系统);既有记忆和处理装置(人的大脑),又有输出装置(发声等表达器官及控制这些器官的肌肉神经);人的身体既是一个独立的有机体,又与自然和社会外部环境保持着普遍联系。日本学者渡边一央等人提出了人的视听觉信息处理模式[①],清楚地反映了作为生理过程的内向传播的过程。

例如,A 信息通过人的视觉系统被输入人的体内,依次经过感觉层、知觉层、再认层、理解层、意志层对 A 信息进行感知、再认、理解和判断,并形成关于 A 信息的态度、意图、目的等,即 B 信息,再通过对 B 信息进行具体的表现和符号化,最后由人的信息输出系统(如发声系统、面部表情等)将 B 信息输出。

在这个过程中,人使用自己的感觉器官接收外界信息,用自己的神经系统传输到大脑,再由大脑处理这些信息,之后把处理的结果作为加工后的信息准备输出——这一系列的信息传播活动,即内向传播。

2. 从能动意识和思维活动的角度看内向传播的过程

内向传播一般都是作为对外界事物的反应而发生的,它有生理层面上的刺激与反应,但是作为高级动物的人来说,意识性、能动思维,则是人高于一般动物的根本区别。

内向传播由以下几个主要环节或要素构成。

感觉——是人使用眼耳鼻舌身等感觉器官,对外界事物个别属性的认知,包含有视觉、听觉、触觉、味觉、嗅觉等,是内向传播的出发点。例如,眼睛可以感知花朵的颜色。

知觉——和感觉不同,是对事物整体性的认知,例如,关于花朵的知觉,就是对花朵的形状、颜色、气味等各种信息的整体性认知。

表象——是指记忆中保存的感觉和知觉信息在头脑中的再现。如我们过去看见过牡丹花,头脑中留有关于牡丹花的各种特性的记忆,以后提到牡丹花时,我们头脑中就会出现牡丹花的形象。

概念——对同类事物的共同的、一般属性的认识。概念是人类进行抽象思维

---

① 郭庆光:《传播学教程》,中国人民大学出版社,2009 年版,第 74 页。

的工具,可以将人的思维活动与具体的物象剥离开来。

判断——是思维的基本形式之一,就是肯定或否定某种事物的存在,或指明它是否具有某种属性的思维过程。在内向传播中,判断是人们行为决策的基础。

推理——是由一个或几个已知的判断(前提),推导出一个未知的结论的思维过程。推理是在判断的基础上,从已知的知识得到未知的知识,特别是可以得到不可能通过感觉经验掌握的未知知识,是一种从已知中发现未知的创造性思维活动。

从上面的分析可以看出,内向传播是一个由能动的意识和思维活动构成的复杂的心理过程。

3. 对内向传播过程的总结

综上所述,我们可以知道内向传播属于人体内部的传播,能够通过人的行为表现出来。人的内向传播的可能,是因为人有这样的生理机制,有感觉器官、神经传导系统、大脑处理系统,由这些环节构成了一个完整的信息传播系统。

需要指出的是,内向传播过程不是孤立的,作为个人的信息系统,它的信息来源于外部信息的输入,它信息加工的结果又是要输出到外部的信宿;内向传播体现的是社会实践,反映了个人的社会关系,是人的社会性和实践性的表现;内向传播能积极能动地反映外部世界,表现出人的意识和思维活动具有生成性和创造性;内向传播是其他一切传播活动的基础,传播的性质和结果必然对其他类型的传播产生重要的影响。

第三节 与内向传播相关的理论

内向传播尽管是在人体内部发生的,但是这种传播过程同样会与人体外部的社会系统发生关系。内向传播是在个人的主体意识——自我意识主导下的传播活动,而自我是在与他人的社会联系中形成的,自我具有鲜明的社会性和互动性,而自我的社会性和互动性体现了内向传播的社会性和互动性。相关的理论包括米德的"象征互动"理论和布鲁默的"自我互动"理论。

一、米德"象征互动"理论

美国社会心理学家米德提出了"象征互动"理论,他认为:人有自我感,而自我分为"主体我"和"客体我"两个相互联系、相互作用的方面:一方是作为意愿和行为主体的"主我"(I),它以个人面对某一事物的行为和反应体现出来;另一方是作为他人的社会评价和社会期待之代表的"客我"(me),它是自我意识的社会关系性的体现。换句话说,人的自我是在"主我"和"客我"的互动中形成的。①

一个人作为"主我"的时候,他能清楚意识到自己的主体性,这里展现的是人的冲动的倾向和自发行为的"自然"特征,它具有创造的和不可预测性。而当一个人作为"客我"的时候,他会展示个人社会性的一面,考虑他人对自己的态度、评价,并以此来说话与行事。这种标准反映了自我对外界的认识、顾忌与互动,以及对外部世界的适应。在这个过程中表现了自我对社会法律、道德、规范的适应与遵循。

"主我"和"客我"的互动形成了统一的社会自我,这也正是人的社会化的过程,如图 2-8 所示。

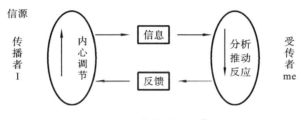

图 2-8 内向传播图②

米德的"象征互动"的理论,表明内向传播是一个"主我"与"客我"之间双向互动的社会过程。这个理论说明内向传播并不是孤立地存在于人的体内,而是与社会总系统有着密切的联系。作为意愿和行为主体的"主我",我们不能直接影响,但是作为他人的社会评价和社会期待的"客我",是自我意识的社会关系性的体现,是可以影响的。内向传播由此与社会系统发生关系,而我们也可以通过对"客我"施加影响从而对内向传播产生作用。

二、布鲁默"自我互动"理论

美国社会心理学家布鲁默是现代象征互动理论的集大成者,他在 1969 年出版的《象征互动论》一书中提出的"自我互动理论",也对内向传播的社会性和互动性进行了很好的说明。

这个理论认为,人能够与自身进行互动,即自我互动。人在对自身认识的这个过程中,能够认识自己,对自己进行审视,拥有自己的观念,与自己进行沟通或传播,并能够对自己采取行动。

---

① 郭庆光:《传播学教程》,中国人民大学出版社,2009 年版,第 78 页。
② 申凡、戚海龙:《当代传播学》,华中科技大学出版社,2000 年版,第 12 页。

布鲁默指出，人的自我互动，在本质上来说是与他人的社会互动的内在化。在自我互动过程中，人脑中会出现关于他人期待的印象，这些期待具有一定的意义，个人会考虑这些期待对自己意味着什么。但是个人又不是原封不动地接受这些期待的，在内向传播的过程中，个人沿着自己的立场或行为方向对他人期待的意义进行能动的理解、解释、选择、修改和加工，并在此基础上重新加以组合。

布鲁默的"自我互动"理论让我们看到人的传播不仅在个人与他人之间进行，同时还在个人与自己本身之间进行，这就是内向传播。而在内向传播的过程中，由于个人考虑到了他人的期待，因此内向传播又具有很强的社会性。

三、内省式思考

内省是内向传播的一种重要形式。所谓内省即人们对自身的一种反思。内省可以分为两种，一种是日常的、长期的自我反思活动，另一种是短期的自我反思活动。前者的目的是完善个人的修养，具有明显的长期目标性和连贯性。后者又称为"内省式思考"，是以解决现实问题为目的的。

内省式思考是一种非常重要的内向传播形式。在内省式思考的过程中，人的头脑中会出现他人的意见，个人会分析和推测别人会如何思考，别人对此问题会采取什么态度，等等。在此基础上，个人才会形成自己的态度以及后来采取的行为。由此可见，内省式思考不是封闭的，而是与周围的环境和他人有着密切的联系，是一个社会过程。

米德认为，内省式思考过程中个人会把自己迄今为止有关该问题的社会经验和知识积累全部调动起来，对它们的意义重新进行解释、选择、修改和加工，在此基础上创造出与新的状况相适应的新的意义和行为。由此可见，内省式思考也是一种具有创造性的活动。

内省式思考的这些特点充分说明，内向传播不是孤立和封闭的"主观精神"的活动，而是一个与人的社会实践相联系的活动，内向传播在本质上是人的社会关系和社会实践的反映。同时，这种反映不是对社会关系或实践的消极、简单的"复制"，而是一种能动的、创造性的活动，内向传播反过来会对现实的社会关系和社会实践产生巨大的影响。因此，内向传播也是一种推动社会发展的强大动力。[1]

---

[1] 郭庆光：《传播学教程》，中国人民大学出版社，2009年版，第81页。

第四节 人际传播

一、人际传播及其特点

1. 人际传播的界定

人是社会性的动物，他必须与其他人发生交往才能生存下去。在人们的交往过程中，人们互相传递和交换意见、知识、情感等，从而产生人与人之间互相认知、互相吸引、互相作用的社会关系网络，这就是人际传播的过程。

对于人际传播，学术上有广义和狭义两种认识。广义的人际传播是指大众传播以外的其他人类传播类型，狭义的人际传播则是指在两个或两个以上行为主体之间进行的面对面的或凭借简单媒介如电话、书信等非大众传播媒介的信息交流活动。

根据人际传播媒介形式的不同，我们可以把人际传播分为直接传播和间接传播两种形式。直接传播，就是人际传播的双方不必借助媒介而是面对面地直接进行信息交流的形式。而间接传播，则是在现代社会出现大量个人媒介（如电话、书信、电子邮件等）后，依靠这些媒介进行的远距离人际传播。可以说，现代社会个人媒介的出现，大大拓展了人际传播的范围。

2. 人际传播的特点

人际传播，特别是面对面的人际传播具有以下特点。

（1）人际传播是多器官感受的传播，人的各种感官参与度高。人际传播过程中，传播双方传递和接收信息的渠道多，方法灵活。在面对面的人际传播过程中，人体的很多感觉器官都可能参与进来，接收信息和传递信息。例如口头语言的声调、速度、音量、节奏等，传播时人的体姿、表情、眼神、身体接触以及服装、发型等，都是人际传播的手段和渠道。即使是间接性的人际传播，人体感官的参与度也是相对较高的。如通过书信进行人际传播所使用的文字的笔迹、字体大小等都可以传递信息。

（2）在人际传播过程中，传受双方的位置随时发生改变。在这种人际传播过程中，传者和受者的固定位置被打破，双方在交流中随时互换位置，随意性很大。

（3）人际传播双向性强，反馈及时，信息量较大。在人际传播过程中，双方用一来一往的形式不停转换角色，进行信息的传递。每一方都可以随时根据对方的反应来把握自己的传播效果,并相应地修改、补充传播内容或改变传播方法。因此,人际传播是一种高质量的传播活动,能够实现实时反馈,且信息量较大。

(4)人际传播属于一种非制度化的传播。与组织传播和大众传播相比,人际传播是建立在自发性、自主性和非强制性的基础之上,是一种自愿的活动,一般不会受到成文的制度的约束。

(5)人际传播的保密性较强。在人际传播中,除非传受双方中的一方或者双方公开交流内容,否则对外界而言信息都具有不公开性。由于人际传播的对象和传播范围可以根据传受双方的意愿进行控制,因此这种传播方式比其他方式在保密性上更具有优势。

二、人际传播的动机与社会功能

个人为什么要进行人际传播,人际传播的动机是什么呢?具体来说,人际传播的动机有以下几个。

1. 获得信息

人是社会的动物,个人生活在自然环境和社会环境中,要保证个人的生存和发展,就必须及时了解环境的变化,并据此不断调整自己的行为以适应新的变化。例如,通过面对面的聊天、发邮件等方式,了解外部环境变化的大量信息,从而决定自己该怎样应对。

2. 建立与他人的社会协作关系

人是社会动物,个人无法离开他人而独立生存,个人必须与他人进行社会交往和协作,才能正常生存。人际传播能够在合作的时候,与合作者进行协商,了解彼此的意思,从而使合作能够顺利完成。例如,两个人一起抬桌子,只有通过人际传播,才能明确桌子抬到哪里去,如何同时用力等。

3. 自我认识和相互认识

上一节我们讲到米德提出的"主我"和"客我"的理论,其中"客我"是指"他人的社会评价和社会期待",这个"他人的社会评价和社会期待"是如何获得的呢?就是通过人际传播去了解他人对自己的看法而获得的。

除自我认知以外,相互认知也是人际传播的一个重要动机。要认知他人,就必须通过人际传播了解他人的信息。而人际传播越频繁,这种了解就会越多,对他人的认知也就会越全面。

4. 满足基于人的社会性的精神和心理需求

作为社会化的人，个人建立自己和谐的人际关系，拥有自己的社交圈子和娱乐伙伴，能够使人身心愉快，保持良好的精神状态，有利于人的身心健康。

从上面的分析我们可以看出，个人从事人际传播的动机是复杂的，总体来说，是为了更多地了解他人，了解社会和环境，认知自我以及满足自我的精神需要。从本质上来说，这也正是人的社会化过程。因此，人际传播的社会功能之一，就体现在帮助个人实现社会化，形成自我的观念以及社会的观念（包括对于他人的认识、对社会的基本看法、对社会价值和行为规范的接受，等等）。

人际传播的另一项社会功能则体现在面对大众传播的反应上。在面对大众传播时，个人并不是孤立的，他可以通过人际传播，或者其他人的想法，与其他人交流思想甚至获得大众传播未告知的其他信息等，这些都能够帮助个人理解大众传播的内容或对大众传播内容产生某种态度或者其他行为。这都会对大众传播效果本身产生重要影响。传播学中的"意见领袖"、"两级传播"等理论研究了大众传播过程中人际传播的作用和影响。

三、与人际传播有关的因素

人际传播是以语言（口语和文字）作为基本传播符号的，除了语言本身之外，还有其他的一些因素会在人际传播过程中发生作用，从而对人际传播产生影响。具体来说，有以下几种因素。

1. 非语言符号

美国口语传播学学者雷蒙德·罗斯在1986年指出，在人际传播活动中，人们所得到的信息总量中只有35%是语言符号传播的，而其余65%的信息是非语言符号传播的，其中仅仅面部表情就可以传递65%中的55%的信息。这包括了语言符号的伴生符，如声音的大小、速度的快慢，文字的字体、大小、粗细、工整或潦草等，以及体态符号，如外貌、衣着、表情、眼神、动作、手势、姿态、空间距离，等等。

例如，一个女记者到一个建筑工地采访，如果她着正装，会让被访者产生距离感和抗拒心理，穿牛仔裤和T恤就不会有这种感觉。空间与距离的大小通常能够表明两个人关系的亲密程度和个性。又如，跟喜欢的人交谈会比跟不喜欢的人交谈要靠得近，朋友要比陌生人靠得近，性格外向的人比性格内向的人靠得近，女人比男人靠得近。

非语言符号对于人际传播的过程和效果会产生很大的影响。

2. 相邻接近

如果人际传播的双方在地理位置或人际关系中处于相邻的位置,那么人际传播的效果会好得多,而且人际传播的频率也要高得多。

3. 个人品质

个人品质也会影响到人际传播。品质好的人,往往给人可信赖的心理暗示,因此别人更加倾向于与他进行沟通,而一些被认为是秘密的信息也经常会被这些人所获得。

4. 相似性与互补性

如果人际传播的双方在某件事情的认知上相似或相同,那么他们的人际传播会更加顺畅。另外,如果人际传播的双方在某件事情上所掌握的信息是互补的,那么他们的人际传播也会比较顺畅。

5. 社会关系

社会关系具体表现为现实而具体的人际关系,在这种关系下发生传播,传播中双方或各方显示或暗示的身份和地位(人际关系),在一定程度上决定了人际传播的内容和方向。

第五节　群体传播

一、群体的概念

任何人都不可能独立地生活在真空中,作为社会中的人必然会以群体的形式进行活动。我们常说,要了解一个人,看他的朋友就知道了。我们每一个人都生活在一定的群体之中,是群体传播的参与者。

群体是一个比较广义的概念,不同的学者对群体的界定是不一样的,我们在这里将群体分为两类:组织群体和非组织群体。这两种群体的结构、功能和传播机制都有明显的不同。我们在讲到群体传播时,一般指的是非组织群体的传播活动,而组织传播指的则是组织群体的传播活动。

群体对于个人而言其社会功能是显而易见的,它将个人与社会连接起来。个人在参与社会活动的时候,往往是作为群体的一员出现的。个人只有首先成为一名合格的群体成员,才有可能成为合格的社会成员。个人的社会化过程也离不开群体,个人在群体中承担一定的社会角色,形成社会规范和准则,并由此调节和控制个人的行为。而个人不能单独完成的社会工作,都是通过群体的分工和协作功能完成。可见,群体的社会功能是推动社会发展的强大动力。

具体来说,群体对个人的意义主要表现在以下几个方面。

第一,群体能使个人需求得到满足。一个人常常会有很多需求和愿望。但是有些需求和愿望单凭个人的力量是没有办法获得满足的,只有借用群体的力量,通过与他人的合作才能实现。比如一个个体消费者与某个商家谈购物价格,获得折扣的机会往往很小,但是如果招集一批购买此产品的人团购,则这个群体与商家谈判,往往能达到满意的结果。

第二,群体为个人提供信息,并使个人获得安全感。群体是个人重要的信息来源,离开了群体,个人就会处于消息闭塞的状态。心理学研究表明,这种消息闭塞的状态,会让人产生孤立无援的感觉,让人觉得四周布满来自自然界和社会的威胁,产生强烈的恐惧感。而加入群体中,个人不但可以及时获得关于外界变化的信息,从而减少由于对外界环境的不确定性而带来的不安全感,同时还能借助群体的力量解决困难和危机。例如,当个人遇到某些突发性事件或威胁性事件的时候,都会积极从群体中获取关于此事件的信息以及群体中其他人的应对措施,从而选择自己的行为方式,并获取安全感。

第三,群体为个人表现和实现自我提供了场所与手段。马斯洛将个人的需求分为五个层次,依次是生理的需求、安全的需求、社交和爱情的需求、尊敬和被尊敬的需求、自我实现的需求。由此可见,自我实现是个人需求的重要组成部分。而个人的表现和自我实现是离不开群体的。所谓个人的表现,正是表现给群体中的其他人看;而如果个人的优点、才能、成绩等,得不到群体成员的认同,那也只可能是孤芳自赏。

二、群体传播的机制

群体为其成员提供了协作的机会,也为其共同目标的实现创造了条件,而这些都离不开群体与其成员、成员与成员之间的传播,即群体传播。群体传播有其特殊的机制和规律,具体表现在以下几个方面。

1. 群体规范在群体传播中起着重要作用

参加群体的成员为了保证群体的成立、生存和发展,在群体活动中必须遵守一些共同的规则,这被称为群体规范。群体规范能够协调成员的活动,规定成员的角色和职责,从而保证群体目标的实现。群体规范能够保证群体的整体合作,并且通过指示共同的行为方式以维持群体的自我同一性。群体还能为成员个人提供安全的决策依据,通常来讲,群体中大多数人的决策会相对安全,从而给个人提供安全的决策依据。

群体规范在群体传播中起着重要作用。首先,从群体内部的传播行为来看,群体规范能够排除群体中的偏离性意见,将群体的意见分歧和争论限制在一定范围之内,从而保证群体能够形成统一的决策,提高群体活动的效率,以实现群体目标。

其次,群体规范还能够对群体外的宣传活动以及来自群体外的信息产生影响。美国两位传播心理学家H.H.凯利和E.H.沃卡尔特在1952年曾经进行了一次实验,证明了群体规范能够产生的影响。[①]

这次实验是以中学生的课外团体——"童子军"为对象进行的。实验方法和步骤如下。

第一步,实施问卷调查,根据每个成员对团体的评价将他们的群体归属意识(成员意识)由弱到强分为五个等级;在此基础上,围绕该团体的意向主要活动——野外登山锻炼进行态度测验,了解这些成员对活动的赞成与支持态度(应该说明的是,该团体是把野外登山作为积极健康的活动来进行的,因此,"野外登山是有益的"这个判断,应该是该团体的群体规范)。

第二步,实验人派出一位"局外人"对群体成员进行"反规范"宣传,即说服他们应该停止"危险的"野外登山,更多地在市内开展其他有益活动。

第三步,在"反规范"说服实验之后在此检测野外登山实验态度,以比较前后态度变化。

这次实验的结果表明,群体归属意识的强弱对反规范宣传的说服效果具有明显的影响。也就是说,群体意识较弱的少年对反规范宣传的抵抗力较弱,其态度向说服者意图的方向发生了改变;而群体意识较强的少年则对这种宣传表现了顽强的抵制,不但没有接受对立的观点的说服,相反对其展开了激烈的批判和反驳。根据这一结果,凯利和沃卡尔特得出了以下结论:成员的群体归属意识越强,对群体的忠诚度就会越高,因而对与群体规范不相容的宣传也就越容易表现出较强的抵制态度。

2. 群体压力、趋同心理与群体传播

群体传播的另一机制就是群体压力和趋同心理对群体传播的影响。群体压力指的是群体中的多数意见对成员中的个人意见或少数意见所产生的压力。通常情况下,个人和少数意见会迫于群体压力而对多数意见采取服从的态度。"少数服从

[①] 郭庆光:《传播学教程》,中国人民大学出版社,2009年版,第93页。

多数"是群体活动的一个基本原则,是群体传播的机制之一,它能够保证群体的协调统一。个人为了有效地进行社会合作,需要对多数人的意见作出一定的妥协和让步。

但是,对多数意见的服从并不是在任何情况下都是基于理性判断作出的。有时候,群体压力也会导致错误的判断,"皇帝的新装"的故事就是一个典型的例子,群体压力有时候会导致对错误意见的盲从。为了证明这个观点,美国心理学家所罗门·阿什在20世纪50年代进行了一次关于小群体内趋同行为的实验。

在阿什的实验中,他提供了甲乙两种卡片,甲卡片画有1条标准线段,乙卡片画有3条线段,其中只有1条与甲卡片的标准线段长度相等。在实验中,参与实验的人被要求指出乙卡片中哪条线段与甲卡片中的标准线段等长。为了测试群体压力发生的情况,阿什设置了两种实验环境:一种是由个人独立判断,没有群体压力;另一种是与他人一起判断,存在群体压力。在第一种实验条件之下,几乎所有人都能够选择正确。在第二种实验条件中,阿什将8人组成一组参加实验,但是其中7人为知情者,他们按照阿什制定的错误选择回答问题,小组中真正被测验的只有1个人。经过实验,结果显示:在123个真正被测验的人中间,有76%的人在多数意见的影响下至少做了1次错误选择,而全部答案错误率为36.8%。①

出现群体压力的原因有二:一是信息压力,二是趋同心理。信息压力是在通常情况下,个人会认为多数人提供的信息正确率较高,从而对多数意见持信任态度。而趋同心理,则是指个人希望与群体中的多数意见保持一致,以避免被孤立的心理。趋同心理也正是个人会对错误观点盲从,或者明知多数人观点可能有误却依然被迫接受的根本原因之所在。

群体传播中的群体压力和趋同心理,能够保证群体传播中逐渐形成群体合意,使群体的共同活动得以开展,并最终实现群体目标。但是,当多数意见是错误的时,群体压力和趋同心理也可能将群体引至错误方向,造成危险性后果。

三、群体传播与集合行为

集合行为,指的是在某种刺激条件下发生的非常态社会集合现象。集合行为是以一种非常态的群体——群集的形式出现的。作为一种特殊形式的群体,群集同样具有着参与者个人之间、个人与人群全体之间的互动关系。集合行为多以群集、恐慌、流言、骚动的形态出现,往往会造成社会正常秩序的干扰和破坏。在集合行为中,同样存在传播行为,是一种非常态的传播行为。

作为一种非常态群体的行为,集合行为的产生必须具有以下三个条件:第一,

---

① 郭庆光:《传播学教程》,中国人民大学出版社,2009年版,第95页。

结构性压力;第二,触发性事件;第三,正常的社会传播系统功能减弱,非常态的传播机制活跃化。例如2006年9月9日发生在我国台湾地区的"倒扁静坐",是一次典型的集合行为。其结构性压力是台湾地区人民对当局政府贪污行为的不满,触发性事件是施明德提出从9月9日开始静坐,而静坐的民众由于所处的环境不利于接收来自大众传播媒介的信息,因此非常态的传播机制开始活跃化(如在静坐民众中,关于台南挺扁势力猖獗,对倒扁民众产生危害的流言传播等)。

从集合行为产生的条件看,它其实是一种传播行为。其中第一个条件——结构性压力,是人们感受到社会危机状况而产生的结构性压力,而人们只有通过各种传播行为才能感知到这些信息。第二个条件——触发性事件,必然是以社会传播的方式在人群中进行传播。而第三个条件——正常的社会传播系统功能减弱,非常态的传播机制活跃化,则与传播行为直接相关。作为一种特殊的传播行为,其传播机制有以下几种。

1) 群体暗示与群体感染

集合行为中的传播包括信息本身和与此相伴的情绪或情感的传播。这两种内容的传播都与暗示和感染的机制分不开。

暗示这种传播方式,不是直接的说服或者强制,而是使用间接的示意方式使他人接受某种观点,或者是进行某种行为。一般来说参加集合行为中的人大多处于亢奋、激动的状态,而这是最容易被暗示的状态。周围人的话语、表情、动作、氛围都能够给他以强烈的暗示,使之对信息失去理智辨别的能力,而出现盲信或盲从的态度。

群体感染指的是某种观念、情绪或行为在暗示机制的作用下以异常的速度在人群中蔓延开来的过程。在现场亢奋的状态中,个人很容易失去自控能力,对外部的刺激表现出一种本能的反应,从而使某种观念、情绪或行为得以在人群中迅速传播。例如:一人笑,大家都笑;一人哭,大家都哭等。

由于受到暗示和感染机制的影响,集合行为中的信息和情绪传播往往不受理性的控制,因此容易对正常的社会秩序造成破坏性的后果。

2) 群体模仿和"匿名性"

模仿是人的本能,人正是通过模仿来学习,从而完成社会化的过程。在集合行为中同样存在模仿行为。但集合行为中的模仿更多地表现为无意识的、条件反射性的模仿。因为人们很难用常规的方法来应对突然发生的事件或灾难性事件,这时人只能基于本能进行反应,而最简单省力的反应莫过于模仿周围人的行为。在集合行为中,由于事件本身的高度不确定性,而正常的传播系统功能又减弱,与在场的多数人保持一致成为最安全的选择。但是,由于这种模仿本身缺乏理性,因此这种相互模仿带来的结果又可能是最不安全的。例如游行事件中,个别人或者少数人的过激行为可能引起群集中其他人的模仿,最终引发大规模的社会混乱。

集合行为中的非理性的模仿还可能基于另一个原则——"匿名性"。由于身处群集之中,对于个人来讲,没有人知道其真实身份,个人对发生的任何后果都不担心会追究个人责任,这就可能从心理上失去了社会约束力,这样人们很容易丢失社会责任感和自我控制能力,作出一些出格的事情来。这对于社会的危害也是巨大的。

3）集合行为中的信息流

根据布鲁默的研究,集合行为中的信息流也呈现出一种异常状态。在这里,一方的刺激成为另一方的反应,而另一方的反应则又反过来成为这一方的刺激。简单来说,在集合行为中几乎每个人都是消息的发布者,同时也是消息的接受者。布鲁默将这种现象称为"循环反应"。

与此相对应的,集合行为中的主要信息形式是流言。流言的产生通常是因为社会环境的高度不确定性以及正常的社会传播系统功能减弱,由此出现的一种信源不明确、无法得到确认的消息或言论。由于集合行为中的信息流言呈现出循环反应的异常状态,因此它具有以下几个特点：第一,流言信息的快速增殖,传播速度异常迅速;第二,流言信息的奇异回流现象,即同一个流言在经过若干人的传递之后,又重新回到发布者那里,但是这时的流言已经增添了许多新的内容,发布者自己也难以辨认它的原貌,而把它当成新的或是他人证实的信息加以接受;第三,流言中伴随着大量的谣言,即一些别有用心的人刻意捏造的谣言伴随着流言一起传播,而由于集合状态下,人们的识别能力大大减弱,谣言得以与流言一起快速传播,从而导致极端的、破坏性的后果。

综上所述,作为一种非常态的群体行为,集合行为中的信息传播受到许多异常的、非合理的机制影响,从而给社会带来危害性后果。如何避免这种现象的发生,是传播学需要关注的重要课题。

第六节　组织传播

组织与群体有共同之处,也有不同之处。与非组织群体不同的是组织具有更加明确的目标,它反映了组织所希望达到的状态和目标;其次,组织有相对比较固定的人员组成,组织借助其成员来完成工作,这是实现组织目标的必要条件;再次,组织有更为严密的组织结构,有着严格的分工,有着统一的指挥管理系统,保证其成员能够在组织内部完成他们的工作。总体来说,组织是人们为了高效地完成分散的个人或松散的群体所不能承担的生产或社会活动而结成的协作体。

在组织内部具有明确的、专业化的部门分工,各个成员都有着具体的分工且遵从岗位责任制,有着严明的纪律,组织内部有着明确的阶层制。例如,一个企业就是一个典型的组织。在企业内部,有着分工明确的各个部门,如生产部门、财务部门、市场部门等;每个成员都有着自己具体的工作任务,且必须遵守组织的共同纪律,如不能迟到、早退等;组织内部下级必须向他的上级负责,等级分明。

组织传播指的是组织所进行的信息活动。组织传播能够实现组织的内部协调、指挥管理、决策应变、达成共识等功能。它包括两个方面,一是组织内传播,二是组织外传播。

一、组织内传播的媒介

1. 组织内传播的正式渠道

由于组织内部有着明确的、专业化的部门分工,并且有明确的阶层制度,因此在组织内部的制度规范之下及部门级别之间,有着特殊的传播渠道。这种组织传播的正式渠道主要有以下几种形式。

第一,下行传播,是通过组织的各个层级,将有关组织目标、任务、方针、政策的信息,自上而下传达贯彻的过程。组织内的下行传播能够统一组织内部成员的思想,明确组织的目标,并为实现组织目标而努力。

第二,上行传播,指的是组织内的下级部门向上级部门或部下向上司汇报情况,提出建议、愿望与要求的信息传达活动。组织内的上行传播能够保证组织内传播的双向性,避免信息单纯地从上到下的传播。另一方面,上行传播通常能够反映组织目前的问题、情况等,帮助组织的决策者全面地了解组织的情况,并作出正确的判断和决策。

第三,横向传播,指的是组织内同级部门或成员之间互通情况、交流信息的活动,其目的是为了相互之间的协调和配合。组织内的横向传播能够保证组织内的各个平级部门之间互通信息,协调合作,保证组织的正常运作。

通过正式渠道进行的组织内传播,其内容主要都是与组织运行、组织目标等密切相关的信息,而且是在组织的规章制度以及等级制度下进行的,在传播方式上受其制约,同时也反映着组织的制度规范及等级形态。

2. 组织内传播的非正式渠道

除了正式渠道之外,组织内的信息传播还会通过非正式渠道进行。所谓非正式渠道,指的是制度性组织关系以外的信息传播渠道。通过非正式渠道进行的组织内传播,摆脱了组织的制度规范及层级制度,因此交流信息的范围更加广泛,与组织相关和不相关的内容都可能在这种传播形式中出现。同时,在这种非正式渠道中的传播行为,传播双方的地位是平等的,不受到组织内等级制度的影响。正因为上述原因,这种传播方式中的本意交流和感情交流成分比较多,传播双方愿意真实地透露自己的想法,而不用有所顾忌。

组织内非正式渠道的传播形式主要有两种:一种是人际传播,即组织内的成员个人之间的人际交往中所发生的传播行为;另一种是非正式的小群体传播,例如组织内都喜爱打乒乓球的人由于下班后经常在一起打乒乓球而形成的一个小群体,他们之间所发生的传播行为。

组织内非正式渠道的传播行为通常会因为下列原因而变得特别频繁:第一,信息与传播者的利益密切相关,例如关于是否涨薪水的信息通常会在组织内进行广泛的传播;第二,新的、他人尚不了解的信息,通常能够引起组织内成员传播的兴趣;第三,与某些特别的人相关的信息,例如组织的领导或大家都很关注的某人的信息,会引起更多人的关心而导致传播频繁;第四,组织内存在着喜欢传播消息的成员个人,会促使非正式渠道的传播更多发生;第五,组织内部环境允许传播此类消息,即组织对于非正式渠道的传播并没有严加控制,会使这种传播比较频繁。

3. 组织内传播的媒介形式

组织内的传播,通常可以借助以下媒介形式进行。

第一,书面媒体式传播,如文件、简报等。

第二,会议式传播,这是组织内传播的重要形式,通过会议不但能够实现组织内信息的上传下达,而且能够实现组织内信息的充分交流。

第三,内部网络系统传播,包括电话系统和计算机系统。电话方便、快捷、双向性强,能够保证组织内信息的快速传播。计算机系统指组织内部的局域网、基于计算机网络系统的个人及时通信工具(如 QQ)等,它所提供的传播方式更加便捷和灵活,是现代组织传播中的新生力量。

第四,壁挂式媒介传播,如黑板报、墙报等,醒目、简明、贴近组织成员,是组织内有效的传播媒介。

第五,准大众传播媒介,如内部报纸、闭路电视、广播等,能够实现组织内信息的迅速传播。

二、组织外传播的形态

组织传播的另一种重要形式是组织外传播。组织外传播是组织与外部环境系统进行信息互动的过程,包括信息输入和信息输出两个方面。

1. 组织信息的输入

任何一个组织都不可能脱离外部社会环境而独立存在,因此组织必须了解外界环境中一切与自己相关的信息,从而为确立、实现组织的目标服务。所谓组织的信息输入,是组织为进行目标管理和环境应变决策而从外部广泛收集和处理信息的活动。

以企业组织为例,一个企业要把自己的产品销售出去,就必须了解目前市场上的状况,如国家相关的法律规范是什么,消费者关于这类产品的具体需求是什么,竞争对手是如何做的,市场上是否存在机会,等等。而这些必须通过企业组织建立有效的信息输入渠道,如长期的市场调查等来获取信息,指导企业的生产实践。

可见,建立组织的信息输入系统,有效地开展信息输入活动,能够帮助企业适应外部环境,保证组织的生存和发展。

2. 组织信息的输出

组织同样也需要进行信息输出活动。由于组织生存在外部环境系统中,组织必须通过信息的输出活动,让外界了解组织的运行,协调组织与环境的关系,推动组织的发展。以企业组织为例,组织的信息输出活动主要有以下几种方式。

(1) 公关宣传。公关即公共关系,指的是社会组织与周围社会环境中的其他组织、机构、团体以及公众的关系和联系;公关宣传,则是指组织为了与其所处的社会环境建立和保持和谐关系而进行的各种传播活动。[1]

公关宣传能够树立企业的良好形象,帮助外界公众正确了解企业的运作状况,防止和解决组织与外界公众发生的矛盾和冲突等。例如,2008 年 9 月发生的震惊全国的"三鹿奶粉"事件,导致了公众对乳制品行业的信任危机。如何化解危机,消除消费者的疑虑,重新获得消费者的认同,有效的公关宣传是必不可少的。

(2) 广告宣传。广告是以付费的方式利用各种媒介进行的大面积的宣传活动。广告是现代企业宣传的重要方式,它可以帮助企业建立品牌的知名度,帮助消费者了解企业及其品牌和产品,扩大企业影响,从而直接促进企业的产品销售。现代企业都十分重视广告宣传,将它视为企业对外传播的重要手段。

(3) 企业标识系统宣传。企业标识系统是英文 corporate identity system 的译文,简称 CIS。企业标识系统是组织文化的重要组成部分,它一般由三个层次组成:核心层——意识体系(MI),包括企业理念与价值标识;中间层——制度规范和行为体系(BI);表现层——符号象征体系(VI),包括视觉或听觉形象标识。三者形成了 CIS 的理念识别系统、行为识别系统和视觉识别系统。其中理念识别系统包括经营理念、企业核心价值观、精神和战略思想。行为识别系统包括行为标准、行为规范等,视觉识别系统包括组织名称、品牌标志、标准字和色彩等。企业通过对 CIS 的宣传,能够在消费者心目中形成关于企业的统一的、独特的形象识别,宣

---

[1] 郭庆光:《传播学教程》,中国人民大学出版社,2009 年版,第 107 页。

传效果显著,是现代企业普遍开展的一种信息输出活动。

第七节 大众传播

21世纪个人、团体、社会时时处处离不开大众传播,我们每天的生活、工作几乎都在接受着来自大众传播媒介的影响,而它们也正是我们获取信息的主要来源。国家和政党将它作为舆论工具,社会团体利用它实现活动目标,社会文化凭借它得到传承,而普通受众从中获得信息和娱乐。大众传播的影响之普遍,作用之强大,使得它成为现代社会中的重要系统。

大众传播是一个特殊的复杂的信息传播系统,关于它的定义,很多学者都站在自己的立场为它做了一个描述,我们认可的定义是:大众传播是职业化的传播者或传播机构,利用大众传播媒介向社会大众进行的信息传播活动。

一、大众传播的产生与发展

大众传播的产生是人类传播技术和社会发展的结果。但是大众传播到底诞生于什么时代?它的标志是什么?关于这个问题,人们还没有一个确定的回答。施拉姆认为,大众传播诞生于15世纪40年代至50年代,其标志是德国工匠古登堡使用印刷机和金属活字技术,成功地印刷出了第一批油印的《圣经》,施拉姆把这个日子称为"庆祝大众传播开始的日子"。[①] 但是另外一批学者提出了不同的意见。他们认为,古登堡的印刷术虽然具有重要意义,但真正意义上的大众传播(我们在定义中所界定的大众传播)的诞生,却是四百年以后的事情,确切地说,近代大众传播的起点,应该以19世纪30年代大众报刊的出现为标志。

那么,这两种方法到底哪一种更有说服力呢?其实,大众传播只是一个相对的概念,是相对于以前已经存在的传播形式而言的,一种更大范围、更具影响力的人类社会的传播行为,而它的出现是与传播技术的发展和新的传播工具的出现联系在一起的。

确定大众传播时代到来的具体时间点,其实并不是一件很重要的事情。而且这种研究问题的方法和视角也未必正确,因为任何事物的出现都是一个过程,是一个时间段的范畴,不是在一个具体时间点上一蹴而就。因此,我们这里考察大众传播,主要是从它的发展过程这个角度来说明。其发展过程大致有如下几个阶段:第一,大众报刊阶段;第二,电报、电影、广播阶段;第三,电视阶段。

---

① 威尔伯·施拉姆、威廉·波特著,陈亮等译:《传播学概论》,新华出版社,1984年版,第15页。

1. 大众报刊与大众传播

1）大众报刊的出现与发展

在新闻传播史上，报刊在西方的发展经历了三个时期，即官报时期、政党报刊时期和商业报刊时期。在第一个时期，官报是封建皇室的特权，是传达王国统治者旨意的工具。而在政党报刊时期，报刊媒介则是各个党派政治斗争的宣传品。到了商业报刊时期，它就成了出版商获利的商品。

19 世纪的 30 年代，报刊被称为大众传播媒介。因为当时美国、英国等主要资本主义国家的多数报纸，每份报纸的价格便宜到只是本国货币的最小单位（美分、便士），一般将这种报纸称为"便士报"，提倡的是所谓的"人人都看的报纸"。这也是这一时期被视为大众传播起点的原因之一。

这个时期，报纸为了赢利而面向下层公众，最大限度地扩大读者群。为此，各报采取了平民化的策略，增加了娱乐方面的内容。

2）大众报刊对大众传播的影响

第一，大众报刊作为第一种大众传播媒介使得大众传播更具说服力。

麦克卢汉曾研究得出，口语媒介在传播方面体现出来的主要特征就是神奇、神秘和神话般的性质。我们所说或听到的但看不到的东西，在被重述的时候不可避免地具有超出真实的部分。与口语媒介相比，大众报刊利用独立而可靠的文字符号单元来记录信息，而且可以利用印刷机将这些信息多次无噪音复制传播（除非这种噪音是人为加入的）。

第二，大众报刊的出现带来了新闻产业的诞生。

在某种意义上，大众报刊是一种新的社会文化形式的发明。如前所说，在印刷媒介出现之前，几乎所有的信息权和传播权都掌握在统治者的手中。公众只能从统治者那里获取相关的信息和知识，也就是说统治者要公众知道什么，公众才能知道什么。机械化的印刷技术出现后，大众报刊的信息和知识被大量地复制、传播，虽然统治者也曾经试图阻止这种信息的自由传播，但是，到了现代社会，这已是十分困难的事情了。

当商人阶层成为社会的主要经济推动力量的时候，他们更加关心信息和知识的流通。他们为了传播和获取产品和服务的信息，最终导致了广告业的诞生。同时，商人们还要求准确报道事件以及事件与市场和商业的关系，这就迫切需要一个由非统治者控制的印刷媒介。这样报刊媒介、商业、大众传播形成了一个系统。社会的不断发展迫切需要具有大众传播特性的媒介，而报刊媒介具有典型的大众传播特性，但是报刊难以从发行过程中获取利润，从而影响了自身的发展；商业的发展又需要大量的商务信息传播，广告的诞生为报刊提供了另外一种赢利途径，就更大程度刺激了报刊的发展。由于这种互动的过程，媒介从简单的信息传播中介，转化为一种产业——新闻产业。

2. 电报与大众传播

1) 电报的出现

电报本身并不是大众传播媒介,但它为大众传播提供了快速有效的通信手段,而作为现代重要传播媒介的通讯社,也是在电报技术发明之后才出现和发展起来的。

1838年,莫尔斯发明了第一台实用电报机。这是将大众传播时代的起点定在19世纪30年代的第二个原因。

2) 电报对大众传播的影响

电报的出现对社会传播的各个方面均产生了较大的影响。其中最为明显的是对新闻业(大众传播业)的影响。

第一,加快传播速度。

可以说电报极其有力地促进了现代新闻业的诞生和发展。报刊是最早形成的大众新闻媒介。在近代传播业较为发达的美国,早期的报刊主要是由商业机构和各政治团体主办的周刊或半周刊。其主要内容为国内国际消息,这些消息大都是从传闻和邮件中搜集而来的,传闻主要依靠人际传播形成,而邮件当时主要依靠海轮运送,因此这些消息的传播速度非常缓慢。由于没有高速度的信息传播方式,当时的消息面难以达到公众所要求的广度,距离较远的消息基本不具备时效性。当时来自欧洲的消息到达北美一般需要15到40天,如果是需要时效性的新闻信息,则刊登的意义就不大了。

在当时,电报这种最新最快捷的通信工具无疑会立即受到欢迎,并马上被采用。电报业主们也不失时机地抓住报纸这一最大的主顾。可以说电报导致了大规模新闻采集和现代新闻观念的产生,以及新闻写作的变革。电报对新闻传播业发展的推动主要体现在通讯社上面。由于主要使用电报传递信息,所以通讯社开始也叫电讯社。

19世纪初叶,通讯社出现在欧洲,通讯社的形成与金融、经济的发展和需要紧密相连,是工业革命与近代报业发展的必然结果。兴起于18世纪后期的工业革命,促进生产力发展的同时,也引起了社会政治、经济领域一系列重大变革:区际、国际交往日益增多,世界市场逐步形成。这使人们对国内外信息的需求大大增加;这时的报业也进入蓬勃发展时期,报纸数量不断增加,对新闻的需求也日益扩大,而报社单凭自身的力量很难满足这一需求,于是通讯社这种专门搜集和供应新闻的机构便应运而生。欧美等地区国家电讯事业的兴起,也为通讯社的产生奠定了良好的物质技术基础。电报装置试验成功后,欧美各国纷纷建立了国内电报通信系统,此后又开通了连接全球的电报通信网络。当时世界四大通讯社(哈瓦斯通讯社、沃尔夫通讯社、路透社、港口新闻社)的早期业务就是通过全球电报网展开的。

第二，改变传播方式——"倒金字塔"式新闻写作模式。

电报不仅仅在传播速度上改变了传统新闻业，还以其他方式影响世界新闻传播业。就新闻写作的影响来说，美联社的记者被教导，在每一则新闻的第一段句子里，要报道最重要的事实，以后的句子则报道较不重要的事实。这种"倒金字塔"式的新闻写作是必要的，因为就当时的电讯技术而言，还不能做到绝对的保险，很可能在传播中忽然中断，采用"倒金字塔"式写作则可以保证电报传播的最高优先权的信息内容首先被获取。这种写作形式，对采用美联社新闻稿的报纸编辑来说，也非常方便，他们可以任意取舍删减新闻报道的内容。这种新闻写作形式一直沿用至今，现在新闻专业的学生在上新闻写作的课程时，都会学习"倒金字塔"式的写作原则。

第三，促进报业经营者之间的平等化。

电报技术在推动报业繁荣的同时，也促进了报业经营者之间的平等化。电报公司与新闻通讯社的联合对无论什么规模和级别的报纸在获得新闻通讯社播发的新闻方面有着几乎同等的机会。在以往邮件传播时代，由于财力物力的限制，小报纸相对于大报更加难以获取新闻信息。而当通讯社开始进行新闻信息供给以后，无论大小报纸，都可以以相同的代价直接从通讯社获取新闻稿，而不必为获取新闻耗费巨大的成本。

3. 电影与大众传播

1) 电影的产生

与电报不同，电影一开始就是作为传播大众文化的媒介登上历史舞台的。早期的电影质量参差不齐，但到第二次世界大战结束后，电影很快发展成为包括生产、发行和放映在内的大规模产业，成了艺术、娱乐、大商业和现代技术融合的产物。

1895年12月28日，路易·卢米埃尔将法国巴黎卡鲁辛路14号一间能容百人的地下室里作为电影放映间，首次实行公开售票为观众放映由他亲自拍摄的几部无声影片——《墙》、《婴儿喝汤》、《工厂大门》、《水浇园丁》、《火车到站》等，这些短片尽管在银幕上显示的是极普通的常见生活片断，但由于这种现实记录的方式闻所未闻，仍然使百余猎奇的观众大为惊叹，这毕竟是人类电影史上"破天荒"的头一遭。这几部无声影片便成为迄今为止发现的世界上最早的电影，这一天，便作为电影诞生日被载入世界电影传播的史册。

2) 电影对大众传播的影响

从传播学的角度上说，电影媒介的传播特性可以概括为纪实性、叙事性、跨时空性、运动性及可重复性。也可以说电影为大众传播带来了以上新的特性。

纪实性就是电影可以记录和揭示物质现实，这是摄像技术带给电影的先天属性。现实中存在很多大众难以观察到的现象（较多的情况是这种现象转瞬即逝或已经成为"无意识"事件），如果不是电影摄像机高度的捕捉能力，一般人是很难抓住它们的。电影则可以突出、放大这些现象。

电影的叙事性是指电影所表达的往往是一段完整而连贯的情节。电影不同于照片，照片所反映的是瞬间的现实，而电影则是无数个瞬间的组合，是我们生活在其中的完整状态的再现。

电影的跨时空性表现在，一方面电影可以毫不费力地展现出广阔的场景，若干不同空间的画面，可以让观众获取比银幕本身大得多的空间感；另一方面，电影可以表现出一个完整的时间历程。

电影的运动性是针对电影本身，运动是电影的主要表现手段，也是电影媒介相对于印刷、摄影等媒介的优势所在。电影的运动包括客体的运动，即拍摄对象（银幕上的人物或事物）的运动；也包括主体的运动，即摄影机（也就是观众视点）的运动；更包括蒙太奇剪辑技术所造成的运动，将不同的画面有机连接起来，造成时空的自由跳跃。这些运动的复杂组合形成了电影对生活连续动态的反映，也使电影具有无限的视觉表现力，给银幕带来了不少视觉奇观。在现代电影尤其是惊险、动作片中，经常可以看到高速行驶的汽车追逐的场景，这些追逐镜头是影片情节的重要组成部分，产生极强的视觉冲击效果，带给观众极大的审美愉悦。

电影可以拷贝，还可以反复播放，这就是电影的可重复性。可重复性是电影特性中对传播事业影响最大的特性。通过电影情节携带的信息可以传递给大量的观众。一部卖座的影片往往具有巨大的社会影响力。2003年的国产贺岁片《手机》至今仍被人称道，除了商业上的成功运作，它通过电影情节所传递给观众的社会观念才是重要内因。

4. 广播与大众传播

1）广播的产生

电影虽然创造了新的大众文化，但它并没有进入一般的家庭。人类第一次进入家庭的大众电子媒介是广播。广播是在无线电通信的基础上发展起来的，由于军事通信和电波管理的需要，广播事业一开始就处于各国政府的严格控制之下。第二次世界大战以后，随着半导体技术的发展，收音机越来越趋于小型化、便携化，价格越来越低廉，成为现代人获得信息和娱乐的便利工具。

2）广播媒介对大众传播的影响

广播是最先出现的电子大众传播媒介，广播媒介的诞生，结束了印刷媒介在社会传播中漫长的统治时代，翻开了人类社会传播历史上崭新的一页，在各国政治、经济、社会、文化生活中的作用十分巨大。正如前面所谈到的，广播具有传播的迅捷性、广泛性、感染性和受传的灵活性等印刷媒介所不具有的优势。列宁指出,广播使"整个俄罗斯都能听到莫斯科当天的报纸",因此广播媒介必然为社会传播带来翻天覆地的大变化。

首先,广播媒介使传播方式呈现多样化。在广播媒介诞生之前,人们主要是通过印刷媒介来进行传播,他们通过用眼睛"看"来获取信息。广播媒介则把受众的眼睛解放出来,让他们通过耳朵"听"来获取信息。从"可以看的信息"到"可以听的信息",广播媒介为人类提供了一种全新的传播方式。

其次,广播媒介使人们的传播观念发生了变化。在电报发明之后,印刷媒介传播信息的时效性得到了很大的加强。但是,由于印刷媒介自身的限制,即使是在第一时间得到了新闻信息,也必须要通过印刷过程才可能将信息传播出去。因此,信息的同步发布还是没有办法实现。而广播媒介则使得即时新闻成为了可能。任何新闻事件,在它发生的同时,就可以通过广播让世界各地的人们都知道这一消息,让全世界的人们一起见证它的发生。正是广播媒介的这一优势,使得人们的传播观念发生了一次根本性的变革,人们开始注意、习惯并且要求大众传媒及时传播新闻。受众对信息时效性的要求更高了,比如在印刷媒介时代,前一天发生的事情,第二天被报道,就已经是很快了;但是,在广播媒介诞生之后,人们更加希望、也有可能在新闻事件发生的同时,就确切地知道有关某一事件的一切信息。因此,广播媒介给人们传播观念带来的第一个变化就是同步新闻传播是可能的,而且是必需的。

现场报道是广播媒介给人们的传播观念带来的第二个冲击。如果说在印刷媒介时代,对于某一新闻事件,人们是通过文字的描述,在头脑中运用想象,将文字还原为新闻事件的话,那么广播媒介则给人们带来了一个全新的观念——现场报道。叫嚣的喇叭声,鼎沸的人声,繁忙的脚步声,当事人的话语声,一切都让受众仿佛置身事件发生的现场,人们可以更加真切地感受到事件发生的整个过程,甚至可以发现被记者忽略掉的现场的细节。另一方面,当人们通过报纸等印刷媒介来了解新闻事件时,他们很可能会发出这样的疑问:这件事情真的发生了吗?真的如报纸上写的那样吗?那个人真的说了那句话吗?而广播媒介则可以大大地减少甚至消除人们这样的疑惑,因为他们的耳朵真的听到了当时现场的情况,真的听到了那个人确实是那么说的。广播媒介所提供的现场报道在一定程度上减弱了人们对新闻真实性的怀疑,也使人们可以从一个全新的角度去了解新闻的发生。

广播媒介也使社会传播真正成为平民化的传播。虽然说廉价报纸的盛行让穷人也可以买得起报纸、看得到新闻,但是一个先决条件是这个穷人必须识字。对于一个穷人来说,他也许买得起一张报纸,但是他很难有足够的钱来学习知识,让他可以认识报纸上的字,并且真正理解报纸上这些字的含义。广播媒介则使社会传播真正走向了平民化。收音机的价格便宜,而且可以长久使用,是一般平民都可以消费得起的。而最关键的是,通过收音机来获得信息,不需要受众上过学堂,认识文字,只要他有正常听力,他就可以获得信息。所以说,广播媒介为传播观念带来的第三个改变——社会传播成为真正的平民化传播,就这样实现了。

第三,广播媒介推动了大众传播事业的新发展。毫无疑问,社会传播事业由于广播媒介的诞生而迎来了一个新的发展高潮。在这之前,印刷媒介是一枝独秀;在这之后,社会传播事业有了印刷媒介和广播媒介两支齐头并进的生力军。社会传播事业出现了更多的传播方式,有了更多的传播模式,传播机构也成倍增长;社会传播不再被国家界限、地理环境所阻隔,社会传播的触角真正延伸到了社会的各个角落;社会传播的受众群也不断扩大,而且受众可以并且会从多个途径去获得信息,使得社会传播事业的效益也大大增加了。

5. 电视媒介与大众传播

1) 电视媒介的产生与发展

20世纪初有"电视之父"之称的英国工程师贝尔德(1888—1946),首先开始了他的尝试。1924年,贝尔德终于获得了阶段性的成功,他利用尼普科夫的机械扫描盘装置发明了世界上第一台电视。同年,他尝试利用这台电视播送了物体的轮廓。1926年1月26日,贝尔德在伦敦举行了第一次电视公开表演,英国广播公司(BBC)用贝尔德的发射机播送图像,并成功实现了图像画面的接收。这是世界上第一次电视无线传播。

1929年,英国广播公司在伦敦开设实验性电视台,开始实验性电视广播。20世纪三四十年代,是电视的正式诞生与初步发展的时期。除了英国之外,其他许多国家也都在进行着电视的实验研究。

1936年11月2日,英国广播公司在伦敦市郊的亚历山大宫建成英国第一座公共电视台,也是世界上第一座正规的电视台。这是英国第一家也是世界第一家电视台,因此,世界新闻传播史把1936年定为世界电视事业开创年。继英国之后,许多国家也纷纷开始了电视广播。

到20世纪50年代末,约有50个发达国家已经建立了电视台,中国中央电视台的前身北京电视台于1958年建成并正式播放节目;到70年代末,世界上大多数国家都已经建立了电视台。

2) 电视媒介对大众传播的影响

首先,电视媒介第一次实现了声音和画面的同步传播,也是人类传播史上第一次出现的多维传播。所谓多维传播,就是受众不再是通过单一的感官来接收信息。如报纸是通过视觉来接收信息,而广播则是通过听觉来接收信息,电视使受众的听觉和视觉同时启动。电视画面能够把事物的形象直接呈现出来,生动又直观。受众不用再通过文字或声音去想象事件现场到底发生了什么,不识字的人也不必担心看不懂文字,他们可以直接用眼睛看到事件发生的全部过程,任何细节都不会被遗漏掉。而与电视画面相匹配的声音,如对白、旁白、独白、解说词,或者音乐、音响、同期声等,使画面的意义更加清晰明了。电视展现给受众一幅幅图文并茂的画面,使受众如同身临其境,具有极强的感染力。视觉和听觉两个信道同时接收信息,互为补充,相得益彰,其传播效果比单维接收的效果要大得多、好得多。

第二,电视媒介的现场直播,增强了现场感和参与感。如果说广播媒介的现场播送实现了受众在第一时间"听到"新闻事件的梦想的话,那么电视媒介则更进一步,它使得受众在新闻事件发生的同时亲眼见证了它的发生、发展和结果。它把现场的一切原原本本地呈现在受众面前,受众如同身临其境,随着现场的发展变化而改变自己的情绪,和现场的气氛息息相通,融为一体。这是其他媒介所不具有的现场感和参与感。例如,1998年长江中下游防洪抗灾过程中,受众通过电视的现场直播,亲历了武警战士驾着橡皮船救出在树上趴了8个小时的小江珊的全部过程,随着营救过程的进行或担心或高兴。这种与现场融为一体的传播效果,是其他媒介所无法比拟的。

第三,电视媒介提供了更清晰表达信息内容的传播方式。有些信息仅仅通过单一的文字或者单一的声音很难把信息内容表达得非常清楚,让受众只凭看文字或者只听声音就能明白,例如如何烹制一道时尚菜肴,文字写得再清楚,或者通过声音媒介说得再详细,受众也不一定能清楚地了解这道菜是怎么做的。随着物质生活水平的不断提高,人们对这些信息需求越来越多,也对更清晰地获得这些信息提出了要求。电视媒介正好提供了清晰直观地表达这些信息内容的传播方式。例如时下很多电视台推出的美食制作节目,厨师教观众做一道菜,从选料、配料,到下锅、起锅,向电视机前的观众边讲解边示范,该怎么做,一目了然。节目播完了,电视机前的观众也就学会了。

总之,电视在人类传播史上具有划时代的意义,它促使了多维传播的诞生,彻底改变了人们传播和接收信息的方式,不但带来了社会传播理念和方式的变革,也给整个社会的政治、经济、文化以及人们的日常生活带来了深刻的变革。

二、大众传播的特点

作为一种极其复杂的社会现象,大众传播具有与其他传播行为不同的特点。具体来说,包括以下几个方面。

第一,大众传播的传播者一般是复杂的组织机构,具有特定的组织目标和组织规范,信息的传播活动是有组织的。

第二,由于大众传播的传播者是复杂的组织机构,因此为了维持其运作可能需要庞大的开支。

第三，大众传播要借助一定的传播技术，运用产业化的手段大量生产、复制和传播信息，因此传播的信息速度快、距离远、覆盖面广。

第四，由于大众传播要借助特定的传播机构，而这个传播机构对于一般受众来讲是无法接近的，因此大众传播对于一般受众具有权威性。

第五，大众传播的信息要经过传播媒介组织的"把关"。面向社会上的一般人传播，信息公开，不具保密性。信息内容包罗万象。大众传播的信息具有商品和文化二重属性。

第六，大众传播的对象是庞杂的、异质的和匿名的受众。

第七，受众在接受大众传播的信息时，具有强烈的选择性，会根据自己的需求、兴趣等选择、注意、理解和记忆信息。

第八，大众传播的单向性很强，受众的反馈很有限。

第九，大众传播是一种制度化的社会传播，必须遵守相应的文化和政治规则。

第八节　融合传播模式

一、媒介发展与传播模式演进

如前所述，经典传播理论把传播分为五种类型：内向传播、人际传播、群体传播、组织传播和大众传播。在人类历史的不同阶段，不同类型的传播往往凸显出不同类型的作用。以施拉姆为代表的传播学学者更多地从大众传播的视角描述20世纪初期到中期的传播模式，然而，随着媒介的发展，尤其是互联网媒介的出现使大众传播为代表的原有的社会传播体系受到挑战，传播媒介和传播模式的发展可以用图2-9来描述。

受传播技术的影响，人类最初的传播在空间和时间性能上都较差，传播范围仅限于个人与个人，是一种原始人际传播，或者说是由于技术限制的无奈的人际传播。这一时期主导传播技术是肢体语言和口语，在这样简陋的传播技术条件下，人们使用的是小范围点对点传播模式。传者传播出去的信息所能到达的受众非常有限，仅限于人类听力和视力能够触及的范围。虽然这种传播也可能会有一对多的模式，但这里的"多"是非常有限的。传播技术和人类社会传播活动的发展推动了第一次传播模式的跨越。经过文字式的书写和手工印刷的过渡，古登堡发明了金属活字印刷技术，并迅速发展到机械化印刷阶段。信息复制的边际成本迅速下降，并且可以被迅速进步的交通工具运送到较远的地方。借助这些技术，人类可以将信息由一个点发送到广大的区域去，信息传播模式从人际传播时代跨入大众传播

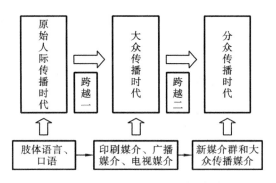

图 2-9 人类传播模式发展历程

时代。相对于原始人际传播,大众传播的出现使人类信息传播的能力发生了质的飞跃。政治、经济、文化都借助大众传播模式传递信息。

有的学者提出:"从大众传播到分众传播的转化,就是社会和媒体发展的第二次进步。"[①] 网络媒介和新兴的移动通信媒介的出现使大众传播的影响力开始下降,分众传播开始被人们重视。比较而言,大众传播的特点是信息传递一点到多点,体现的是集体、社会或国家的意志,分众传播则是多点到多点,体现的是承认差异、尊重个体,从必须"求同",到允许"存异",是社会发展到一定阶段以后出现的重大变化。这种转变是技术的进步,是文化的进步,也是社会的进步。最先开始注意使用分众传播的是商业组织。企业在做广告的时候发现,在大众传播媒介上刊载广告虽然传播面积大,但广告效果并不很好。原因主要是覆盖面积大的媒体的受众并不一定和企业的预期消费者相吻合。于是,广告界开始进行受众细分的工作。在新闻领域,分众新闻传播的趋势也非常明显。分众传播的出现意味着受众地位的变化,意味着传播界个性化服务的开始。不管是以网络和手机为代表的新媒介还是以报纸、广播、电视为代表的传统媒介,都开始注重分众传播服务,包括受众细分、动态内容调整和内容创新等。

二、新媒介传播对传统传播模式的挑战

关于新媒介当前的代表——互联网传播的模型研究存在两种方向,一种是将互联网放入传统的五种传播模型中,用传统的传播模型去解释所有的网络传播现象,然而在很多时候,传统的五种传播模型无法解释网络传播类型的复杂性。学者们分析了传播媒介和传播模式的关系,提出何种传播媒介进行何种模式的传播还

---

① 2004年10月23日,在清华大学召开的第八次全国传播学研讨会上,清华大学新闻与传播学院熊澄宇教授从大众传播与分众传播关系的角度提出了此观点。

取决于传播主体的类型与行为目的,而传播主体的多元化使我们不能够简单为传播媒介界定传播模式。"网络信息传播不仅可能是人际传播、大众传播,还可能是群体传播、组织传播,甚至是无法进行类型归属的传播。网络仅仅是一种传播工具而已,网络主体的多元性造成了对网络工具的利用也呈现多样化。多样化的结果就是,各种系统都可以利用网络进行信息传播,这就造成了我们无法确定应该站在何种角度看待各种网络信息的传播。"①

1. 按照传播主体类型划分网络传播类型

学者们还采用影响网络传播的主要变量之间的排列组合模式来考察网络传播,他们的方法可以称为"三元变量考察法":

传播者类型:单个——用 a_0 表示;多个——用 a_1 表示;

接收者类型:单个——用 b_0 表示;多个——用 b_1 表示;

接收类型:同步——用 c_0 表示;异步——用 c_1 表示。

将变量 a_0、a_1、b_0、b_1、c_0、c_1 排列的八种结果用一个图形全部表示出来,而通过变量还原的方法可以推导出网络信息传播的模式图,如图 2-10 所示。

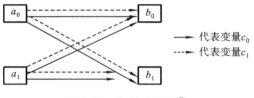

图 2-10 变量排列图②

该模式图反映网络传播中信息从发送到接收的所有模式,将纷繁复杂的网络传播活动归结到八种子模式中,当面对具体的网络传播活动时,可以参照传播主体给出详细的解释。

如果排除传播方向的变量,可以将新媒介传播划分为四种模式,以下对此作出分析。

1 对 1 的对话媒介(所谓对等的交流)。具体的事例有即时通信、短信等。

1 对 n 的广播媒介。也就是所谓的演讲模式,除了传统的广播式媒介,新的媒介降低了广播的门槛,增加了广播媒介的种类。比如博客可以让个人向大众在网络上进行文字式的广播,当然也得有人看才行。技术的发展,使得 1 对 n 的广播媒介有可能变成 n 个 1 对 1 的个性化对话,比如个人主页就是用户与网站的个性化对话媒介。

---

①② 梁勇、张文红:《用排列的方式分析网络信息传播模式》,载《北京印刷学院学报》,2006 年 6 月,第 14 卷,第 3 期,第 42、43 页。

n 对 1 的场式媒介。场式媒介是多个交流者共同作用于单个个体交流者的媒介。之所以叫"场式媒介",是因为它非常像物理学中的场,由个体集体形成,反过来又对个体产生影响和约束。例如点击排行榜,是由多个点击者的点击结果共同形成,由于人类的从众心理,点击排行榜对个体具有很强的引导作用。其他的例子还有"看了本篇博客的还看了其他哪些博客"等。

n 对 n 的蛛网式媒介。蛛网式媒介是 n 个个体同时同 n 个个体交流的媒介,相互之间关系错综复杂,有点像 n 个蜘蛛趴在蜘蛛网上的 n 个主线上。大家很熟悉的 BBS(网络论坛)、聊天室就是这样的媒介,还有贴吧、圈子等。[1]

以数字传播技术为支撑的网络媒介是媒介融合过程中的阶段性产物,对网络媒介的传播模式研究具有两点意义:一是说明了新媒介系统中,传播模式与经典传播模式存在差异;二是为媒介融合时期的传播模式研究探寻基本方向。对于上述新媒介传播的模式分析,在方向上是值得肯定的,它摆脱了传统传播理论对新媒介研究的束缚,引入了一种新的视角。然而这种分析也存在不足。首先它只能表述网络传播中的微观行为,对于网络中的信息流动和变化缺乏分析,起码不能解释网络传播中的互动传播特征;网络传播存在于社会系统中,应采用系统观点来观察,如其他传播活动的变量不仅仅只有三个一样,参与和影响网络传播的变量远不止三个。

2. 按照传播活动目的划分网络传播类型[2]

虽然网络媒介传播主体的随意性强,角色模糊,且网络又是一种综合度极高的媒介,但是,如果分析网络传播行为,可以发现传播主体进行网络传播活动的目的性较强,也就是说与他们的网上活动、参与的动机有关。由此,学者提出可以依据网络世界中网民传播的目的来重新划分传播类型。网民网上参与最多的几类传播活动是交际沟通、讨论问题、组织活动、公布信息、检索资料,从网民的这些活动目的出发,可以将网络传播划分为五种网络传播类型:网络交往型传播——以网上人际交往为目的;网络广场型传播——以讨论话题交换意见为目的;网络组织型传播——以网上组织活动为目的;网络公告型传播——以网上发布信息为目的;网络检索型传播——以网上信息检索为目的。

1) 网络交往型传播

网络既是一个庞大的信息空间又是一方广阔的交往平台,它赋予人际交往关

---

[1] 郑治:《新媒介的新形态》。资料来源:http://mediaedge.blogbus.com/logs/4748267.html,2007年3月。

[2] 吴志文、申凡:《试论互联网状态下传播类型的重新划分》,载《广西师范大学学报》(哲学社会科学版),2011年第4期。

系以新的内涵。据中国互联网络信息中心 2010 年 7 月公布的数据,交往型服务是中国网民经常使用的网络服务之一。目前我国交流沟通类网络应用用户规模持续扩大,电子邮件和即时通信使用率分别达到了 56.5% 和 72.4%,还有 2 亿多网民经常进入社交网站,其使用率达到了 50.1%。[①] 近八成的网民经常在网上与他人分享知识,近九成的网民认同互联网加强了其与朋友的联系。

网络交往型传播就是以网络为载体进行的以人与人之间的信息沟通活动为目的的传播,这种交流有助于网民感情的抒发和思想的交流,以及新的人际关系的形成或者改变。

网络交往型传播的主要特征表现在交往范围上的广延性、交往活动文化控制上的弱化性和交往方式上的虚拟性。首先,网络最大的好处在于它能够超越时空的界限,极大地突破人的视听限制,把远在天边的对象拉近身边。这种交往范围上的广延性能够提供选择的多样性,无论聊天交友还是发送邮件、讨论家事国策抑或纵论天下,代际、性别、国籍等都可模糊或者忽略。其次,交往活动文化控制的弱化性意味着在网络中交际的人们可以就任何话题发表己见。由于社会人所处的文化对人的行为的控制,在传统的人际交往中人们的言行是有分寸的,是不能随便更不敢放肆的,但是这些交往中的忌讳、隐秘的话题,只要一放到网上,基本上可以放言无忌。其三,由于网上交往是在虚拟空间里的行为,平常内向、拘谨的人在网络中常常变得外向,而豪放、夸张的言辞往往成为这类人的言说风格,这种快意在他们日常生活中是极少见的。网络不仅扩张了个体的个性、讨论的内容,同时也拓宽了人们交际的圈子。

2) 网络广场型传播

所谓广场,即具有一定空间概念的交流场所,它必须具备两个要素:一能容纳不同人群,二能发挥某种功能,如交易、游戏、集会或者休闲等。网络广场社区、BBS、聊天室等,都可以把某一空间变成一种网民的活动场所,人们自由来去,像"乌托邦"那样延续中世纪那种广场似的"全民的狂欢"。网络广场型传播是以虚拟广场的信息沟通和意见交流为目的的传播,它摆脱了现实社会中的种种束缚,能使网民在没有任何压力的情况下体验轻松、自由、平等的观点碰撞和信息传播。其独特性是偶发性、模糊性、开放性。

网络广场的参与者是各种各样的流动性的并非有组织的人员。与有组织的群体人员的活动相比,网民在某一网络社区中的活动很难形成一致的目的,三三两两的人组成的小社区或是人数众多的大广场,一旦参与者离去,其即时性的活动项目便自然解体。这种偶然性的、成分复杂的聚集,大多难有长期有序的活动延续。

另外,网络广场传播者多是不报真名的参与者,而且可以用多个网名参与不同

[①] 中国互联网络信息中心:《中国互联网络发展状况统计报告》,2010 年 7 月。

社区的活动,或踊跃投入或冷眼旁观,不一而足。网民可以无视对方的身份,诸如年龄、性别、阶层等。因此,以模糊的身份进入广场让不同目的的人们找到现实生活中难以排遣的行为冲动,开放的空间也因此让人们可以无拘无束地想说什么就说什么。当然,这样的自由与网络的无序,缺少完善的管理规范,既让网民找到发泄口,又滋生了不良现象,例如具有社会监督性的舆论可以与社会形成良性互动,而"哄客"等的不理性言论又可使谣言四起。

3) 网络组织型传播

网络组织指的是在互联网上因共同的目标或兴趣而组成的群体。它们的联系是通过网络技术支持取得的。与互联网上的非组织性群体不同的是,它们有一定的管理规范和组织架构,有明确的目标。一般来说,网络上活动的组织有两种:一种是现实社会的组织借助网络进行的沟通,如班级、同学会的QQ群等;另一种是由网络活动而形成组织,如网络粉丝群体、网络某某会等各种网络趣缘群体。后一种才是典型的网络组织,也是这里重点讨论的网络组织。这种网络组织的成员相对固定,且有一定的分工,在组织内部有自己的领导人。网络组织传播是指网络组织通过网上信息处理而进行的组织决策、执行等各种活动,它以平行传播为主,具有身份隐蔽性、平等性、灵活性的特点。

网络组织传播的首要特点在于身份隐蔽性,任何人如果想要加入某个网络组织,提交申请时不必亮明真实身份,只需申报网名或是来意即可。除某些网络组织随着活动的不断开展,或把活动从网络空间扩展到现实环境,人员的身份特征会部分显露外,组织成员可以选择任何符号代表自己而对资料的真实与否不作要求。其次,与传统的组织传播不同的是,网络组织传播基本上摒弃上行传播和下行传播而以平行传播为主进行信息交流。只要遵循组织内部共同的原则和规范,组织成员可以自由、平等地在圈内传播信息。网络组织是在开放性中成长的,所有游离在网络组织之外的人都可以自愿加入它。和传统的封闭型组织不同,相当多的网络组织无法准确统计组织中的人数,因为它随时都在变动。网络组织以自愿为原则,对组织成员的去留没有硬性要求。

4) 网络公告型传播

传统意义的公告是政府、组织、企事业单位向有关方面或公众宣布某些事项的告知性公文。公告一般通过布告、通知、广告、提示或是通过新闻媒体向外发布。电子时代,传统的信息公告模式在时效和传播效果上难以与快捷的互联网相比。因之,网络公告也越来越受到人们的青睐。

网络公告型传播即指经由网络所进行的告知性、发布性的信息传递活动。它既包括原来的政府、组织、企事业单位网上的告知性公文,一些机构网上发布的新闻、广告,也包括网络组织发布的信息以及网民以个人名义发布的信息,具有"公而告之"的意味。请看一位网友的个人公告——

由于博站已经重开荐榜,各位博友可以通过每日荐榜了解文博优秀博客与文章动态,因此,我个人所做推荐将暂停。前期推荐榜亦会隐藏。

　　我已说过,做推荐旨在促进博客间相互交流,活跃文博的气氛,博站荐榜集中所有编辑之力推荐每日优秀博客与美文,供博友浏览点评,挑选范围与公信力自是最佳。

　　……

　　好在大家都是文博的佼佼者,相信对于大家来说,文博的推荐榜能给辛勤笔耕者更多的机会!

　　就此公告!

　　(我也收心回来,安生写我自己的博文了,呵呵——)①

网络公告型传播在各种网站上都有,如政府网站、新闻网站、门户网站上的告知性的文档,广告网页,网站上的BBS、博客等。

网络公告型传播的内容涵盖面极宽,有通告性公文、告知性文档,也有网络新闻与网络广告等。比如这里的网络新闻传播,在网络时代人人都是资讯的采集者和信息的传播者,突破了传统媒体受制于有限资源的难题,无论是媒介中人还是草根一族都可以通过微博、论坛、社区等发布自己发现的新闻,传统媒体也着力打造新闻网站,如新华网、人民网等都发布权威性和可信度都很高的新闻。

网络公告型传播与传统的上传下达的公告模式不同的是,网络公告型传播既有灌输式又有喷发式,其交叉互动活动频繁。它突破了时空局限与内容的规定性,因此,其突出特征表现在:主体的多样性、信息的广泛性、反馈的活跃性。

网络公告型传播的主体既可以是政府机关及其功能实体,有强烈的政策宣传、文件告示特点;又可是其他单位、社会团体以及个人,兼及教育性、知识性和娱乐性。以BBS为例,与Usenet(uses network,即新闻讨论组)相似,它可以为用户提供各种服务,只要用户通过网络远程连接BBS的服务器,即可阅读BBS上公布的任何资讯。从网络的长处来说,这些阅读的用户也可在BBS上面发布自己对此资讯的补充、看法等,围绕某一主题开展持续不断的及时交流。而对于网络新闻发布来说,网络也有了传统媒体不易实现的直接互动形式。

5) 网络检索型传播

网络检索是指利用互联网所提供的信息检索服务系统,以关键词和主题导航为主要检索方式,查询和搜索网络信息资源的活动,一般用搜索引擎完成。网络检索的内容既包含了文献、新闻等专业信息,也包含各类大众生活娱乐讯息,以及软件、视听等资源信息。其主要特点表现在:便捷性、个性化、黏合性、人机交互性。

网络检索的便捷性是相对于网下检索而言,一方面,体现为网络检索的目的更

---

① 信步芳丛:《我的个人公告》。资料来源:文学博客网,2008年3月28日。

容易实现。网下检索需要依赖图书馆、期刊实物等各种特定资源,这些条件的满足往往受到较多制约。网络平台则是一个巨大的信息检索集散地,只需要接入网络,便能获取丰厚的信息资源。另一方面,对于作为用户的网民来说,网络检索能够有效地节省信息搜集的时间和精力,简单的"复制"、"粘贴"等信息处理方式也使得对信息的整合与处理变得更为便捷。网络检索的个性化,"它主要是基于信息用户的信息检索行为、习惯、偏好和特点,向用户提供满足其个体信息需求的一种服务"[①]。随着网络检索技术的成熟和进步,相关网络检索服务也变得愈发灵活和个性化,如 Google 提供的专门化的个人定制的 igoogle 服务等。黏合性则意味着共同的信息需求使不同的网民可能聚合在一起;同时,就信息的处理而言,因为是同一主题,使用者可以把各种信息经过自己的加工后集合在一块,变成对自己有用的材料。

网络检索行为的实现是人机交互过程。在这个过程中,"人"充分发挥主动性,人是操控者,人的目的是归宿,而技术和机器系统只是为人的信息活动提供支持的平台。其次,人机交互的信息传播中,反馈机制也得到了充分展现。以搜索引擎为例,搜索引擎能够迅速地对检索命令作出响应,网民根据检索结果的呈现,对其作出主动筛选,并形成一定的反馈,从而适时调整原有的检索策略,再作进一步的检索。

三、融合媒介与融合传播模式

媒介融合时期,内容载体融合促使各种传播工具对内容形态实现兼容,传播渠道融合、终端融合及参与传播者身份的变化将是传播模型的重要参照。

融合传播渠道将对各种传播活动实现透明化服务,各种传播参与者(简称信息单元)可以无障碍接入融合传播网,且无需考虑信息进入网络后将通过何种物理通路到达目标,这些问题将交由传播网络的"智能"系统解决,在信息单元看来,自己的信息都是直接来自或发向传播对象,模式图中通信服务系统中的虚线是逻辑传播链路的表达。

由于传受关系相对更为复杂,我们将融合时期的传播参与者统称为信息单元,按照各种信息单元在传播中所起作用可以将其大致分为:普通受众、活跃受众、生产型受众、专业内容生产机构。需要强调的是,虽然这里依旧沿用了"受众"这一概念,然而,融合时期的受众与传统媒介时期的受众概念有较大差异。这里的普通受众是指接触媒介的主要目的是从媒介获取信息,同时会伴随简单互动;他们通过终端大量获取媒介系统中的信息,而对媒介系统的反馈相对较弱(实线箭头表示强信

---

① 贺晓利:《信息资源网络检索的特点、问题及对策》,载《现代情报》,2007 年 5 期。

息流,虚线箭头表示弱信息流);活跃受众是指接触媒介的目的是获取信息的同时充分反馈自己的观点,对媒介内容生产会产生较大影响;生产型受众是指接收媒介信息的同时,不断进行个体信息生产并将信息产品通过较固定的自媒体不断输入媒介系统;专业内容生产机构是指从事媒介内容产品的收集、加工、传播的,以赢利或获得公共关系效果为目的的机构。不同的信息单元在接入通信服务系统的时候会使用各自的终端接入系统,普通受众和活跃受众会使用一般数字综合信息终端,生产型受众也会使用综合信息终端,但他们往往会使用较为固定的自媒体平台,而专业内容服务机构则会使用专业信息服务平台。虽然在媒介融合时期受众在传播系统中的地位会明显提升,然而正如笔者在前面内容所提到的,专业媒介内容生产传播机构在整个传播系统中依旧会占有较为明显的优势,"数字乌托邦"只是学者们的一种美好设想,在人类社会政治体制不发生颠覆性变化的情况下,这种设想无法成为现实。

在传播系统中,不同的信息单元不存在物理上的群体分割。在媒介社会中,这些信息单元处于混居状态,而模型中为了更好地表达不同的信息单元而将他们分组表达,这样的表达方式也是基于传播技术使传播活动摆脱了地理概念的思路。

基于上述思想,融合媒介时期的传播模型可以表示为图 2-11。

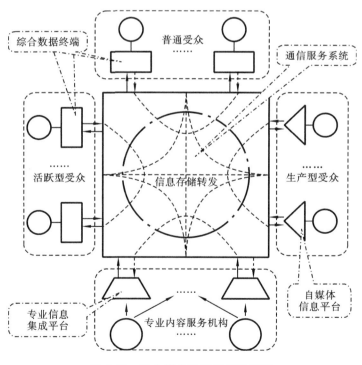

图 2-11 融合媒介时期的传播模型

图 2-11 中间的大方框表述的是融合媒介传输系统,它的核心(点线圆圈)是具备信息存储与转发功能模块,方框内部的虚线(逻辑链路)表示的是任何接入融合传输系统的终端都可以以"透明"的方式链接系统的核心区以及其他终端。

需要说明的是融合媒介传播模型是针对利用现代传播工具实施传播活动的模型,而简单的口手相传在本模型中没有得到反映。

本章思考题

1. 请叙述拉斯韦尔的 5W 模式对传播学研究的意义与局限。
2. 解释大众传播过程模式相对于循环模式的进步性。
3. 请论述群体行为产生的条件。
4. 列举大众传播的主要特点。
5. 按照行为目的可以将网络传播划分为哪些类型?
6. 请绘制媒介融合背景下的融合传播模式图。

第三章 传播主体论

第一节 传播者分析

作为创造和使用媒介技术来进行信息传播的主体,人是社会传播系统中最积极、最活跃的因素。在传播活动中,媒介技术或工具的属性决定着信息的物理形式、时空范围、速度快慢和量的规模;使用这些媒介技术和设施从事着信息的收集、加工和传播的个人和社会组织,在很大程度上控制着传播的资源,决定了传播的信息内容和表现形式,引导着信息的流量和流向,其作用和主动性是无可替代的;受众作为传播活动的对象,传播过程的解码者,传播信息的接收者,传播效果的反馈者,制约着传播活动的开展,关系到传播效果的实现,在传播活动中发挥着重要的作用。

传播者和受众构成了社会传播过程的两级,是传播活动中最重要的两大要素。两者之间既相互依存又相互矛盾和冲突的关系构成了现代社会信息系统运行的重要特色。

一、传播者的类型和特点

传播者(communicator),也被称为传者,是指在传播活动中,借助特定媒介发布信息的人。任何人,只要拥有一定的信息资源和发布的意愿,借助一定的媒介,都可以成为传播者。[①]

按照不同的标准,可以把传播者分为不同的类型。

按照传播者是否具有职业性,可将其分为普通传播者和专职传播者。专职传播者是社会发展到一定阶段的产物,他们具有专业的传播技能,以传播信息为职业。如原始部落中的首领、巫师是早期的专职传播者,他们担负着宣讲天命和统一部落的思想、行为的职责;国家出现以后,卜、史、巫、尹等专司文化的官员成为专职传播者;春秋战国时期诸子百家的代表人物为了宣扬自己的学说,四处讲学、游说,

---

[①] 申凡、戚海龙:《当代传播学》,华中科技大学出版社,2000年版,第58~59页。

也具有专职传播者的特征。教师同样是以传播知识为职业的专职传播者。大众传播出现之后,编辑、记者、播音员等成为专职的传播者,他们接受过严格的专业训练,以传播为谋生方式,而且组成了严密的组织机构,对社会具有重大的影响。① 相对于专职传播者来说,普通传播者就是非职业化的传播者,比如群众中的意见领袖等。

按照传播的层次,传播者可以分为人际传播者、组织传播者和大众传播者。大众传播者是本节重点讨论的传播者类别。

人际传播者不需要具备专业的传播技能,具有广泛性和普遍性,人人都可以从事人际传播活动;也缺乏内部的组织和结构,在时间、空间上具有杂、散的特点。在人际传播中,传播者并非单纯地发布信息,同时他还可能接受信息,成为对方的传播对象,这种双重身份是人际传播者的长处之一。此外,人际传播者的传播手段和方式自由灵活,不受组织的约束。

组织传播者是为了实现组织目标而从事信息收集和传播的人,一般具有丰富的经验,掌握了良好的传播技能和沟通技巧。其主要任务是对内收集组织内部成员的情况反映、意见、建议,或者传达组织的命令、通知,用于组织内部的沟通与交流;对外宣传本组织的宗旨、目标和活动,树立本组织的良好形象,与公众进行有效沟通,创造良好的组织发展环境,保证组织的正常运转和组织目标的实现。

大众传播者包含着两层含义:一是以从事大众传播活动为职业的个体,如导演、编剧、书籍作者、记者、编辑、出版者、发行者、播音员、节目主持人、录音师,以及技术人员、音乐人、作曲家、广告人、公关人员等;二是专门从事信息的采集、选择、加工、复制和传播的专业组织,如通讯社、报社、出版社、杂志社、电视台、电台、电影制片厂、网络服务商等。② 这些组织机构因其生产规模的巨大性、受传者的广泛性,我们将之称为大众传播者,或大众传媒。从事大众传播工作的职业群体间存在着多样性,根据媒介的类型、组织的规模或组织的地位、从业类型等可再进行分类。许多大众传播者是自由职业者(如作家和演员),也许他们隶属于某行业或职业协会,但不属于任何一家大众传媒组织。

同其他类型的传播者相比,大众传播者具有以下几个特点。③

第一,职业化。从事专业传播活动不仅仅是大众传播者的个人意愿,更重要的是社会分工的需要。以传播活动为职业的大众传播者必须具备专业的传播技能,为此,他们需要接受相应的专业训练,如记者练习采写,播音员练习发音,主持人的语言、仪表训练等。这些专业技能是普通传播者不具备的。除了拥有职业技能,大众传播者还必须具备专业精神和职业道德。

大众传媒是专业的信息传播组织,利用先进的技术、昂贵的机器和设备作为必要的工具和手段从事信息传播活动,其收集、加工、生产和传播信息的能力和效率

---

①②③ 申凡、戚海龙:《当代传播学》,华中科技大学出版社,2000年版,第61、61、61页。

是一般人和非专业传播组织所不能比拟的。此外,大众传媒还拥有一些重要的稀缺公共传播资源的使用权,如广播、电视使用的电波频率等。

第二,组织化。大众传播是一种有组织的信息传播活动,需要大量的掌握不同专业技能的组织成员分工合作,配合协调。在媒介组织中,编辑、记者等专业传播者及相关人员被分配到不同的部门,执行不同的职能,传媒组织通过建立规章制度来规范、协调每个人的行为,以保证传播活动的顺利进行。

在大众传播活动中,大众传播者以组织代表的身份从事信息的收集与加工工作,生产的媒介产品尽管可能含有传者个人的主观判断和观点,但是经过媒介组织的把关、传播之后,这些媒介产品就以"本台最新消息"、"本台记者刚刚发回的报道"、"本报讯"等形式变成了组织产品,体现了媒介组织的立场和方针。当媒介产品涉及侵权或者违反法律的情况时,媒介组织常常成为被指控的对象,从另一个角度说明了大众传播者作为组织成员的性质。

第三,知名度高。大众传媒是现代社会主要的信息提供者,大众传播的服务对象范围甚广,因此大众传播机构大都有较高的知名度,至少在其服务的范围内通常是无人不知无人不晓的。具体到从事大众传播工作的个体,虽然不是每个人都有较高的知名度,但是其中某些人的名字和形象会在传播过程中频频出现在传播对象的面前,为广大受众所熟知,从而获得较高的知名度,这是其他类型的传播者所无法比拟的。

第四,影响力大。西方国家把新闻界称为"第四等级"或"第四种力量",把记者称为"无冕之王",这些说法我们不能完全赞同,但至少反映了大众传播者的社会影响力是很大的。大众传播机构不仅面向千千万万的受传者传递信息,而且是他们的舆论机关,反映着他们中绝大多数或者相当多一部分人的利益、愿望、意见和要求,受到广大受众的高度关注;大众传媒具有公开、可靠的信源,其信息的可信性和准确性大大高于其他类型的传播者,在长期的传播实践中凭借以新闻报道为主体的信息产品的内在品质赢得了公众的信任和依赖。以上特点使得大众传播者在未来的信息社会中依然是影响力最大的传播者。

二、大众传播者的任务

传播者提供的信息是传播的必要条件,而大千世界每天发生的无数事件是大众传播生产的原料,这就需要大众传播者深入社会生活的各个方面,获取大量信息,依照一定的业务规范对它们进行收集、筛选,加工制作成适合传播的信息产品,然后传播出去。在形成和传播信息的过程中,大众传播者的劳动不仅影响着信息的质量,而且影响着传播活动的效果。

从信息流通的角度看,大众传播者的任务主要表现为以下几个方面。

1. 收集信息

传播者的信息收集工作，一种是有计划地收集信息，在事先得知事件发生的时间、地点的情况下，传者在准备充分的基础上有目的、有计划地收集信息，如预定的会议、运动赛事、重大节日、纪念活动或者传者策划的新闻事件等。更多时候传者需要在没有计划的情况下积极主动地收集信息。

美国新闻学家麦尔文·曼切尔曾说过："消息来源是记者生命的血液。"传者在收集信息的过程中，要善于凭借新闻敏感，从各种现象中寻找新闻线索，及时发现与捕捉新闻信息。传者收集信息的途径可以是自己亲身参与社会实践，通过针对具体事件直接观察、调查、采访等方式获得一手的资料信息。然而现实生活的无限性和记者时间、精力的有限性，使得传者不可能事事亲历。在实践活动中，传者可以通过多种途径获取报道线索，扩展报道的内容。如从其他媒体的报道中发现新闻线索，从受众的来稿、来电和反馈中发现新闻线索等。近年来随着网络技术的进步和网民数量的增加，各种类型的网络议题层出不穷，通过BBS、博客、网络社区甚至QQ群发现新闻线索，成为传者收集信息的另一种重要渠道。

为扩大信息来源，及时反映社会生活，传媒组织可以运用各种手段拓宽信息收集的渠道。如通过与通晓内幕的消息来源以及专家之间的定期接触，参加记者招待会、新闻发布会，与重要人物建立联系等，能够及时获得权威的、从其他渠道难以获得的信息和素材；培养通讯员队伍，与各种重要部门建立稳定的联系，可以获得稳定的信息来源；使用信息提供商如全国性或国际性的通讯社、图片机构、节目制作公司等的服务，可以获取稳定的原材料供应；发展不同媒体间的信息交换服务，如电影与电视、广播与音乐、网站与报纸之间相互提供内容，可以丰富信息的来源。有时为报道之需，传媒组织也可以特邀某方面的专家就一些重要内容或专业性较强的内容提供信息。

作为职业的传播者，传者在收集信息时，要注意手段的合理性，要在不欺骗、不违规的前提下运用采访技巧采集到新闻信息。若采用欺骗的办法轻易地获取信息，长此以往，公众会降低对传媒组织的信任和尊重。

2. 筛选信息

新闻信息是经过选择的事实信息的一部分。大众传媒虽然拥有强大的信息生产和传播的能力，但是有限的版面和时间使得它们所能刊播的信息只是无限丰富的社会信息中的一部分。加之传者通过各种渠道和方式收集来的信息鱼龙混杂，有很多信息不符合传播的要求，传者需要按照一定的标准和要求对信息进行筛选和过滤，去伪存真，去粗取精，剔除那些不值得传播或者不应该传播的内容，保留那些有传播价值的信息以备传播之用。

筛选信息的过程是一个对信息价值进行评价的过程。早在1922年,李普曼已经指出新闻选择标准的重要性:"没有标准化,没有程式,没有日常判断标准,没有对细节的无情忽略,编辑就会马上死于过度的刺激。"在实际操作中,传者需要一定的价值标准来指导自己的判断,以便迅速对事实进行甄别和筛选。新闻报道是大众传媒的一项主要活动,就新闻信息的选择,传者应该遵循哪些标准呢?

① 新鲜性。新鲜性包括时间新、内容新两方面。对事实的反映越及时迅速,内容、题材越新颖,新闻价值越大。

② 重要性。事实的影响力越大、影响面越广,与党和国家的利益、人民群众的生活越相关,新闻价值越大。

③ 接近性。接近性包括地理上的接近性和心理上的接近性。

④ 显著性。信息中涉及的人物、地点越显著,越容易引起受众的关注。

⑤ 趣味性。事实发生的概率越小,含有的冲突因素越大(如比赛、战争等),越能表现人的情感的,新闻价值越大。

关于信息的筛选,盖尔顿和鲁治针对挪威报纸中的国外新闻选择进行研究后指出,传者根据新闻要素对信息进行筛选时,还应遵循以下的前提:一是附加性前提,事件包含的新闻要素越多,越有可能成为新闻;二是补偿性前提,一个事件在某些要素上是平淡的,但可以因其他要素比较突出而得到补充;三是排除性前提,如果一个事件所有新闻要素含量都偏低,那么这个事件就可能被排除在新闻之外。①

3. 加工信息

加工信息是选择稿件的继续。信息经过筛选,个别的可能直接达到传播要求,但是大量信息还需经过加工才能进入传播的渠道。信息加工是一个符号化的过程,传者主要从内容和形式两方面对信息进行加工,使之符合传播的要求。

传者对信息内容的加工,具体表现为:对信息的压缩或删减,使之重点突出、节奏紧凑、表述简练;增加、补充原稿中缺乏的内容,如配评论、配图片、配资料、加编者按(语)等;对信息的文本结构、遣词造句、修辞、语体色彩、语境等进行修饰和加工。

传者对信息形式的加工,应根据信息内容、受众对象和媒介的特点,扬长避短,选择合适的信息呈现形式。不同种类的媒介特点各异,所适合的信息表现形式不同。例如报纸适合表现一些有深度的、有思想性的信息,电视视觉冲击力强,适合表现视觉性、故事性强的信息。针对平面媒体,传者主要利用编排手段组织事实,通过信息在版面上所占的空间位置、文字的编排形式、文字的字体字号、文字的间距、图片、版面装饰物的使用等对版面进行设计,使版面具有美感并有独特的风格。针对广播、电视媒体,传者运用声音(语言、音响、音乐、音效等)、图像(固定画面、活

---

① 郭庆光:《传播学教程》,中国人民大学出版社,1999年版,第164页。

动画面、动画)、颜色等诸要素,采用新颖、鲜明的形式,对电视节目、栏目、频道甚至是电视台的整体形象进行介绍和宣传,以突出节目、栏目、频道的个性特征和特点,确立并增强观众对节目、栏目、频道的识别能力。

传者在加工、制作信息时不能只考虑自己的价值观,还要考虑接收对象的需求、兴趣与接收能力,提供、设计他们喜闻乐见的信息内容和表现形式。

4. 实施传播

这是指把加工好的信息发送给传播对象的活动。在实施传播的过程中,信息传播的方式和渠道也会影响到传播效果的实现。

传者对传播渠道的选择通常要考虑媒体的特征、信息的特点和受众的媒介接触习惯等因素。传播渠道的选择通常会影响到传播的效果,如选择不同的传播渠道进行广告投放,企业的广告传播效果会有很大差异。随着现代化传播技术的发展,新闻传播机构不再像以前一样是一家家单纯的报社或电台机构了,传播媒介的集团化已经是世界各国新闻传播业发展的潮流。一家综合性媒介集团,旗下可能拥有报纸、杂志、广播、电视、网络等多种媒介。因此,在实施传播时,传者需要对信息传播的渠道进行选择。如突发事件发生后,根据时效性原则,相关信息一般会先出现在网络媒体或广播、电视的新闻栏目,然后才是日报、周报、杂志等。

大众传媒信息的输出工作内部主要依靠技术部门和经营管理部门,外部主要依靠邮政部门、电信部门、书店、电影公司,网络服务商等。具体地,报纸、杂志等可以选择自办发行,也可以委托邮局代为发行,或者依靠代理商完成发行;广播电视媒体则依靠技术部门,通过使用国家批准的专用频率,采取特定方式将信息内容转换成光、电、波信号后,送入空中或有线电视传输通道,供用户接收使用。

5. 收集和处理反馈信息

在人际传播情况下,收集反馈信息比较容易,特别在面对面谈话时,信息的反馈是即时的,往往通过察言观色就可获得。大众传播对象的反馈通常是零星的、缓慢的,传播者除了通过来信、来电、来访可以获知某些情况外,还需要主动到传播对象中去进行调查。得到反馈信息后,传播者必须及时对这些信息进行处理,去伪存真,由表及里,综合分析与归纳后得出结论,用以指导以后的传播工作。

三、大众传播者的权利和责任

1. 大众传播者的权利

传播是人类的一项基本活动,在法律许可的范围内,人人都应享有自由传播的权利。许多国家的宪法明确规定,公民享有言论、出版、著述、通信、集会、游行的权利。作为公民,大众传播者享有宪法和法律赋予公民的一切权利。作为专职传播者,大众传播者还享有因从事大众传播工作而产生的职业权利。

1) 采访权

采访权指大众传播者有自主地通过一切合法手段采集新闻材料、从相关来源处获取信息而不受非法干预的权利。《多种声音,一个世界》报告认为:在新闻人员的权利中,最为重要的就是可以自由接触官方和非官方消息来源,并有自由地收集和传播消息情报的权利。

在允许公众自由出入的公开场合,记者有自主采集信息的权利。记者征得被采访者同意后,也可以从别人那里采集自己需要的信息。这些采访行为不受其他人干预。强行干预、阻碍,就构成了对采访权的侵犯。而那些对社会负有特定信息公开义务的主体,像政府机构、气象预报等社会服务机构,不得拒绝向传媒提供公民依法应知的信息。拒不提供的,就是对采访权的妨碍。2009年11月8日,我国新闻出版总署颁布的新版《新闻记者证管理办法》要求,各级政府及其职能部门、工作人员应为合法新闻采访活动提供必要的便利和保障,任何组织或者个人不得干扰、阻挠新闻机构及其新闻记者合法的采访活动,这为保障大众传播者的采访权提供了有力保障。

2) 编辑报道权

大众传播者有权独立对新闻信息进行选择和处理,其他单位或个人不得干预或强迫传媒使用指定的资料等。

之所以要保护记者的采访权、报道权,是因为这些不仅是记者个人的权利,更重要的是这种媒体的报道体现了公众知情权与表达权,反映了在国家生活中公众对国家事务、对国家工作人员监督行为的延伸的权利。我国宪法规定公民享有言论出版自由的权利,但普通公众的言论散而多,缺乏公信力和影响力。新闻机构通过赋予大众传播者即时收集信息、广泛传播信息的职务权利,大众传播者通过对信息加以收集、选择、加工编辑之后在媒体发表并广为传播,其言论更具公信力、权威性、影响力。因此,保护大众传播者的编辑报道权,就是保护公众的言论自由权。

3) 消息来源隐匿权

大众传播者有保护信息来源的权利,即未经采访中新闻材料提供人的允许,新闻工作者有权不把这一消息来源透露给第三人。

"专业保密既是一种权利,又是一种义务。保密的目的在于保护新闻人员和新闻自由,使他们便于接触提供情报的人士而又不辜负公众的信赖。"[①]拥有消息来源隐匿权便于大众传播者接触消息提供者,保护新闻出版自由、言论自由和公众的

---

① 联合国教科文组织:《多种声音,一个世界》,中国对外翻译出版公司,1981年版,第329页。

知情权,保证信息渠道的畅通。如果强制大众传播者透露消息提供者的身份和姓名,必将破坏传者与提供情报的人士之间的信赖关系,甚至导致消息提供者遭受报复与打击,影响以后的信息收集工作,削弱大众传媒的批评监督职能。

4) 安全保护权

由于这样揭露性的报道可能会触及某些人、某些小团体的私利,被采访者往往用拒绝采访来对抗,甚至以侵害记者人身权的形式侵犯采访权。一般侵犯人身权行为侵犯的只是公民的人身权利,而侵犯大众传播者的人身权行为除了侵犯传者的人身权利,也侵害了传者的采访权、公众的知情权和新闻自由。由此可见,侵犯传者人身权的社会危害性要比侵犯普通公民人身权严重。因此,为保障大众传播者的人身安全,在新闻立法中对侵害传者人身权的行为应该予以较为严格的制裁。

在我国社会转型期,社会问题频发,而伴随着新闻媒介对社会生活介入的加深,新闻记者采访被拒的事件时有发生。《2008—2009 年中国记者权益观察报告》指出,发生在我国的一系列记者采访被阻挠、殴打、非法拘禁、砸毁器材的事件,大多针对揭露性、批评性报道的记者。为了保护自身的安全,大众传播者在做批评性、揭露性报道的过程中,应该注意自我保护,在采访、调查过程中,力争做到客观、公平、公正,对各方当事人都保持善意和基本的尊重,避免被某一方当事人视为敌对面。

需要指出的是,大众传播者拥有的上述权利,建立在大众传播活动的公共性和公益性基础之上。只有当大众传播媒介作为社会成员和公民实现自己的传播权和知晓权的场所、工具和手段而发挥作用的时候,它们才能享受这些权利;如果传播活动仅仅是为了谋取私利,而不承担这些义务和责任,它们的自由权利也就失去了任何法理上的依据。

2. 大众传播者的责任

所谓责任,是指作为某一社会角色的个人或角色群体,对构成角色关系的其他角色或角色群体所承担的法律、道德责任及社会义务。作为社会的舆论机关,大众传播机构代表社会成员从事传播活动,在政治、经济、文化参与中被赋予极大程度的自由,享有充分的传播权利。责任总是与权利共存的。大众传播者在行使表达自由权利的同时必须承担相应的义务和责任。具体说来,大众传播者承担以下责任。

1) 专业责任

向受众提供环境变化的信息、提供意见交流的平台,是大众传媒的基本职责。大众传播者的专业责任具体体现在以下方面。

首先,传者的采访报道和提供信息应当遵循真实、客观、公正的原则,不得以虚假内容损害公众的利益。新闻媒体是人民群众实现知情权的重要渠道,传者的一个重要职责就是代表公众探寻真相。隐瞒事情真相,或者报道虚假信息,就构成了对受众知情权的侵害。

其次,大众传播者采集信息的手段应该合法。新闻采访是新闻工作者的职业行为,《中国新闻工作者新闻道德准则》规定:"通过合法的和正当的手段获取新闻,尊重被采访者的声明和正当要求。"在信息收集过程中,针对各种形式的拒绝采访,传者应该尊重被采访对象,想方设法通过正常的途径去说服对方与之进行沟通和合作。

2) 法律责任

大众传播以公开为特点,社会影响巨大,传者的信息采集、加工和传播活动都必须在法律许可的范围内进行。如果逾越了宪法、民法、刑法等相关法律的界限,传者就有可能成为"被告席上的记者"。

大众传播者的传播活动至少受到两方面法律的限制。一是受国家公权法律,如有关国家安全的法律、保密法律、诉讼法律的限制。传者的传播活动如果违反国家保密法和其他法律法规,致使国家秘密泄露,责任人应当承担法律责任。二是受民事私权法律的限制。民事主体依法享有的一些权利在一定情况下可以约束、限制采访权,如公民的名誉权、隐私权等。传者在采集信息时,应尊重被采访对象的言论自由权、通信自由权、住宅不受侵犯的权利,避免侵犯公民的隐私权和名誉权,损害个人的合法权利。否则,必须承担法律责任。1988年最高人民法院《关于侵害名誉权有关报刊社应否列为被告和如何适用管辖问题的批复》明确指出,大众传播机构对要刊播的信息负有审查核实的义务。如对信息未作任何审核就予以发表,或未尽到应尽的义务,可认定媒体的行为具有违法性。在失实报道发表后,大众传播机构必须及时履行更正的义务,否则在法律上被认为是故意侵权。

针对新闻侵权的问题,英国上议院在1999年《爱尔兰前总理雷诺兹诉〈星期天泰晤士报〉案》的终审判决中,裁定任何报道符合以下两项条件:①内容关乎公众利益;②手法是负责任的,传媒就能享有特权,即使涉及诽谤,也不需要承担法律责任。2009年中国记协在新闻侵权立法的建议稿中提出,四种情形下,媒体机构不承担侵权责任:消息具有权威性来源;报道特许发言;正当行使舆论监督权;以公共利益为目的的其他传播行为。其中"权威性来源"指的是媒体引用政府机关的文件、报告,政府发言人的发言,人大代表、政协委员在人大、政协会议上的言论等,即使有不真实成分,也应免责。"特许发言"是对权威信息来源的补充,特指一些有特许权利的新闻人物、权威机构的言论,比如检察官、律师在法庭上的发言,权威机构公布的档案,公民或法人在公开场合关于自己情况的陈述等。媒体引用他们的言论,即使有不真实的成分,也应免责。"正当行使舆论监督权"指的是应将评论中的事实和观点分开,观点的正确错误不构成侵权。①

---

① 黄秀丽:《中国记协:媒体应享有四项言论豁免权》,载《南方周末》,2009年10月28日。

3）社会责任

作为社会成员获取信息的主要渠道,大众传媒的信息生产和传播活动对社会的政治、经济、文化和道德风尚具有广泛而强大的影响力,因此大众传媒的传播活动必须符合社会公共利益。

对新闻传播者的职业行为进行强制性管理的目的是保障新闻传播者充分履行社会责任,充分享受但又不滥用自己的角色权利。

四、传播者与把关

传播者对信息进行筛选与过滤的行为被称为把关。实际上,把关是传播活动中一个非常普遍的现象。在整个社会范围内的信息大循环中,每个人都在有意无意地充当着把关人,都在自觉不自觉地扮演着把关人的角色。对此,施拉姆在《传播学概论》一书中这样论述:

> 在信息网络中到处都设有把关人。其中包括记者,他们决定一场法庭审判、一件事故或者一次政治示威中究竟有哪些事实应该加以报道;包括编辑,他们决定通讯社发布的新闻中有哪些应该刊登、哪些应该抛弃;包括作家,他们决定有哪些类型的人物和事件值得书写,什么样的人生观值得反映;包括出版公司编辑,他们确定哪些作家的作品应该出版,他们的原稿中有哪些部分应该删除;包括电视、电影制片人,他们确定摄影机应该指向哪里;包括影片剪辑,他们在剪辑室内确定影片中应剪掉和保留哪些内容;包括图书管理员,他们确定应该买些什么样的书籍;包括教员,他们确定应该采用什么样的教科书和教科片;包括负责汇报的官员,他们确定应该把哪些情况向上级汇报,甚至可以包括餐桌旁的丈夫,他们确定当天在办公室发生的事件中,有哪些应该告诉妻子。

不同学者对大众传播者的把关活动分别进行了研究,提出了"把关人"理论和不同的把关模式。

1. 把关人理论

1）"把关人"理论的提出

美国社会心理学家、传播学的奠基人之一库尔特·列文最早提出了"把关人"(gatekeeper)概念。第二次世界大战期间,因食物匮乏,美国政府劝说不吃动物内脏的美国民众食用牛下水(即牛内脏),并为此开展了大规模的宣传活动。列文通过对此次宣传活动的研究发现,面对政府的宣传,在民众接触并接受这种食物的过程中,家庭主妇实际上扮演着"把关人"的角色。只有当家庭主妇接受了宣传并付诸行动,将牛下水买回家并做成食物端上餐桌,家庭其他成员才会接触并接受这种食物,否则其他家庭成员是不会接触并接受这种食品的。

1947年列文在《群体生活的渠道》一书中指出,在群体传播过程中也存在着一些把关人。一则信息在群体传播的过程中需要经过多个"检查点",只有那些符合群体规范或把关人价值标准的信息才能进入传播的渠道。列文将那些在传播过程中负责检查、决定是否放行信息的人或组织称为"把关人"(gatekeeper)。

2) 怀特的把关研究

1950年,传播学者怀特通过对美国中西部一家地方报纸编辑工作的考察发现,该编辑每周收到各大通讯社的大量电讯稿,但是经过他的筛选,最终只有一小部分信息能够被顺利刊登。怀特认为大量的新闻信息流经这里,被筛选的过程就是编辑的把关工作,他从信息输入和信息输出的角度提出了新闻筛选过程的"把关"模式(见图3-1)。

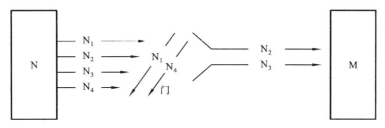

图 3-1　怀特的新闻选择把关模式[①]

在图3-1中,M代表受众,N代表新闻来源如通讯社,它发出一系列不同的信息 N_1、N_2、N_3、N_4 等,经过把关人的筛选、过滤后,有的信息被舍弃如 N_1、N_4,有的信息被放行如 N_2 和 N_3。该模式可以用一个简单的公式来表示:

输入信息－输出信息＝把关过滤信息

怀特的把关模式形象地说明了在一个具体的把关环节上,信息是如何被过滤和筛选的。但是,该模式并没有指出哪些信息入选、哪些信息被舍弃,没有涉及把关过程的实质。而且该模式过分强调编辑个人的把关作用,没有从社会系统的角度考虑其他因素对传者把关活动的影响,而大众传播过程往往有许多的把关环节。

3) 麦克内利的把关模式

怀特模式仅仅将把关人视为一个人,而不是一系列的过程,但实际上大众传播过程往往有许多把关环节,解决这个问题的是麦克内利,他指出在新闻事件与最终的接受者(如报纸的读者)之间存在各种各样的中间传播者,如图3-2所示。

[①] 麦奎尔等著,祝建华译:《大众传播模式论》,上海译文出版社,1987年版,第134～135页。

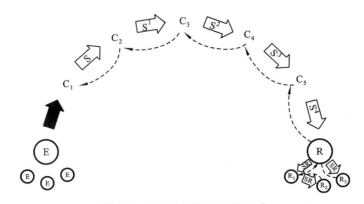

图 3-2 麦克内利的把关模式 ①

这个模式表示的过程可以用一个假设的外国新闻事件来说明。一家外国通讯社的记者获悉了一件有新闻价值的事实,就把它写成新闻稿件,先发到本社的地区分社;在国内的地区分社,稿件被删改,再发往总社;在总社,被编辑,又发往国内的地区新闻社;在国内的地区新闻社,又被编辑修改,以便传到当地报社或电台、电视台编辑部;在这些编辑部,再根据这些媒体的需要加以编辑,才传播给读者或听众、观众。

在麦克内利模式中 E 代表有新闻价值的事件,C_1 是最初的记者,他发稿后,经历了 C_2、C_3、C_4、C_5 等一系列把关人的选择、过滤、增删的加工后的报道以 S^1、S^2、S^3、S^4 的形式传播,才传到了新闻受众 R 那里。并用 SR 口头播送的言语修改报道,再传到 R_1、R_2、R_3 的家庭成员、朋友、合伙人等。而反馈如虚线所示,是全程性的。

麦克内利模式提出了新闻传播中存在的系列把关环节。

4)巴斯的双重行为把关模式

在巴斯看来,大众传播过程中的把关环节固然很多,但是不同环节的把关人的作用各不相同。与大众传播组织的把关作用相比,其他把关环节都处于次要地位。巴斯认为,大众传媒的把关活动分为前后相连的两个阶段,即所谓"双重行为"把关,具体如图 3-3 所示。②

图 3-3 巴斯的双重行为把关模式

大众传播媒介把关活动的第一阶段是以记者为代表的把关人的信息采集活

---

① 麦奎尔等著,祝建华译:《大众传播模式论》,上海译文出版社,1987 年版,第 136~138 页。
② 转引自吴文虎:《传播学概论》,武汉大学出版社,1999 年版,第 127 页。

动;第二阶段是以编辑为代表的把关人的信息加工与制作活动。传者通过第一阶段的信息采集活动决定了受众可能获取的信息的原材料,第二阶段的加工和制作活动决定了受众获得信息的内容和形式,能够影响受众的理解和思考。相比之下,大众传媒第二阶段的把关活动(加工、制作)比第一阶段的把关活动(信息采集)更加具有决定性意义。经过大众传媒前后两个阶段的双重把关之后,新闻信息得以呈现在受众面前。巴斯的把关模式在某种程度上更加接近现实。

2. 大众传播者把关的功能与责任

大众传播是社会信息系统中的重要组成部分,大众传媒是社会信息的主要提供者。作为过滤器的媒介组织,通过一系列把关活动,控制着信息的传播。在大众传播过程中,传者的把关功能与责任具体表现为以下几方面。

1) 检查功能

大众传播者是传播通道上的检查者,根据媒介组织的要求和受众的需要对试图进入传播渠道的各种信息进行鉴别和选择,决定它能否进入大众传播的渠道。通过此环节,有些信息被过滤,有些信息被放行,有些信息被删减。如杂志社、出版社对不合要求的稿件予以退回,报社、电台、电视台将大量的新闻稿件弃之不用,管理部门经审核禁止某些影片、电视剧的公开发行和上映,或者要求对电影、电视剧、译制片中的某些内容予以删减等。

具体的把关标准,可以参照我国《出版管理条例》第 26 条规定。该规定虽然针对出版物,但它基本上综合了我国现行法律法规禁止传播的所有内容。任何出版物不得含有下列内容:①违反宪法确定的基本原则的;②危害国家统一、主权和领土完整的;③泄露国家秘密、危害国家安全或者损害国家荣誉和利益的;④煽动民族仇恨、民族歧视,破坏民族团结,或者侵害民族风俗习惯的;⑤宣扬邪教、迷信的;⑥扰乱社会秩序、破坏社会稳定的;⑦宣扬淫秽、赌博、暴力或者教唆犯罪的;⑧侮辱或诽谤他人,侵害他人合法权益的;⑨危害社会公德或者民族优秀文化传统的;⑩有法律、行政法规和国家规定的其他内容的。

2) 加工功能

大众传播者对被允许进入传播渠道的信息,从内容和形式方面进行加工,使它更加符合传播的要求。如通过字词的修改、文本的选择、信息顺序结构的调整等对信息的内容进行创造性的修改和润色;或者运用各种编排手段,调整信息的版面位置、播出时间、篇幅长短、播出顺序等,以凸显或隐藏某些信息,贯彻传媒的意图和方针,获得潜移默化的传播效果。

3) 评价和导向功能

大众传播者通过对事实信息的检查和加工,有选择地加以传播,间接、含蓄地表明传媒的立场和观点。也可以就某些重要的社会问题、社会现象直接发表观点,如以编者按、编后语、记者手记的形式或者配发短评、评论员文章甚至社论直接表明传媒的立场和态度,对舆论加以引导。

3. 影响大众传播者把关的因素

大众传媒对信息的选择或"把关"活动是一个复杂的过程。在信息传播的过程中,参与把关的人数众多,影响他们的因素复杂多样,如把关人一时的兴致、个人标准、时间的压力、遵守法律的需要、获取利润的需要等。作为信息系统的大众传播与社会其他系统之间存在互动关系,来自大众传播流程之外的其他因素也会影响传者的把关活动。那么,到底有哪些因素对传者的把关活动起着决定作用呢?我们将影响传者把关活动的主要因素归纳如下。

1) 传者的个性特征

在大众传播的生产流程中,传者个体的知识能力、文化背景、价值信仰等因素直接影响传者的把关活动。英国著名记者爱德华·默罗曾说过:"我认为就人而言,任何记者都不能做到完全的客观,因为在某种程度上我们都是个人;都受教育、见识和阅读面,即我们经历总和的俘虏。"在收集、筛选信息的环节,新闻价值的判断经常是以传者的新闻感觉为根据,具有相对性。面对相同的信息,不同的筛选者会作出不同的选择。在信息加工的环节,属于个体的知识能力、文化背景、价值信仰等因素使得不同传播者对同一新闻事件的报道往往呈现出不同的内容和风格,有时甚至带有强烈的个人色彩。

2) 传媒组织的性质

大众传播组织是一种社会组织,其组织性质对于传者的把关活动有着决定性的影响。大众传播组织的性质取决于其组织目标。美国传播学家麦奎尔认为,尽管有一些大众传播组织追求非营利的社会文化目标,如欧洲的公共广播组织。但是大多数大众传播组织的目标是模糊的,兼具功利性和规范性。大众传播组织必须从事经营活动,通过将信息产品或服务作为商品在市场上销售出去,换回保障信息生产和传播正常进行以及扩大再生产所需要的资金,这是维持大众传播组织自身生存和发展的前提。大众传播组织的经济收益主要来自于两个方面:一是通过直接向消费者销售产品或服务而获益(如报纸、杂志的发行收入);二是通过售让版面或时间,将受众的注意力(表现为发行量或视听率)"销售"给广告商而获利。实际上对广告客户的满足以及通过销售获利都依赖于对受众需求的满足。通常报纸、杂志的发行量越大或广播电视的收视率越高,广告收益就越大。这其中我们也可以看到广告商影响的影子。传者通常根据目标受众的需求和消费模式来设计信息的内容和表现形式,提供为受众所广泛接受的信息产品或服务,媒介的版面设计、播出时间的安排等通常也反映了广告商的利益。由于受众的利益与广告商的利益并不是一回事,而且两者之间往往存在着对立关系,传者在把关时通常要兼顾二者的利益和需求。

不同于以赢利为唯一目的的私有企业,大众传播组织还兼具宣传和意识形态的功能,通过宣传某种思想观念、价值和意识形态等为特定的利益服务。与资本主义国家的媒介不同,社会主义国家的媒介并不讳言这一点,公开表明自己是无产阶级及其政党组织的舆论机关,强调自己为社会主义制度及其意识形态服务的宗旨。

如上所述,大众传播组织的把关活动受到它们的经营目标和宣传目标的制约,同时也受到社会公共性和公益性的制约。在现实生活中不同形态的媒介组织,受各种因素的制约程度是不同的。一般来说,国有或公营媒介的传播活动受宣传目标和公共性、公益性制约的程度较高,其主要目的是追求社会效益。作为私营企业的商业媒介受经营目标制约的程度较高,其主要目的是追求利润。

3) 媒介的形态特点

作为信息传播的载体,媒介本身的特点也会影响传者的把关活动。不同类型的媒介具有不同的特点,适合表现不同形式的信息。传者在把关时会根据各种媒介的特点对信息的内容和形式进行取舍和加工。如对电视而言,适合表现视觉性强的、故事性的东西,那些不具有情节性的事件,就较容易被忽略,从而造成电视传播内容的表面化和相对肤浅。

4) 传媒之间的竞争

随着传媒市场竞争的日趋激烈和媒介产品的增加,受众面临的选择越来越多,传媒组织逐步从大众传播转向分众传播,即针对特定受众的需求提供相应的媒介产品。传媒竞争对传者把关的影响之一就是,为了吸引受众的注意力,传者力求通过信息的筛选、加工和制作凸显媒介产品的个性、特色和风格。

5) 信源的影响

新闻来源就是提供素材以供大众传播者制作新闻之用的个人或组织。在整个新闻制造过程中,消息来源的人物是原始的守门人,他们介于事件与传媒之间,常常筛选、宣扬于己有利之信息。英国学者吉伯与约翰逊将传者和信源之间的关系划分为三种类型。在下列的三个图中 A 是信源,C 是传者。一种是分离型(见图 3-4)。传者和信源之间是有距离的,彼此之间价值观存在差异。信源表达自己希望传播的内容,而传者也寻求自己需要的新闻,二者之间相对独立。这是自由主义报刊推崇的方式。

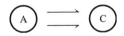

图 3-4　分离的信源——传播角色

图 3-5　同化的信源——传播角色

一种是同化型(见图 3-5),信源能够严格地控制传者,使传者按自己的要求进行传播。传者被信源所同化,充当信源的宣传工具。产生同化的力量有商业势力、

图 3-6 合作的信源——传播角色

政府权力等内容。

第三种是合作型(见图 3-6)。传者与信源之间分属不同的社会系统,但是他们之间有着某种共同的目标和价值观,彼此需要对方,因而能互相合作。信源常凭借其拥有的信息资源影响传者的把关活动。信源和传者之间的不同关系,通常影响到传者的把关活动。如在我国,传者和政府之间属于同化型或者合作型关系,政治领域的资讯是传媒组织重要的资讯来源,并构成大众传播组织强大的影响力。虽然我国的不少媒体在努力进行舆论监督,但体制上所有传媒都由党政部门主管或挂靠在相关部门,条块分割的地方保护主义和部门利益成为传者开展舆论监督的最大的障碍,异地监督就成为这种制度下的畸形产物。

通过上述分析可以看出,传媒的把关活动是一个复杂的过程,受到许多因素的制约。把关的实质表现在以下方面。第一,传媒组织的利益取向决定了传媒的生产方式和生产的内容。信息的生产与传播是根据传媒的立场、方针和价值标准所进行的一种有目的的取舍选择和加工活动,并非纯粹的客观公正。第二,传者的把关活动受到传者的个性特征、媒介的形态特点、受众的需求、社会文化环境等多种因素的制约,传者在把关时通常要兼顾各方面的利益和需求。第三,传媒的"把关"是一个多环节、有组织的过程,在一些不足以影响传媒组织利益的常规新闻报道中,记者、编辑个人拥有较大的创造空间,但在媒介内部控制机制的作用下,个人因素所起的作用是有限的。把关的过程及其结果,在总体上是传媒组织的立场和方针的体现。①

第二节 受众分析

在传播研究中,"受众"(audience)一词是社会信息传播的接受者这个群体的总称,既包括大众传播中的信息接受者,如报纸、杂志的读者,广播的听众,电视的观众,也包括人际传播、组织传播的信息接收者。

作为传播过程中接受信息的一方,受众可以是个人,也可以是群体。早期的受众概念源于 20 世纪初的大众社会理论。该理论认为大众是彼此孤立、缺乏联系、毫无凝聚力的个体,面对大众传媒有计划、有组织的传播活动,大众是被动的、缺乏抵抗力的。19 世纪 30 年代以后大众传媒向企业化经营方向转变,必须将自己的信息产品或服务以商品交换的形式在市场上销售,而受众就被看成了特定信息产品或媒介服务的潜在消费者,这里就形成了大众传媒的市场。随着大众传播事业

---

① 郭庆光:《传播学教程》,中国人民大学出版社,1999 年版,第 165 页。

的发展,这种观点逐渐被广泛认可了。

作为传播活动的重要因素,受众在传播过程中扮演着重要的角色。首先,受众是传播符号的译码者。传者将采集到的信息,借助符号进行编码,使它们成为可以通过媒介加以传播的讯息。受众接收到讯息后必须经历解码的过程才能理解和接受信息。倘若离开了受众对符号的解码,信息则只能作为潜在的信息存在着,无法实现信息共享、彼此沟通的目的。其次,受众是传播活动的参与者。没有受众的参与,传播活动等于没有发生。正是因为有了受众对于信息产品的选择、注意、理解、接受等积极的心理活动,传播活动的效果才得以实现。比如作为社会实践的主体,受众也可以通过直接或间接参与广播电视节目的制作或向传媒组织提供线索、信息等直接参与传播的过程,受众的实践活动创造了丰富的信息,受众的积极参与为传者提供了源源不断的新闻线索。最后,受众是传播效果的实现者和反馈者。信息的传播过程,不是单向传递而是双向沟通,传播效果的获取与受众密不可分,来自受众的反馈信息有利于大众传播活动更有效地为社会服务。

一、受众的类型与特征

根据传播活动的层次,受众也可以分为个体传播受众、组织传播受众和大众传播受众。在人际传播和组织传播中,受众是明确的,且人数较少。受众与传者相对存在,一定条件下,两者的角色可以相互转换。大众传播的受众,则指书籍、报刊的读者,广播的听众或电影、电视的观众等。受众是这些大众传播的信息接受者的集合名称。

大众传播的受众由不同层次的受众群构成。根据不同的划分标准,大众传播的受众可分为不同的受众群体。根据受众对媒介内容的选择性,可以分为主动型受众、被动型受众;根据年龄划分,可分为老年受众、中年受众、青年受众、少年儿童受众等。

比利时学者罗杰·克劳斯以广播电视为例,根据大众传播信息到达受众的情况,将信息划分为不同的层次:广播电视机构提供的讯息、可接受的讯息、接受的讯息、注意到的讯息和内化讯息。相应地,大众传播的受众可分为以下几种。①可获得受众,指几乎所有可能接受媒介讯息的潜在受众,如广播电视覆盖区域内所有具有接收能力的社会成员,这是最大规模的潜在受众;②潜在的媒介受众,其规模大小取决于是否拥有必要的接收能力、接收装置和其他一些必要的技能因素。如凡拥有电视机或能观看电视节目的人都是电视传媒的潜在受众,报纸发行区域所有具有阅读能力的人都是报纸的潜在受众。③实际为媒介产品付费的受众,一般是通过发行量或收视率反映出来的。④参与受众,指实际阅读、观看、收听媒介信息的受众。⑤有效受众,指不但接触了媒介内容而且在态度或行动上接受了媒介影响的人。对传媒而言,有效受众的身上体现了实质性的传播效果。①

大众传播的受众是人数最多的一类传播对象,从受众构成的角度分析,他们具有如下的特点。

第一,数量众多。

在人际传播和组织传播活动中,受众是明确的,且人数较少,一定条件下传者和受众的角色可以相互转换。大众传播则不同,它是面向全社会不特定成员的传播活动,它的受众如书籍报刊的读者、广播的听众或电影、电视的观众等,一般数量众多。就像广播、电视这两种电子媒介的传播活动,因不受人们文化水平的限制而受众面极广,当重大事件发生时,通过广播电视获取信息的受众数量以亿计数。

第二,成分复杂。

不同年龄、文化程度、民族、职业、政治观点、宗教信仰的人们所组成的各种社会群体,均可成为大众传播的受众。

第三,地域分散。

借助现代传播技术,大众传播能够将讯息传播到广泛的区域,如依靠卫星转播技术,各大通讯社的稿件和电视节目可以在广大地域内为人们所接收,有的甚至可以传遍整个地球。

第四,难以确定。

大众传播接受者的数量和个人状况是难以确定的。尽管通过受众调查,传播者可以从人口统计、心理倾向或行为特征等方面,大致了解自己受众的某些群体特征,但却无法确定各受众成员的个人情况。从这个角度而言,受众是隐匿的、难以确定的。

从受众接收行为的角度考虑,大众传播的受众具有如下的特点②。

第一,接收自主性。

组织是以一定的规章制度建立起来的群体,组织的传播行为对其成员有很大的约束力。它可以强制组织成员接收组织信息,规定接收的时间、地点、内容、方式,需要的话还可以对他们的接收效果进行考核。但是在这些方面任何一个大众传播机构都是无能为力的。受众不是大众传播机构的下属,不受大众传播机构纪律和规章制度的约束,传者对于他们的接收行为没有任何的强制力。受众面对众多的媒介和信息有权根据自己的需要、兴趣和能力作出自由选择。受众进入或退出传播交流活动,以何种方式接收传播信息等,都是完全自由的。对大众传播机构来说,只能绞尽脑汁用精彩的内容吸引人们来接收,却不能强求人们必须接收自己

---

① 麦奎尔著,崔保国、李琨译:《麦奎尔大众传播理论》,清华大学出版社,2006年版,第321～322页。
② 申凡、戚海龙:《当代传播学》,华中科技大学出版社,2000年版,第69～70页。

的传播。

第二,具有可变性。

大众传播的受众在不同时期对于信息的需求以及获取、接收信息的方式都会发生改变。如从历时性角度考虑,受众的媒介接触习惯会随着年龄的增长而不断发生变化。一般而言,幼儿主要通过阅读漫画、收看电视节目获取信息。随着识字能力的增强,青少年逐渐开始接触书籍、报纸、杂志及网络等媒介。在不同阶段,受众对于信息的需求、兴趣及获取信息的方式也在不断发展变化。

在当今多媒体时代,人们面临的媒介环境日益复杂化,越来越多的媒介类型牵扯和分散了人们的注意力,影响着人们的感官和认知,也改变着人们的信息获取方式和消费习惯。随着网络媒体的发展,越来越多的受众从传统媒介转向网络媒介获取信息。接触电视的时间长度在受众每日媒介接触总时间中的比例呈现出明显下降的趋势,而接触互联网时间的比例却呈现出上升趋势。中国互联网络信息中心第26次报告显示,截至2010年6月底,我国网民人均周上网时长达到19.8个小时。

受众接收行为的可变性,使大众传播对象的状况更加难以确定。因此,应时刻关注大众传播者对受众的信息需求和媒介消费习惯的变化。

第三,多数受众以休闲时间在家庭内接收为主。

一般人上班的时候大众传播机构也在播送信息,但此时的接收者多半是不上班的人,如退休者、家庭主妇和轮休者。电视和广播的黄金时间——接收率最高的时间——都是人们吃完晚饭后的闲暇时间。报纸、杂志的读者的阅读时间也多半在上下班的路上和下班之后。对大多数中国家庭而言,围绕在电视机前的时光曾经一度成为家庭成员的主要共处时间,收看电视节目成为家庭的主要娱乐方式。国外有些传播机构为了增强传播效果,不仅研究人们的接收时间,还特意研究了各种接收装置在家庭中的分布情况和摆放地点。比如研究者知道了一定数量的居民家中收音机和电视在客厅、书房、卧室、厨房各有多少,可以大体推知有多少人在什么时间使用哪一种接收工具,这样传播时就可以更有针对性,更符合受众的需要。中国互联网络信息中心第26次报告显示,中国88.4%的网民在家上网,77.3%的手机网民只在业余时间用手机上网,电脑网民中有68.9%的人只在业余时间用电脑上网。

二、受众的需要和接收动机

人类的一切活动都是为了满足自己的需要。美国著名心理学家马斯洛认为:人是受满足某种需要的欲望所驱使的需求动物。作为人的生理和社会要求的反映,人类的需要是无止境的,表现出无限的丰富性和多样性。但是人类所追求的需要具有普遍性。其中,生理需要是维持人类自身生存的基本需要,是人类最原始、最基本的需要,如衣、食、住、行的需要;其次是安全需要,如生命、财产的安全保障,摆脱失业威胁及某些社会保障的需要;第三,社交的需要,主要指寻求和改善人际关系的需要;第四,尊重的需要,渴望得到别人的赏识和高度评价的需要;第五,自我实现的需要,指要求实现个人抱负,充分发挥个人才能的需要。上述需要有层次之分。1954年,马斯洛在《激励与个性》一书中提及了人的另外两种需要:求知需要和审美需要。需要是引发动机的内在条件,当人的需要强度达到一定程度时,就会推动人采取某种行动。受众的信息接收行为,都是在动机的驱使下为了满足信息的需求而发生的。受众的动机决定了人们是否接收信息,以及接收信息的方向。

在现代社会,接触大众媒介在每个人的生活中都占据着重要的位置。那么,受众为什么要接触大众传播媒介?这种接触对他们来说究竟具有什么样的效用?这就是关于受众的需要和媒介接触动机的研究。

1940年,美国传播学者B.R.贝雷尔森在《读书为我们带来什么》一文中指出,人们对书籍的使用受性别、年龄、学历、职业等因素的影响。但同时也存在一些具有普遍性的读书动机,如追求书籍内容对学习、工作和生活的参考和利用价值的"实用动机";消解疲劳、获得休息的"休憩动机";通过谈论读书内容以获得他人称赞或尊敬的"夸饰动机";通过读书来转移日常生活烦恼的"逃避动机"等。1945年6月30日,纽约八大报纸的发送员开展大罢工,贝雷尔森以此为背景,调查没有报纸给生活带来的种种不便,希望借此可以解释报纸在受众日常生活中的效用。根据调查结果,1949年贝雷尔森发表了《没有报纸意味着什么》的研究论文,他从中总结出了人们对报纸的六种利用形态:①获得外界消息的信息来源——没有报纸就失去了了解外部变化的耳目;②日常生活的工具——例如看不到广播节目表,得不到天气、交通、购物等信息,生活和行动增添了许多不便;③休憩的手段——从读报中获得安静和休息;④获得社会威信的手段——经常披露从报纸上读来的新闻或新知识,可以获得周围人的尊敬;⑤社交的手段——读报可以提供丰富的话题,活跃社交生活;⑥读报本身的目的化——每天读报已成为习惯性行为,读不到报纸便缺乏生活的充实感。在这次调查中,贝雷尔森发现一些有"读报瘾"的人甚至会翻出旧报纸来阅读,以弥补无报可读的缺憾。

1944年,美国哥伦比亚大学广播研究室的H.赫卓格对一个名为"专家知识竞赛"的广播节目的11位爱好者进行了详细的访谈,发现尽管是同一个节目,人们的收听动机、欣赏侧面以及获得的满足感是不同的。但是,喜爱知识竞赛节目的听众有三种共同的基本心理需求:①竞争心理需求,通过抢先猜测答案使自己与出场嘉宾或收听伙伴处于一种竞赛状态,享受由此带来的竞争乐趣;②获得新知的需求,从节目中得到新的知识,充实自己;③自我评价的需求,通过猜测答案来判断自己的知识程度,确认自己的能力。同年,赫卓格还对100名广播肥皂剧的听众进行了调查,发现人们怀着多种多样的动机收听肥皂剧:有的是为了"逃避日常生活的烦恼",有的是为体验自己未曾亲身经历过的生活情境;有的则把肥皂剧当做"日常生活的教科书",从中汲取生活的知识和经验等。赫卓格认为,尽管肥皂剧在人们看来属于一种娱乐形式,但却有不少人认真地把它作为"生活的教科书",这既反映了听众动机的多样性,也说明一种节目形式具有多种功能,有些甚至是一般人料想不到的功能。[①]

英国学者麦奎尔认为:受众的媒介接触行为,在很大程度上从个人的兴趣和需求角度来加以解释。[②] 1969 年,麦奎尔通过对新闻、知识竞赛、家庭连续剧、青年冒险连续剧等六种电视节目的受众开展调查,研究不同节目满足受众需求的特点,从中提取出电视节目满足受众需求的几种共通的类型。①心绪转换效应。电视节目可以提供消遣和娱乐,能够帮助人们"逃避"日常生活的压力和负担,带来情绪上的解放感。②人际关系效用。媒介提供了对真实生活进行社会接触的替代品。通过观看电视节目,受众对节目出场人物、主持人等产生一种"熟人"或"朋友"的感觉,满足人们对社会互动的心理需求;此外,通过谈论节目内容,有助于融洽家庭关系、建立社交圈子等。③自我确认效用。自我确认效用即受众通过观看电视节目中的人物、事件、状况、矛盾冲突的解决方法等,可以为自身提供自我评价的参考框架,对自身的行为进行反省,并在此基础上协调自己的观念和行为。④环境监测效用。受众通过观看电视节目,获得与自己的生活直接或间接相关的各种信息,及时把握环境的变化。其中,监测环境是人们观看新闻节目的主要动机。

上述学者通过对不同媒介受众的媒介接触动机调查发现,从微观上来看具有丰富社会多样性的受众都是基于一些基本的需求接触传媒的,大体包括:信息需求、娱乐需求、社会关系需求、精神和心理需求等。现实中各种媒介的内容或形式都具有满足这些基本需求的效用,只不过满足的侧重点和程度各有差异罢了。

马克思指出,"没有需要,就没有生产",受众的信息需求是大众传播发展的动力。对于传者而言,了解受众的信息需求和动机,有助于传者开展信息的采集、加工工作,设计并传播符合受众需要的信息内容和形式,更好地满足受众的需求。值得注意的是,受众的需求是多方面的,既有合理的需求,也有不合理的需求。大众传媒在把关的过程中,对于受众的需求要进行甄别,在满足受众合理需求的同时,还担负着培养、提高受众的需求的使命。

三、受众的权利

受众不仅仅是大众传播的信息接受者和传播对象,也是参与社会管理和社会

---

①② 转引自郭庆光:《传播学教程》,中国人民大学出版社,1999 年版,第 181、182 页。

公共事务的公众。作为构成社会的基本成员,受众拥有各种各样的正当权利。受众在大众传播过程中享有如下基本权利。

1. 传播权

传播权又称表达自由或言论自由的权利,是每个社会成员享有的基本权利之一。《多种声音,一个世界》中指出:受众"有权把他所看到的关于个人生活条件、需求和痛苦的真实情况告诉别人。凡是用恐吓或惩罚迫使他保持缄默,或剥夺他利用传播渠道的机会,就是侵犯了这项权利"。作为社会实践和社会生活的主体,受众有权将自己的经验、体会、思想、观点和认识通过言论、创作、著述等活动表现出来,并有权通过一切合法手段和渠道加以传播。

我国宪法规定,我国公民享有言论、出版自由,在立法上保障了公民的传播权。具体来说,受众可以通过热线电话直接在广播、电视中发表口头意见,通过互联网张贴书面意见或图像,或者在出版物上自由表达自己对国家事务、经济和文化事业、社会事务的见解和意愿,自由发表自己从事科学研究、文学与艺术创作和其他文化活动的成果等。

2. 知情权

知情权又称知晓权、了解权、获知权,指公民对于国家的重要决策和重要事务以及世界上发生的各种与公众利益相关的重大事件,有及时、准确地了解和知悉各方面真实情况的权利。受众的"知情权"更多时候只能通过新闻媒介来实现,因此受众有权要求大众传播媒介提供社会成员应获得的种种真实信息。大众传媒如果扣留信息,或者传播虚假、失实的信息,就是侵犯受众的知情权。

传播权和知情权的思想,自17世纪英国思想家弥尔顿提出以来,在现代社会已经成为一项基本人权和普遍的民主原则。政务信息公开是实现公众知情权的主要手段。改革开放以来,尊重和实现民众知情权问题日益得到我国党和政府的重视,我国政务信息公开无论在理论上还是在实践上、制度上,都在稳步推进。2007年我国国务院颁布了《中华人民共和国政府信息公开条例》,该法规第三章第15条规定:"行政机关应当将主动公开的政府信息,通过政府公报、政府网站、新闻发布会以及报刊、广播、电视等便于公众知晓的方式公开。"该条例的实施有力保障了我国公民对于不涉密的社会事务的知情权。

3. 有害内容的拒斥权

受众有权要求获得纯洁健康的信息,至少是对社会没有危害的信息。大众传播机构如果违反法律,宣扬暴力,教唆犯罪,诲淫诲盗,破坏民族团结,就是侵犯了受众的该项权利,应该受到法律的制裁和舆论的谴责。制造和散布各类计算机病毒,在网络上进行黑客活动,也是对公众该项权利的侵犯。①

尊重受众的合法权益已经得到了越来越多媒介的认同。近年来我国国家管理部门先后发布相关条例,对保障受众的合法权益作出明确规定。2009年12月我国互联网违法和不良信息举报中心、工业和信息化部所属12321网络不良与垃圾信息举报受理中心、公安部所属网络违法犯罪举报网站、全国"扫黄打非"办公室举报中心联合发布了《举报互联网和手机媒体淫秽色情及低俗信息奖励办法》(以下简称《办法》)。自《办法》发布以来,广大民众反响热烈,当月中国互联网违法和不良信息举报中心累计接到各类公众举报信息115515件次(其中,涉及淫秽色情的占79.4%,诈骗占12.4%,赌博占1.3%,私服外挂占1%,违背社会公德占0.8%,侵权占0.8%,攻击党和政府占0.6%,病毒占0.5%,宣扬邪教占0.4%,违背宪法原则占0.3%,其他2.5%),有力保障了受众的合法权益。

4. 人格尊严的维护权

人格尊严指公民和法人作为权利和义务的主体依法享有的为维护其生存和尊严所必须具备的、以人格利益为内容的权利。这些权利主要包括公民和法人的名誉权,公民的肖像权、隐私权、姓名权,法人的名称权。受众有权享有对个人与公众利益、公众事务无关的私生活进行保密,不受大众传媒打扰和干预,以及个人的名誉和利益不受伤害的权利。

在法治化的社会中,新闻媒体作为社会的组成机构,对公民的名誉权与隐私权的尊重是其日常操作中必须遵守的"游戏规则",否则就会造成新闻侵权。大众传播因为影响广泛,所以侵权后果也严重得多。当大众传播机构将公民和法人作为新闻报道对象和小说描绘对象时,如果报道失实、评论不公正或恶意影射,就会侵犯受众的人格利益,构成人格侵犯。对此,合法权益受到损害的个人和法人有权依法维护自己的人格尊严,可以向人民法院提起诉讼,要求有关大众传播机构停止侵害,恢复名誉,消除影响,公开赔礼道歉和赔偿损失等。

5. 对传播媒介的批评监督权

大众传播媒介具有很强的公共性,传播内容的真实与否、品位高低,提供的文化和娱乐内容是否健康有益等都会影响到受众。因此,广大受众对传播媒介的活动拥有进行社会监督的正当权利。在我国,大众传播组织和传播工作者接受国家法律、党的纪律和社会道德监督的同时,也必须接受广大受众的监督。

受众有权要求传媒的新闻报道和其他信息真实、准确、客观、公正,有权要求传媒提供高品位的传播产品。如果传媒的虚假报道和虚假广告损害了受众的利益,

---

① 申凡、戚海龙:《当代传播学》,华中科技大学出版社,2000年版,第72页。

或者传播的内容侵犯了公民的名誉权、隐私权,受众可以通过写信、打电话、发电子邮件等方式向大众传播机构反映自己的意见、要求,也可以向大众传播机构的上级主管部门反映,或者在报纸杂志和学术期刊上发表文章,如影评、节目评介、报纸点评、时评、短评、论文等,提出批评和建议;直至向法律机构或仲裁机构提交诉讼,要求传媒纠正错误,对大众传播组织和大众传播者的违法行为进行法律制裁和补偿自己的损失。对受众反映比较强烈的问题,大众传播机构有义务迅速解答与解决。

在开放的舆论环境下,充分发挥广大受众对大众传媒组织和传播工作者的监督作用,有利于大众传播事业的发展。

6. 传媒接近权

传媒接近权是指一般社会成员利用传播媒介阐述主张、发表言论,以及开展各种社会和文化活动的权利。大众传播媒介是受众利益诉求表达的重要渠道,越来越多的受众不仅仅满足于只是了解事实信息,他们还希望能够通过大众传媒发表自己的意见和见解,表达自己的态度。

传媒接近权的核心内容是要求传媒必须向受众开放。为保障受众的传媒接近权,大众传播媒介应努力创造和提供受众接近使用媒介的机会。具体而言,传媒可以从以下方面做起:在内容上提供符合受众需求与利益的各种内容,应成为不同利益和观点的论坛;当社会成员或群体在受到传媒攻击或歪曲性报道之际,提供版面或时间给予受众反诉的机会,如刊登或播出反驳声明;允许受众在媒介上传播私人启事、个人主张、广告信息和许多不同种类的信息和文化;提供受众参与媒介工作的机会,如在电视台或电台设立点播节目,开办热线电话等,或者邀请受众直接到广播台、电视台或者互联网站参与节目,表达自己的意见、愿望、要求、建议等。反馈也是受众行使传媒接近权和传媒监督权的重要方式。

我国《宪法》第 22 条规定:"国家发展为人民服务、为社会主义服务的文学艺术事业、新闻广播电视事业、出版发行事业、图书馆博物馆文化馆和其他文化事业,开展群众性的文化活动。国家保护名胜古迹、珍贵文物和其他重要历史文化遗产。"其中蕴含了保障公民接近和享用大众传播资源的积极态度和立法取向。对此,国家作为责任主体,应在促进大众传播和服务,满足公民对大众传播资源的基本需求方面提供支持与保障。

四、受众的选择性行为及其影响因素

现在,由于媒体的增加和媒介中信息量的加大,受众往往不再被动地接受信息,而是主动地选择信息。施拉姆曾形象地比喻参与传播的受众就像在吃自助餐,受众可以自行选择满意的食物,媒介只是为受众服务。大众传播的实践和研究成果也证明,虽然大众传播具有强大的影响力,但受众在接触媒介和接受信息方面,表现出极大的能动性,既可以自由地选择传播媒介,也可以自由地选择媒介中的信息。

1. 受众的选择性行为

1) 受众对媒介形式的选择性

受众信息接受行为的选择性,首先表现为对传播媒介形式的选择性。那么人们是怎样选择媒介形式的呢?根据研究,受众对媒介形式的选择主要取决于下列因素。[①]

第一,是媒介适合自己需要的程度。在媒介选择因素中,这是最重要的因素。每一种媒介形式都有自己最适宜的内容表现范围,受众对媒介的选择多从自己的实际情况出发,选择适合自己需要的媒介形式。

一般来说,追求娱乐的人,比较多地选择电子传播媒介,特别是电视,其中有线电视由于频道多,更受城市居民欢迎;喜欢深度思考问题的人,多选择报纸、杂志、书籍等;对新鲜事物感兴趣的人,多选择时效性强的广播、电视、网络媒介等;需要大量收集信息的人,侧重选择杂志、书籍和网络;老年人由于视力下降,多利用广播媒介获取信息。

第二,是理解和使用的难易程度。大众传播媒介是面对大众的媒介,一般来说,都有理解容易和使用方便的优点。不过仍有许多受众对使用某些媒介感到困难。广播和电视是最容易理解最容易使用的媒介,它们的普及率最高;报纸、杂志、书籍对于文盲来说没有直接的使用价值,他们不识字,没法去读书看报;互联网中的信息可谓恒河沙数,可由于上网需要计算机和一定的计算机操作技能,这就使许多不会操作计算机的人把网络看做是天上的仙鹤,而不是手中的家雀。许多人不敢触摸计算机,仅仅因为使用起来太复杂。同时,受众在几种媒介形式都可以使用的情况下,更多地选择较为方便的那一种。北京市对中学生的一项调查表明,看过电视剧《三国演义》、《红楼梦》、《西游记》的中学生远比看过同名小说的人数多(当时电视剧《水浒传》尚未放映),原因主要在于看电视剧比看小说好懂又方便;绘图版、注音版古典名著,正是因为其适合中小学生实际的阅读能力,便于中小学生理解和使用而备受欢迎。

第三是成本的高低。接收大众传播需要一定的成本。收入较高的受众一般不太关心接收成本,而对于收入较低的受众来说,接收成本是一个不得不考虑的问题。比如,经济的快速发展是互联网用户持续增长的基础,中国互联网络信息中心研究发现,互联网发展程度与地区经济发展水平正相关,即地区经济越发达,其互

---

① 申凡、戚海龙:《当代传播学》,华中科技大学出版社,2000年版,第81~82页。

联网发展程度也就越高,互联网普及率可以作为地区经济发展水平的表征之一。自从 1987 年中国发出第一封电子邮件,我国网民的数量增长迅速。截至 2010 年底,中国网民规模达到 4.7 亿人。但现有网民主要以城市中的中高等收入者为多,大量的低收入者至少在数年之内仍然不会问津网络。

对于受众选择与媒介形式的关系,还可以做进一步的研究。比如,不同性别、年龄、职业、收入水平、文化水平、居住区域的人是怎样选择媒介的,他们每天接触媒介的时间段如何,长度有多少等。这样的研究有助于指导大众传播者加强传播的针对性,提高传播效果,也有利于指导工商企业的广告传播活动。

2) 受众对信息的选择性

1960 年,克拉珀在《大众传播的效果》一书中指出,受众接受信息时具有选择性的特点,受众对信息的接触依次经历选择性注意(接触)、选择性理解和选择性记忆三个环节。他认为,受众对于信息的选择性行为,是影响传播者意图实现的主要干扰,信息与受众原有的立场差别越大,由此造成的干扰作用就越强,因此,传播者要想取得预期的传播效果,必须设法减少选择性因素的干扰。[①]

第一,选择性注意,又称为选择性接触。"注意"指心理活动对一定对象的指向和集中。人在同一时间内不能感知很多对象,要获得对事物清晰、深刻和完整的反映,就需要使心理活动有选择地指向有关的对象。

受众在接触信息时存在着两种注意:无意注意(由于意外出现的外界刺激而引起的注意)和有意注意(根据自我的意识需要,把精力集中在一定的事物上)。面对众多的媒介信息,受众成员无法注意到所有的内容并对它们作出反应,他们只能根据自己的需求、兴趣有选择地接触信息,将注意力集中在少量信息上,而对其他信息不予接受。如受众在电视机前不断按动遥控器选择节目的过程,就是一个为自己的注意力寻找满足对象的过程。缺乏"可读(视、听)性"传播产品,会在相当大的概率上失去那些"无意注意型"受众的青睐。受众之所以对信息加以选择性注意,既有社会方面的客观因素,也有个人主观因素。从社会的客观因素来分析,社会是一个信息的大海洋,在今天这个信息爆炸的时代,尤其如此。如今电视观众每天要面对的是几十个电视台和几百个电视频道,是几十种类型的节目和栏目。各台、各频道、各栏目之间存在着非常激烈的竞争。在这种情况下,观众既有主动的选择权,又有非常大的盲目性。从个人的主观角度分析,任何一个人的精力都是有限的,他不可能接触所有的信息,只能选择其中的一部分加以注意,而对绝大部分信息弃之不顾。

受兴趣和需求指引,人们注意力的选择性更强。一般来说,人们往往注意并赞成那些同自己原有观点相一致的信息,回避、拒绝与自己观点相左的那些信息,这

---

① 申凡、戚海龙:《当代传播学》,华中科技大学出版社,2000 年版,第 79 页。

样可以避免心理上的不舒适。不过,当人们决定要与自己不赞成的观点论战时,他也会注意与自己观点对立的那些信息,在这种情况下,昂扬的斗志使他不会在心理上产生不舒适的感觉。人们对于信息的选择性注意,还受到个人社会关系的影响。为了保持良好的社会关系,人们不仅注意与自己有关的信息,也会注意与自己关系最密切的亲朋好友可能关心的那些信息,如父母会关心儿子的升学信息,夫妻间会关心另一方的求职信息等。"社会关系甚至可以引导个人去注意他所不喜欢的媒介内容,许多妻子为了取悦丈夫而忍受'星期一晚间足球赛',许多男子为了家庭和睦而与家人一起看电视剧《达拉斯》。"① 在上述前提下,受众会进一步选择那些最容易获得、容易理解的信息,选择那些接受成本最低的信息。

第二,选择性理解。受众对于信息的选择性理解包括两种情况:一是对于注意到的信息,受众只选择其中一部分信息进行深入的思考和解读,而对其他信息不予更多关注;二是受众对已接触和感知的大众传媒的信息赋予不同的意义。受众的传媒接触是一个符号解读(decoding)的过程,解读过程受到受众的社会背景、文化和价值观念等的影响和制约,这两者之间必然存在着矛盾、冲突或妥协的复杂关系。"文化研究"学派的代表人物斯图亚特·霍尔认为,受众对媒介信息有三种解读形态:一是同向解读或"优先式解读",即按照媒介赋予的意义来理解信息;二是妥协式解读,即部分基于媒介提示的意义,部分基于自己的社会背景来理解信息;三是反向解读或"对抗式解读",即对媒介提示的信息意义作出完全相反的理解。由于受众成员以往的经历、知识、态度、价值观等方面的差异,受众在解码时所进行的是一种个人行为,人们对同一传播内容往往见仁见智,理解、看法不一致。受众的主动性不仅体现在他们可以自主地选择所接受的信息与形式、反馈,还体现在他们还可以通过对文本的不同的解码方式来保持自身的独立性。

1940年,拉扎斯菲尔德的研究发现,受众对大众传播内容的接受会经过自己认知的过滤,只接受那些与自己原有信念相符的东西。一般来说,与受众内外特征较一致的信息,受到曲解的程度较低;反之,则较高。与事实有关的信息被曲解的程度较小,与价值有关的信息被曲解的程度较大。像毛泽东在《湖南农民运动考察报告》中提到,同样的农民运动,农民称赞"好得很",豪绅攻击"糟得很",这就是阶级利益导致的价值观不同造成的理解截然相反的典型例子。

受众对于信息的选择性理解往往容易出现一些偏差,造成意想不到的负面效果。例如我国新闻报道"美国总统的儿子失业,现正领取救济金",其本意是想表明美国的资本主义制度出现的一系列问题,但当时国内民众看了这则报道的反响却是:美国总统很廉洁,决不以权谋私;美国青年很独立,决不依赖父母。又如某报"见义勇为英雄"的系列报道,原意是想让大家向英雄学习,都能做好事、见义勇为。

---

① 德弗勒、鲍尔·洛维奇:《大众传播学诸论》,新华出版社,1990年版,第220页。

但是报道中英雄反受诬陷、英雄致残无人过问等内容,却使受众在同情英雄悲惨境遇的同时,也萌生了"见义勇为很危险,这种事最好别让我碰上"的想法。此外,在实际接收活动中,一些受众往往混淆符号世界和现实世界的区别,把符号信息当成现实,对它作出现实的卷入性理解。如歪理邪说的盛行、流言蜚语的流传等,都与受众的卷入性理解有关。因此,为避免受众因对信息的选择性理解而导致的负面效果,大众传播者对传播的信息应有意识地加以引导和控制,尽量减少或消除可能造成受众对信息产生歧义和曲解的因素。根据需要适时给新闻报道配发言论或资料,对某一报道反映的问题直接表明观点和看法,以正确的舆论对现实发挥指导作用。

第三,选择性记忆。对于大众传播提供的信息,受众虽然经过选择性注意,使自己接触的信息量大为减少,但是对于他的记忆来说,这些信息的数量仍然过大,难以承受。人们没有必要也没有可能记住他们接触的全部信息,他们必须忘却其中的大部分信息,才能把他们最需要的信息记住。因此,受众成员对于自己接触到的大众传播的信息,在记忆方面也是有选择的。事实上,留在人们记忆中的信息量肯定会少于它们所接受和理解的信息量,有时人们甚至还竭力使自己去忘记某些信息。

影响受众选择性记忆的因素主要有以下几个方面。①受众的主观因素。如果受众出于明确的目标、需求来接触信息,就越容易记忆,如学生出于考试的目的复习知识,其记忆的效果就会明显增强;信息越符合受众的兴趣、爱好,越容易被记忆;能打动受众感情的信息较不能打动其感情的,更容易记忆。②信息(节目或作品)的特点和呈现形式。安德森等人的研究表明,在受传者阅读抽象性的内容之前,或者在阅听具体性的符码之后,为他们提供一些有意义的背景材料(如在文前或文后提供消息背景、人物生平事迹等),会有助于受众改善选择性记忆。③传播的载体因素。研究表明,多种传播媒介的综合运用,文字与图像、听觉与视觉等相关因素的优化组合,有利于受众的选择性记忆,有助于增强传播的效果和信息传播。一般来说,在印刷作品中适当地增加一些与内容有关的插图较没有安排插图的作品,要给读者留下更深的印象。将印刷作品改编、录制成广播剧或拍摄成电影、电视播放,比只接触印刷媒介的记忆效果好得多。比如,既读过小说原著,又看过根据同名小说改编的电视连续剧的受众,比只接触一种传播媒介的受众要记住更多的内容。近年来风靡营销界的"整合营销传播"主张把企业的一切营销和传播活动,如广告、促销、公关、新闻、直销、企业形象设计、包装、产品开发等,进行整合重组,对企业的信息资源实行统一配置、统一使用,强调与受众进行多方面的接触,并通过接触点向受众传播清晰一致的企业形象。由于充分运用各种传播媒介,受众从不同的信息渠道获得对某一品牌的一致信息,能够加深受众对企业的认知和记忆,使企业形象传播的影响力达到最优效果。

一般情况下，受众容易记住那些投合自己观点的信息，而忘却与自己观点不一致的信息，以利于保持心理上的舒适感；容易记住刺激强度大的信息，忽略刺激强度小的信息。不过，过度的刺激和过多的重复也会使传播走向反面。受众在接受新闻信息时有一把心理上的尺子，会把那些过度重复的信息拒绝在其接受范围外，对自己不愿接受而媒介硬塞的信息产生厌烦情绪；面对的信息愈多、愈复杂，所需要的记忆时间就愈长，忘得也愈快；信息少而单纯，则消化快记得也快。对受众选择性记忆的研究结果表明，要想提高受众的选择性记忆，大众传播的信息必须激发受众成员的兴趣，提高信息对受众的刺激强度和反复程度，如利用大标题、大图片、头条新闻、醒目的色彩等方式增强信息传播的强度，利用角度新、立意新、形式新、内容新吸引受众注意。此外，信息的传播应该适量适度，而不能"狂轰滥炸"。

受众对媒介形式和信息内容的选择性，体现了受众的主动性。受众的选择性心理和选择性行为进一步表明，在大众传播中受众的被动性是相对的，而不是绝对的。受众不是无所作为的靶子，而是活生生的、有血有肉的、有头脑的人，他们在被动中有不可忽视的主动性。大众传播机构要想影响受众，必须深入了解受众，科学地研究受众，按传播规律办事，而不能一相情愿地凭主观愿望进行传播。

2. 影响受众选择性行为的因素研究

受众对媒介和信息的选择到底受哪些因素的影响？瑞典传播学学者伦纳德·韦布尔曾以报纸的阅读为例，通过研究证明：特定时间受众对于媒介和内容的具体选择情况可能受三个重要变量的影响：特定时间的媒介内容和信息的表现形式；特定时间的个体环境，如空闲时间量、使用媒介的可得性、替代性活动的可能范围；选择和使用媒介的社会背景，如家庭和朋友的影响。1985年伦纳德·韦布尔在《满足研究的结构因素》一文中指出：影响受众媒介使用行为的因素取决于受众的性别、年龄、教育背景、收入等社会结构和受众在某一时间和地点可以接触到的媒介内容。受众的媒介需求（如对特定信息、休闲娱乐、社会交往等需求）和受众在特定时间、地点能够接触到的媒介内容不仅导致人们日常的媒介接触行为模式，而且影响受众的媒介取向。媒介取向是受众社会背景和以往媒介经验的综合产物，具体表现为对特定媒介的喜好、特殊的偏好和兴趣、媒介的使用习惯等。

传播学家E.卡兹等人在1974年发表的《个人对大众传播的使用》一文中，将个体的需求、动机和环境因素作为研究的起点，认为受众的媒介接触行为是一个"社会因素＋心理因素→媒介期待→需求满足"的因果连锁过程，提出了"使用与满足"过程的基本模式。卡兹认为受众会基于在特定的需求和以往媒介接触经验的基础上形成的媒介印象主动对媒介内容和形式进行选择。媒介接触的可能性是发生媒介接触行为的前提之一，即身边必须要有电视机或报纸一类的物质条件，如果不具备这种条件，人们就会转向其他代替性的满足手段（如寂寞时去找人聊天等）。

综合上述学者的研究，我们将影响受众媒介和信息选择性行为的主要因素归纳为以下方面。

1) 受众的个体特征

受众对于大众传播媒介和信息的选择通常受到年龄、性别、收入、学习和工作情况、生活方式等个人特征，以及社会阶层、教育程度、宗教信仰、文化水平、政治倾向、家庭环境、居住地区等社会环境的制约，受众对于信息和媒介的个人品味、偏好等也会对受众的选择行为产生重大影响。不同性别的受众选择的媒介内容往往相去甚远，如男性对政治、经济、体育等新闻的选择性注意明显高于女性，女性对情感、时尚类信息更为关注；受教育程度高的受众多选择具有高品质和思想深度的印刷媒介，受教育程度低的受众多选择电子媒介、娱乐信息等。受众的兴趣、爱好、预存立场等也会直接影响到受众对信息的注意与否和注意强度。如同样是收看电视节目，绘画爱好者对于电视图片的色彩、线条、结构、明暗会给予更多的关注，音乐爱好者更多地关注电视音乐的音色、旋律、节奏等信息。

2) 受众的即时信息需求

英国学者麦奎尔认为："受众的行为，在很大程度上由个人的需求和兴趣来加以解释。"受众成员的媒介接触活动是一种满足个人基本需求的活动。受众的主观需求，往往引导着受众选择性注意的方向。受众成员之所以注意某些信息，是因为在他所能接触的范围内这些信息最能满足他的功利需要或者精神需要，与他的工作、生活有较密切的关系。如有购房意向的受众，对于地产新闻、房屋信息更加敏感；参加升学考试的学生及其家长对于招生录取方面的新闻格外关注；处于求职时期的受众也会优先选择招聘信息等。因此，大众传播者在传播信息时应充分重视受众的心态和需求。

3) 受众面临的具体环境

由于信息和媒介的使用是在一定时间和空间进行的，因此，受众是否有方便的时间、空间，以及受众选择媒介、信息时的地点、时间和使用媒介时的社交情境等，都会影响受众的选择行为。如受众在家中、工作中或旅行中，独处或有家人、朋友的陪伴等不同情境下，其信息选择和媒介选择有很大的差异。一般而言，报纸和杂志媒介需要安静的阅读环境，电视媒介多用于家庭或私人空间，上班时间不宜关注与工作无关的信息。

4) 媒介或信息的可得性

在特定的时间和地点，受众可以接触到的媒介的数量、种类、内容类型，以及使用传播途径的难易程度等都会影响受众的媒介选择行为。电视媒介的晚间播出时段之所以被称为"黄金时段"，是因为该时段方便了大多数受众的收视，因而收视率高。媒介的可得性也与受众的经济实力有关。通常情况下，受众总是选择最能充分满足其需要而又最方便迅捷的媒介。在其他条件完全相同的情况下，受众多选择容易接触、使用的传播渠道和途径。

关于受众对媒介或信息的选择性,施拉姆在《传播学概论》中提出过一个估计个人选择某种信息的或然率公式:报偿的保证÷费力的程度=选择的或然率。公式中"报偿的保证"指传播内容及它满足受众当时感到需要的可能性。"费力的程度"同受众选择的可得性以及使用传播途径的难易程度有关。施拉姆认为受众在选择获取信息的方式上同样遵循这一原理。他说,"人们在看电视的时候总是选择最容易收到的娱乐节目。他们甚至连更换频道这样一件简单易行的事情也不情愿做,而是盯住一家电视台直到出现了他们实在不爱看的节目或者该去睡觉的时候才罢休","在某些时候、某些情况下,某一类信息突然间变得对我们如此重要,以至于值得我们几乎不惜一切努力去获得它。即使在这个时候,我们也总是选择最容易获得的渠道或者我们感到用起来最有把握、最得心应手的渠道"。[1] 所以在媒介选择方面,易接触性是很重要的因素。

根据施拉姆的选择或然率公式,受众选择媒介的概率与使用媒介所得到的报偿成正比,与获取信息的费力程度成反比。因此,要想提高某一传播媒介被受众选择的概率,可以通过以下两种途径:一是提高分子值,即增加受众可能得到的报偿,充分满足受众的信息需求;一是降低分母值,即减少受众为获取信息或服务需要付出的努力。

具体而言,喻国明教授指出[2],平面媒体可以从以下方面考虑降低受众的费力程度。①提高媒介的经营能力,制定适应读者接受能力的产品价格。②建立方便畅达的订阅发行渠道,便于受众购买和订阅。③创造简洁明快的版面语言,便于受众阅读和理解。如对于篇幅较长但内容重要的文章,可以通过分割稿件、配置小标题等手法,让读者在极短的时间内对长篇稿件的内容和结构有个基本了解,提高报纸的"易读性"。④提供促成读者消化信息的转化形态。如用示意图或漫画来解释新闻,使它们变得直观、形象,方便读者阅读和理解。

为提高被受众选择的概率,广播电视媒介可以考虑以下几个方面。①根据信息内容和接受对象的收视习惯,合理地安排信息播出的时间,方便受众收视。节目编排是一门综合艺术,也是一门时间分割的艺术。美国著名的电视节目编排专家佛雷德·西尔佛曼把节目编排称为"美国三大广播公司最重要的秘密武器之一"。一档节目或者一则广告作品,即使制作水平再高超,若播出时间安排不当,也无法取得好的传播效果。晚间七点至九点因该时段大多数人最有机会和可能方便地接触广播和电视,被称为"黄金时段"。②采用栏目化的播出方式,相对固定的播出时

---

[1] 威尔伯·施拉姆等著,中国人民大学新闻系译:《报刊的四种理论》,新华出版社,1980年版,第114～115页。

[2] 喻国明:《受众注意力的吸纳模式:施拉姆公式的启示》,载《青年记者》,1999年第5期。

间、时长、栏目形态利于培养受众的收视习惯。如动态性新闻栏目整点播出,便于受众随时了解当天世界范围内发生的主要新闻,降低了受众的接触成本。

5) 媒介信息的内容、表现形式和媒介自我宣传的力度

影响受众选择性行为的因素,既有受众的主观因素,也有媒介、信息本身的特点等客观因素。如电子媒介能够给予人丰富的感官刺激,适于休闲娱乐;报纸、杂志等能够提供丰富的信息,方便受众根据自己的时间和阅读兴趣来选择。

通过精心设计媒介信息的内容和形式,加大媒介自我宣传的力度,可以提高受众的选择性。以电视新闻节目为例,利用一些特技手段将节目预告、节目宣传之类的短片编排得有声有色,增加节目预告和宣传的强度和密度,发挥节目导视、介绍的功能,争夺和吸引受众。具体播出时,将"新闻提要"安排在开场播出,目的是用简洁明快的语言把本次节目中最重要、最新鲜、最富有吸引力的内容概括出来,以突出节目重点,吸引受众,指导受众视听。在节目播出过程中通过节目编排不断设置新的关注点、兴奋点,变换叙事的节奏,以维持受众的注意力。对于平面媒体,具体表现为通过标题的制作将最有新闻价值的内容提示出来,吸引读者的阅读兴趣;通过版面设计,用简洁有效的版面语言把信息传递给读者,降低读者的"费力程度"。具体如用图片激活版面,以生动具体的可视形象吸引受众的注意力;采用示意图表等帮助受众理解新闻,通过标题形式的变化增添版面或节目的美感。

受众在选择信息和媒介时,还存在"地域接近"、"感情接近"和"利害接近"的心理,对与自身比较接近的信息表现出强烈的兴趣。对此,大众传播者通常采取一定的信息设计方式吸引受众的选择性注意。如美国《华尔街日报》创造的"华尔街日报体"经济新闻写作方式,将视点落在普通读者身上,以新闻已经影响到的人物开篇,用故事来组织报道,增添新闻的接近性和人情味,使经济新闻变得生动活泼,以此激发读者的兴趣,充分唤起读者的阅读欲望;电视新闻报道利用人情味来吸引受众的关注,以激发受众兴趣,达成传递信息的目的。

值得注意的是,上述影响受众媒介接触和选择的因素并不是孤立地发挥作用,而是相互关联的,对于不同受众的影响也因人而异。

五、受众研究的有关理论

关于受众研究的理论总体上可以分为两种:被动型受众研究和主动型受众研究。20世纪30年代流行一时的"魔弹论"是被动型受众研究的典型代表,该理论认为受众只要接受了传播,他们就会接受传播者主张的一切,如同靶子中弹后应声而倒一样。其实质是忽略受众的个体差异,把受众看做是被动的信息接受者。从20世纪40年代起,这个过于简单的说法被传播学家们抛弃。拉扎斯菲尔德关于传播效果的研究发现,受众对大众传播内容的接受会经过自己认知的过滤,只接受

那些与自己原有信念相符的东西。随着研究的发展，传播学学者们发现受众并不是单纯的、被动的接受者，不同的受众对于同一传播信息会产生不同的反应，受众在传播过程中的作用开始受到重视。真正实现从传者中心论到受众中心论的转变是在20世纪60年代，越来越多的学者认识到，受众并不是消极地"接受"信息，而是积极地寻求信息为自己所用。

1975年，美国传播学学者梅尔文·德弗勒将上述理论综合归纳，加上自己的见解，他认为有四种基本理论可以解释受众的接受行为，这四种理论分别是个人差异论、社会类别论、社会关系论和文化规范论。

1. 个人差异论

该理论最早由霍夫兰在1946年提出，以心理学"刺激-反应"模式为基础，从行为主义的角度描述受众，认为媒介的信息包含着特定的刺激性，这种刺激性与传播对象的个人特征相结合，导致面对同一信息时，不同的受众有不同的理解和反应。事实上，李普曼早在20世纪20年代就曾在其《舆论学》中指出："对于所有的听众来说，完全相同的报道听起来也不会是同样的。由于没有相同的经验，每一个人的领会也就有不同，每个人会按照自己的方式去理解它，并且渗入他自己的感情。"

美国传播学学者梅尔文·德弗勒认为，受众的"个人差异"主要表现在以下五个方面：第一，个人心理结构不同，造成了人的不同的个性；第二，先天禀赋与后天习性不同，个人之间的差异，虽然部分由于先天条件的不同，但更主要的是由于后天习得的不同；第三，认知所形成的态度、价值观念与信仰不同，人们由于后天习得的不同，导致他们在感知、理解客观事物时带有自身的倾向性；第四，社会理论所形成的观点与主张不同；第五，通过学习而形成的素质不同，个体之间的这些不同，导致了受众中不同的成员对相同的信息有不同的选择与理解。

梅尔文·德弗勒的观点对受众研究产生了很大的影响。"个人差异论"的贡献在于促使人们意识到受传者具有鲜明的个性，他们对事物有自己的观点，对于不同的传播内容有不同的反应。

2. 社会类别论

社会类别论又称社会范畴论，该理论以社会学为基础，注重各社会群体的特性差异对受众成员的媒介讯息接受行为的影响。社会类别论认为尽管每一个受传者都有自己的个性和特点，但这些个体差异并不妨碍其中某些人在某些方面有共同之处。按照年龄、职业、性别、民族、文化程度、业余爱好、宗教信仰、阶级立场、政治观点、居住地域等因素，受众可以划分为不同的社会群体类别，即所谓的社会"类型"或"范畴"。同一社会类型的群体成员大体上选择相同的传播工具，拥有大致相似或相近的兴趣、爱好、价值观等,对同一讯息会作出大体接近的反应。① 可以推论,类别不同的受众对信息的选择和理解也会不同。正如鲁迅所说,对于《红楼梦》,经学家看见《易》,道学家看见淫,才子看见缠绵,革命家看见排满,流言家看见宫闱秘事。

传统意义上的大众传播是面向广大、不确定的受众提供无差别的、能够满足普遍需求的信息产品,即大众化传播。社会类别论的实践意义,在于它可以指导大众传播机构根据受众类别的不同,面向特定的受众群体或大众的某种特定需求,有针对性地制作传播信息,满足不同受众的需求,从大众传播走向分众传播,增强传播的效果。当前业界出现的传播分众化现象,如报纸设立了多专题的版面,包括本地新闻、体育、金融、生活、时尚、娱乐等不同的类别,实际上是一份报纸成为多份报纸,也就是使特定的版面对于特定的读者而言成为一份名同而实不同的报纸;杂志不断细分为针对不同群体、不同专业的"小众"专业性杂志;广播电视数字化频道的开发,也使节目内容从综合化向专门化过渡,使具有相同或相近社会类别的受众聚集在同一频道之下,形成一个相对稳定的受众"团块",从而提高传播媒介的受众选择率,提高节目的收视率和频道竞争力。

3. 社会关系论

社会关系论着重分析受众成员日常的社会关系对其媒介信息接受行为的影响。人们的群体生活使人们结成了一定的社会关系,这种社会关系会对群体成员的心理、行为、价值观产生明显的影响,左右着他们对媒介信息的选择,从而制约着大众传播的效果。拉扎斯菲尔德等学者在研究20世纪40年代两次美国总统大选期间大众传播和选民的投票行为之间的关系时发现:人们日常的社会关系,对于传播效果有着重大的影响,其影响的程度有时比大众传播还会高出许多。研究显示,传播者与受众(或受众中的某个成员)的社会联系越紧密,对传播效果的影响就越大;在受众成员之间,受众与他所属的群体之间,也是相互影响的,这种影响十分明显地左右着大众传播的效果。人际影响和大众传播的方向一致时,它可以提高大众传播的效果;反之,它可能会较大地削弱大众传播的效果。最终的传播效果由人际影响和大众传播影响的合力所决定。

4. 文化规范论

该理论认为,大众传播不一定对受众产生直接的效果,但是它可以影响受众所在的社会文化环境,使社会文化环境进一步固定或发生变化,而这种固定了或变化了的社会文化环境可以影响受众,最终取得传播效果。因此,一些传播学学者认

---

① 申凡、戚海龙:《当代传播学》,华中科技大学出版社,2000年版,第77~78页。

为,文化规范与其说是受众理论,不如说是传播效果的理论。(文化规范论后来发展成社会期待论)

六、受众的反馈和受众调查

1. 受众的反馈

反馈(feedback)又称回馈,原本是控制论的基本概念,指控制系统输出信息后,信息作用的结果又返回控制系统,并以某种方式对控制系统的再输出产生影响,进而影响系统功能的过程。反馈的目的就是通过信息在系统间的循环往返,实现对系统的控制。控制论的创始人维纳认为:"这一控制原则不仅适用于巴拿马运河船闸,而且也适用于国家、军队和个人……这一社会反馈问题具有极大的社会学和人类学的意义。"

在传播学中,我们把传播者从受众那里获取传播的接受状况及接受后反应的过程称为反馈。传播的本质是传播者与传播对象之间相互交流、沟通和影响的双向过程。但是早期的传播学研究并没有涉及反馈环节,最早建立的传播模式是线性单向的,信息从传播者出发,经由媒介到达受众,信息没有回流。随着传播学研究的发展,人们对反馈的认识不断深入。1954年,施拉姆受奥斯古德观点的启发,创建了传播的循环模式,开始提到传播过程中的反馈,认为传播并不是单向的线性过程,而是互动循环的过程,信息在传播者和受众之间往返流通构成互动循环的路线。反馈的提出真正还原了完整的传播过程,揭示出人类传播的双向性质。传播活动是传播者与受众相互交换和分享信息的双向传递的动态过程。

反馈是受众参与传播活动的重要方式,凸显了受众的主动性。在反馈环节,受众由"信宿"变为"信源",将对信息的反应、看法回传给传播者,实现与传播者的对话,并影响传播者后续的传播活动。对传播实践而言,反馈的作用具体表现在以下方面。

(1) 反馈是连接传受双方的桥梁。没有反馈的传播是一种单向传播,传播者完全不知道自己的传播是否被人接受,或接受以后是否有效果,从而可能导致对自己的传播没有信心,认为自己的工作可能是徒劳无益的,最终停止传播。对此,施拉姆指出:"如果不存在反馈,或者迟迟才作出反馈,或反馈是微弱的话,那么这种局面就会引起传播者的疑惑和不安,并会使传播对象感到失望,有时在传播对象中会产生对立情绪。"有了反馈之后,传播就成了双向的。来自受众的反馈信息也能够激发和提高传播者对于工作的热情。

(2) 反馈信息是传播者了解受众需要的重要来源。特别是在大众传播中,受众是隐蔽的、不确定的。随着大众传媒走向市场和传媒技术的发展,受众的地位不断提高，受众的需求成为传播的主要出发点，受众的反馈信息常常反映了他们自身的接受动机和需求，传播者应积极主动地收集反馈信息来了解受众的需求。

（3）受众的反馈意见是评估传播效果的一个现实尺度。没有反馈信息作为依据的传播是盲目的，传播者完全不知道自己的传播是否被人接受，接受以后是否有效果，产生了什么样的效果。受众的反馈信息通常体现了他们对于传播者及其信息的态度和评价，这种来自受众的客观评价，有助于纠正传播者自我评价的偏差。

（4）来自受众的反馈信息是传播者调节后续传播活动的主要依据。受众的反馈信息往往对传播者提出了应如何调节、修正当前及未来传播行为的意见和建议等。传播者通过反馈信息可以发现实际传播行为与受众期待之间的差距，从而及时调整和改进此后的输出信息，改进和优化下一步的传播行为，更好地满足传播对象的需要。

（5）受众的反馈信息也是大众传播重要的传播资源。受众是社会实践的主体，他们的实践活动创造了丰富的信息，受众的积极参与为传播者提供了源源不断的新闻线索。很多报社开通了读者热线，或在版面上公布记者、编辑的联系方式，广播、电视媒介在节目中公布栏目组的联系方式，并设立报料奖，鼓励受众提供好的新闻线索和新闻素材。

2. 反馈的类型和特点

反馈可以分为不同的类型。[①]

以传播效果与传播者预期效果的关系作划分标准，可将反馈分为正反馈和负反馈。正反馈表示的是传播效果与传播者意图的一致性，它有利于增强传播者的信心。负反馈表示的是传播效果与传播者意图的差异性，它有利于传播者反省传播中存在的问题，改进以后的传播。

以传播前后收集反馈作划分标准，可将传播分为前馈与后馈。后馈指传播后收集反应性信息的过程。前馈指传播之前预先了解传播对象的意见、要求、建议的过程。为了取得预期的传播效果，传者必须了解受众的构成、倾向、水平、兴趣等状况。重视前馈，有利于加强传播的针对性，减少盲目性，提高传播技巧，使传播取得更好的效果。与后馈相比，前馈在大众传播和组织传播中有特殊的重要性。

不同类型的传播，反馈的速度、程度和表现方式差异很大。在人际传播中，反馈比较迅速、及时、充分，特别是在面对面谈话的情况下，传播者可以立即从对方的语言动作中了解对方的反应，调整自己的谈话内容和方式，使谈话按照自己的意图更好地进行下去。在组织传播中，反馈多是逐级传播，从最低层到各管理层，最后到达决策层。每一级都可能对反馈信息作出选择和处理，使它精炼、集中，另一方

[①] 申凡、戚海龙：《当代传播学》，华中科技大学出版社，2000年版，第73～74页。

面,由于层级过多,也可能导致信息的变形和失真。在大众传播中,由于传播者和受众在时间和空间上相互分离,使得大众传播的反馈具有以下特点。

(1) 非义务性。在人际传播中,传播对象对于传播者的意见、要求、希望、建议等,往往是必须回答的,不回答就显得对人冷漠、失礼、没有教养等。在组织传播中,无论是上行传播、下行传播,还是平行传播,传播对象对于传播者回答的义务就更加明显了。这种回答的义务,除了不成文的规定外,更多的是作为组织的规章制度要求的,并且经常以检查的方式考察执行情况。在大众传播中,受众没有任何义务必须对传播作出反馈,传播者只能以请求的方式希望受众配合,有时候还不得不辅以物质奖励的手段征集反馈信息。

(2) 迟缓性。大众传播的受众对传播内容的嬉笑怒骂等反应,不可能像人际传播那样及时为传播者得知。受众虽然也可以使用电话、电子邮件等快捷手段向传播者反映自己的意见,但绝大多数情况下这些反馈通常是在某一具体的传播过程完成之后才进行的,而不是在传播过程之中。随着节目热线电话的开通,听众和观众虽然可以在某个节目播出的过程中直接打电话给电台和电视台表达自己的意见,但是接电话的人并非就是播音员、节目主持人等直接传播者,而是传播机构的其他人员,他们至多是在事后把受众的意见传达给有关的节目制作人员和播出人员,作为他们以后工作的参考,而不会中断或改变原定的播出内容和播出方式。这样的反馈,对大众传播机构来说,是最快的了,播出时间和反馈时间的间隔最短可能只有几分钟,但是与人们当面谈话时反馈的即时性相比,仍然有明显的迟缓性。

由大众传播的特点所决定,传播者收集反馈的工作也就具有了下列一些特征。

(1) 间接性。在面对面的传播中,传播者可以直接听到对方的声音,看到对方的动作表情。在大众传播中,除了受众来访、开会座谈之外,其他绝大多数反馈都通过各种中介(信函、电话、电报、电子邮件)进行。为了了解传播效果,大众传播机构往往还要委托专业调查公司从事这方面的信息收集工作,媒介机构通过这些第三者间接地获得受众反馈信息以及对这些信息的客观分析。

(2) 累积性。大众传播是点对面的传播,传播者是具体的个人,而面对的受众却是众多的、不确定的,且具有隐匿、分散、混杂和变动的特点。因此,来自受众的反馈信息也呈现出零散、不系统的特点。大众传播机构对个别的反馈信息一般不会重视,在他们看来这种个别的意见未必能代表受众的意见。只有当同类意见一天比一天多,并且累积到一定程度时,他们才会重视并作出反应,可能会以此调整下一步的传播工作。

(3) 代表性。大众传播的受众人数极其众多,大众传播者没有必要也不可能一一去调查每个受众的反应。主要通过收集代表性受众的反馈意见来推断其他受众的反应。

(4) 定量性。大众传播机构收集的反馈信息需要定性的信息,更需要定量的信息。具体表现为报纸、杂志、图书、音像出版物的发行量,广播电视的收听率、收视率,网站的点击率,影片的票房收入等。以数据形式表示的反馈信息有直观和便于比较的优点,说服力也更强。一般而言,发行量越大、收听率越高、票房收入多的信息产品,受公众欢迎的程度也高。这对大众传播机构争取客户有号召意义,对广告主决定广告投入的方向有重要的指导意义。

3. 受众调查与反馈信息的收集

受众不仅仅是信息的被动接受者,也可以通过积极的反馈表达自身的信息需求、监督传播者的行为、评价传播的内容,与传播者一起营建一个对流互通、健康有益、公正平衡的信息环境。但从目前来看,受众参与传播的第一需要是接受信息,而不是反馈信息,即使在运用网络这种互动媒介时,受众也主要是利用其便捷的搜索功能寻找适用性的信息,而不是作为反馈源积极发言。传播者应充分意识到反馈信息的重要意义,重视来自受众的反馈信息,将反馈信息作为选择传播内容、传播视点和传播方式的主要依据。

在大众传播中,收集受众反馈信息的重要手段,是受众调查。根据受众调查收集到的信息,传播者可以测定出各媒介的受众率、受众构成,受众接触媒介的兴趣、动机,受众对大众传播内容与形式的看法、反应等。因此运用科学的方法对受众开展调查是掌握受众心理的重要途径,是充实和改进大众传播内容、提高大众传播效果的依据,是促进大众传播机构和受众之间联系的有效方法。

中国传媒大学教授开展的"2008中国电视剧年度报告暨观众反馈研究"调查报告指出,[①]目前我国相当一部分电视台对观众意见反馈的重视程度明显不足,具体表现在:第一,对观众的意见信息缺乏科学系统、标准明确的分类和登记,统计比较粗疏,甚至存在不同程度的资料丢失和抛弃现象;第二,一些电视台对观众意见信息的处理和留存略显随意,未形成一套比较规范的制度,分析整理不够;第三,观众意见受重视程度不够,决策影响力有限。广大普通观众的意见常常被某些专家或资深人士组成的小团体意见所替代;大部分电视台将观众的意见反馈作为决策的参考因素之一,但是其影响力有多大尚有疑问,有些电视台甚至认为观众意见无足轻重。

因此,为提高我国大众传播的传播水平,目前我国大众传播者首先亟须在观念上树立起"双向传播"的意识,确认传播各方的主体地位,重视受众反馈的价值。其次,开辟更多适应受众需求的互动渠道,为受众进行信息反馈提供便利。大众传媒应该拨出更多的版面和时间,供受众发表意见和看法。传统媒介主要通过受理受

---

① 刘燕南、商建辉:《反馈的变奏:"数字受众"vs"意见受众"——中国电视台观众反馈现状调研报告(1)》,载《现代传播》,2008年第2期。

众来信、接待受众来访、开辟热线电话和读者专栏、开展问卷调查、进行个别访谈、运用仪器测量等方式收集反馈信息。在新的媒介环境下,除了传统的反馈渠道,大众传媒还应该充分利用手机和网络媒介搭建信息反馈的平台。网络作为反馈渠道的优势是十分明显的,网络传播快捷便利、高度开放和类似于人际传播的双向互动模式有助于提高受众的主体参与性,能够克服大众传播反馈延迟性、间接性的弱点。同时,网络反馈的形式也丰富多样,如电子邮件、聊天室、新闻论坛、公告牌、在线主持的实时交流等,自由多样的形式能够激起网民发言的热情。所以,媒体网站开发其反馈平台的功能,可以变延时的、间接的、消极的反馈为及时的、"面对面"的、积极的反馈,密切传者与受众的联系。[1]

本章思考题

1. 同其他类型的传播者相比,大众传播者具有哪些特点?
2. 大众传播者的把关活动有哪些功能?
3. 从构成角度看,大众传播的受众有哪些特点?
4. 受众的选择性体现在哪些方面?
5. 受众研究的主要理论有哪些?

---

[1] 樊葵:《大众传播中反馈资源的匮乏及对策分析》,载《中国传媒报告》,2002年第2期。

第四章 传播客体论

这一章里,我们将重点考察传播客体,也就是传播的内容。研究者对传播有两种基本把握,其一是将传播理解为特定信息的传递,仿佛运送物品,由传播者发出,抵达接收者处,主要关注"物品"的送达效率、有无损坏。其二更愿意将传播称为"交流",将它理解为意义的共享,所有参与者通过传播建立共识、发展联系。

第一节 信息与符号

说到传播客体,信息与符号是绕不过去的两个基本概念。传播的过程,正是信息流动的过程。信息,理所当然地被视为传播的客体。然而,我们在传播中并非直接地接触信息,与我们实际打交道的其实是信息的载体——符号。信息必须经过符号化的处理,获得一定的符号表现形式后,才能加以传播。因此,与信息如影随形的符号,也是一种传播客体。下面,就介绍这两个密切相连的传播要素。

一、信息与符号构成传播内容

"新鲜资讯一小时,健康时尚每一天",这是中央电视台财经频道名牌节目《第一时间》响亮的宣传口号。这里的"资讯",正是经过符号包装的信息。专业的传媒机构也好,普通的百姓也罢,他们参与到各种传播活动中,做的都是传播信息的事情,而且几乎怀着同样的期待,希望自己传播的信息是新的——其他人还没传播过的、对方还不知道的;是好的——对方需要的、对其有用的、信息量大的。信息,是传播内容之本。

信息,现在已是我们在日常工作、生活中常会碰到、耳熟能详的名词。依据研究者的概括,我们现在生存于其中的,正是一个"信息社会"。放到人类社会的演进史中,"信息社会"可是个非同一般的概念,它是与"农业社会"、"工业社会"相并列的重要概念。20世纪60年代开始,日本、美国的一些学者就注意到人类生产方式正在发生的重大变革,以及由之引发的经济结构、社会生活等领域的巨大转变。如美国学者丹尼尔·贝尔在1973年出版的《后工业社会的到来》一书中,就对此有所预见。依他的概括,继农业社会、工业社会之后出现的后工业社会,将以服务业为基础,其中最重要的因素将不再是体力劳动或能源,而是信息。一般认为,信息社会主要具有以下几个特点:①信息和知识产业在社会经济中占据主导地位;②劳动力主体是信息的生产者和传播者;③贸易突破国界,跨国贸易、全球贸易成为主流。[①]

令"信息社会"之说名副其实的是,社会信息总量的快速增长。这离不开技术上的硬件支持,包括大众传媒的高速发展、个人电脑的普及、互联网的出现与迅速发展、各种媒介之间日益明显深入的融合……

信息固然重要,但若是离开其寄身的符号,也会变得看不见、摸不着,虚无缥缈。信息,必须借助符号,才能得以显现。拿一个电视节目做例子吧。《天天向上》是湖南卫视颇受欢迎的一档综艺节目,每一期都会邀请不同背景的嘉宾参与,比如大学里的机器人设计团队、航空公司的空姐空少,展示他们的特别经历,带来很多新鲜有趣的信息。不过,若是具体分解,我们实际接触的其实不过是一些符号。主持人和嘉宾、现场观众互动的画面符号,他们发出的声音符号,以及镜头有时展示全景有时切换到近景、特写的镜头符号。通过它们的组合,我们方真切把握到了传播的内容。

二、"信息"的概念、类型与特点

如前所述,信息已成为我们生活中不可或缺的一部分。尽管每个人对它都略知一二,对这个词频频使用,但真要对信息作出科学严谨的界定、分类,说出它的主要特点,却并非易事。下面就让我们一起来走近这个概念。

1. 信息的概念

先来看看中英权威词典中对"信息"一词的解释,它们归纳了该词在中、英文世界中的通常用法。《现代汉语词典》对"信息"的解释是:①音信;消息;②信息论中指用符号传送的报道,报道的内容是接收符号者预先不知道的。[②] "信息"在英文中对应的是"information",《韦氏词典》(the Merriam-Webster Dictionary)里如此解释:"①知识或智力的传播或接收;②经由探索、学习或指导获取的知识;新闻、事实、数据;③通知他人的行为等等。"由此,我们已可以初步感受到"信息"一词的多义性。

而在不同学科中,由于研究角度、重点的不同,学者们也分别提出了它们对于

[①] 郭庆光:《传播学教程》,中国人民大学出版社,1999年版,第38页。
[②] 中国社会科学院语言研究所词典编辑室:《现代汉语词典》(2002年增补本),商务印书馆,2002年版,第1404页。

"信息"的不同理解,概括起来,主要有以下三种。①

其一,信息是事物的存在方式以及对这种方式的表述,是一切消息、讯号、知识的总称。比如,2010年春,我国西南大部分省区严重干旱,这一客观状态本身就是信息。而对旱情的描述,无论是你身处西南的朋友给你发送的一条文字短信,还是你在报纸上看到的当地土地龟裂的照片,或是电视中长达数十分钟的专题报道,都是信息。

其二,信息与物质、能量并列,是构成人类生存环境的三大基本要素之一。这一说法,我们常会听到。它和对于信息的第一种理解密切相关,两者之间能相互补充。可以说,正因为信息是事物(物质、能量)的表征、表述,人类必须通过信息认识事物,借以生存、发展,它才会在我们的生活中扮演着这样至关重要、不可或缺的角色。

其三,信息是关于事物存在状态的不确定性减少的表示。这是对于信息的一种操作性定义,与信息论的创立者——美国科学家香农的研究密切相关。1948年、1949年,香农连续发表了《通信的数学理论》、《噪音中的通讯》等重要论文,它们被视为信息论诞生的标志。香农在其中运用概率论、数理统计等方法,研究信息的客观度量及传递、变换规律。依据他提出的信息量计算公式,每一则信息能在不同程度上减少事物的不确定性,不确定性减少得越多,信息量越大。

在本书中,我们采取第一种理解,即信息是事物的存在方式以及对这种方式的表述。这一定义较好体现了信息的本质,也显现出信息涵盖的宽广范围,消息、知识、情报资料等都是信息。

2. 信息的类型

依据不同的分类标准,我们可以将信息划分为不同类型,下面介绍几种主要的信息分类方法。

(1) 依照信息的不同生成方式,可将它分为自然信息和人工信息。自然信息由事物自身传达出来,比如夏天的清晨,一朵栀子花的绽放。人工信息,顾名思义,是经由人类加工后形成的信息。比如看到花朵的小孩,兴奋地拉着妈妈大叫:"栀子花开啦!"其中,自然信息又可称为直接信息、原始信息,可以带给人们对事物状态的直接感知;而人工信息,则是间接信息,人们需通过他人的转述来了解事物的状态。

(2) 从人们对于信息的不同认知程度,可将它分为冗余信息与未知信息。冗余信息是信息中人们已经知道、确定的部分。这个不难理解,老师在讲课的时候,往往是从大家已知的、熟悉的东西讲起,再由此过渡到新知识的传授。如果信息中

---

① 张国良:《传播学原理》(第二版),复旦大学出版社,2009年版,第7~9、166页。

全是大家未知的内容,难免感到云山雾障,而且理解难度大。而加入的冗余信息,可以起到多方辅助理解的作用。比如对特定信息一再强调,看似冗余,实则可以强化记忆。如果一连接受了不少未知信息,精神往往处于高度紧张、应接不暇的状态,这时也可以加入冗余信息做一定的调节。

（3）按照信息不同的存在方式,可将其分为外化信息与内储信息。外化信息往往通过特定的物理形式（如某些文字、声音、图像等）外在显现出来。与之相对,内储信息的存在则隐秘不彰。比如人们在头脑中默默地思索,生物体内携带的遗传密码,等等。

对于信息,还有林林总总其他的分类方式。比如按照信息的不同主题,可将信息划分为政治信息、经济信息、文化信息、科技信息、军事信息等。每当人们新增加一种认识信息、把握信息的方式,相应又会有新的信息分类方法出现。

3. 信息的主要特点

尽管信息的定义与分类纷繁复杂,但总括起来,具有以下一些主要特征。

第一,可共享性。与很多物品只能被某个人独自消费不同,信息可以为许多人共享。而且,传播的范围越大,共享的程度越深,信息的价值也就发挥得越充分。汶川地震发生的消息,作为紧急插播的电视新闻,一下子就能引起成千上万的观众关心与牵挂。近年来人们热捧的微博,也是共享各种信息的利器。

第二,可加工性。一方面,对于某一事物的特定存在方式和运动状态,可以依据需要演绎出信息的各种表现形态。同一种信息,能够通过形形色色的符号（组合）加以表现,从而产生不同的传播效果。如申雪与赵宏博在冬奥会上夺冠的信息,可以通过文字传播,也可以通过图片、声音、图像传播。两人在比赛中优异的表现,通过图片、图像能够得到直观的传播,更好地感染观众。另一方面,在一则信息的传播过程中,人们既可以不断加入新的内容,也可以在形式上经常有所创新。常见的例子是,网友们在转发网上的热点内容时,并不一定是原样照搬,而经常在原帖的基础上加入自己的观点、评论,有时还会附上自己处理过的图片、创作的相关歌曲等,对于原初信息进行丰富多彩的加工、扩充。

第三,可理解性。这是站在信息接受者的角度来说的,主要包括两个层面的意思。一是信息能够被接受者识别、接收,人们既可以通过自己的感官（眼睛、耳朵、鼻子、嘴巴、身体等）直接感知信息,也可以借助一些手段（如大众传媒）来间接获取信息。二是接受者会站在自己的特定立场上,依据自己独特的经验基础,对信息作出解读。即使是形式、内容完全相同的信息,不同人对其理解也可能大相径庭。例如某年夏天的平均气温较往年高出了1 ℃。普通民众叫苦不迭,巴望着炎炎苦夏早日终结。供电、供水等市政服务部门也是绷紧了神经,担心不能满足需求。而消暑产品、场所的经营者、生产者,如空调生产厂家、游泳池经营者,却会摩拳擦掌,为迎来销售高峰而兴奋。

此外,信息还具备其他一些特征,如可贮存性,人们会将有价值的信息以印刷物、磁带、光盘等多种形式存储下来。还有比较重要的"模糊性",尽管信息可以降低事物的不确定性,却并不能保证我们对事物获得完全透彻的了解。对于信息的收集、探索、利用,是永无止境的过程。

三、"符号"的概念、类型与特点

和"信息"类似,"符号"也是一个"横看成岭侧成峰"的概念,研究者给它下的定义不胜枚举。接下来,我们将试图对它作出删繁就简的把握。

1. 符号的概念

说起符号,在我们的头脑中可能会立即浮现出"X"、"Y"、"Z"这样的一连串字母,甚至是":-)"、"囧"这样的网络符号。没错,它们都是符号,但只是符号中极小的一个组成部分。整个符号家族庞大无比、五花八门。无论是书本上印刷的一字一词,还是人们脸上的一颦一笑;无论是憨态可掬的米老鼠,还是高耸入云的埃菲尔铁塔,甚至是一个人物,都能成为符号。比如姚明、刘翔、李娜这样的著名运动员,人们对他们的关注、理解早已突破了单一的体育领域,三人被视为崛起中的中国的化身,代表着中国的高度、速度与力量。

什么能成为符号?只需要满足以下三个基本特征。

"它必须有某种物质形式、它必须指自身之外的某种东西、它必须被人们作为某种符号使用与承认"①,一丛菊花有它的物理形态,通常情况下它就是这么一些花与叶的组合。但当陶渊明将一丛菊花种到自家的东篱之下,它就成为了一种符号,代表了它自身之外的东西:主人对高洁品格的追求。陶渊明是有意种菊来抒发情怀,某些看到菊花(无论是实际看到还是从陶的诗作中看到)的人能读出这一用意、寄托,菊花被人们作为某种符号使用着、承认着。

符号学奠基人皮尔斯给出的符号定义,即抓住了符号的这些基本特征,常被引用。他提出:"一个符号,或者说象征是某人用来从某一个方面或关系上代表某物的某种东西。"②

符号学另一位研究先驱索绪尔对于符号构成的论述,有助于我们加深对符号概念的理解。索绪尔的论述虽主要是针对符号中的特定一类——语言符号,但也

---

① 约翰·费斯克等编撰,李彬译注:《关键概念:传播与文化研究辞典》(第二版),新华出版社,2004年版,第258页。

② 袁澍涓主编:《现代西方著名哲学家评传》(下卷),四川人民出版社,1988年版,第485页。

可以扩展应用到其他符号上。在他看来,所有符号都由"能指"与"所指"两部分组成。其中,"能指"主要是符号存在的形式,"所指"则是符号指向的内容。对语言符号来说,其"能指"是"音响形象",即语言符号的读音、拼写方式等,"所指"则是人们心中的概念。比如中文中的"海",其能指是"海—hǎi"这一音响形象,其所指不是具体的某片海域,而是"大洋靠近陆地的部分"这一概念。就拿我们现在探讨的符号概念来说,它正是中文里"符号"、英文里"sign/symbol"的所指。

对于一个符号来说,其"能指"与"所指"之间常常并无必然关联,而是被"强行"指定到了一块儿。这样的结合,虽然一开始看,有其随意性。比如同样是"海"的概念,在英文中有完全不同的能指"sea";但一旦约定俗成、被人们认可之后,相互的关系就变得密不可分,如同一枚硬币的正反两面。

综上所述,符号是传播过程中人们用以指代某种事物(意义)的中介。它同时包括两个方面,一是符号的形式方面,是文字形态、读音、图案样式等可被感知的物理特征,称为符号的"能指"。二是符号的内容方面,是其指向的概念、意义,称为符号的"所指"。

2. 符号的类型

对于符号,有着各种各样的分类方法,下面我们来看其中最为常见的几种。

第一种是按照人们对符号的感知方式,将符号分为听觉符号和视觉符号两大类。捷克语言学家雅各布森就曾经做过这样的论断,"人类社会中最社会化、最丰富和最贴切的符号系统显然以视觉和听觉为基础"[①]。我们的口头语言,就是一种大家经常使用的听觉符号,还有各种音乐旋律和其他有意义的声响。视觉符号更是种类繁多,每天大家触目所及,几乎是应接不暇,文字、图片、实物、空间、人们的表情动作……听觉符号还常常和视觉符号相互配合,一道出现。

第二种是按照代表对象的不同,将符号分为信号(signal)与象征符(symbol)两大类。德国哲学家E.卡西尔对两者之间的差别,曾有一个简略概括,可供我们参考。他认为,信号具有物理性质,而象征符则具人类语义性质。信号,往往只能代表具体的事物,且常与其代表对象之间拥有因果联系,比如古语云"石出润而雨",石头上出"汗"就是个湿度大要下雨的信号。象征符,则不仅可以代表具体的事物,还能代表抽象的思想、观念等。作为人类的创造物,象征符与其代表对象之间无须具备必定关联,这种代表关系是人为指定的。比如,在中文世界中,人们创造了"爱"这一象征符,代表人与人之间喜欢、关怀、珍惜的美妙情感。

第三种分类方法十分普遍,突显了语言符号的重要地位,以它为基准将所有的符号分为语言符号和非语言符号两大类。

---

① 特伦斯·霍克斯著,瞿铁鹏译:《结构主义和符号学》,上海译文出版社,1987年版,第132页。

3. 符号的主要特点

总体看来,丰富多彩、千差万别的符号家族共有如下一些基本特征。

1) 中介性

符号最重要的特征无疑是其中介性。符号可以通过自身相对简明的形式,指向复杂的对象。经由符号的中介,人与人之间的传播才得以实现。比如一个中国人到西班牙旅游,他并不会说西班牙语,但借助一些符号他还是能与当地人进行交流。如果他想在晚餐吃到鱼,可以指向菜单上鱼肉的图片,甚至是画出一个鱼的图形拿给服务员。这只是一个运用符号传播简单信息的例子。符号能够胜任难度更高的传递工作。当我们观赏精彩的现代舞剧时,演员们的肢体动作构成一个个符号,传递出的是剧中人物丰富的经历、情感、思想。通过符号,我们能了解从未见过的东西(甚至是并不存在的东西,比如"龙"),"到达"从未去过的地方;对他人的感觉产生共鸣,与他人的观念发生碰撞。著名符号学研究者莫里斯的感叹并非虚言:"人是突出的应用符号的动物。人以外的动物诚然能对作为别的事物的符号的某些事物作出反应,但是,这样的符号却没有达到人类的言语、写作、艺术、检验方法、医学诊断和信号工具所具有的复杂性与精致性……人类文明是依赖于符号和符号系统的,并且,人类的心灵和符号的作用是不能分离的。"[①]

2) 约定俗成性

在探讨符号概念时,我们已经谈论过符号的这一特点,符号的两个层面——(物理)形式和指代对象之间,经历了约定俗成的过程,最终变得密不可分。约定,表明一个符号的形成,并非自然生成,而常常是人为指定的结果。近年来,谍战题材的影视作品受到观众的热烈追捧,情报人员在符号运用上的智斗正是其中一大精彩看点。在一个情报系统内,并肩作战的同仁会彼此约定,发明一些特定符号来巧妙地传递信息。比如在接头地点的阳台上放一盆花,表示没有危险。经过他们的反复使用、共同确认,在小圈子内别具意味的符号即应运而生。在更大范围内使用的符号,形成的原理与之十分类似,只不过因为牵涉的人员更为众多。约定俗成一般须经历更长的时间,包括更加复杂的社会互动。"约定",代表着一个符号的起源;"俗成",才真正标志着一个符号的诞生。正是因为大家对符号代表的东西达成了共识,通过符号进行的沟通、交流才成为可能。

3) 多义性与变动性

符号的多义性是指,同一符号有时能指向不同对象、拥有丰富的含义。比如同样是蓝色,有时象征着大海一般宽广的心胸,有时代表安静、平和的状态,还有时会

---

① 莫里斯:《符号理论基础》,转引自《资产阶级哲学资料选辑第18辑》,上海人民出版社,1966年版,第129页。

与淡淡的忧郁联系在一起。又如麦当劳巨大的金色拱门标志,对有的人意味着便捷、美味的食物,在另一些人看来却是避之唯恐不及的垃圾食品,可谓截然相反,还有一些人会从那个"M"中看到麦当劳式标准化、工业化、全球化的生产方式。由此,我们对符号意义的解读,必须与使用它的具体情境相结合,这样才能获得较为准确的把握。

伴随社会实践日新月异的发展,人们使用的符号、使用符号的方式都会不断发生变动。新的符号层出不穷,一些原有符号会被淘汰,或是被赋予新的意义。

第二节 语言符号与非语言符号

我们已然得知,在众多的符号分类方法中,传播学最常采用的是,将符号分为语言符号与非语言符号两大类。这一节中,我们将分别考察这两类符号的基本情况、主要特点,并关注传播学学者对它们的重要研究成果,以及其他学科学者提出的对传播学研究有较大启迪作用的理论等。

一、语言符号

我们非常期待,和好友促膝谈心;我们非常向往,读到娓娓道来的故事。一句温暖的话语,能将我们感动得潸然泪下;一句有力的话语,能被大家广为传扬。春节晚会上,大家最盼望的就是语言类节目的粉墨登场。在最美妙的场景、最激动的时刻,即使"不知道该用什么来形容"了,我们也要努力用这样的语言来加以描绘、表达。

哪一个人能完全脱离语言符号而生存、生活?

哪一个人能不惊叹、醉心于语言符号的传播魔力?

我们这里所说的语言符号,取其广义,将语言与文字(亦即口头语言与书面语言)均包括在内。狭义的语言符号,则仅指前者。

放在人类文明演进的历史长河中,口头语言较早就顺应着人们之间的交流愿望应运而生,它在整个人类符号系统中处于特别基础、重要的地位。书面语言即是立足于口头语言发展而来,被视为后者的符号,亦即符号的符号。其他种类的符号也往往与口头语言有着千丝万缕的联系。语言学家萨丕尔因而敢于"毫不犹豫地做出这样的结论:除了正常言语之外,其他一切自主地传达观念的方式,总是从口到耳的典型语言符号的直接或间接的转移,或至少也要用真正的语言符号做媒介"[1]。

---

[1] 爱德华·萨丕尔著,陆卓元译:《语言论——言语研究导论》,商务印书馆,1985年版,第19页。

作为符号中的一种，语言符号同样由能指、所指构成。世界上有各种各样的语言系统，除了汉语、英语、德语、法语、西班牙语等使用人数较多的语言，还有很多小语种。即使是对汉语而言，各地还有不同的方言，在语音、词汇、语法上都有一定的差异，有些难懂的方言，如闽南话，在常人听来，和外语无二。这些大大小小、形形色色的语言系统，不仅能指有别，所指也各有差异。我们都有这样的经历，想把一种意思用另一种语言确切地翻译表达时，常会遇到困难。比如，中文世界里常见的一种新闻报道体裁——通讯，在英文中就找不到一个可以完全对应的词汇。

语言符号与其产生之地、运用之人密切联系，"从最基本的意义上说，语言是一种有组织结构的、约定俗成的习得符号系统，用以表达一定地域社群和文化社群的经验。各种文化都给词语符号打上了自己本身的和独特的印记"[①]。它深深植根于特定地域、文化共同体成员的经验世界。对雪的描述，在某些只有冬天偶尔才会下雪的地方，只会对雪作简单的量级区分，雨夹雪、小雪、中雪、大雪、暴雪，等等。而在常年和雪打交道的爱斯基摩人那里，即使是"正在下的雪"、"半融化的雪"，都有着对应的特定词汇。更加令人啧啧称奇的是，阿拉伯语里与"骆驼"有关的词汇竟能达到 6000 多个。相信在我们自己的语言系统中，同样会有令来自异域的朋友感到不可思议的东西。就算是生活在同一个地方，不同文化的认同者往往也各自发展出一些独特的语言符号及对语言符号的特别运用方式。这些"行话"，外人往往难以捉摸。华中科技大学校长李培根院士（大家更爱叫他"根叔"）近年来对毕业生的讲话寄语，之所以特别受到学生的欢迎，正是因为他努力理解、融入年轻学子的文化圈，大量使用他们熟悉、喜爱的语言和表达方式，情真意切。

语言符号的重要意义不仅在于它能映现我们生活的环境，记录我们对世界的经验，它们还能走得更远，反过来影响我们对世界的感知、理解、建构。当我们向所在的地域、群体学习语言符号时，我们也相当于选择了体验世界的特别道路。这是前人开掘出的道路，有它沿路的特别风景。相应的我们也就放弃了别的道路，无法理解一些对别人来说意味深长的东西。语言学家萨丕尔对此如是概括："人类并不是孤立地生活在客观世界上，也不是像人们通常理解的那样孤立地生活在社会活动的世界上，相反，他们完全受已成为表达他们的社会之媒介的特定语言所支配……我们确实可以看到、听到和体验到许许多多的东西，但这是因为我们这个社团的语言习惯预先给了我们解释世界的一些选择。"[②]

---

① 萨姆瓦等著，陈南等译：《跨文化沟通》，三联书店，1988年版，第63页。
② 转引自特伦斯·霍克斯著，瞿铁鹏译：《结构主义和符号学》，上海译文出版社，1987年版，第23页。

二、语义分析与报刊的易读性测量

语言符号对人类传播而言,可谓至关重要、不可或缺。语言能否胜任被赋予的传播使命,是否会反过来成为交流的障碍?我们接下来看到的两种语言分析方法,都有助于我们对传播中语言的表现作出评估,促使我们有意识地合理运用语言符号,实现清晰准确的表达。

1. 语义分析

语义分析关心的是语言符号与现实世界之间的关系,即对于现实世界语言能否对等描述,有无偏差,其理论来源是普通语义学的研究成果。在普通语义学的奠基人美籍波兰裔科学家、哲学家柯日布斯基及其追随者看来,我们碰到的许多问题,其实都是因为对语言的错误使用而造成的。如果我们能像科学家那样严谨地使用语言,准确地指代现实,不仅有助于个人思维能力的表达,人与人之间的沟通也将变得更加顺畅。误用语言与语言在以下几方面的局限性息息相关。

首先,现实世界是动态的,语言却是静态的。古希腊哲学家赫拉克利特有句名言:人不可能两次踏入同一条河流。我们的生活正像那奔腾不息的河水,一刻不停地发生着变化。当我们还在使用同样的词汇称呼一个孩子的时候,他已经由稚气的模样长得比我们还高。当我们走过一条街道,比如"粮道街",只能表明它曾经的样貌,和现在高楼林立的景象大相径庭。尽管每年新的字词、表达方式层出不穷,相对瞬息万变的现实还是只能凝固一些片断而已。

其次,现实世界是无限的,语言却是有限的。据研究者统计,英语里总共只有五六十万单词,用它们来指称的对象却不计其数。人们常用的词汇还要远少于此,一般也就在一万左右。因此精确描述实际上是很难做到的,比如电线杆上停着一排麻雀,看上去几无差别,你能形象地描绘出其中的一只吗?不妨做个实验,试着向某人描述一件他从未见过的东西,只能通过语言,不能辅以手势、图画等的解释,可能你说得满头大汗了,对方还是一头雾水。语言之于现实,就像地图之于某地,永远只是侧重于某些方面特征的浓缩记录。

再次,现实世界是具体的,语言却是抽象的。语言中的所有字词都是对事物抽象化的结果,即仅选择保留对象的某些细节而舍去其他,其中一些字词比另外的更加抽象。而某个字词的抽象程度越高,它和具体现实的距离越远,相符程度就越低。日裔研究者早川一荣提出了区分字词抽象程度的"抽象阶梯"概念。比如我们看到一辆黑色的奔驰汽车,可以用"奔驰600"、"奔驰汽车"、"小轿车"、"汽车"、"机动车"、"陆上交通工具"、"交通工具"等不同词汇称呼它。随着词汇抽象程度的提高,比如称其为"汽车"时,那个特定品牌、型号小汽车的样貌已十分模糊了;而称其为"交通工具"时,鉴于交通工具有水、陆、空等各式各样的,它和具体某辆小汽车之间的关联就更是微乎其微了。

与这些局限相对应,普通语义学特别提示了几种十分常见的误用,以及一些加以改进的方法。

其一,非此即彼的评判失误。人们常常对事物有一种二元判断的思维方式,不是黑就是白,不是对就是错,不是爱就是恨,排斥中间区域。语言常常不能反映事物的多种变化状态、过程,只保留相对的两极,更加剧了这一倾向。对此应该较为警觉,除了一些特征非常鲜明的对象,不宜简单地把它们与某个极端联系起来,应包容多种可能性的存在,相应地在语言运用上更加慎重,留有余地。

其二,对象指认不当,形成误解偏见。这主要是指对于隶属同一类别的对象未做精细区分,以致将其中某些对象的特征放大为整个类别的特征,有失公允。比如20世纪80年代以后出生的城市儿童,多为独生子女,其中的一些被父母溺爱,能力不强脾气不小。然而某些媒体却十分热衷给所有的"80后"贴上"小太阳"、"小皇帝"、"垮掉的一代"的标签,这就是"一篙子打翻一船人"了。专家们建议,有时可以通过添加索引数字来防止指认不当,比如"80后^1"、"80后^2"等等,"80后^{1}不思进取","80后^{2}则积极向上"……经由不同的标注提示同一类型的对象中还有差别,此对象非彼对象也,不能轻易以偏概全。

其三,抽象层次不当,过高或过低。我们已经了解到,如果使用的语言抽象层次过高,它离具体现实就会较远,会给人带来空洞的感觉,不知到底指什么。比如"我们可以通过努力实现自己的理想、创建美好的未来"这句话,"理想"、"美好的未来"等就抽象度太高。反之,如果语言的抽象层次过低,则会带来另一种问题,显得太过琐碎,看不出要点。比如"我把一本印着彩虹图案的活页笔记本装进了我深蓝色的帆布做的双肩书包",如果每一句话都这么说,说的人和听的人都会很累。研究者认为,有效的传播应该包括各种层次的抽象,既有抽象程度较高的概括,又有相对较低的细节、解说。就像一篇议论文,既提出有力的观点,又提供翔实的论据。

2. 语义学对客观报道的分析

我们的报道要做到客观公正,这是每个编辑记者的不懈追求。如何客观报道现实?报道是否足够客观?语义学的一些研究成果,能够为我们带来启示。

早川一荣将人们的陈述方式分为三种:报道、推论和判断。其中,报道是可以被证实的说法。比如"沪综指今日收报二千九百九十点",只要查阅交易数据即可检验。又如"××专家称,今年中国的房价仍会持续上涨",这里我们不用检验房价是否真的上涨,而只要询问当事人是否发表过这一看法即可。

而推论则不然,是在已知情况基础上的推测,陈述的是未知情况。对他人想法、情感的陈述往往都属于推论。对于同一场景,我们可以通过报道陈述:"他的嘴咧得很开,笑得很大声,达到了××分贝,手舞足蹈。"如果是通过推论,则可以陈述为:"他开心极了。"

此外还有判断,是对人物、事件等或赞成或反对的态度表达。比如"这个制度上的缺失是致命的","某某是一位极富争议的官员"。

在新闻报道中,报道陈述无疑最能带给读者客观报告的印象。然而,推论和判断陈述也是报道相当重要的组成部分。特别是在当今社会,世事纷繁复杂,如果只做纯客观报道,罗列可以查证的事实,读者可能会觉得琐碎,难以把握。适当加入推论、判断陈述,可以更为明确地点出报道对象的前因后果、蕴含意义。当然,这种推论和判断,都不是空穴来风,不能主观臆测,一定要建立在大量事实情况的基础之上。在采访阶段就要大力挖掘,在报道写作中也应充分展现出来,围绕着每一个推论、判断,都应该有相当数量的报道陈述。

美国新闻学教授约翰·梅里尔曾经在语义学的理论指导下,对新闻报道中存在的偏见进行了定量研究。① 他从美国著名的《时代》杂志中,找到杜鲁门、艾森豪威尔、肯尼迪三位总统处理争议问题的相关报道,进行了专门分析。他在研究中界定了以下六种报道偏见,包括:①归属偏见,即对人物归类、定性的偏见,如"被击败的杜鲁门";②形容词偏见;③副词偏见,即使用带有一定感情色彩的形容词、副词加以修饰,如艾森豪威尔"温文尔雅的说话方式";④直率偏见,这相当于早川一荣所说的判断陈述,即直接表达对报道对象的态度;⑤上下文偏见,指在整个句子、段落乃至全篇报道中表现出的明显倾向;⑥照片偏见,这是对视觉语言的分析,照片对报道对象如何表现,也包括与照片配合的标题等文字部分说明或暗示了什么。这些偏见,可能是负面的,也可能是正面的。研究发现,《时代》杂志对杜鲁门持强烈的否定偏见,对艾森豪威尔持强烈的肯定偏见,对肯尼迪的报道则相对平和。

3. 报刊易读性的测量

使用口头语言的广播以及画面、口语相结合的电视节目,大多通俗易懂,无论老幼,皆喜闻乐见。使用书面语言的报刊则不然,对于读者的识读、理解能力要求较高。报刊文章能否被读者流畅阅读、顺利理解,直接关系着它们的传播范围大小。这样一来,怎样写出读者易读、爱读的文章就成为了报刊工作者特别关心的问题了。对于报刊的易读性测量,既能对不同难度的文章进行测定与分类,也能发现对易读程度产生较大影响的重要因素,以供写作者借鉴与参考,这方面的相关研究从百余年前就已经开始了。

学者们一直尝试开发出特定的易读性测量公式,鲁道夫·弗雷奇在这方面作

---

① 详见沃纳·赛弗林、小詹姆斯·坦卡德著,郭镇之等译:《传播理论:起源、方法与应用》,华夏出版社,1999年版,第99~100页。

出了杰出贡献[1]，他于 1948 年提出的一个公式被人们广泛采用。这个乍看上去并不复杂的公式，实际经历了多年研究与反复修正，具体如下：

$$R.E. = 206.835 - 0.846.wl - 1.015sl$$

其中，R.E. 代表易读性分数，wl 意味着每 100 个单词的平均音节数，sl 的意思是每一个句子的平均单词数。某篇材料的数据代入后，会得到一个 0~100 的分值，依据分值即可对其阅读难度作出评估。

我们不难发现，这个公式将易读性与两个因素密切关联起来。一是单词的音节数，一是句子的长短（由多少单词组成）。弗雷奇的公式是在美国发表的，研究对象是英语阅读材料。在英语中，大部分情况下，一个单词的音节越多，人们越难知其意思。句子越长，其结构、意义也通常越复杂，容易令人费解。如果一篇文章中有不少多音节词和长句，它在公式中被减掉的数值会较多，最后的易读性分数也就偏低。

人们是否愿意阅读一篇材料，除了受到上述词汇、语法难度的影响，还和其叙述是否富有人情味息息相关。弗雷奇还提出了一个计算文章人情味的公式：

$$H.I. = 3.635pw + 0.314ps$$

在这里，H.I. 指人情味分数，pw 是每一百个单词中人称词的数目，ps 即每一百个句子中人称词的数目。所谓人称词，是与人有关的所有单词，可以是人称代词、人的姓名或指称人的其他词汇。最后计算出的人情味分值也介于 0~100。我们可以看到，这一公式的理论假设是，人称词在文中出现得越密集（不仅总体考察其出现频次，还兼顾分析它们在句子中的分布状况），读来越有人情味、越富吸引力。

不过，弗雷奇的公式有时也会遭遇一些反例。比如一些音节较少的单词反而不像某些音节较多的单词那样常见易懂。研究者泰勒提出了另一种易读性测试方案：补漏程序[2]。这一测试，和我们英语考试中一道常见的题型——完形填空——较为相似。也是把一篇材料中的若干单词拿掉，请应试者填词进去。较为常见的是每隔五个单词拿掉一个单词，只将应试者填写的与原文完全相符的词计入得分（同义词也不算分）。这一方案立足的理论假设是，如果一篇文章内容越简单，写法越常见，人们就越容易参照上下文正确地填充文中缺失部分。实际涉及了影响易读性的多种因素，如整体的组织、句子的结构、词汇的合适、词汇的简化、写法的重复，等等。

---

[1] 详见沃纳·赛弗林、小詹姆斯·坦卡德著，郭镇之等译：《传播理论：起源、方法与应用》，华夏出版社，1999 年版，第 131~133 页。

[2] 关于泰勒的补漏程序及之后的改进版本，可参见沃纳·赛弗林、小詹姆斯·坦卡德著，郭镇之等译：《传播理论：起源、方法与应用》，华夏出版社，1999 年版，第 143~148 页。

后来的研究者在泰勒补漏程序的基础上加以改进,提出了更为精细的测试版本。如宾克利和查普曼合作的产物,他们不再按一定间隔随机删除单词,而是依据各种不同类型单词在材料中出现的频率来系统删词。统计结果时,也不仅仅是完全吻合的词才能拿分,语法语义皆正确或仅语法正确的近似词也能相应得到一些分数。

上述的易读性测量公式、方法,后来都曾被用来衡量报刊文章的易读程度。研究者们还据此为报刊写作提出了不少建议,以促使报刊文章变得更加通俗易懂、更富感染力。[①] 如1944年,罗伯特·冈宁就运用弗雷奇的易读性测量公式,分析检验了八种报刊。他在研究后提醒报刊工作者,多用短句、短词,并应写得富有人情味。弗雷奇本人也曾向美联社建议,新闻报道中句子的平均长度最好控制在19个单词以内,这后来变成了西方新闻学教材中的一条"金科玉律"。不少畅销杂志都采纳了这一说法,《时代》《读者文摘》等将句子的平均长度降到了17个单词以下。研究已证实,报刊的易读程度,与它们能否被广泛接受关系密切。这些公式、方法虽然是立足于英语文章发展而来,但影响易读性的关键因素却可谓中西相通。中国新闻界近年来也日益提倡多用短句、短段落,形成简洁明快的文风,提高文章的可读性。比如《南方周末》著名记者南香红的经验就是,短句子、短段落能让读者非常轻松地了解你的意思,它们可以加快文章节奏,让文章明晰清朗,还能有效加大信息量。

三、非语言符号的类型、特点与功能

除了我们所熟悉的语言符号,非语言符号在传播中的作用亦不可小觑。研究者伯德惠斯特甚至提出,在两人对话的情景中,65%的社会意义都是通过非语言符号加以传播,远高于语言符号完成的比例。这一估计是否准确还需进一步检测,但只要我们试着认真留意、分析一下自己的传播行为,都不难得出这样的感性认识——通过非语言符号我们获知多多。

1. 非语言符号的类型

碰到难题时皱起的眉头,仪仗队员整齐划一踢出的正步,一枝娇艳欲滴的玫瑰,一首气势磅礴的交响曲,别在衣襟上的豹形胸针,一座曲径通幽移步换景的中式园林……非语言符号可谓包罗万象、五花八门。

当两个人在一起交谈时,他们使用的语言符号不过是某种特定的口头语,而其间的非语言符号却种类繁多。两人的表情、动作(如手势)自不用说,他们的身姿也能传递信息:是都坐着、都站着,还是一个坐着一个站着;是正襟危坐还是轻松随

[①] 申凡、戚海龙:《当代传播学》,华中科技大学出版社,2000年版,第150页。

意? 两个人之间的空间距离是近是远? 这可以显示出他们之间的关系是亲密还是生疏。他们在谈话时如何对时间加以运用,两人交替说话的时间差不多,还是一个滔滔不绝,另一个只简短附和,暂不管他们具体在说些什么,两人的音量大小、音调高低、语速快慢等又如何,这些都可能拥有特定的含义。

即使他们不说话了,沉默也在传达特定信息。此外,两人本身在一个什么样的环境中谈话,是人来人往的街道,还是一间特别选择的安静茶室……都会有不同意味。包括两人的服饰打扮,也在无声地诉说。

要想对这形形色色的非语言符号清晰、全面地加以分类,并非易事。学者伯贡依照人的感觉类型,将非语言符号分为七类,包括:①身势语,涵盖面部表情、身姿手势等;②空间关系感觉;③形体表现;④肤觉,与触觉相关;⑤发声,与语音相关;⑥时用觉,指对时间的运用,如深夜联系某人往往意味着事情的紧急;⑦物用觉,即对物品的利用,像是很多植物都被人们赋予了特殊意义,母亲节我们会送康乃馨给妈妈,春节的时候南方人会在家里摆上金钱橘、发财柑等。[①]

2. 非语言符号的特点

前面我们已经看到,相比语言符号,非语言符号种类繁多,传播方式五花八门。除此之外,它们还具有如下一些特点。

1) 综合性

当我们使用语言符号时,无论是将它们说出来,还是把它们写下来,都只使用了一个通道进行传播。非语言符号则不然,可以同时使用多个通道立体传播。比如当一个人表达愤怒时,他那瞪大的眼睛,高昂的声调,握紧的拳头,抖动的身躯,逼近的距离……都在传递这一讯息。与此相应,当我们想理解某个非语言符号的确切含义时,往往也要结合同期的其他非语言符号加以参照。例如一个人的哭声并不一定代表着他正感到伤心,当我们看到他一边泪水滑落,一边却眼含笑意,嘴角翘起,我们会知道他其实是喜极而泣。

2) 连续性

语言传播可以通过特定的字、词、短语、句子完成,这是一个个相对独立,可以分离的单位。非语言符号在使用时则相对不那么容易割裂开来,具备一定的连续性。我们不妨想象一下,一个第一次登台演讲的人,可能有一连串的非语言符号展现着他的紧张害羞。比如一直低着头,脸色发红,眼睛紧盯着讲稿,只敢偶尔抬起来望一望台下,开始讲了一阵,拿着稿子的手还在不住发抖,等等。

3) 民族性与世界性

语言符号的民族性比较强,只有极少数字词的发音在各地都较为近似,例如

---

① 斯蒂文·小约翰著,陈德民等译:《传播理论》,中国社会科学出版社,1999年版,第133页。

"妈妈"。相形之下,不同民族在非语言符号使用上类似的例子则比比皆是。两个语言不通的人,却能通过微笑表示友好。对于世界上绝大多数人来说,点头都代表"是",摇头则代表"否"。当然,非语言符号的意义往往更与特定的民族、文化相联系。比如用拇指和食指做成圈的OK手势,起源于美国;在法国它却意味着"零"或"一钱不值";而到了日本,它会被视作要求找零钱时尽量给小额硬币,意思可谓千差万别。同样是白色,在有的文化系统中是纯洁的象征,而在另一些文化系统中则与丧事相联,认为它不吉利。

3. 非语言符号的功能

和语言符号一样,非语言符号既能传递信息,也能表达情感。它们既能和语言符号一道出现,发挥相应功用;也能独自出马,大显神通。

伴随语言符号使用的非语言符号主要能实现三种功能,即强化功能、否定功能、调控功能。

1) 强化功能

当非语言符号与同时出现的语言符号表意大体一致时,它们可以印证所言即是,且能进一步起到强调、补充的作用。当母亲对着孩子说"你真棒!"的时候,她的盈盈笑脸、兴奋的声调,以及揉着孩子头发的亲昵动作也都在传递她对孩子的爱意和鼓励。拿来一张报纸,我们不禁发现,很多非语言符号都在争相告诉你一篇新闻的重要:它被排在头版头条的位置,篇幅相当之长,几乎占了半版;标题的字号相当之大,是浓重的黑体;旁边还配上了相关的照片。

2) 否定功能

一个经验丰富的侦探在和嫌疑人对峙时,除了听取嫌疑人的口头辩白,更会对他当时的神情举动格外留意。如果嫌疑人一边拒不承认,一边却目光闪烁、额头冒汗、双手颤抖,那么就要给他的回答打上个问号,他很可能是在说谎。非语言符号并不总是和同期的语言符号表意近似,有时它们会相互矛盾、截然相反。由于人们在使用语言符号时大多有意控制,而对非语言符号的运用却常和潜意识相联系,因此一般认为非语言符号传达出的意义往往与人们的真实想法、实际状态更趋一致,非语言符号否定相关言语的功能亦很受关注。

3) 调控功能

调控功能主要是指,人们正在通过语言表达特定意思时,同时用到的非语言符号与这一表意基本无关,既谈不上肯定也谈不上否定,而主要是起到对于传播行为本身进行一定调节控制的功能。比如两个人正在讨论问题,其中一个在自己的观点即将陈述完毕时,一边说一边看着对方微点一下头,另一位会意地回以一个微笑,同时开始对自己的想法侃侃而谈。在这里,点头、微笑并不一定意味着对别人观点的赞同,而主要是发言结束、开始的标志。

此外，非语言符号也完全可以单独表情达意。如戴上红领巾即表示这位少年是位少先队员；虽然不发一语，乐团指挥也能通过手势令乐团成员明了演奏要点；我们透过一幅画卷、一段旋律，能与其作者产生思想、情感上的共鸣等。

四、非语言传播理论

研究者对各种非语言传播现象的关注分散在许多不同学科内，其中对于身势语（人的面部表情、身体动作姿态）这一非语言传播类型相对展开了较多研究，下面我们就将看到其中一种较为成熟的理论。

保罗·埃克曼和华莱士·弗里森两位学者，在多年合作研究的基础上，建立了一个相当不错的关于身势语的理论模型。[①] 他们重点研究的是人类的面部表情和手势动作，主要从三个方面进行分析：起源、编码和使用。

首先是身势语的起源，它们来自何方、如何产生。两人发现了三个主要源头。其一是神经系统中天生的生理反应，我们以前可能都见过，人类和猿猴这样的近亲动物拥有一些十分相似的表情，比如传递喜悦时的咧嘴笑容。其二是物种生存所必需的普遍行为，如划分个人地盘的举动。其三是自特定文化系统习得，例如在中国长大的我们和人见面时往往握手致意；而如果是在一百年前的中国，人们则用拱手作揖表达相同的意思；又如我们到了欧美，也得学着入乡随俗，用拥抱、亲吻来打招呼。

第二个方面是身势语的编码，某一行为如何拥有特定含义，它们是怎么联系到一起的。两人也发现了三种通常情况，一是任意指定，比如两人约定的暗号，右手拿起茶杯表示同意，左手拿起并盖上杯盖表示拒绝。二是象形近似，比如人们在描述事物时常常辅以的手势比划：它是圆形的，大概这么高，这么大。中国流传颇广的"石头剪刀布"游戏，用到的也是象形手势：用握紧的拳头、伸出的二指、张开的手掌分别代表石头、剪刀、布。三是内在编码，内在编码的线索本身含有意义，而且本身就是所表示的事物的一部分。比如，哭泣既是情绪的符号，同时又是情绪的一部分。

第三个方面是身势语的使用。基本亦可分为三类。其一，有意传播，即有目的地作出某一举动，希望通过它传达特定意义。比如一个人看到朋友远远走来即向他招手，希望被对方看到，而不管对方实际上有没有看到，这一举动都具有了传播性。其二，无意传播有心解读，指一个行为举止并非有意向他人做出，却被有心人看到，并从中得到了某些信息。比如一个人沉浸在自己的思想中不自觉地弯起了嘴角，轻微地摇晃着脑袋，旁人看到可知他正神游太虚，想到了某件赏心乐事。其

[①] 斯蒂文·小约翰著，陈德民等译：《传播理论》，中国社会科学出版社，1999年版，第135~137页。

三、相互作用，无论其是否有意做出，当一个人的行为对他人产生了实际影响，引发了他人的后续举动时，两人间即发生了相互作用。这三类用法有时可以叠加。还是上面的例子，如果朋友看到了那个人的挥手，笑着加快步子向他走过去，两个人之间形成了互动，他们的这一系列行为就既具有传播性又具有相互作用性。

在这些研究发现的基础上，埃克曼与弗里森结合身势语在来源、编码、用法上的不同，将它们一共分成了五大类。

一是标志，它们主要来自文化习得，在编码上是任意指定或形象相似的产物。比如伸出食指与中指，做成"V"形表示胜利，即是自英语国家文化中习得，这一手势与"V"象形，而V，正是英文中胜利一词"victory"的起首字母。

二是实例说明，它们常常用于描绘口头说出的东西，是有意传播的行为，需习得而来。例如，教师上课时拿着指挥棒，配合指向一些重点内容，又如在空中画出的象形图。

三是适应行为，它们大多用来释放身体的紧张。包括自我适应行为，指向个人的身体，如绞着双手、抖动腿脚等；外向适应行为，指向他人的身体，如轻拍别人的背部等；物体适应行为，如将纸张撕成小片，拿着铁丝不断弯折等。这些行为一般属于象形或内在编码，大多是无意做出的而并非有意的传播，但有时可引起相互作用，且经常能被有心解读。

四是调节行为，基本上是用来对相互作用进行协调控制。比如谈话中的视线接触，表明双方正十分聚精会神地讲述、倾听，对于交谈相当投入。这类行为和适应行为一样多为象形或内在编码，但来源不尽相同，需通过文化习得。

最后是情感显示行为，它们中有一些是天生的反应。脸部尤其擅长于情感的展现，一双灵动顾盼的眼睛，能够"含情脉脉"，像是"会说话似的"。而人的一个笑容，就可能有各种变化，从礼貌的微笑、开怀的大笑到轻蔑的冷笑，又或是笑中带泪、哭中带笑，背后寄寓着不同的情感。这类行为一般是内在编码，在使用上有意传播的不多，但都能被旁观者解读出信息，大多能引发相互作用。

第三节 符号互动与意义交换

符号是传播中特别重要的因素，人们究竟如何通过符号来完成传播及实现人与人之间的相互作用呢？一方面，对于符号来说，意义是它们的主要组成部分之一。另一方面，人们在传播中使用符号，正是希望通过共享的符号意义，把自己的意思清晰地向对方表达。传播，不仅是信息的传递，更是一个意义交换的过程。

一、何谓"意义"

对于"意义",我们可以简单地将它理解为意思、含义等。它是我们日常生活中一个常用的词汇,如"这篇文章的写作意义是……","我们来分析一下这支歌曲的意义"。不过,一般人可能很难想象,围绕这简简单单的两个字,实际衍生了卷帙浩繁的探讨,有一部著作就专门取名为《意义之意义》("The meaning of meaning")。意义是现代语言学中备受关注的热门问题,语言学家们着迷于语言与现实间的关联,不断追问"语言何以能够起到交流作用,何以能够表达人的思想和对实在世界加以描述"[①]。上一节中我们介绍过的语义分析研究,就属于此类。此外,在现代哲学中也发生了显而易见的语言转向,希望在其基础上更深入地探究实在及其本质。有相当多围绕语言意义展开的研究,语言哲学、分析哲学也相继崛起。

在传播学领域中,意义问题也特别受到重视。大家耳闻目睹、亲身经历了近几十年来传播科技日新月异的高速发展、传播产业突飞猛进的快速增长。过去,一张报纸仅有几个版面,一个地方不过寥寥几份报纸;打开广播、电视,能够收听、收看的频率、频道都很有限。我们从媒体上得知昨天发生的新闻事件,还觉得特别新鲜。现在的情况,真是不可同日而语了。报纸动辄就是几十甚至上百版,拿在手上颇有分量,很少会有人再像原来那样从第一版到最后一版,从报头到"报屁股"细细读上一遍。广播频率、电视频道多得令我们难以选择,对于事件的现场直播、同步展现也早已屡见不鲜。相信现在几乎没有人再会为找不到可看可听的媒体内容而发愁,一旦连上网络,更是仿佛置身于无边无际的信息海洋。多些,再多些! 快些,再快些! 然而,大家每天面对着信息的铺天盖地,符号的"狂轰滥炸",又产生了新的迷茫与困惑——意义何在? 我们似乎是无意识地被这些信息、符号所裹挟。失去了意义,也就切断了我们和这些传播内容之间的联结纽带,仿佛是在虚空中飘浮。每天尽管接触得很多,但回头想来,到底记住了多少、感悟了什么呢? 如果传播失去了意义的成分,它将变得徒有形式——"看上去很美",却把真正重要的核心给弄丢了。

在传播研究者看来,意义与其说是某项传播内容(不管是某个文本、某种言说还是某项行动、某个节目)的自带之物,原本就包含其中;不如说是参与传播的各个成员相互碰撞后得到的东西。它并非预先给定、不言而喻,而是源自人与人之间的互动,"意义是传播的产物或结果"[②]。由此,即使内容相同,参与者如果发生变动,

---

① 徐友渔:《"哥白尼式"的革命——哲学中的语言转向》,三联书店,1994年版,第54页。
② 约翰•费斯克等编撰,李彬译注:《关键概念:传播与文化研究辞典》(第二版),新华出版社,2004年版,第159~160页。

形成的意义也往往不尽一致。比如,观看同一则广告,有的人可能产生认同,觉得使用了广告中的产品之后,问题就可以迎刃而解,将带来轻松愉快的感受,因而产生了购买产品的欲望;有的人则不屑一顾,认为这不过是广告制作者精心编造出的幻梦,期望广告快点结束好继续欣赏自己喜爱的电视剧。在人际传播中,参与者可以直接、及时、密切地互动,对于某个议题原本各执己见的人们,在充分讨论之后有时也能达成共识,产生共享的意义。

二、符号的意义及相关概念

符号,在传播中不可或缺,可以说无符号即无传播。传播中形成、交换的意义,正是以其间用到的符号的意义作为重要基础。下面我们就来对符号的意义进行一番考察。

1. 符号的意义问题

符号学先驱皮尔斯很早就提出,符号的构成要素有三:除了符号的形式、指称的对象,还有对符号的解释,它们是不可分割的"三位一体"。其中,对符号的解释,指的正是对符号意义的把握。

皮尔斯的看法是,在符号学研究者中早已结成了共识,尽管每个人"对这三方面的定义多少有所不同,强调的是不同的方面,但这个三位一体说仍成为符号论思想的核心"[①]。学者奥格登和理查兹则用一个简单的图示对此加以描绘,令人一目了然(见图4-1)。

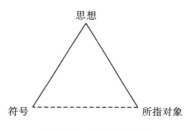

图 4-1 语义三角图

符号(形式)与所指对象间并无必然联系,常源自有意指定,经历长久的使用而约定俗成,所以上图中两者仅用虚线连起。而人们的思想,对于特定的所指对象会产生不同的认知、情感、行动倾向,这源自明确的因果联系因而可以用实线相连。这样的因果联系能够转接到思想与符号(形式)的关系中,同样是实线连接,形成了符号的意义;表明当人们接触到符号后,它所指对象在他们心目中的意义就将必然被唤起。

每一符号,都拥有自己的意义,与之须臾难离。其中既沉淀着长久以来难以数计的社会成员对符号渐渐趋同的解释,也包括特定个体在与所指对象相关经验基础上发展起的独特理解。它们在传播过程中都扮演着相当重要的角色。正如著名传播学者施拉姆所言:"符号是人类传播的要素,单独存在于传播关系的参加者之

---

① 斯蒂文·小约翰著,陈德民等译:《传播理论》,中国社会科学出版社,1999年版,第139页。

间——这些要素在一方的思想中代表某个意思,如果被另一方接受,也就在另一方的思想中代表了这个意思……不管叫做什么,它们都是传播中可以还原成'意思'的要素。"①

2. 符号意义的类型

关于符号的意义,有许多成对出现的概念,代表着从不同角度切入所做的划分。首先我们来看符号的明示意义与暗示意义。明示意义是符号的主要意义、核心意义,暗示意义则是符号的引申意义、外围意义。以一个语言符号为例,当我们翻开一本字典、词典,对它的解释中排在前面的往往是它的明示意义,而暗示意义则一般要到后面才出现,甚至不出现。比如"青蛙",我们都知道,它的明示意义指的是一种两栖动物,头扁而宽、口阔眼大,常为绿色,趾间有蹼。而如果该符号在网上出现,或是被一个年轻人使用时,它也可以用来指人。这时用到的就是它的暗示意义,指其貌不扬的男性。对于一个符号来说,它的明示意义较为稳定,被属于同一地域、文化群体的成员普遍承认;而暗示意义的流动性比较大,可能是近期才出现的,持续一段时间后也可能会消失,它的使用范围有大有小,也可以流传到各社会阶层,但还是以少数人使用的情况居多。

接下来,我们再来看看符号的外延意义与内涵意义。逻辑学对于概念的外延与内涵有较多探讨,一般认为,外延是概念指示的所有事物的集合,内涵则是概念指示事物的本质属性、特征。比如,"狗"这一概念,其外延包括从大型的藏獒到小型的吉娃娃等各种各样的狗,甚至还有已经不在世间的狗,其内涵则是狗的本质特征:一种哺乳动物,人类最早驯化的家畜,嗅觉听觉灵敏等。虽然一些符号能用来代表概念,但符号的外延意义与内涵意义,和概念的外延、内涵并不能画上等号。符号研究专家苏珊·朗格提出,符号的外延是符号与它所指物体之间的关联。当一个人使用符号时,符号所指的物体既可以就在他身边,也可以存在相当距离。比如一个人说"狗"时,可以指他正牵着走的那条哈士奇。又或者是他和自己的狗不在一起时,因为在头脑中想到它,令符号"狗"与那条狗之间建立起了联系。而符号的内涵,包括一个人与符号相关的全部情感和联想。一个被狗咬过的人,和一个从小就拥有一只狗作为玩伴的人,对于符号"狗"的内涵会有相当不同的把握。

最后,让我们来了解一下符号的指示性意义与区别性意义。指示性意义涉及符号与它指代对象之间的关系,区别性意义则涉及符号与符号之间的关系,即一个符号与其他符号的异同,它的独特之处在什么地方,居于符号系统内的什么位置。比如,"河"与"溪"都可以指线形的流动水体,但两者的规模不可同日而语,流经的区域也不一样,"溪"只是山中的小河沟,不与外界相通,"河"往往发源于高山,顺势

---

① 威尔伯·施拉姆、威廉·波特著,陈亮等译:《传播学概论》,新华出版社,1984年版,第67页。

而下,一直流入湖泊或海洋。

三、符号的象征互动理论

1937年,赫伯特·布鲁默在《人与社会》一书中,首次提出了"象征互动论"(symbolic interactionism,又译作"符号互动论")一词,用以概括美国诸位前贤如詹姆斯、杜威、库利、帕克、米德等人围绕"社会心理状态"展开的相关研究和取得的理论共识。这一说法得到了大家的认同,后来被广泛沿用。尽管布鲁默谦虚地称,这个词组源于他随意的杜撰,但这确实抓住了库利、米德等社会学家、哲学家著作中的核心。

象征互动论源于20世纪20年代,在第二次世界大战前较为盛行,到今天仍不失其重要影响、价值。它与美国实用主义哲学、现象学有比较密切的关联,与结构-功能主义、刺激-反应的行为主义等在基本观念上存在较大差异。

象征互动论者认为,传播先于结构,正是通过传播、通过人与人之间的社会互动,意义才得以形成,结构才得以产生、维系、变化。传播(互动)行为及其间生成的意义,令人之所以为人,令社会得以可能。社会、群体、自我等,"不是里面充满固有意义的容器,而是容器与充填物互相建构的过程,意义产生的同时,对象才存在"[①]。没有互动、没有意义,个人也就不会形成自我,以及联结成社会。

依据社会学家玛尼斯和梅尔策后来的概括,象征互动论主要包括以下七个核心命题。[②]

(1)人们通过给他们的经历赋予意义来理解事物;人类的知觉总是受到一个符号过滤器的调控。

(2)意义是在人们相互作用的过程中获得的,意义产生于社会团体间符号的交换中。

(3)一切社会结构与机构都是由相互作用中的人们建立的。

(4)个人行为不是严格地由前面的事件决定,而是自发产生的。

(5)心灵由内部对话构成,它反映了个人与他人的相互作用。

(6)行为是在社会团体里的相互作用过程中实现或建立的。

(7)人们的经历无法通过其公开的、可观察的行为完全显现,而必须同时考察他们对事件的理解、赋予事件的意义。

从中我们不难发现,"相互作用"、"社会团体"、"符号"、"意义"等是一再出现的关键词,也是象征互动论研究者极为关注的方面。在这个意义上看,个人的行为活

---

① 张国良:《传播学原理》,复旦大学出版社,2009年版,第181页。
② 斯蒂文·小约翰著,陈德民等译:《传播理论》,中国社会科学出版社,1999年版,第282~283页。

动,往往需通过与他人各种形式的相互作用来实现、完成。个人的经验,总是受到他所隶属的社会团体对符号运用的影响。意义,作为经验的核心,是人们相互作用的结果。

象征互动论的主要代表人物之一——美国社会学家库利特别强调传播/互动对于人、对于社会的重要意义。他对传播的定义就突出体现了传播与人性的深切关联:"所有人类关系借以存在和发展的机制——包括心灵中的所有符号,加上在空间中传送它们和在时间中保存它们的手段就是传播。没有这样的传播,心灵就不能生出真正人性,而且必定仍然处在非人非兽的状态。"[①]在他看来,人类的起源、发展主要循着两条轨道演进:"一条是遗传或者动物传递,另一条是交流或者社会传递。在前者中漂流的是生物种质,在后者中负载的是语言、交流和教育。生物遗传由祖先所决定,与他人的交流则萌发了人的社会生命。"[②]库利十分看重人际传播对个人社会化的功用,特别是儿童成长过程中"首属群体"(家庭、邻里、玩伴)的影响。他还提出了"镜中我"概念,即他人的反应如同个人认识自我的一面镜子,我们会据此来定位自我,调节自己的思想、行为。

另一位代表人物帕克分享着象征互动论者对人与人之间相互作用的格外重视。在他看来,所有人都直接或间接地参与心灵塑造并决定着同伴的公开行动,因此,每个人都多多少少生活在其他个体的头脑中。传播正是"一个社会心理的过程,凭借这个过程,在某种意义和某种程度上,个人能够假设其他人的态度和观点;凭借这样一个过程,人们之间合理的和道德的秩序取代了那个仅仅是心理的和本能的秩序"[③]。受齐美尔激发,帕克及其学生对城市中的种种互动形式展开了详细的经验研究。帕克认为,城市环境与乡村共同体(人与人之间紧密联系)大相迥异,希望通过大众传播能对此加以改善,增进人们之间的互动。由是,做过11年新闻记者的帕克,到芝加哥大学执教后,还曾身体力行,协助创办报纸《思想新闻》,就是怀抱着借此维系个人心智健康、社会持久不衰的美好愿望。

象征互动论最重要的代表人物是乔治·米德,在其专著《心灵、自我与社会》中,他较为全面地提出、阐述了象征互动论的主要观点。这本书的书名,即凸显了米德理论中最为核心的三个概念。他将这三个概念视为同一个一般过程:社会行动的三个不同侧面。先看"社会",米德对它的理解是相互作用构成的网络,网络中的每位成员皆通过使用符号来给自己和他人的行动赋予意义。社会是其成员合作行为的集合。人们要实现合作,就必须能理解他人的意图,而这离不开对符号的运用、对符号意义的共享。通过使用符号,我们可以想象他人对我们的反应,依此选

---

① Cooley,C:Social Organization,New York:Schocken Books,1972,pp. 61~62.
② 库利著,包凡一、王源译:《人类本性与社会秩序》,华夏出版社,1999年版,第68~70页。
③ 罗杰斯著,殷晓蓉译:《传播学史——一种传记式的方法》,上海译文出版社,2002年版,第197页。

择自己的行为。再看"自我",米德认为,每个人的"自我"由"主我"与"宾我"两部分组成。其中,"主我"是个人内在的冲动和创造性;"宾我"则是对于他人如何看待我们的觉知,对于"主我"常有调控作用。正是通过语言(有意义的符号),人们才能体验像他人一样旁观自己。"宾我"中很重要的是,对于他人对自己总体看法、评价的感知。与我们关系密切、对我们有较大影响力的他人的看法,特别受到重视。最后是"心灵",米德把它定义为与自己进行的相互作用。这种与自我一同发展的能力,在人们的每次行动中均需加以运用,对于人们生活的重要性不言而喻。心灵往往产生于有问题的情境,个人在此时思考未来的行动,他们需要设想种种后果,推演选择可行方案。这种与自己的相互作用,同样离不开符号,正是通过可以命名概念的有意义的符号,个人才能将种种外在刺激转化为思索的客体。

在米德等人之后,象征互动论继续发展,主要形成了两大流派。其一,由上述的布鲁默领导的流派,延续着米德等人的思想、研究方法。其二则由曼福德·库恩等人领衔的流派,引入了科学方法、量化分析。其他重要发展者还包括戈夫曼、特纳等人。

四、编码与解码中的意义交换

从前面的论述中我们已经获知,人与人之间的相互作用常常通过使用符号来实现,符号必须具备为大家共享的意义。然而当人们运用符号来与他人进行传播时(不论是人际传播,还是组织传播、大众传播),传播者希望表达的意义,和接受者实际解读的意义,能完全画上等号吗?我们恐怕很难肯定。反例几乎不胜枚举,每个人都有过被别人误解的经历,有的时候即使是非常熟悉的家人、朋友也听不懂我们在说什么,这会让人感觉无奈。收看电视剧时,本来应该是惨兮兮的场面,主演太过做作的表情和动作,却会令我们哈哈大笑。发送信息是容易的,但真要做到传播者与接受者之间的沟"通"、认"同",却是困难的。下面我们将结合一些特定的传播类型,具体分析符号、意义在传播过程中的传递、流动。

熟悉传播学史的人都不会忘记,在传播学形成的初期,信息论对它产生了较大的影响。香农-韦弗模式和奥斯古德-施拉姆模式,体现了编码与解码的过程。

在符号学研究方面颇有建树的苏珊·朗格提出过一些观点,与这个问题有一定关联。依她看来,每个符号,既具有大家共享的意义,也包括使用者个人赋予的特定意义。对于符号指代的对象,我们每个人都可能有自己独特的体验、经历,这些都会融入我们对符号意义的把握中。由此,很可能发生这样的情况,或是传播者对于符号匠心独具的运用,接收者不一定能够完全领会;或是传播者原本无心的符号使用,在接收者那里一石激起千层浪,唤起了许多意义联想。

拿到一篇文学作品时,作为普通读者,我们往往只能从字面意义对它加以理解。而文学批评家们,还会详细结合作者本人的经历、以往的作品、其他作家的作品等,对于作品蕴含的深意细加推敲。对于我国古典名著《红楼梦》的红学研究经久不衰,各种解读层出不穷,正体现了研究者从文字符号中把握作者曹雪芹特别寄托(隐藏意义)的不懈努力。比如贾府的四位小姐,分别名为元春、迎春、探春、惜春,一般读者只会觉得这是古代女子美丽的芳名,她们的名字里都包含一个"春"字,也是古代同辈取名的常用方式。而研究者却发现,曹雪芹对笔下人物的命名并非信笔为之。作为可以指代其人的符号,这些姓名别有寓意。四个人名字里的第一个字合起来"元、迎、叹、惜",正好与"原应叹息"谐音,隐喻着人物跌宕起伏、令人感慨的命运。这还只是其中一个简单的例子,符号的运用可以相当出神入化,其中包含的意义也就特别丰富多样、耐人寻味。

施拉姆在香农模型的基础上,还提出过另外一种传播模式,和对符号的意义理解也较为相关,具体如图4-2①所示。

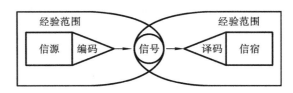

图4-2 施拉姆经验范围传播模式

这一模式相比香农模型改动并不大,添加的是信源、信宿的经验范围,两者的重叠之处才是双方真正能共享的意义。前面我们已经探讨过,无论是语言符号还是非语言符号,其中的绝大部分都有它生效的边界,在特定区域、特定人群中和特定意义相关联。离开这一限定,其意义往往就会失去,或者发生很大变化。如果传播者、接收者同属一个区域、一个群体,其经验范围有相当大的重合领域,他们对符号意义的理解就能取得"大同",两人的沟通也比较容易、比较顺畅。传播者的原意,经过自己的编码,对方的解码,还能大体确保。而两者经验范围的差异越大,产生误解的几率就越高。让我们设想一种极端状况,当一个将点头理解为"是"、摇头理解为"否"的人,碰上一个对此理解正好相反的人,那还不是"秀才遇到兵",会闹出一连串笑话来?跨文化传播领域中满是趣闻轶事,盖因于此。

最后,我们来看一个较为复杂的传播模型(图4-3)②,它由英国学者斯图尔特·霍尔提出,描述了电视传播中、传媒机构(节目制作者)与观众之间意义交换的情形,也可以推而广之,应用到对其他大众传播类型的理解中。相比奥斯古德-施

---

① 转引自李彬:《传播学引论》,新华出版社,1993年版,第97页。
② 丹尼斯·麦奎尔、斯文·温德尔著,祝建华译:《大众传播模式论》(第2版),上海译文出版社,2008年版,第129页。

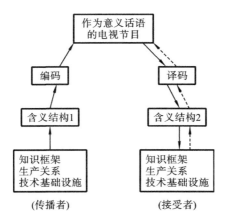

图 4-3 编码-译码模式

拉姆模型里描述的传播者与接受者平等交流的理想状态,霍尔的模型里,包含各种变化,与现实情况更为贴近,带有较强的批判色彩。

这个模型不像我们之前看到过的那些图示那样一目了然,包括数层结构。左边描述的是传播者的情况,右边是接受者的情况。让我们以电视新闻节目为例,加以说明。新闻事件发生后,前去采访的记者得到了各种新闻素材、形成了对事件的基本把握(含义结构1),他会据此写作文字稿件,编辑现场画面、声音,完成一条电视新闻报道,即立足于含义结构编码,形成某种符号组合。实际情况可能远比这复杂,各级编辑也常常会参与到"含义结构"的确定和"编码"工作中来。总之,最后播出的报道将以特定的编码形式呈现。观众收看到报道时,便开始启动"译码"程序,获得自己对事件的理解(含义结构2)。

霍尔认为,传播者也好,接收者也好,每个人对于人、事、物的意义解读都与其自身的知识框架、处于其中的生产关系乃至拥有的技术基础设施密切相关。大众传播中,编码和解码并不是像香农模型里那样忠实于原始讯息,力求精确的操作行为。在媒体机构这一方,出于意识形态目的或受到其他利益驱动,而操纵控制符号,对现实情况歪曲呈现的例子屡见不鲜。比如,对于自己的大广告客户,媒体可能会尽量拍摄它美好画面,选用其他人的肯定评价,在配发的文字稿中也不乏溢美之词,将它人为拔高,并安排在较好的位置,反复播出。

当然,在观众这一边,对此种情况也并非一无所知、毫无警觉。这正如上一章讲到的霍尔提出了接受者的三种解读方式。完全像传播者希望的那样、认同他们传播意图的情况其实很少发生。接受者通常会在传播者提供的意义框架的基础上,有自己的发挥、演绎。甚至是完全和传播者反着来,对媒介内容加以颠覆性解读。比如当媒体上铺天盖地地说什么东西好的时候,大家难免怀疑背后有什么猫腻,觉得它很可能不好,至少也不像宣扬的那么神奇。这种意义的对立解读,在霍尔的这个模式中,使用了反向、虚线的箭头来标示。

综上所述,传播中普遍的符号运用,令"编码"、"解码"成为不可或缺的过程环节。而在不同的传播情境中,这里面既涉及意义的交换,有时还会演变成意义的攻防,需要我们结合具体情况审慎地考察,细致地分析。

第四节 内容影响受众的若干理论

信息是传播内容的基石,它们具体会通过不同的符号加以表现。对于同一信息,有时选用不同的符号,或是对符号进行不同的组合时,之间传播效果的差距却可能相当之大。本节我们就将主要探讨这方面的问题,看以不同符号形式组成的内容如何影响受众对它的接受。

一、模仿论与含义结构论

1. 模仿论

模仿论研究的是大众传播内容如何在受众的社会化过程中发挥作用。它源于美国心理学家阿尔伯特·班杜拉等人的研究成果,属于班杜拉广义的社会学习理论的一部分。

班杜拉提出,人们不仅能通过自己的直接经验学习,还能通过间接经验、模仿他人来学到东西。后一种学习的过程,可分为注意、保持、动作复现、动机四个阶段。在注意阶段,人们会选择模仿的榜样,对这些行为的特征加以关注。之后的保存阶段,哪怕榜样行为不再出现,人们还是会将它保存在记忆中。到了动作复现阶段,人们会尝试自己做出这些行为,并根据各种反馈进行调整。在最后的动机阶段,个体因行为产生满意效果而受到激励,自发产生行为动机,行为得到了强化。经历了这种模仿—报偿—强化的演变,学来的行为可能变成某人的习惯行为。

班杜拉的相关论述被传播研究者吸收、拓展,提出了专门的模仿论[①]。它不再局限于人与人之间的模仿,也包括人们对媒介内容的模仿。现在它已变成从个人层面分析媒介—受众—社会之间关系的一种重要理论,展现了媒介内容对受众的长期影响。

这种理论认为,大众传媒展现了丰富多彩的行为模式,凡可以想象的几乎无所不包,受众很容易从中获知具有吸引力的行为模式。他们对媒介行为的模仿将主

---

① 申凡、戚海龙:《当代传播学》,华中科技大学出版社,2000年版,第154~155页。

要经过以下三个阶段：

① 受众注意到媒介中描述的行为模式；

② 受众认为这种模式富有魅力或能达到特定效果，对其产生认同，开始模仿这种行为；

③ 当受众碰到与媒介中行为发生场景相似的情况时，会模仿学来的行为模式。如果取得成效，他将不断重复模仿。

对我们每个人来说，这样的经历都屡见不鲜。媒介为我们提供了形形色色的行为范本，有的很小，比如一个从没吃过西餐的人在电视上看到，吃西餐切碎食物时应该左手拿叉，右手拿刀，自己走到西餐厅里也依法炮制。有的则可能对人的一生影响重大，比如一个人从报纸上得知大学生志愿者扎根深山教书育人的感人事迹后，将此志愿者奉为榜样，自己也毅然奔赴贫困地区支援教育。不仅是媒介上的真人真事具有巨大的感召力，易于唤起模仿行为，一些虚拟出来的行为的影响力亦不可小觑。比如对于电视剧中某个人物非常着迷的观众，可能会花相当多的时间对偶像的行为加以研究、模仿。由此，我们经常可以听到这样的呼吁：媒介应该多多提供值得效仿的行为榜样，严格区分、标注那些"坏的"行为模式。

2. 含义结构论

含义结构论主要关注的是大众传媒对符号的运用，如何深刻地影响着人们通过符号理解社会并据以采取行动的过程。

这一理论认为，人们对于外在世界的认知，大部分都不是通过直接体验得来，而主要通过媒介，通过理解它所运用的传播符号来完成。这样的认知，是他们采取进一步行动的基础。大众传播过程中，媒介大量使用各种符号，可能对符号的原有含义产生较大影响。因之，深深地影响到人们对于外在世界的认知、情感乃至行为方式。

研究者提出，对于符号含义，大众传媒能够发挥以下四方面的影响。

1) 含义的确定

大众传媒一向求新求变，它们使用的新兴符号也层出不穷。大家可能都有过这样的经历，传媒上常常出现些新词，让我们觉得摸不着头脑。比如从2009年下半年开始，"蚁族"一词频频在传媒中出现。这可不是一种昆虫的名称，而是对"大学毕业生低收入聚居群体"的称呼。因为觉得这一群体和蚂蚁有不少相似之处，他们很聪明，受过高等教育，却不一定能找到理想的工作；主要因为收入有限，只能大量地居住在城中村、城乡结合部等条件较差的地方。这个语言符号的出现，并非传媒的首创，而是源于社会学家的研究。但主要是经过传媒的广泛使用，它才被大众熟知，作为一个新词的含义方确定下来。

2) 含义的延伸

大众传媒除了不断推出一些新兴符号，还常常能在符号原有含义的基础上继续生发出新的含义来。比如"杯具"这个语言符号,原义仅仅是对"杯子"的正式称呼,近来经过传媒的推动,开始与其谐音"悲剧"渐渐画上等号。"杯具"本来是个很少用到的词汇,最近却常常见诸报端,主要是通过它延伸出的新含义大行其道。与之相应的"洗具"(谐音"喜剧")也一道搭上了流行语的"顺风车"。

3) 含义的替代

有一个成语叫"三人成虎",本来没有老虎,但经过众人绘声绘色的描述,也仿佛真有其事。有时大众传媒的一再重复,会让大家忘记、忽略某些符号初始的含义,而只接受传媒提供的新含义,还以为一直如此。这其中不乏误用的情况。比如夏天天气炎热,传媒喜欢运用"七月流火"一词,这是《诗经》中出现过的古语。大多数人已经和传媒一样,将它理解为七月烈日炎炎,很高的温度带给人"流火"的体验。其实,古文专家已不止一次地指出,"七月流火"的原意并非如此,它不是形容酷暑难耐,相反说的还是天气转凉。指的是农历七月的初秋时节,天刚黑的时候,人们可以看见大火星从西方落下。但这样的澄清之声,与传媒的大量误用相比,显得十分微弱。

4) 含义的强化

无论是提出新的符号,为原有符号注入新的含义,还是用新的含义替代符号的原意,以及沿用符号的常用含义,每家媒体的坚持使用,众多媒体的共同使用,都会起到强化这些含义的效果,令其含义变得更加稳固,为受众所共享。

二、信息来源理论

信息被传送时,其来源也往往会被或隐或显地交代,构成传播内容的一个组成部分,并可能对接受者切实产生影响。我们在日常生活中对此都有感性体验,比如"×××说,这是一部好电影"这句话,试着将"×××"用个具体的名字代替,如果他是一位你十分喜爱的影评专栏作者,你可能会马上找来这部电影一睹为快;而如果他是一位口味与你大异其趣的人,你则可能根本不以为然。

20世纪50年代,卡尔·霍夫兰等耶鲁大学的研究者专门设计了一项实验,考察信息来源可信度与受众态度改变之间的关系。他把受试对象随机分为两组,发给他们正文内容完全相同的阅读材料。唯一的差别是,对其中一组人称材料来自可信度较高的来源,而对另一组人说材料出自可信度较低的来源。

实验中用到的阅读材料是一本小册子,包含四篇文章,分别针对当时存在争议的四个社会热点问题。如抗组胺药物能否继续在没有医生处方的情况下销售(高可信度来源:医学专门杂志《新英格兰生物与医药学报》/低可信度来源:某大众月刊画报);美国现在能否建造核潜艇(高可信度来源:美国当时原子弹研究科学家小组领导人奥本海默/低可信度来源:苏联《真理报》);钢铁工厂是否应对眼下的钢铁短缺负责(高可信度来源:《国家资源计划委员会公报》/低可信度来源:一位反劳工、反新政的"右翼"专栏作家);电视的出现是否会导致电影院数量的减少(高可信度来源:《财富》杂志/低可信度来源:一位电影八卦专栏女性作家)等。

受试对象在拿到材料之前,先接受了一次问卷调查,询问他们对所涉四个问题的看法。而在他们看完材料之后,又立即填写了调查问卷,再次表达他们对这些问题的意见。对照比较,发现两组对象在态度改变的程度上有所不同,具体如表4-1所示。

表 4-1 由于高、低可信度来源的传播导致的对象意见改变净百分比

问题	高可信度来源组的态度改变	低可信度来源组的态度改变
抗组胺剂	23%	13%
核潜艇	36%	0
钢铁短缺	23%	−4%
电影院	13%	17%

总体看来,除了最后一个问题,当一篇文章被宣称来自一个可信度高的来源时,它吸引人们改变态度、向其靠拢的作用更为明显。而低可信度来源,有时很难撼动人们的原有观点(如在核潜艇问题上);甚至适得其反,人们原本与其意见相同,但出于对信息来源的不信任,刻意站到了另一边(如在钢铁短缺问题上)。

对象们在看完材料的四个星期后,再次接受了问卷调查,结果有些出人意料。相比人们在实验前的态度,高可信度来源与低可信度来源带来的改变几乎相等。此时低可信度来源带来的改变,比人们刚看完材料时更为显著。研究者将这种现象称为睡眠者效应(sleeper effect),他们对此提出了这样的解释:经过一段时间后,对于受众而言,信息来源和信息本身有了分离倾向,信息来源对受众的影响也就降低了不少。

此项研究之后,不少研究者都尝试找出衡量信息来源可信度的具体标准。怀特海德的工作较为细致全面,他提出了四大主要因素:值得信赖、专业性或能力、活力和客观性,其中每一因素又进一步解析为数项指标。如"值得信赖"因素下又细分为"对—错"、"诚实—不诚实"、"公正—不公正"等指标;"专业性或能力"下包括"有经验—无经验"、"有专业风度—无专业风度"等;"活力"下涵盖"进取的—驯服的"、"主动的—被动的"等;"客观性"下有"头脑开放—头脑封闭"、"客观的—主观的",等等①。信息来源在信息涉及领域中的专业表现、权威程度,对于其可信度可谓至关重要。特别是在普通人知之甚少、难以用常理判断的领域,来自专家的意见

---

① 沃纳·赛弗林、小詹姆斯·坦卡德著,郭镇之等译:《传播理论:起源、方法与应用》,华夏出版社,1999年版,第183页。

将备受重视。比如食品安全是人们尤为关心的问题，对于不同人群，食品中某项物质的含量在什么范围内是安全的、什么范围内是有害的，可能带来哪些危害，人们渴望听到供职于权威检验机构的资深人士的声音。另一方面，信息来源的性格特质也和其可信度密切相关。就像我们知人论事，除了看其智，还要观其德。一位原先成果频出的科学家，一旦被发现存在一定的数据造假行为，他说过的话，人们也难免会打上问号，怀有疑虑。

信息来源的知名度和信息来源的可信度形成了某些交叉，也会在一定程度上影响到人们对信息内容的接受。一部分信息来源，如我国的水稻之父袁隆平院士，正是因为其专业上的杰出成就，和其严谨、勤奋、热忱、奉献的态度而闻名于世。另一些知名度高、美誉度好的信息来源，人们会对其形成晕轮效应，认为他们一好百好，对他们就非专业领域发表的看法一样重视。比如深受国人喜爱的体育明星刘翔，也是广告主眼中的宠儿。由他代言的产品，哪怕和跨栏、和体育没有太大关联，大家还是会颇以为是，进行追捧。在人们本身举棋不定的领域，有时会追随一些名人的意见。有实验为证，美国社会心理学家阿伦森[①]曾经邀请一群大学女生对几篇现代派诗作发表自己的看法，当她们觉得其中某首写得不怎么样时，告诉她们有人认为这首其实相当不错。至于这"有人"到底是谁，研究人员提供了两种版本的说法，一说他是获得过诺贝尔文学奖的著名现代派诗人 T. S. 艾略特，二说她为一名普通的女大学生。之后，让受试对象重新发表对诗作的看法。结果，其中一些人受到说辞的影响，改变了原有观点，受"艾略特"影响的人远远多于那位"无名女生"。当然，对于一些知名度虽然较高、但传扬的并非美名的信息来源，人们对其传播的信息内容就不那么买账了。

还有一项信息来源的特质，会较为显著地影响人们对信息内容的反应，即来源传播这一信息的动机何在。上文提到的社会心理学家阿伦森还主持过另一实验，他将参与对象随机分为两组，给他们看两份不同版本的虚构报道。报道设计为记者对一名罪大恶极的犯罪分子的采访，询问他对司法现状的看法。在版本一中，罪犯称现行法律太过严苛，应变得更为宽大，判刑宜更和缓些。版本二中，罪犯则称目前的司法体制较为软弱，应加大打击犯罪活动的力度，判决应更加严厉。结果是，版本二中的观点远比版本一能够赢得受试对象的认同。阿伦森据此得出结论：当一个人传播的信息不会让他得到什么好处甚至会损害他的利益时，人们对于这一信息将较为信服。也就是说，当来源传播信息的动机并非为自己谋利、而是相对超脱或出于利他考虑时，信息对接收者的影响力较大。

[①] 关于这一实验和下一段中提到的阿伦森另一实验的相关情况，可参阅李彬：《传播学引论》，新华出版社，1993 年版，第 194～195 页。

三、感性诉求与理性诉求理论

有这么一句俗语:"话有三说,巧者为妙",即同一意思可以通过不同的方式表达出来,对于信息接收者产生各异的效果。传播的内容编排,既可以诉诸受众的理性,风格冷静、叙事周全、条分缕析、逻辑缜密,一样样摆事实讲道理,让他们点头称是;也可以诉诸受众的感性,带来直观感受,唤起激荡情绪,甚至深入内心、引发共鸣,令他们心悦诚服;当然还可以双管齐下,结合两者的优势。比如,某品牌的洗衣粉打算通过广告呈现其妙、刺激购买。可以在广告中展示这样的实验,把各种各样难以去除的污渍像是果汁、墨水、奶油等洒到一件白衬衣上,而该品牌的洗衣粉能令其恢复如新,这是一种理性诉求的方案。也可以像雕牌洗衣粉一个非常令人难忘的广告那样,诉诸感性。广告中,母亲是位下岗工人,正在为生计发愁,家里才几岁的小女儿却异常懂事。当母亲垂头丧气地回到家中,迎接她的是带着满手洗衣粉泡的女儿,这时,稚嫩的声音响起"妈妈,我能帮您干活了"。母亲是家庭中最常使用洗衣粉的人群,看过这则广告的妈妈们,想必大多像广告中的母亲那样被浓浓的亲情所打动,也顺带对雕牌洗衣粉产生了好感。此外还可以同时诉求理性与感性,比如既清晰介绍该洗衣粉的特点:配方中含有某种天然物质因而不会损伤衣物面料,又将它与妻子对丈夫的关爱联系起来。

"动之以情,晓之以理"是《论语》中的名句,在不同的领域、针对不同的受众群体时,感性诉求与理性诉求各有所长。比如在科普领域,大家期待的是能弄清原理,感性诉求会给人不专业的印象,需要理性诉求的头头是道。而在相关艺术的领域,大家渴望的是心灵的放飞神游,理性诉求会让人觉得太过刻板,这时就需要感性诉求营造令人向往的意境。对于受教育程度较高、热衷于刨根问底的人群,往往须通过理性诉求得到他们的认可。而对于习惯跟着感觉走的人群来说,感性诉求是快速打动他们的不二法门。

不过,在一般情况下,感性诉求常常比理性诉求更易奏效。当我们要展现战争带给人们的伤害时,可以运用理性诉求,采集伤亡人数、财产损失等各种数据,收集战争对人们工作、学习、生活带来的影响改变等各方面的情况,形成一份详尽的调查报告来全面地反映。但有时一张从战地发回的照片,就能更强烈地激发起反战情绪。20世纪70年代,美国与越南的战争后期,一幅照片引发了巨大反响,对越战提早半年结束起到促进作用。照片中,一个越南小女孩被燃烧弹击中后,不得不扒掉身上着火的衣服赤身逃命,她和画面中的其他越南孩子都惊恐万状,而站在一边的几个美国大兵却十分冷漠地看着这一切。孩子的痛苦表情和大兵的无动于衷形成了鲜明对比,有力诠释着战争对普通人的戕害,令观看者的心灵受到巨大冲击。

为什么人们易于受到感性诉求的影响呢？在心理学家看来，人的态度包括认知、情感和行为三个部分。理性诉求主要针对的是态度中的认知及行为部分，尽管认知和行为的改变有时也能够导致态度的变化，但它们之间没有必然的因果联系，变化的过程也相对较慢。比如一个人原本不愿意吃荞麦、黑米等粗粮食品，后来通过理性诉求了解到粗粮对身体很有好处，在认知上有了转变。接下来，他可能会调整自己的饮食习惯，从吃一点开始渐渐增加直至变得爱吃；当然他也可能继续对这些食品敬而远之。而感性诉求指向的情感部分，对态度的形成与改变至关重要，只要情感发生了变化，态度也必然跟着转向。比如一个人本来对一位作家没什么好感，但自从喜欢上作家新推出的某部作品后，认知与行为都会跟着变，能够较为包容地重新审视作家之前的作品，积极寻找关注他的每部作品，整体态度产生很大转变。

研究者对于感性诉求和理性诉求的效果展开了不少实证研究。20世纪30年代，美国心理学家乔治·哈特曼即结合一场现实中的选举进行了这样的实验[①]。他将某地的所有选民分为三个部分，在选举开始之前，他向第一部分选民发放了带有较强感情色彩的传单（描述若A政党竞选失败，此地的发展前景将大受影响，变得黯淡无光）；向第二部分选民发送了理性分析情况的传单（阐述A政党的可取之处，劝告选民投其一票）；对剩下的第三部分选民则不分发任何传单。结果，A政党在该地获得了比以往多得多的选票。其中，第一部分选民支持A政党的票数最多，其次是第二部分选民，第三部分的最少。可见，两种诉求都起到了一定作用，而感性诉求此次的效果更为显著。

另一类与此相关的研究，着重考察受众对内容的恐惧（情感）程度，和受众对内容的接受程度之间有何关联。贾尼斯和费什巴赫在20世纪50年代前后进行过这样一次实验[②]，他们在美国一所规模很大的高中选取了一个班，将全班学生随机分为四组，其中包括三个实验组和一个起对照作用的控制组。三个实验组的学生都听取了关于牙齿保健的讲座，是三场不同的讲座。每场讲座中关于牙齿保健方法的内容完全一样，但配合的图解却有所不同，能唤起听众或轻或重的恐惧感。第一组配合的图解是完全健康的牙齿；第二组是轻微疾患的牙齿、口腔图解；第三组则用图解展示了非常严重的龋齿现象和牙龈疾病，还加上一些人际恐吓，比如讲演者称这些完全有可能发生在听众身上。

之后，所有学生都填写了一份问卷，回答他们在讲座前一周和讲座后一周运用的牙齿保健方法，以此检验讲座内容是否对他们产生了影响，结果如表4-2所示。

---

① 申凡、戚海龙：《当代传播学》，华中科技大学出版社，2000年版，第159～160页。
② 沃纳·赛弗林、小詹姆斯·坦卡德著，郭镇之等译：《传播理论：起源、方法与应用》，华夏出版社，1999年版，第185～186页。

表 4-2　对象在接收到不同惧怕水平信息后接受或拒绝牙齿保健劝告的情况

对讲座中的牙齿保健方法的态度	高度恐惧诉求组	中度恐惧诉求组	低度恐惧诉求组	控制组
遵从增加	28%	44%	50%	22%
遵从降低	20%	22%	14%	22%
没有改变	52%	34%	36%	56%

引起低度恐惧的内容，最为有效地改变了受众的态度，影响了他们的行为；其次是中度恐惧的内容；引发受众最强恐惧感的内容反而效果不彰。根据两位研究者的回访，即使是在一年之后，不同组别的态度改变程度依然有这种明显差别。随后进行的同类研究，结果与此大致相同，并不一定是随着内容恐怖度的不断增加，其传播效果依次变小。大部分研究发现，中度恐怖度的内容令态度改变的成效最为明显，较低或低恐怖度的均只能带来较小的改变。在每一个具体案例中，对最终传播效果产生较大影响的实则有内容里的三大因素，除了危害性后果的恐怖程度大小，还包括对这种后果发生的概率估计，是非常可能还是较不可能；以及提出的防止这一后果出现的措施看上去是否得力等。

四、一面理与两面理理论

凤凰卫视有个著名栏目"时事辩论会"，每次选择一个辩题，邀请嘉宾从正反两方面各抒己见。比如"新的一年，中国经济发展会比前一年好吗"、"引咎辞职的官员短期内复出合适吗"、"海峡两岸统一需要时间表吗"，等等。两方观点的交锋有时颇为激烈，从不同角度、层面切入分析。有观众表示，自己原本支持其中一方，但听取了双方意见之后，发现另一方提出的不少理由是自己以前没有考虑到的，很有道理，因此转变了看法。传播内容的设计，也有与此相通的地方。除了可以紧密围绕自己的观点展开论述，铺陈论据（此为一面理）；还可以将不同的意见引入介绍，揭示其不足之处，或承认其虽有一定合理性，但总体看来还是不如自己的观点站得住脚（此为两面理）。在不同的领域，针对不同的受众群体时，采用一面理和两面理形式呈现的传播内容，效果将有所不同。我们来看具体的研究。

众所周知，宣传战、舆论战也是战争的重要组成部分。第二次世界大战期间，对于宣传效果的格外关注，大大刺激了传播研究的开展。是一面说理不容置疑、更铿锵有力，还是两面说理从容不迫、更令人信服？正是研究者当时争论不休、十分看重的问题。那段时间心理学家霍夫兰等人供职于美国陆军情报教育处，他们结合现实的迫切需要，进行了这方面的实验研究。

1945年5月初，德国正式宣布战败投降，此前，意大利等国已经投降，结成法西斯联盟的轴心国一方仅剩下日本仍在顽抗。很多美国军人都因此觉得战争已近尾声,无心恋战,渴望回到家乡、回归正常生活。陆军高层希望能够提振士气,让将士们做好继续长期抗战的准备。

在此背景下,霍夫兰等研究者专门测试了一面理和两面理内容的传播有效性[①]。他们制作了两段广播消息,核心观点都是对日还有硬仗要打,战争至少还会持续两年。其中一段只是单方面陈述对日战争的难度,比如日军数量众多、勇猛善战,日本民众对战争十分支持,盟军在太平洋流域的补给线过长,等等。另一段虽然仍主要是强调日军难以轻易拿下,但同时也提到了一些盟军的优势,比如仅剩下日本一个敌人可以集中火力对付,盟军在海上的实力胜过日本,等等。

他们挑选了二十四个排的士兵,将其平均分为三组,即两个实验组和一个控制组。首先请这些士兵都填写一份问卷,预估对日战争还会持续多久。接着,把一面说理的广播消息放给第一组士兵听,两面说理的播给第二组听,对第三组则不采取任何措施。然后又发给所有参与的士兵一份问卷,尽管问卷的形式相比之前有所调整,实质仍是对于战争延续时间的推断。

结果发现,总体而言,收听到任何一种广播消息的士兵,意见都发生了明显改变;没有收听消息的,意见则基本不变。

霍夫兰等人对实验结果还进行了更为精细的分析。实验组的士兵们在收听消息前,即可分为两种情况。对于消息中的观点,他们或是赞成,认为战争还会持续一年半以上;或是反对,觉得战争在一年半之内就可结束。不同版本的消息对于这两类人分别产生了何种影响呢?研究者的测算方法是,统计收听消息后,对战争持续时间估计变长的人数的比例。假设最初的反对者中,有 A 人接收的是一面理消息;收听之后,B 人增加了对结束战争所需时间的估计,同时又有 C 人减少了时间估计;一面理消息对于最初反对者的效果即为 $(B-C) \div A$ 后得到的百分比值。其他情况亦循此处理,计算结果如表4-3所示。

表4-3 说一面理和说两面理的讯息对于最初反对或赞成此讯息者的效力

	最初反对者	最初赞成者
接受单面消息后	36%	52%
接受两面消息后	48%	23%

由此可见,对于原先持反对态度的人,正反两方面理由均包括在内的信息更易被他们接受。这其实是对他们先前观点的部分肯定,不是要他们来个态度的陡转,而是相对平缓、相对容易的转变。对于原先持赞成态度的人,和他们观点在方向上

[①] 沃纳·赛弗林、小詹姆斯·坦卡德著,郭镇之等译:《传播理论:起源、方法与应用》,华夏出版社,1999年版,第178~180页。

一致的说法更易奏效,可以进一步坚定、强化他们的想法。如果这时用两面说理,则很可能令他们产生疑虑、发生动摇。

除了受众原有的态度,他们的受教育程度也很可能影响到一面理/两面理内容的效果。霍夫兰等人在这项实验中发现,受教育程度较高(高中毕业及以上)的人,对于两面说理更为认同;而受教育程度较低(高中以下学历)的人,一面说理对他们更加有效。这主要是因为,受教育程度较高的人,自主分析的意识和能力往往都比较强。对于仅仅阐述一面理的信息,他们将觉得不够完整、准确、客观、公正,甚至感觉传播者在刻意地隐瞒回避,因此会打上大大的问号,不敢轻易接受。只有两面的情况都摆出来,能够让他们通过理性分析,自己得出利大于弊的结论,才会真心接受。受教育程度较低的人,则常常无法妥善处理反面意见,容易感到迷惑、无所适从,旗帜鲜明的一面说理更能打动他们。

本章思考题

1. 什么是信息?信息有哪些主要特点?
2. 什么是符号?非语言符号有哪些基本类型和主要功能?
3. 请选择语义分析中的一种方法,对报道实例进行研究。比如《人民日报》的某些新闻报道易读性如何,是否做到了客观报道?
4. 人们在不同类型的传播活动中,是如何使用符号交换意义的?请结合人际传播、大众传播的实例各一,展开分析。
5. 选择内容影响受众的某个理论,设计一项小型研究加以检验。比如在特定情况下(特定内容、针对特定对象),感性诉求与理性诉求,何者的说服效果更强?并进一步分析为什么会这样?

第五章 传播效果论

人们每次传播前,都会对传播的结果有某种预期,希望传播能够达到自己的目的——如告知信息、说服他人、改变对方原初观点,等等,这实际上是人本能的对传播效果的关注。在传播学中,传播效果研究是传播研究中极其重要的一个部分。长期以来,由于这一问题备受传播研究者的关注,因此从某种意义上说,传播效果研究的演变集中反映了整个传播学理论不断发展、更新的曲折历程。

第一节 传播效果研究

一、何谓"传播效果"

"效果"(effect)一词在英语中有多个意思:"效果"、"效应"、"影响"、"功效",等等。"所谓效果,指的是人的行为的有效结果。这里的'有效结果'一词,狭义上指的是行为者的某种行为实现其意图或目标的程度;广义上则指这一行为所引起的客观结果,包括对他人和周围社会实际发生作用的一切影响和后果。因此,在传播学研究领域,传播效果这个概念也具有下述双重含义:第一,它指带有说服动机的传播行为在受传者身上引起的心理、态度和行为的变化;第二,它指传播活动尤其是报刊、广播、电视等大众传播媒介的活动对受传者和社会所产生的一切影响和结果的总体,不管这些影响是有意的还是无意的、直接的还是间接的、显在的还是潜在的。"[1]这种解释代表了传播学界的一般看法。但事实上,对于传播效果的这种理解,体现了"传者中心"的认识立场。因为,如果从受者的角度出发来看待传播效果,则应考虑"人们能从大众传播中得到什么好处";而如果从研究者的角度出发来看待传播效果,则应考虑"大众传播可能对社会产生什么影响"。不少学者认为,广义上的传播效果,至少包含上述三层含义[2]。尽管基于这种认识,传播效果研究日益重视受众需求的满足(譬如"使用与满足理论"),但在传播效果的概念界定上,占

---

[1] 郭庆光:《传播学教程》,中国人民大学出版社,1999年版,第188页。
[2] 张国良:《现代大众传播学》,四川人民出版社,1998年版,第218页。

有首要地位的仍是狭义的"效果"概念,即传播行为在受传者身上引起的认知、态度和行为的变化。麦奎尔认为,在讨论传播效果时,对这一概念的内涵作不同层次的划分,有助于认识的明晰与深化①。首先,从外在形态看,有三个层次:媒介的"效果"(media effects),指大众传播已产生的直接结果,无论其是否符合传者的期望;媒介的"效能"(media effectiveness),指大众媒介达成有关预期目标的功能;媒介的"效力"(media power),指媒介在特定条件下可能发挥的潜在影响,或可能产生的间接效应。其次,从内在性质看,有心理效果、文化效果、政治效果、经济效果之分。最后,还应区分效果或影响力的作用范围,即对受众个体的影响,对小团体及组织的影响,对整个社会或整个文化的影响,等等。应该说,麦奎尔对传播效果所作的概念分析相当细致。在综合包括麦奎尔的"效果"概念在内的多位传播学者对传播效果的界定意见的基础上,我们认为,所谓"传播效果",是指传播活动特别是大众传播媒介的活动对受众和社会所产生的影响和结果的总称,不管它是短期的还是长期的,是直接的还是间接的,是强制的还是协商的。

二、传播效果研究构成传播学的学科生长点

传播效果研究甚至早于传播学体系的形成。从20世纪30—40年代的"强大效果论"到50—60年代的"有限效果理论",从20世纪60—70年代的"适度效果理论"到80年代的"新强效力论",传播效果研究的不断演进与媒介环境、社会背景的发展变化相适应。同时,传播效果研究也是传播学中颇受争议的一个领域,因为影响传播效果的变量通常不容易确定,很难简单地证明是某个变量导致的效果,而事实上,传播效果更多是多种变量相互作用的结果。因为这个原因,传播效果研究本身体现为一个不断更新与完善的过程,并由此成为推动传播学理论创新和体系建构的重要力量。从某种意义上说,大部分传播理论都可被理解为与传播效果相关的理论。2004年,博亚特和米隆在《大众传播理论及其研究》一文中,对在国际上享有权威地位的传播学期刊中的理论应用情况进行了统计。统计结果显示,21世纪以来各种传播学论文最频繁使用的传播理论包括:框架理论(framing)、议程设置理论(agenda setting)、培养理论(cultivation)、媒介模型理论(media models/theories)、第三人效果理论(third-person effects)、使用与满足理论(uses and gratifications)、社会学习理论(social cognitive/learning)和选择性呈现理论(selective exposure)。显而易见的是,上述这些理论绝大多数都是关于传播效果的理论,传播效果研究的重大意义由此可见一斑。如果说,传播学传统学派通过确定传播学的研究领域与研究框架,为传播学的发展指明了方向,那么,拉斯韦尔的"5W模

---

① 麦奎尔:《大众传播理论》,风云论坛出版社,1996年版,第499页。

式"中的"取得什么效果"(with what effect)则作为最重要的一个传播要素被视为传播研究的核心问题,对于它的研究也因此构成了传播学的学科生长点。

三、传播效果理论演进的四个阶段

传播效果理论的演进经历了一个否定之否定的辩证循环过程,大体上可被划分为强大效果论、有限效果论、适度效果论和新强效力论四个阶段。这几个理论阶段所反映的媒介观和受众观都各不相同,其变化与时代背景、媒介环境,以及传播研究方法的发展有着密切联系。从早期的强大效果论对传播效果的夸大以及对受众能动性的低估,到有限效果论对强大效果论的反思与批判,心理学和社会学的研究方法被源源不断地引入到有关传播效果的研究中来,导致对传播效果的评价开始"降温",使有限效果论被视为"最低效果法则"。而正当传播学界普遍被这种悲观思潮所笼罩的时候,对传播的间接效果和长期效果的研究开始悄然兴起。随着传播研究的进一步成熟和深入,传播学者们提出有限效果论虽对强大效果论作出了合理的批判,但却矫枉过正,低估了传播的效果,故应被介于强大效果论与有限效果论之间的适度效果论所取代。至20世纪70年代,传播学界倾向于认为适度效果论仍然低估了传播的效果。不少传播学者强调,在某些特殊的社会结构或舆论环境当中,传播可以取得相当强大的效果。基于这种认识,超出适度效果论的新强效力论应运而生。显然,传播效果研究经历了一个螺旋式上升的发展过程——新强效力论不是对早期强大效果论的简单重复,而是以科学研究和理性认识为依托的更高层次上的回归。在此基础上,随着越来越多的相关学科的理论与方法在传播研究中得以广泛应用,各种新的、更适用于当今媒介环境变化的传播效果理论仍在不断产生,传播效果研究也将在整个传播学体系的完善过程中更加凸显其现实针对性与理论解释力。

第二节 早期的强大效果论

20世纪被认为是"宣传的世纪"。两次世界大战既是军事上的战争,也是交战各国间的宣传战。通过战争,人们见证了宣传的巨大威力,而宣传也被视为一种赢得战争胜利的重要手段。如果说拉斯韦尔的《世界大战中的宣传技巧》强调了宣传作为一种传播形式的强大功能,那么由哥伦比亚广播公司播出的《火星人入侵地球》广播剧所引发的社会恐慌,则让人们对传播的强大效果坚信不疑。在此背景下,所谓的"枪弹论"或曰"皮下注射论"开始盛行。

一、拉斯韦尔及其宣传研究

拉斯韦尔对传播学的贡献巨大,单是他的宣传研究就已经为早期的传播研究奠定了基础。在1920年获得哲学学士学位后,拉斯韦尔继续在芝加哥大学政治学系攻读博士学位。1926年,24岁的拉斯韦尔完成其博士学位论文《世界大战中的宣传技巧》,对第一次世界大战中交战各国的宣传策略及其效果作出了全面分析。该论文于1927年正式出版后,引发了有关两次世界大战中的宣传策略的研究热潮。同时,定量研究方法也开始与宣传研究结盟。通过拉斯韦尔,内容分析法被引入传播研究,成为了实证的传播研究的基本方法之一。正如后人所评价的,"拉斯韦尔关于第一次世界大战的宣传研究引用了为德国人、英国人、法国人和美国人所采纳的各种宣传技巧的特殊例子,在这个意义上,他的研究是以经验为根据的。他的论文代表了一种严格的学术成就:主要概念的定义,宣传策略的分类,限制或促进诸如此类的宣传策略的效果的阐述。他的宣传分析建立在与欧洲国家的官员的访谈的基础上,建立在档案材料之使用的基础上,也建立在他关于宣传信息的定性的内容分析的基础上。拉斯韦尔将博士论文研究的重点放在第一次世界大战中的宣传信息所使用的符号上"[①]。尽管拉斯韦尔认为宣传再重要也有其适用范围,但他并不否认"在写出种种保留、消除种种过高估计以后,事实仍然是:宣传是现代世界上最有力的工具之一。它上升到现在的突出地位,是与改变了社会性质的复杂变化环境相应的"[②]。拉斯韦尔对于第一次世界大战中的宣传问题的论述令人警醒:现代战争是一种整体战争,是一场全方位的较量,至此,战争不再只是军队的事情,它必须由多种因素的共同作用来决定其胜负,而"舆论"则是这些左右战局的因素当中举足轻重的一项。在这里,拉斯韦尔将"宣传"定义为"通过操纵有意义的符号控制集体的态度",而其博士学位论文中内容分析的对象则包括"从气球或飞机落下的传单,或由炮弹向敌方战线散发的传单,以及征兵宣传画等"和通过这些具体的宣传手段体现出的"分裂敌人(诸如协约国努力使奥地利裔匈牙利人疏远德国)、摧垮敌人士气(诸如强调有成千上万的美国军队正如何抵达法国)、控诉野蛮暴行的敌人(诸如德国士兵对比利时儿童的虐待)"[③]等各种战时舆论导向及其传播策略。

拉斯韦尔的《世界大战中的宣传技巧》以及其他关于两次世界大战中的宣传效果的研究深刻地影响了早期的传播效果理论。高估传播效果的流行观点与当时人

[①③] 罗杰斯著,殷晓蓉译:《传播学史——一种传记式的方法》,上海译文出版社,2005年版,第186页,第188页。

[②] 申凡、戚海龙:《当代传播学》,华中科技大学出版社,2000年版,第167页。

们对战时宣传效果的解释有密切关系,甚至有人认为德国两次战败的原因都涉及其宣传手法的不够高明。因此,德国约翰·古登堡大学的韦尔克教授曾在1998年指出:"当20世纪快要走到尽头时,我们将它称为'宣传的世纪'几乎是并不夸张的。"① 可以说,由拉斯韦尔所引领的关于战时宣传问题的研究从一个特殊的角度强调了传播的力量,从而为早期的强大效果论的诞生奠定了基础。

二、"火星人入侵地球"事件

1938年10月30日晚,美国哥伦比亚广播公司(CBS)的"空中信使剧场"栏目播出了长达45分钟的广播剧《火星人入侵地球》(The Invasion from Mars)。这个广播剧采用新闻报道的形式,加上导演的巧妙处理和演员的逼真表演,致使成千上万没有听到广播剧开头声明——"该剧改编自威尔斯的同名科幻小说《火星人入侵地球》"——的听众信以为真,从而引发了一场罕见的社会恐慌,"几十万人哭嚷着跑上街头,各地教堂挤满了人,他们哭哭啼啼地祈祷上帝在火星人到达地球之前赦免罪过。无数人在野外狂跑,汽车飞奔,火车站人山人海,抢购火车票,却不管火车开往哪里。尽管节目开始、节目中间和结尾,共四次声明这是广播剧,不是真实的"。② 毫无疑问,大众媒介的传播效果在此事件中得到了充分展示,而这个广播剧也作为一个重要佐证坚定了人们对强大效果论的支持。

三、"枪弹论"与"皮下注射论"

"枪弹论"(bullet theory)也被称为"皮下注射论"(hypodermic needle theory)、"传送带理论"(transmission belt theory)、"刺激-反应理论"(stimulus-response theory),等等。这些名称的共同含义,都在于强调传播媒介对受众具有一种不可抗拒的力量,因此可被统称为"传播的强大效果论"。该理论认为,大众传播媒介传递的信息在触及受众后,受众毫无招架的能力,就如中弹后应声倒下一样,就如被注射药剂的肌体一样会立即产生生理反应,也如传送带上的货物一样任由传送机运送到指定的位置。换言之,"只要信息注入受众脑中,每个人都会以大体相同的方式接受信息的刺激,并作出基本一致的反应"。③

具体说来,"枪弹论"的产生与当时的学术潮流、早期效果研究的初始性、媒介

---

① Jurgen Wilke(ed.):Propaganda in the 20th Century:Contribution to Its History, New Jersey: Hampton Press,1998,p.1.
② 陈力丹:《传播学是什么?》,北京大学出版社,2007年版,第48页。
③ 申凡、戚海龙:《当代传播学》,华中科技大学出版社,2000年版,第166页。

环境、社会背景,以及特定的社会事件都有着密切的关系。

1. 学术潮流

如前所述,以拉斯韦尔的《世界大战中的宣传技巧》为代表的宣传研究,在20世纪20年代后半叶掀起了一股"宣传万能"的思潮。在当时人们的眼中,世界大战既是军事战争,更是宣传战争。德国战败的原因被认为是其宣传手法不如协约国高明,而布尔什维克之所以能够战胜沙皇也被认为是其宣传技巧使然。与此相适应,本能心理学在这一时期十分盛行,"刺激-反应"机制作为一种理论模型而为众多学科所借鉴,也使传播学者们相信,正如膝跳反射一样,"传播"的刺激也同样能在受众身上起到立竿见影的效果。

2. 早期效果研究的初始性

在实证研究尚未广泛普及的背景下,枪弹论的产生与当时传播效果研究中不甚严谨的研究方法有关。在坎特里尔的"无线电广播对精神生活和社会生活的影响"(1935)、瑟斯顿的"电影对青少年的影响"(1938),以及贝雷尔森的"读书能带来什么"(1940)等实证研究项目问世之前,传播效果研究刚处在起步阶段,具有显著的初始局限性。

3. 媒介环境

20世纪40年代初,大众报刊和电影得到了迅猛发展,广播开始走进千家万户,电视业也开始萌芽。大众媒介的单向传播模式、低接收门槛,以及作为当时的"新媒体"而给人们带来的信息冲击,无时不在引导着人们对传播效果作出高度评价。

4. 社会背景

"社会分工日趋精细,人与人在工业流程中的联系必须越来越紧密,而工作外的交往却越来越疏远,关系也越来越隔膜。社会学者和人类学者把这种互不相干、成分复杂、孤苦伶仃、无依无靠的芸芸众生称为'mass',即'大众',相应的,把工业化社会称为'mass society',即'大众社会'。"[①]在"理性公民"转化为了"乌合之众"的社会背景下,大众媒介的强大效果似乎拥有充足的表现空间。

5. 社会事件

除了上面提到的这些因素外,20世纪上半叶发生的某些社会事件——譬如罗

---

① 陈力丹:《传播学是什么?》,北京大学出版社,2007年版,第169页。

斯福推行新政的"炉边谈话",哥伦比亚广播公司播放的《火星人入侵地球》广播剧所引发的骚乱,好莱坞女星史密斯为推销国债而进行的"马拉松鼓动"等也使得人们对"枪弹论"坚信不疑。

从以上分析中可以看出,如今看来有些荒谬的强大效果论,在当时的产生有着深刻的历史必然性,既取决于特定的时代背景,也受制于人类的认识局限。由于这种理论过分夸大了大众传播的威力,忽视了影响传播效果的各种复杂因素,也否定了受众的主观能动性,因此随着传播研究的深入,早期的强大效果论逐渐被人们所抛弃。

第三节 传播的有限效果理论

从20世纪40年代开始,社会学的实地调查法和心理学的控制实验法开始盛行并被引入传播效果研究。为了验证大众传播是否真的具有那么强大的效果,传播学学者们在实证研究的总体框架下进行了种种调查和实验,结果证明大众传播的效果其实是相当有限的。随着传播活动逐渐被视为传受双方的互动过程,以及受众地位被认识,早期的强大效果论被有限效果理论所取代。在此过程中,坎特里尔调查标志着这一转变的开始,列文的群体动力学理论及其"把关人"概念加快了这一转变进行,而拉扎斯菲尔德的民意调查及其两级传播模式和霍夫兰的心理实验及其劝服研究,则最终把传播的有限效果理论推到了前台。这一切表明人们对于传播效果的认识开始进入相对理性的阶段。

一、坎特里尔调查

如前所述,哥伦比亚广播公司播放的《火星人入侵地球》广播剧引发了一场罕见的社会恐慌。事后,普林斯顿大学广播研究中心在美国普通教育学会的一笔特别拨款的资助下,对这一大众传播事件进行了调查。作为该调查项目的负责人,坎特里尔"希望找出导致人们把广播剧作为真实的新闻加以接受的心理条件和社会情景。研究方法包括抽样调查(前后共两次:一次是CBS一周内的调查,920人;一次是一家舆论研究所6周后的调查,数千人)、个人访谈、报纸报道的分析(全国报纸3周内的1.25万篇报道)"。[①] 调查结果表明,在600多万收听了该广播剧的听众中,只有100多万听众非常恐慌并发生连带行动。除了广播剧过于逼真,许多人没有听到该剧改编自科幻小说的声明,以及当时美国社会因大萧条而笼罩悲观

---

① 陈力丹:《传播学是什么?》,北京大学出版社,2007年版,第48~49页。

情绪等因素外,坎特里尔通过调查和分析,发现导致广播剧事件的另一个重要原因,在于那些受到惊吓的人们都有共同特征:非常信任广播;大多属于低收入和受教育程度偏低的群体,相信专家(多位天文学家、州民兵司令、红十字会人员、信号部队的上校等都曾出现在广播剧中),有虔诚的宗教信仰(因为相信世界末日终将到来而认为这个广播剧是真实的)……以上这些共同特征表明,对大众传播效果的解释不应像枪弹论所描述的那么简单——大众传播的效果不可否认,但这种效果往往不单是媒介自身所能决定的,而是各种复杂的社会因素综合作用的结果。正是以坎特里尔调查为先导,传播学者们逐渐扭转了关于媒介的社会影响力的看法,开始对以"枪弹论"为代表的强大效果理论产生了质疑。

"媒介对公众的力量被视为是有限的——有限得连政府为防止媒体操纵力量的规范调节都被认为是不必要的。我们相信大多数人受到其他人的影响远甚于受到媒介的影响;每个社会团体的舆论领袖和社会的各个阶层都对引导和稳定政治负有责任。我们坚信只有极少数人具有那些会对媒介的直接控制无力抵抗的心理特质。"[①]可以说,由坎特里尔调查所引发的上述观点,正是传播的有限效果理论的基本命意。

二、群体动力学与两级传播模式

"群体动力学"(group dynamics)也被称为"团体动力学",而其提出者库尔特·列文亦称之为"拓扑心理学"(topological psychology)。作为西方社会心理学发展史上的一座里程碑,该理论最早在列文于1939年发表的《社会空间实验》一文中被提出,主要用以说明个体行为是由个性特征及其所处的场域相互作用的结果。如果说群体动力学旨在通过比较群体中个体的态度和行为与单独的个体态度和行为的不同,揭示群体对个体的影响,那么,当我们从这一理论视角来观察传播效果时,同样不能只研究媒介的传播行为本身,而要特别关注个体所在的群体对其态度和行为的影响。事实上,列文的这一思想早在其"场论"(field theory)学说中就已萌芽。在他获得博士学位的那一年,第一次世界大战爆发。列文应征入伍,目睹了战争的残酷,于1917年撰写了《战争景象》一文,并首次提出"场论",由此走上了群体动力学研究的道路。"'场论'的一般观点是研究处于他或她的'场'中的个体的当下环境中的各种力量所决定的。这个'场'也被称为一种生活空间,它是个体行为的私人环境,或是围绕这个个体的社会环境。"[②]显而易见的是,列文从物理学那

---

① 斯坦利·巴兰、丹尼斯·戴维斯著,曹书乐译:《大众传播理论:基础、争鸣与未来》,清华大学出版社,2004年版,第127页。
② 罗杰斯著,殷晓蓉译:《传播学史——一种传记式的方法》,上海译文出版社,2005年版,第281页。

里借用了某些基本概念,并通过赋予它们心理学的全新含义而使之参与到社会科学的理论建构中去。

列文的这一思想对人际传播研究产生了很大的影响,同时也推动了传播效果研究。第二次世界大战期间,列文应邀参与了利用传播改变人们对食物的某些习惯的研究项目。当时,美国政府为了节约战争开支,开展了一场号召人们食用动物内脏的大规模宣传活动。列文为此设计了两种实验条件:一个是演讲,一个是群体决策。"在演讲实验中有三组人,派人向他们演讲,说明那些以往不受欢迎的肉类的营养价值、经济上的好处及烹调方法,并赠送油印的食谱。在群体决策实验中也有三组人,实验时只给这些受试者最基本的信息,然后开始讨论,讨论的题目是'像她们那样的家庭主妇'在准备这些肉类的时候会遇到什么问题。在主妇们想要解决某些问题的时候,再为她们提供烹调技巧与食谱。在会议结束时,研究者让这些家庭主妇举手表示,她们是否想要在下个礼拜试着食用他们建议的肉类。接着的调查结果表示,那些听了演讲的主妇只有3%采用了她们以往不曾食用的动物内脏,而那些在群体决策条件下参与的妇女却有32%使用了其中的一些内脏。在这个实验中,很多因素起了作用,包括群体讨论、公开承诺、对未来行动的决定和对群体共识的理解。佩尔兹的后续实验显示,前两个因素并无多大影响,后两个因素就足以导致列文及其同事发现的差异。"[1]通过这一研究,列文提出了"把关人"概念,并在于1947年撰写的《群体生活的渠道》一文中指出,存在于传播过程中的把关人环节能够极大地影响传播效果,只有符合群体规范或把关人价值标准的信息才能有效进入传播渠道。列文的群体动力学思想及其把关人概念对传播的有限效果理论产生了深远影响,进一步打破了枪弹论的神话。而同时打破这一神话并将传播效果研究推入有限效果论阶段的,还有传播学的另一位先驱——拉扎斯菲尔德。

作为一位地道的社会学家,拉扎斯菲尔德认为,仅仅预测媒介对社会的影响是不够的,而应该通过设计和实施实地调查来具体衡量媒介的社会影响度。譬如,某人假定政治宣传有效,这并不足以说明问题,还需要真凭实据来证明这个效果确实存在。有意思的是,"他最著名的研究'选民研究',在最开始旨在说明媒介的威力,最后却向他和他的同事展示了相反的结果"。[2] 众所周知,拉扎斯菲尔德的两级传播模式是他的"传播流"(communication flow)研究的一个重要发现。1940年美国总统大选期间,拉扎斯菲尔德为了调查大众媒介对选民投票态度的影响而开展了这项研究。考虑到俄亥俄州的伊利县参加了自美国实行总统选举以来的每一次全

---

[1] Werner J·Severin,James W·Tankard,Jr.著,郭镇之主译:《传播理论——起源、方法与应用》,中国传媒大学出版社,2006年版,第165页。

[2] 斯坦利·巴兰、丹尼斯·戴维斯著,曹书乐译:《大众传播理论:基础、争鸣与未来》,清华大学出版社,2004年版,第14页。

国性投票,拉扎斯菲尔德将该县作为调查对象,故这次调查也被称为"伊利调查"。最终的调查报告《人民的选择》显示:这项由拉扎斯菲尔德领导的研究历时半年,对600名对象进行了7次追踪调查,结果表明在整个竞选宣传期间,大部分民众始终没有改变投票意向(改变原先投票意向的仅占8%),大众媒介的宣传对民众的投票意向并未起到显著的影响。显然,这个结果完全出乎拉扎斯菲尔德本人的预料。为了进一步弄清原因,他对全部调查数据进行了细致分析,由此提出了诸多重要假说,如"政治既有倾向"、"两级传播"、"选择性接触"、"传播效果的基本类型"(包括"无变化"、"小变化"、"强化"、"结晶①"和"改变"五种),等等。其中,两级传播模式(two step flow of communication)来源于伊利调查中对"意见领袖"(opinion leader)的发现。按照拉扎斯菲尔德的解释,选民们在作出投票选择的时候,意见领袖对他们产生了巨大影响;意见领袖占总调查人数的21%,与之相对应的是"追随者"(followers);意见领袖的媒介接触频率要比一般受众高很多,大众传播因此并不是直接"流"向一般受众,而是通过了意见领袖这一环节的中转——信息的传播都经历了"从媒介到意见领袖"和"从意见领袖到一般受众"这样两个前后相继的阶段;并且相对来说,在影响选民的投票决定方面,人际接触的影响似乎不仅比大众媒介更经常,同时也更有效。毫无疑问,在拉扎斯菲尔德的这一两级传播模式中,过去的强大效果论已被否定了。

尽管两级传播模式向我们揭示了大众传播效果的有限性,但在这一传播模式提出之初,对它的阐释还不尽完善。因此,拉扎斯菲尔德之后,很多传播学者都对这一理论进行了进一步的证实与拓展。首先,人们发现某些重大事件,一经媒介报道,就立刻被大众接受了,根本没有经过意见领袖这一中间环节。譬如多伊奇曼和达尼森尔曾于20世纪50年代选择了三条重大新闻——前总统艾森豪威尔心脏病发作、人造地球卫星"电讯1号"上天、阿拉斯加州升格——进行调查,发现人们获知新闻的第一信息源中,媒介占88%,而人际占12%。这说明,"先前的研究,无论'投票'、'时尚',都着眼于态度和行为的变化,而后来都着眼于新闻的流动,即一是影响,一是信息。此时,研究者才注意到,应该区别'流'的种类,作出如下划分:信息流、影响流、感情流"②。其次,两级传播模式名曰"两级",实则在很多时候是多级的。换言之,在这个领域是意见领袖的人在其他领域可能就变成了追随者。第二次世界大战结束以后,传播学学者们通过在伊利诺伊州的迪凯特进行的实地调查发现,"有必要从对位研究(dyad)中拓展,考察更长的影响链,因为意见领袖也承认,自己曾受到其他意见领袖的影响。同时,研究还发现,意见领袖之影响也仅限于特定的时间和特定的话题。意见领袖之所以有影响力,不仅与他们是谁(社会地

---

① "结晶"效果是使原来意向不明、态度未定者的态度明确起来的效果。
② 张国良:《现代大众传播学》,四川人民出版社,1998年版,第228页。

位、年龄、性别等)有关,而且与他们所属群体的结构和价值观念有关"。① 再次,包括巴兰的《大众传播理论:基础、争鸣与未来》在内的不少传播学文献还指出了两级传播模式的某些局限性。①数据调查不能量度人们实际上在日常的基础上使用媒介的方式,数据调查仅仅能记录人们如何报告他们对媒介的使用。②在测量人们对具体媒介内容(例如读了某篇新闻报道或看了某个电视节目)的使用方面,数据调查是非常昂贵和棘手的方法。③拉扎斯菲尔德的调查设计和数据分析过程,在评估媒介力量方面具有保守的本质。媒介影响力用媒介导致的改变(投票的决定)次数来度量,被当做统计学意义上对社会和人口统计学的一套变量加以控制后得到的效果变量。在这样的情况下,几乎无法认为媒介能有效地充当影响的预言者。④对两级流动的后续研究已经得出了高度不一致的调查结果。认为这些概念仍然有效的理论家在谈论多级流动。⑤调查能有效地研究随着时间推移而发生的变化,但相对来说它是一种粗糙的方法。⑥调查仅仅集中精力于那些能被轻易或可靠地用现有技术量度的东西,而漏掉了许多潜在的变量。⑦拉扎斯菲尔德进行研究的那个时期,不大可能观察到他尝试去量度的效果和影响。1940年他在投票研究中寻找的首要效果是,人们是否会改变他们投票的决定。从1940年的夏天到秋天,正是纳粹铁骑大举入侵西欧之际,但几乎没有人因此改变他们的投票决定。② 当然,上述对两级传播模式的局限性的分析,更多的是一种方法论上的批评,这并不否定意见领袖在传播过程中的客观存在,以及由此而造成的信息的二次传播。因此,两级传播模式仍然作为有限效果理论的重要支撑而为人们所接受。

三、霍夫兰的信源研究及劝服方式研究

20世纪40年代至60年代,传播效果研究中的"劝服性传播"研究开始盛行。从第二次世界大战期间到1961年霍夫兰去世,以霍夫兰为首的耶鲁大学研究人员就"劝服与态度改变"这一问题进行了一系列研究,"揭示了效果的形成并不简单地取决于传播者的主观愿望,而是受到传播主体、信息内容、说服方法、受众属性等各种'条件'的制约。这些研究结论,同样是否定'魔弹论'效果观的有力证据"。③

正如第四章讲到的霍夫兰及其团队对信源可信度的研究,对劝服中一面理与两面理的研究,劝服中诉诸理性与诉诸感情的研究和明示与暗示的研究,成为传播研究的重要成果。

---

① Werner J·Severin,James W·Tankard,Jr.著,郭镇之主译:《传播理论——起源、方法与应用》,中国传媒大学出版社,2006年版,第175页。
② 斯坦利·巴兰、丹尼斯·戴维斯著,曹书乐译:《大众传播理论:基础、争鸣与未来》,清华大学出版社,2004年版,第136～137页。
③ 郭庆光:《传播学教程》,中国人民大学出版社,1999年版,第199页。

以霍夫兰为首的"劝服与态度改变"的研究取得了上述诸多成果,但客观地说,在研究传播效果问题时,这种心理学的控制实验在方法论上不可避免地存在着以下局限。

(1) 实验是在实验室或其他人工设定中进行的,以控制外部变量和操纵独立变量来进行,但是常常难以把这些结果与现实生活的情境联系起来。

(2) 当研究者们研究某些特定媒介讯息的即时效果时,实验有着与数据调查相悖的问题(巴兰指出实验并不适用于研究在数量巨大、异质化的人群中全部的媒介使用所累积的影响),也就是说即时效果与数据调查的结论可能并不一致。

(3) 像拉扎斯菲尔德的方法一样,霍夫兰的研究在评估媒介影响时也具有与生俱来的谨慎,却出于截然不同的原因。(在对外部变量的控制中,研究者们通常会排除一些因素,这些因素如今在强化或扩大媒介影响方面至关重要)

(4) 像调查一样,对于衡量随时间流逝的媒介的影响力来说,实验是一种非常粗糙的技术。

(5) 就像使用调查法一样,仍然有很多变量是实验所无法探究的。[1]

尽管在巴兰与戴维斯对劝服传播研究的方法论批评中,控制实验法同实地调查法一样并非尽善尽美,但霍夫兰的劝服效果理论与拉扎斯菲尔德的两级传播模式,却都在对传播效果的有限性的揭示方面功不可没。

通过对传播的有限效果理论的历史回顾,我们看到,坎特里尔的《火星人入侵地球》广播剧调查首先说明,看似由大众媒介所引起的恐慌,其背后有着复杂的社会根源,远非凭媒介一己之力所能导致;列文的群体动力学强调传播效果研究还应涉及个体所在的人际环境,而拉扎斯菲尔德则很好地实践了这一思想,在两级传播模式中发现了意见领袖的地位和作用;霍夫兰开创的"劝服与态度改变"的研究则更进一步揭示出影响传播效果的因素的复杂性——从信源的可信度到各种不同的劝服方式与传播策略。可以说,当所有这些有限效果理论铺陈在人们眼前时,传播学学者们发现传播效果研究似乎要进入一个"万马齐喑"的时代了,因为在这些理论中,传播效果不过是"某些传播,在某些问题上,被某些人在某些情况下所注意,有某些作用"[2],而"大众传播通常更不是一个可以对受众发生影响的充分且必要的起因,它其实是通过许多中介因素的联络环节,而发挥着各种功能"[3],以致"与拉扎斯菲尔德一起密切合作过的伯纳德·贝雷尔森在一篇饱受争议的文章中称,

---

[1] 斯坦利·巴兰、丹尼斯·戴维斯著,曹书乐译:《大众传播理论:基础、争鸣与未来》,清华大学出版社,2004年版,第150~152页。

[2] Berlson,B. Communications and Public Opinion, in Schramm, W. (ed) Communications in Modern Society. Urbana:University of Illinois Press,1948.

[3] Klapper,J. T. The Effects of Mass Communication. Glencoe,Illinois:The Free Press,pp. 24~25.

传播研究的领域已经宣告死亡,已经没有任何东西需要研究了"[①]。然而,就是在这样一种普遍悲观的背景下,某些传播学学者开始意识到,有限效果理论所关注的其实只是传播的短期效果。他们发问:传播的更为深刻的长期效果难道也是有限的吗?既然传播的效果有限,为什么还有那么多人对大众传播津津乐道?既然有限效果理论中已经出现关注受众特性的研究取向,那么更多地满足受众的需求能否优化传播的效果呢?随着这些思考的不断深入以及相关研究的推进,传播的适度效果理论开始取代有限效果理论而登上历史舞台。

第四节 传播的适度效果理论

在有限效果理论的基础上,很多传播学学者开始寻找传播效果研究的新出路。他们认为,大众传播的效果既不像早期的枪弹论所宣扬的那样强大,也不像有限效果理论所描述的那样微弱。鉴于强大效果理论的"夸张无度"和有限效果理论的"矫枉过正",他们指出,真正的传播效果应该是介乎强大效果与有限效果之间的适度效果。传播的适度效果理论的提出,与对传播的长期效果的考察、新的媒介环境的出现,以及传播效果研究方法的改进都有密切关系。具体说来,格伯纳的教养理论、班杜拉的社会学习理论分析了电视的内容对人们产生的潜移默化的影响,凯茨以受众为中心的使用与满足理论把研究视角引向了对传播对象的需求的关注,麦库姆斯和肖的议程设置理论则向我们暗示了这样一种全新的传播效果观——大众媒介是"环境的再构者"。这些研究无一不告诉我们,大众传播的适度效果是完全可以实现的。

一、教养理论与社会学习理论

1926年,自学成才的"电视之父"贝尔德在利用电视扫描盘完成了画面的完整组合与传送时,可能并未想到他的这项发明日后会给社会面貌带来怎样的变化。20世纪50—60年代,电视业在发达国家迅速发展并逐渐成为人们日常生活中不可缺少的一部分。从60年代后期开始,人们发现越来越多的社会问题——譬如暴力犯罪——的凸显,似乎都与电视传播的内容有关。为此,美国政府专门成立了"暴力起因与防范委员会",以对电视的传播效果展开调查。格伯纳及其同事摩根、西格罗里尼等人在宾夕法尼亚大学安南堡传播学院所进行的研究,就是在该委员

[①] 斯坦利·巴兰、丹尼斯·戴维斯著,曹书乐译:《大众传播理论:基础、争鸣与未来》,清华大学出版社,2004年版,第16页。

会的经费支持下开展的。在那里,教养理论(cultivation theory)以及与之相关的"制度分析"和"讯息系统分析"被合称为"文化指标研究"(cultural index studies)。

教养理论也被称为"培养理论"、"培植理论"或"涵化理论"。该理论认为在现代社会,大众传媒提出的象征性现实对人们认识和理解现实世界产生着巨大影响。由于大众传媒的某些倾向性,人们心目中描绘的主观现实与实际存在的客观现实之间正在出现很大的偏离。同时,这种影响不是短期的,而是长期的、潜移默化的"培养"的过程,它在不知不觉当中制约着人们的现实观。在这个意义上,格伯纳等人将这一研究称为"培养分析"。① 格伯纳等人从电视传播的特殊语境入手,揭示了这一新兴的大众媒介的重要意义:"电视是一个讲故事的中心化体系。它是我们日常生活的重要组成部分。其中播放的电视剧、广告、新闻和其他节目把一个由共同的形象和信息所组成的、具有相对的一致性的世界带入了千家万户。从婴儿期开始,电视就在培植人们的某些性向或偏好。而后两者在过去都是通过其他渠道获得的。电视还跨越了读写能力和移动性的历史性障碍,成为千差万别的人群社会化的日常信息的首要共同来源(主要是通过娱乐的方式)。电视大批量生产的信息和形象和重复性模式形成了一个共同的符号环境的主流。"②

格伯纳把电视传播的这种同质化效果称为"教养"(cultivation)。很明显,他所关注的是人们在长期观看电视的过程中逐渐积累起来的总体观念,而不是对特定内容的偶然反应。可以说,"格伯纳及其同事认为,对大量看电视的观众来说,电视实际上主宰和涵盖了其他信息、观念和意识的来源。所有接触这些相同消息所产生的效果,便是格伯纳等所称的教养(cultivation)效果,或者说教授共同的世界观、共同的角色观和共同的价值观所产生的后果"③。该理论有两个最初的着眼点:"一个是分析电视画面上的凶杀和暴力内容与社会犯罪之间的关系,二是考察这些内容对人们的认识社会现实的影响。从第一个方面来说,格伯纳等人除了在一些事例研究中发现电视暴力内容对青少年犯罪具有'诱发效果'(trigger effect)外,在整体上没有发现两者之间的必然联系。然而在第二方面,他们的研究却得出了一个重要的结论:电视节目中充斥的暴力内容增大了人们对现实社会环境危险程度(遭遇犯罪和暴力侵害的概率)的判断,而且,电视媒介接触量越大的人,这种社会不安全感越强。"④ 在后一个方面,教养理论的立论基础主要在于对常看电视的观众和不常看电视的观众所作的比较:常看电视的观众与不常看电视的观众在调查问卷上给出了不同的答案,并且常看电视的观众的回答与电视对世界的描述

---

① ① 郭庆光:《传播学教程》,中国人民大学出版社,1999年版,第226页,第225页。

② 斯蒂芬·李特约翰、凯伦·福斯著,史安斌译:《人类传播理论》,清华大学出版社,2009年版,第349页。

③ Werner J·Severin,James W·Tankard Jr.著,郭镇之主译:《传播理论——起源、方法与应用》,中国传媒大学出版社,2006年版,第232页。

十分接近。譬如在调查中,"从事执法工作的人占美国人口的百分比是多少"这一问题的答案是"1％",但常看电视的被调查者普遍高过这个数值,因为在电视中,约有20％的角色是从事执法工作的;又如"在任何一周内,你被卷入某种暴力犯罪的几率有多大"这一问题的答案是"少于1％",但常看电视的被调查者仍然高过这一数值,其原因在于电视上呈现的答案为10％;而在回答"人们值得信任吗"这一问题时,常看电视的被调查者比不常看电视的被调查者更愿选择"如何小心也不为过"的答案。由此可见,与电视密切接触的人更倾向于将世界理解为是充满暴力和不安全的。

当然,要验证常看电视者与不常看电视者的观点和态度的区别并非易事,因为我们很难确定,这种区别是仅由电视导致还是其他因素综合作用的结果。比方说,认为自己被卷入暴力犯罪的可能性很大的被调查者可能本身就是生活中缺乏安全感的人,也可能在其生活的地区犯罪率很高,又或者这些常看电视者多数都是女性,而女性的危机感通常比男性更强……一旦考虑到这些可能性,我们还能说这一切都是由电视造成的吗?因此,格伯纳的批评者赫希认为,如果同时控制很多不同的变量,最终能够归结于电视的效果其实很小。在接受众多批评意见的基础上,格伯纳修订了教养理论,在原有的框架中加入了两个新的概念:"主流化"和"共鸣"。主流化(mainstreaming)指的是当常看电视导致不同的社会群体的意见相似时,就会产生"阶层趋同"的效果。譬如,受教育程度高的常看电视者与受教育程度低的常看电视者都认为电视广告会对他们的购买行为产生影响,而受教育程度高的不常看电视者与受教育程度低的不常看电视者则都不这么认为——这就是主流化的后果。"共鸣"(resonance)指的是电视的影响力之所以在某一群体中特别显著,是因为其传播的内容与这一群体的生活实践发生了契合。譬如,受教育程度高的常看电视者与受教育程度低的常看电视者都认为电视广告会对他们的购买行为产生影响,但最赞同这一观点的却是这两个群体中的女性被调查者,因为她们是家庭购买行为的主要决策者和实施者,故在观看电视时会更加关注产品广告。教养理论的补充观点都表明,电视与其他变量是相互作用的,未必对所有常看电视者都产生一样的效果。而在该理论的进一步改进中,格伯纳甚至干脆将教养效果划分为两种类型:"第一级信念"(first-order beliefs)和"第二级信念"(second-order beliefs)。前者指的是关于真实世界的各种事实的判断,后者指的是从第一级信念中推导出来的期望与倾向。尽管如此,仍有批评者认为,"期待整体的电视观看都会产生教养的效果是不合理的;教养理论可能不适用于总体上的电视内容,但是可能适用于某些特定种类的电视节目。麦克劳德和他的同事称这种假设为扩展的教养假说

(extended cultivation hypothesis)"①。

事实上，教养理论旨在说明电视的传播内容是带有特定的价值倾向的，大量观看电视的人会认为电视描述的就是生活的现实。这一观点与柏拉图在《理想国》中揭示的"洞穴视障"以及李普曼在《舆论学》中提出的"虚拟环境"非常近似。的确，大众媒介提供的信息会极大地左右受众对世界的看法，以至沉溺于大众传播的幻象而无察觉。对于任何一个生活在这种媒介环境的人来说，这都是一个长期的潜移默化的"教养"过程。沿着格伯纳的上述思路，班杜拉在考察电视对人们的基本观念的影响的基础上，进一步研究了电视与人们的社会行为的关系问题，从而提出了他的社会学习理论。

班杜拉于 1977 年开始社会学习理论的建构(social learning theory)。该理论认为，人类的学习往往是通过观察别人的行为而进行的。作为社会学习理论的先导，强化理论(reinforcement theory)早已指出，当某种行为因获得奖励而被强化时，学习的过程也就产生了——人们会坚持那些被奖励的行为而抛弃那些被惩罚的行为。而在更多时候，"如果一个人在观察到别人以某种方式成功地处理了一个问题，而他本人也常常遇到这样的问题，这个人就会以所习得的这种行为方式去处理自己遇到的类似的问题。如果成功了，他的成功的经历会使他自己觉得这种行为方式得到了报偿。这样一连串的模仿——报偿——强化学习的行为方式就可能成为此人的习惯性行为方式"②。事实上，在我们每个人的社会化过程中，观察式学习无时不在、无处不在。而在大众传播的时代，这种学习的一条重要途径就是大众媒介。通过与大众媒介的各种信息相接触，我们逐渐了解不同类型的社会群体的行为模式，并在我们自己的生活中加以效仿。班杜拉认为，决定社会学习行为能否发生的一个重要因素是"自我效能感"，即个体对自己是否有能力完成某一行为的推测与判断。很明显，大众媒介——譬如电视——所传播的内容，会给人们提供各方面的行为楷模，而这些楷模正是通过增强人们的自我效能感而获得其传播效果的。譬如，大量的电视广告中都会出现所谓的"成功人士"的形象，这实际上是在告诉受众：只要你使用这些产品，就可以和他(她)一样。

教养理论与社会学习理论都是基于对电视这一大众媒介的考察而被提出的。相比之下，教养理论关注电视向人们提供的同质化的世界观和价值观，而社会学习理论则倾向于说明人们通过对电视的模仿而习得各种行为模式。这两种理论虽然视角不同，但都是对大众媒介的长期的、潜在的隐形效果的研究，都是对大众媒介(尤其是电视)在受众社会化过程中所起作用的揭示。尽管从这两种理论中，我们

---

① Werner J. Severin, James W. Tankard Jr. 著，郭镇之主译：《传播理论——起源、方法与应用》，中国传媒大学出版社，2006 年版，第 234 页。
② 申凡、戚海龙：《当代传播学》，华中科技大学出版社，2000 年版，第 154 页。

看到了大众传播的深刻影响,但却很难断定有关效果仅仅是由长期观看电视所造成的。鉴于不同的群体在观看电视的过程中接受"教养"和进行"社会学习"的情况有别,对传播的适度效果的描述因此必须以肯定信息接受者的主观能动性为前提。于是,使用与满足理论开始将更多的目光投向了受众。

二、使用与满足理论

如前所述,与拉扎斯菲尔德有过密切合作的贝雷尔森,曾在1959年哀叹传播研究的"行将就木"。对此,凯茨以其"使用与满足研究"(the uses and gratifications approach)作出了回应:"行将就木的领域是将大众传播视为说服的研究。他们指出,直到当时,大部分的传播研究皆致力于调查这样的问题:媒介对人们做了什么?"[1]与这种传统思路相反,凯茨所要研究的问题恰恰是:受众用媒介做了什么?在他看来,对这一问题的回答可能隐藏于以下三个方面的研究中。

(1) 1949年,在报纸投递员罢工的两周内,贝雷尔森进行了一项题为"没有报纸意味着什么"的调查。他询问人们最怀念报纸的什么,得到的回答千差万别:有人说读报旨在了解新闻,有人说读报可以放松情绪,有人说读报是为了娱乐和提高社会声望;也有人说读报是为了掌握生活所需的各种资讯——譬如天气预报、商品打折信息等。从这个调查中可以看出,每个人使用媒介的目的都是不一样的,同样的传播内容对受众的生活产生着不同的影响。

(2) 1951年,赖利的儿童学习调查显示,对于媒介中的探险故事,那些很好地融入同类群体的儿童会在集体游戏中加以实践,而没有很好地融入其他伙伴的儿童则只是把这些故事当做幻想的素材。显然,这个调查也从某个侧面证明了不同的受众会将同样的传播内容用于各不相同的目的。

(3) 1944年,赫卓格对100个广播剧的听众进行调查,发现对于同样的广播剧,人们有着截然不同的收听动机:有人通过收听广播剧来宣泄情感,有人借助收听广播剧来逃避现实,有人收听广播剧则是为了找到解决自身问题的办法。这个调查同样表明,受众都是怀着各自的目的来接触和使用媒介的。

在归纳上述研究结论的基础上,凯茨将大众传播的效果研究引向了"使用与满足"的理论范式。他认为,受众是具有自主辨别力的媒介使用者,而使用与满足理论的基本立场是:"与传统的效果研究相比,使用与满足取向把媒介受众——而非媒介信息——作为其出发点,从受众直接的媒介体验的角度来对传播行为进行探索。它主张,受众成员主动使用媒介内容,而不是被动接受媒介的控制。因此,它

---

[1] Werner J·Severin,James W·Tankard Jr.著,郭镇之主译:《传播理论——起源、方法与应用》,中国传媒大学出版社,2006年版,第234页。

所假设的并不是媒介与效果之间的直接关系,而是推定受众成员能够使用信息。因此,"使用"本身也会成为影响媒介效果的一个变量。"①

毫无疑问,使用与满足理论是以受众为中心的传播效果研究模式。该理论批判了过去以传者为中心的研究传统,认为受众的接受行为具有很大的主观性和能动性,他们与媒介的接触都有其目的,无不根据自身的需要去使用媒介,而媒介也能够且应该满足受众的各种需要。1973年,凯茨与格里维奇、哈斯等人通过整理有关大众媒介社会功能的文献,把大众媒介所能满足的"受众需求"归纳为五类,即认识的需要、情感的需要、个人整合的需要、社会整合的需要、舒解压力的需要,并明确指出,"使用与满足理论关注的是:(一)人们需求的社会及心理的根源;(二)由这些需求激发的人们对大众传播媒介和其他信息源的期望;(三)由这些期望所引起的人们接触媒介(或参与其他活动的)不同范型;(四)由此导致的人们需求的满足和其他后果(也许大多是预期的后果)"②。

与其他的传播效果理论一样,使用与满足理论也曾遭到很多学者的批评。一般认为,该理论的不足大体表现在以下几个方面。

(1) 缺乏理论性,对关键概念定义太过广泛(譬如"需要"),无非是一种收集资料的策略。

(2) 多数研究都是通过对被调查者的回答推断而来的,假设人们通过媒介的使用来实现需要的满足,但是很少有研究去寻求满足的前提。自从弗洛伊德以来,很多研究都指出了人类动机的复杂性与隐蔽性,用自我报告的方式来确定人们的使用动机过于天真。

(3) 过于狭隘地集中于个人的研究,而忽视了社会结构以及媒介在其中的位置。很多媒介霸权论学者认为,大众媒介的传播是有一定的倾向性与偏向的,假设受众的完全自主性太过矫枉过正,受众很多时候也不自觉地接受了大众媒介带有隐秘的倾向性的宣传。

(4) 很多时候大众接触媒介是没有明确的目的的。它更可能是习惯使然,主动的受众是一个有误导性的概念。很多时候受众的媒介接触行为是偶然性的,他打开电视,并没有明确的目的,只是偶然地在各个频道中选择了一个频道。

三、议程设置理论

2008年的中国发生了哪些重大事件?年初的南方雪灾,西藏3·14打砸抢事

---

① 斯蒂芬·李特约翰、凯伦·福斯著,史安斌译:《人类传播理论》,清华大学出版社,2009年版,第352页。

② 申凡、戚海龙:《当代传播学》,华中科技大学出版社,2000年版,第171页。

件,5·12汶川大地震,8月的北京奥运会……你是怎么知道这些事情的?又是如何了解这些事情的重要性的?对于这个问题,议程设置理论(the agenda-setting hypothesis)大概是最好的回答。该理论认为,"在许多场合,报刊(当然也包括其他的大众传播媒介)在告诉人们应该'怎样想'时并不成功,但是在告诉读者'想什么'方面,却是惊人地成功的"[1]。

大众媒介是我们的主要信息源,我们通过与媒介相接触来认识世界。从某种意义上讲,"议程设置"的思想早在古希腊时期就已萌芽:柏拉图在《理想国》中描述,洞穴中的囚徒面朝墙壁,借助背后燃烧的篝火,他们只能看到自己的影子,并认为这就是现实。数千年后,李普曼在《舆论学》中也提出了"虚拟环境"的概念。他认为,现实世界的复杂性让人们只能通过大众媒介来了解社会,大众传播的信息因此在受众的头脑中形成"图景",以至于取代真实的世界而成为一种虚拟的现实。基于对大众媒介的"环境建构"这一社会功能的认识,麦库姆斯和肖于1972年在《舆论学季刊》上发表了题为"大众传播的议程设置功能"的论文。作为提出议程设置理论的根据,他们展示了有关1968年美国总统选举期间的媒介报道与民众意见的调查。该调查由两部分组成:首先对民众进行问卷采访,以了解被调查者对美国社会的重大事件及其重要性的认识,其次对美国8家知名的大众媒介的同期报道进行内容分析。调查结果显示,大众媒介眼中的事件重要性排序和公众眼中的事件重要性排序几乎一致,这说明大众媒介的议程与公众的议程惊人相似。据此,麦库姆斯和肖写道:"已经积累起来的大量证据表明,编辑和播音员每天要完成选择和展示新闻的任务,因此他们在塑造我们的社会现实的过程中扮演了重要的角色……大众传媒的影响力——即它所具有的构建公众思想和引发他们的认知变化的能力——就是大众传播的议程设置功能。大众传播最为重要的功能恐怕就在于——为我们安排和组织了脑海中的现实世界。简而言之,大众传媒并不能告诉我们应当怎样思考;但在告诉我们应该对哪些事务进行思考上,大众传媒取得了令人惊异的成功。"[2]

具体说来,大众媒介的议程设置有两个层面:其一是为受众选择与构建重要的事务,即选定议题;其二是告知受众这些事情的重要性程度,即设置议程。麦库姆斯和肖认为,大众媒介议程设置功能的发挥表现为一个线性的过程:首先是大众媒介报道哪些事情是重要的,从而形成"媒介议程";其次是公众根据媒介的报道来获知并讨论这些重要事务,从而形成"公众议程";再次是公众议程以某种舆论方式来引起决策者的重视,从而形成"政策议程"。譬如在汶川大地震中,大众媒介的报道

---

[1] Cohen,Bernard:The Press and Foreign Policy,Princeton University Press,1963.
[2] 斯蒂芬·李特约翰、凯伦·福斯著,史安斌译:《人类传播理论》,清华大学出版社,2009年版,第370页。

让人们知道了这场灾难的严重性,影响了公众的议程,而公众的议程——如对捐款的透明性的呼吁——发展到一定程度,又影响了政策议程,推动政策的制定者开始考虑捐款公示的问题。

自议程设置理论提出以来,有关这一理论的拓展研究层出不穷。麦库姆斯本人甚至认为,广义上的议程设置理论与新兴的框架理论也颇有相通之处,而两者的结合有利于澄清框架理论中的一些基本概念。关于这一点,下文还会专门谈到,此处不赘述。总而言之,议程设置理论的要点不外乎以下几条。

(1) 如果说传播效果具体分为认知、态度和行为三个层面,而这三个层面的结合也是传播效果逐渐展现的一个递进过程,那么议程设置理论所关注的,乃是第一个层面——认知层面——上的传播效果。"大众媒介让公众意识到这个世界上发生了什么事情,对这些事情的重要性该如何判断",这是议程设置理论所要回答的问题。至于受众在接受了这些信息后是否会有态度和行为的改变,那并不是该理论所关心的问题。

(2) 如果说传播效果有长期与短期、宏观与微观等不同层面的划分,那么以议程设置理论为代表的适度效果理论所描述的,即是大众媒介在较长时间跨度内的报道活动所产生的长期的、宏观的、综合的传播效果。

(3) 议程设置理论还暗示了这样一种媒介观:大众媒介是"环境的再构者"。与柏拉图和李普曼的有关思想一样,议程设置理论也强调大众媒介为人们提供了一种关于现实生活的虚拟想象,尽管这种媒介环境未必就是真实的世界,但现实的复杂性与个人精力的有限性却导致人们宁愿按照媒介的描述来生活。

当然,议程设置理论也有其不足之处。传播学界普遍认为,该理论只反映了媒介议程影响公众议程的一面,而忽略了公众议程影响媒介议程的情况。多数传播学者更倾向于将媒介议程和公众议程的关系理解为"互为因果"。近几年出现的"华南虎照"、"躲猫猫"等事件中的舆论特征都佐证了这一观点。此外,议程设置理论的适应范围也受到某些学者的质疑:"我们发现,议程设置的逻辑似乎非常适合于新闻和竞选,但是对于其他类型的内容和效果而言则有待研究。"[①]推而言之,由于媒介的议程是由媒介内部的编辑方针、报道决策和对媒介构成外部影响的诸多力量共同设置的,因此对这一理论模型的运用,还须结合具体的传播行为及它所处的特殊语境来进行。

综上所述,作为传播效果理论演进的一个重要阶段,适度效果理论从大众媒介与受众的互动关系出发,着眼于传播的长期效果和潜在效果,为传播效果研究开辟了全新的发展空间。正是在适度效果理论的推动下,传播效果研究彻底走出了"最

---

① 斯坦利·巴兰、丹尼斯·戴维斯著,曹书乐译:《大众传播理论:基础、争鸣与未来》,清华大学出版社,2004年版,第308页。

低效果法则"的误区,并向迎接强大效果理论的历史性回归迈进。

第五节 传播的新强效力论

尽管适度效果理论已对传播效果作出了较高评价,但到了20世纪70年代,传播学者们开始认为,该理论仍然低估了传播效果。从纽曼的"沉默的螺旋"到德弗勒和罗基奇的"社会期待",似乎越来越多的理论都在说明,在某些特定的环境中,以某些特定的方式,大众传播可以起到非常强大的效果。在此背景下,作为在更科学的层面上回归早期强大效果理论的"新强效力论"应运而生。

一、《回归强大的大众媒介概念》及其相关佐证

在特定的情况下,大众媒介可对受众产生重大影响。最早提出这个观点的是纽曼。1973年,她在《回归强大的大众媒介概念》一文中指出,早期的枪弹论的失败之处,不在于对传播的强大效果的描述,而在于这种描述建立在非科学研究的基础上,因此只要以科学论据作支撑,就不用忌惮对于强大效果理论的回归。一般认为,这里所谓的"科学论据",除纽曼本人的"沉默的螺旋理论"(该理论将在下文专门介绍)外,还包括其他学者的以下研究结论。

(1) 1973年,门德尔松通过三项调查证明:哥伦比亚广播公司的"全国司机测试"节目播出后,有3500名观众登记参加了司机训练课程;看完一部名为《一个醉鬼的历史》的六分钟短片后,有3/10的观众表示要改变他们原来的驾驶观念;洛杉矶的墨西哥裔居民在看过一部反映邻里互助的肥皂剧后,超过半数的人表示希望加入社区组织。

(2) 1975年,麦克科比和法夸尔为进行预防心脏病的宣传,在选定的三个城镇中,给第一个城镇的受试者做了为期六个月的演讲,对另一个城镇除了进行同样的宣传外,还增加了对高危人群的固定样本组的深入讲解,而第三个城镇作为控制组,不接受任何宣传。调查结果显示,在第一个城镇和第二个城镇中的宣传都起到了很好的效果,其中尤以第二个城镇的效果为最好——绝大部分的受试者在接受宣传后都改变了自己原先可能引发心脏病的饮食习惯与作息规律。

(3) 1984年,罗基奇等人进行了一项名为"伟大的美国价值观测验"(The Great American Values Test)的研究。他们制作了一个半小时的电视节目并安排在三个电视网同时播出,节目中的主持人讨论了关于评估美国人民价值观的舆论调查结果。节目播出后,罗基奇等人打电话给被调查地区的1699位受访者,询问他们是否看过这个节目以及在观看节目过程中是否被打断过,然后给他们寄送了

关于节目中讨论的美国价值观的问卷,要求他们对 18 种基本价值观进行打分,同时要求他们说明自己对种族主义、性别歧视和环境保护的态度。为了测试相关态度的改变是否有连带的行为改变发生,受访者还被要求给三个组织寄钱。这三个组织中,一个是为黑人儿童提供帮助,一个是为妇女体育项目寻求支持,另一个则是为环保事业募集资金。实验结果表明,观看了这一节目的地区的捐款数量比控制组(即没有播放该节目的亚基马城)多得多,而且被调查者中观看节目时未被打断的观众比被打断了的观众捐款更多,同时,观看了节目的观众也改变了他们对各种价值观的排名。事后有人评论:"'伟大的美国价值观测验'获得了惊人的结果:半小时的一个节目竟可以改变观众的态度、他们对基本价值的排名及他们参与政治性行为的意愿。而且,所有这些实验都是在真实世界的环境中完成的,从而打消了过去对这些结果是否适用于实验室之外的环境的任何质疑。"[1]

(4) 1995 年,普奈姆通过研究发现,自 20 世纪 60 年代以来,美国在社会资本方面的"亏损",主要表现为公民在参加选举投票、政治集会、教堂祷告以及社区活动等方面人数的下降。他认为,造成这一结果的主要原因是电视的兴盛,因为观看电视会降低公民参与社会活动的意愿。普奈姆还发现,"观看电视的频率"与"公民对社会的信任程度"成负相关,即花费越多时间看电视的人越不愿意与他人交往和参与社会活动。

上述研究都表明,作为社会的舆论机关,大众媒介可以起到比适度效果理论的描述更强大的传播效果。基于这种认识,传播的新强效力论开始进入人们的视野,其典型代表就是"沉默的螺旋理论"与社会期待理论。

二、"沉默的螺旋理论"

作为政治学的一个重要概念,"舆论"也是传播研究的核心问题之一。"沉默的螺旋(the spiral of silence)理论"旨在探讨人际传播与大众媒介是怎样影响舆论的形成过程的。1974 年,纽曼在《传播学刊》中首次提出了这个概念,并在 1980 年出版的《沉默的螺旋:舆论——我们社会的皮肤》一书中对该理论进行了全面阐述。

众所周知,沉默的螺旋理论的提出,源于纽曼对德国的一个选举现象的调查。1965 年德国大选期间,两个主要政党的支持率本来不相上下,但在最后的投票阶段,却发生了选民的"雪崩现象"——基督教民主党以领先 9% 的优势赢得了大选。作为阿兰斯拔捷舆论研究所的所长,纽曼对选举期间的跟踪数据进行了分析。她发现,尽管在投票前双方的支持率并驾齐驱,但对获胜者的"估计"却发生了倾斜。

---

[1] Werner J. Severin, James W. Tankard Jr. 著,郭镇之主译:《传播理论——起源、方法与应用》,中国传媒大学出版社,2006 年版,第 230 页。

在纽曼看来,正是这种"对周围意见环境的认知"所带来的压力导致了这一变化。在这一调查分析的基础上,纽曼提出了沉默的螺旋理论。该理论认为,大众传播具有累积性和一致性等特点,通过它们的作用营造出的"意见环境"会对舆论的形成与改变产生有力的影响。换言之,由于人们的交往范围十分有限,往往认为大众媒介的观点代表了多数人的意见,因此为了避免孤立,人们会对周围的"意见环境"进行观察,当发现自己属于持优势意见的群体时,他们会积极地表达自己的观点,而当发现自己属于持劣势意见的群体时,他们就会选择沉默或者转而支持优势意见。这样一来,优势意见持续增强,就像一个一头大一头小的螺旋一样不断上升。"沉默的螺旋理论"如图5-1所示。

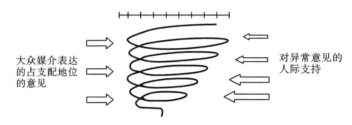

图 5-1 "沉默的螺旋理论"

"沉默的螺旋理论"有两个前提条件。

(1) 人们知道哪些观点会受到欢迎,哪些不会。纽曼提出了"类统计感觉"(quasi-statistical sense)的概念来说明,人们可以粗略推断出支持或反对某种立场与观点的百分比。

(2) 人们会根据他们对舆论的猜测来调整自己所要表达的观点,即认为自己持优势意见时会倾向于表达,而认为自己持劣势意见时会倾向于沉默或附和。

在上述前提下,该理论提出了三个基本假说。

(1) 个人意见的表达是一个社会心理过程。

人是社会化的动物,总有在群体中寻求支持的心理诉求,因此个人由于害怕孤立,往往会倾向于附和别人的意见与观点。

(2) 意见的表达与沉默的扩散是一个螺旋式的社会传播过程。

"类统计感觉"告知个体他的观点是强势意见的时候,个体一般倾向于表达自己的观点,相反则会选择沉默或附和优势意见,由此就会形成一方意见越来越强而另一方意见越来越弱的态势。鉴于此,纽曼给"舆论"下了双重定义:"围绕争论性问题,在没有孤立危险的前提下可以公开表明的意见;为使自己不陷于孤立而必须公开表明的意见。前者指的是围绕时事性问题的舆论,后者则侧重于指围绕社会传统、道德、行为规范的舆论。"[①]

---

① 郭庆光:《传播学教程》,中国人民大学出版社,1999年版,第220页。

(3) 大众媒介通过营造"意见环境"来影响和制约舆论。

在"沉默的螺旋理论"中，大众媒介扮演着重要角色。按照纽曼的解释，它可以从三个方面推动"沉默的螺旋"的形成：对何种意见是优势意见形成印象，对何种意见正在增强形成印象，对何种意见可以公开发表而不会遭受孤立形成印象。此外，在对人们的环境认知活动的影响上，首先，大众媒介的内容会使受众产生共鸣的效果；其次，对于同类信息的传播具有持续性，会产生累积的效果；最后，大众媒介传递的信息覆盖面广，会产生普遍存在的效果。

"沉默的螺旋理论"的意义是显而易见的。该理论继承了适度效果理论关注传播的长期效果的研究取向，却得出了不同的结论，从而推动传播效果研究进入新强效力论的发展阶段，使人们意识到，只要精心设计并合理组织，大众传播可以起到强大的效果。自从该理论提出之后，很多传播学学者都对它进行了验证。1991年，拉索沙怀疑人们对"敌对意见气候"的恐惧不一定真如纽曼所说的那么强，于是他设计一个调查，专门测试个人的政治观点除了受他对"意见气候"的感知的影响外，是否还受到其他因素的影响。调查结果显示，大部分人认为自己的政治观点更多地受人口学变量（年龄、受教育程度和收入等）、个人实力，以及对自己工作的信心等因素的影响，而较少受大众媒介的影响。这也就是说，人们是否表达自己的观点以及表达的内容如何，未必只是由大众媒介所营造的"意见气候"所决定。其他的一些相关研究也表明，大众媒介在"沉默的螺旋"中并非随时随地都在扮演重要角色。此外，对沉默的螺旋理论的批评还包括：首先，作为该假说的前提，"个人对孤独的恐惧"并不是一个绝对的常量，我们必须承认，"有些个人和群体不怕被孤立，会不顾一切后果公开发表自己的观点——这是改革家、革新中介人和先锋派所具有的特征"[①]；其次，沉默的螺旋理论忽视了舆论的形成与变化过程中的"少数派"的作用，如果参照集团理论，"最重要的支持来自于最亲近的家庭成员和朋友，因此如果某人的家庭成员和朋友都支持与之（即优势意见）相反的观点，那么他就不会在言论上有所退缩，不怕被孤立。因此，在参照集团理论适用的情况外，沉默的螺旋理论都可以做出有效的预言"[②]；再次，在某些特殊情况下，大众媒介上的优势意见与公众所认为的优势意见会同时存在，这样就会出现双重的"意见气候"，以及描述现实的不同版本：媒介的版本与公众的版本——譬如2004年美国总统大选时，布什获得了强大的舆论支持，而大多数公众都认为大众媒介对他的报道充满了偏见；最后，优势意见的压力强弱也会受到社会传统、文化风尚等因素的影响，因此

---

① 斯蒂芬·李特约翰、凯伦·福斯著，史安斌译：《人类传播理论》，清华大学出版社，2009年版，第356页。

② 斯坦利·巴兰、丹尼斯·戴维斯著，曹书乐译：《大众传播理论：基础、争鸣与未来》，清华大学出版社，2004年版，第314页。

从更宏观的层面上看,对于不同的宗教信仰者、不同的民族与国家来说,优势意见的压力也是不尽相同的。

三、社会期待理论

1989年,德弗勒和罗基奇提出了社会期待理论。究其根源,德弗勒于1970年提出的文化规范理论乃是这一理论的源头。文化规范理论认为,大众媒介选择性地对某些报道主题进行强调,导致人们将经过大众媒介强调的议题视为文化规范,而由于人们的社会行为注定受到文化规范的制约,故大众媒介也能通过对文化规范的强调而影响受众的行为。相比之下,作为对文化规范理论的拓展,"社会期待理论把视野从文化规范进一步扩大到了社会的组织方式"[①],从而深刻地指出,各类社会群体的形象都在大众媒介中得到描述,这些描述有的是真实的,有的则有所偏差,甚至是歪曲颠倒的,但不管怎样,大众媒介的这些描述都会在受众的头脑中打上深深的烙印,以至于形成他们对于各种社会群体的行为期待,并据此而开展自己的社会交往活动。

由于社会期待理论阐释了群体形象构建的媒介动因,因此该理论被广泛应用于分析大众传播中的刻板印象的形成原理。譬如电视广告中的男性形象和女性形象都会作为"俊男靓女"的样板而在受众的头脑中形成对于当下审美标准的期待,并进而成为受众用以指导自己行为的参照。而在儿童的自我角色定位过程中,大众媒介的描述更是推动他们性别社会化的重要力量,因为媒介对于性别形象的刻画会持续不断地激发他们关于性别角色的自我意识,从而影响他们的性别行为。这样看来,社会期待理论与前面谈过的教养理论和社会学习理论有相通之处——它们描述的都是大众媒介的长期的、潜在的间接效果,都是大众媒介对于人的社会化过程的某种影响。

综上所述,新强效力论是对强大效果理论的某种意义上的回归,但它与早期的枪弹论有着本质的不同:枪弹论局限于大众媒介的短期的、显在的直接效果,而新强效力论则着眼于大众媒介的长期的、潜在的间接效果;更为重要的是,早期的强大效果理论受制于认识水平的局限和研究方法的欠缺,注定是一种非科学的假说,而随着传播效果研究经过有限效果理论和适度效果理论的洗礼,认识日益深刻,方法日益成熟,新强效力论的科学性已远非枪弹论所能比拟。至此,传播效果理论的发展沿着自身的逻辑轨迹,已然完成了一个否定之否定的辩证循环。尽管这样,传播效果研究并不会因此而停止。在媒介技术突飞猛进、媒介环境日新月异的背景下,有关传播效果的各种新兴理论仍在不断产生,表现出传播效果研究的巨大

---

① 申凡、戚海龙:《当代传播学》,华中科技大学出版社,2000年版,第173页。

活力。

第六节 传播效果的其他理论与研究的新方向

除上述四个阶段的传播效果理论外,传播学学者们对于传播效果的持续不懈的研究,导致了更多的理论成果的诞生。下面,我们选取了几种最具代表性的新兴的传播效果理论,希望通过对它们的介绍,反映出传播效果研究的前沿动态与发展趋势。

一、分层效果理论

20世纪70年代,德弗勒和罗基奇提出了波纹效果理论(ripple effect theory)。该理论是传播的分层效果理论(分层效果理论主要包括类型效果理论、层面效果理论和波纹效果理论)的一个组成部分。传播学学者们普遍认为,传播效果研究虽已产生了诸多理论成果,但这些理论的提出反而增加了传播效果理解上的困惑,其主要表现在于:以往的传播效果研究有的注重人们在认知上的变化,有的则注重态度和行为方面的变化;有的注重对个人的影响,有的则注重对社会的影响;有的注重微观层面的效果,有的则注重宏观层面的效果;有的认为传播的效果是强大的、深刻的,有的认为传播的效果是微不足道的,还有的则认为对于传播的效果应该具体情况具体分析……在这里,没有一种理论能够将所有这些互不相同的意见合理地统一起来。

应该说,正是在综合了上述诸多观点的基础上,传播的分层效果理论开始形成。该理论认为,大众传播会在不同的层次上影响社会——包括各种社会系统、社群和个人,而针对不同层次的传播对象,大众传播的效果也会不同。1988年出版的《传播理论之应用》一书按照上述思路,在心理层面、时效层面和范围层面上分别考察大众传播的效果:心理层面的效果包括认知效果、情感效果和行为效果;时效层面的效果包括长期效果和短期效果;范围层面的效果包括社会效果和个人效果。显然,这一理论综合了前四个阶段传播效果研究中关注传播效果的各种层面的不同偏向。譬如,早期的强大效果理论和有限效果理论关注传播的短期效果,适度效果理论和新强效力论关注传播的长期效果,而分层效果理论则同时关注传播的短期效果和长期效果。根据分层效果理论提出的波纹效果理论也体现了这样的特点。德弗勒和罗基奇在综合了大众媒介与社会及个人的各种相互依赖关系的基础上提出这一理论。他们认为,所谓的"波纹"效果,"显示了媒介依赖关系的变化产生的螺旋效应,它始于旋斗上端的媒介在社会中的位置,螺旋下降贯穿于媒介系与各社会系统、组织和人际网络的依赖关系,直至于个人的依赖关系。高层发生的效果变化将影响所有低层的依赖关系。所以媒介系统的社会作用的变化,在社会行动的所有层次都会有所波及。这种作用的变化具有增大各社会系统、组织、人际网络和个人的媒介依赖性的效果"[①]。也就是说,波纹效果的产生源于社会整体结构对于媒介的依赖,大众媒介作为社会总系统中的一个重要的子系统,能够起到"牵一发而动全身"的效果:"大众传播的效果就像一个旋斗似的,依照从宏观到微观的顺序,可以分为社会、各系统(如政治、经济、娱乐)、组织(如运动会、社团、协会)、人际网络(如家庭、同事和朋友)和个人五个层次,大众传播引起的高层次的变化会波及社会行动的所有层次(从宏观到微观),低层次的变化经过一段时间后,也会波及高层次(从微观到宏观),只是高层次的变化引起低层次的变化快一些,低层次的变化引起高层次的变化慢一些"[②]。可以说,波纹效果理论是对分层效果理论中有关范围层面效果和时效层面效果的思想的概括,它把大众传播的宏观效果与微观效果、长期效果与短期效果、间接效果与直接效果融为一体,因此成为一个具有较高综合性的传播效果理论,为传播效果研究提供了新的思路。同时,该理论还继承了分层效果理论中关于社会结构的五个层面相结合的系统思想,这一点决定了该理论在当前热门的国际传播与网络传播研究中也都具有很强的适用性。

二、框 架 理 论

20世纪80年代,有关"框架理论"(framing theory)的研究开始兴起。该理论与议程设置理论有着很深的渊源,以致很多传播学学者都将之视为议程设置理论的一个延伸。框架理论关注的是媒介议程与受众议程之间的关系,尤其是媒介议程对事件属性以及受众归因的影响。"框架"的概念最早由贝特森提出,拟剧理论的鼻祖戈夫曼将它引入社会学研究,认为所谓的"表演框架",就是指被人们内化了的现存的社会规范和社会准则,是一系列的惯例和共同理解,也是人们在社会生活的舞台上进行表演的依据。传播学的框架理论中的"框架"概念,也基本沿袭了这个意思。一般认为,"'框架'一词,可以被广泛释义,可以理解为一种基本模型(schema of interpretation),或脚本(scripts)、原型(prototype)、类别(category),等等"[③]。框架理论的倡导者加姆桑认为,"框架"的定义大致可以分为两类:一是指"界限"(boundary),如摄像机的镜头,可引申为对社会事件的规范,人们借以观察客观现实,凡纳入框架的实景,都成为人们的认知世界中的一部分;二是指用以诠

[①] 德弗勒、鲍尔·罗基奇:《大众传播学诸论》,新华出版社,1990年版,第361~362页。
[②] 申凡、戚海龙:《当代传播学》,华中科技大学出版社,2000年版,第176页。
[③] 张国良:《传播学原理》,复旦大学出版社,2009年版,第265页。

释社会现象的"框架"(building frame),人们以此来解释、转述或评论他们所知道的或经历过的"故事"。

事实上,"框架"的意义未必都是正面的。借助框架,人们可以获知世界上发生了什么,以及应该如何去理解这些现象,但另一方面,框架也可以歪曲人们的认识,进而形成"刻板印象"。由此可见,框架理论与文化规范理论、议程设置理论一样,关注的都是由媒介所主导的社会现实的建构过程。在这里,媒介作为"环境的再构者",其作用和意义不言而喻。因此,框架不仅具有"再现"的功能,更具有"构造"的功能。斯契夫勒认为,完整意义上的"框架"理论,至少包括四个方面的研究:一是"框架"的设定(研究媒介框架的形成);二是"框架"的呈现(研究媒介框架对受众框架的影响);三是个人层面的"框架"效果(研究受众框架对受众归因、态度、行为的影响);四是"作为受众的新闻记者"的"框架"改变(研究受众框架对媒介框架的反作用)。① 我们知道,大众媒介所报道的内容都是对社会现实的选择性呈现,必然与社会现实有所出入,而这些经过选择的报道内容就是一个个的"框架",它们限定着受众认识世界的立场与方式。但正如斯契夫勒所言,受众的框架也会对媒介框架产生反作用。按照使用与满足理论的观点,大众媒介必须通过迎合受众的需要来提高其传播效果。譬如,在2008年的西藏3·14打砸抢事件中,西方媒体对中国的歪曲报道就源于其特定的框架设置,但中国民众的强烈抵制和抗议最终迫使它们改变了报道框架。可以预见,随着有关框架理论的研究日益细化和深入,这一理论将被更加广泛地用于解释有关大众传播的现实影响力的各种问题。

三、第三人效果理论

1983年,戴维森在《舆论学季刊》上发表题为"传播中的第三人效果"的论文,正式提出了"第三人效果"假说(the third-person effect hypothesis)。该理论旨在说明这样一种现象:对于大众传播的有关内容,人们倾向于认为这些信息对他们本人无效,而对其他人则可能产生影响。这也就是说,人们总是夸大大众传播的信息对他人的态度和行为的影响。因此,戴维森本人曾这样陈述第三人效果理论的基本思想:"特定的消息对你我这样的人没有什么效果,但是一般读者很可能受到很大的影响。"②

如果要对这个理论进行验证,那么有很多事实都能证明这种现象确实存在。

---

① Scheufele, D. A. (1999), "Framing as a Theory of Media Effects," Journal of Communication 49, pp. 103-122 转引自张国良:《传播学原理》,上海:复旦大学出版社,2009年版,第266页。

② Werner J. Severin, James W. Tankard Jr. 著,郭镇之主译:《传播理论——起源、方法与应用》,中国传媒大学出版社,2006年版,第165页。

戴维森曾提到一个1975年农药喷洒器生产商的例子:当时电视上公布了烟雾喷洒器的有害效果,制造商马上改用液体喷洒剂和压缩容器,因为他们认为,公众会受到新闻内容的影响,从而停止购买他们的产品。1998年,戴维森和约翰逊在调查人们认为大众媒介中的形象塑造对女性理想体重的影响时,也同样验证了第三人效果理论。在调查中,他们要求女学生们比较大众媒介的有关内容对自己的影响、对其他女同学的影响、对学校里其他女性的影响,以及对美国女性的影响。调查结果显示,被调查者几乎都认为大众媒介对他人的影响超过对自己的影响,而且随着被调查者社会距离的增加,第三人效果也越来越显著。当然,能对第三人效果理论提供最有力支持的例子,还是那些对特定信息内容的检查制度。譬如,主张检查色情信息的人所担心的是这些内容对他人产生的影响,而不是对自己产生的影响。据此,第三人效果理论强调,人们觉得其他人比自己更容易受到大众媒介的影响,但其实在很多情况下,他们可能低估了大众媒介对他们本人的影响。

传播的"第三人效果"在日常生活中虽很常见,但将对这种"高估自己,低估他人"心态的剖析与传播效果研究结合起来,却很有新意。因此,这一理论一经提出,就引起了传播学界的普遍关注,并被有效用于诸多传播现象的解释与评价。

四、"真实"的社会建构理论与媒介构造理论

"真实"的社会建构理论与媒介构造理论是传播效果研究的新方向,其研究视角与教养理论、议程设置理论及框架理论都有相通之处。"真实"的社会建构理论(the social construction of reality)仍然以大众媒介的长期效果和潜在效果为研究对象。该理论认为,大众传播可能会改变人们对"真实"的理解,从而形成人们的一种世界观。1984年,阿多尼和梅尼就"真实"的社会建构过程提出了"三层面说":一是"客观真实",它由事实组成,存在于个人之外并被体验为客观世界的真实;二是"符号真实",它是对客观外界的任何形式的符号表达,包括艺术、文学,以及媒介内容;三是"主观真实",是由个人在客观真实和符号真实的基础上建构的真实。阿多尼和梅尼认为,要想对"真实"的社会建构问题进行研究,应该考虑到上述三个层面。

1992年,凯莉等人运用"真实"的社会构建理论对电影《肯尼迪》的传播效果(主要表现为受众对这一历史事件的"真实"的建构)进行了研究。研究者事先假设,该片会对人们认识那段历史产生影响,因为该片将真实的纪录片片段与再造的场景融为一体。调查结果显示,被调查者同时接受了纪录片的内容和导演提供的内容,即电影的描述确实为观众建构了一段关于"肯尼迪遇刺"事件的"真实"。更为常见的例子是,大众媒介为了吸引观众的眼球,常会运用一些夸张的手法,"戏说正史"或者干脆把"野史"、"自撰史"搬上银幕。虽然电视剧与电影的开头都会声明

"本片纯属虚构",但在很多时候,这些媒介符号仍会对人们的"主观真实"施以"决定性的影响",这其中尤以历史剧为甚。从这个意义上看,"真实"的社会建构理论既是对传播的长期效果和潜在效果的一种描述,同时也提供了一条颇有见地的媒介批评思路。

"真实"的社会建构理论将效果研究引向了大众传播对人们世界观(更准确地说是对"真实"的看法)的影响。那么,这种影响是如何产生的呢?媒介构造理论回答了这个问题。坦卡德认为,"构造"可被定义为"采取一种集中的组织思路,通过选择、强调、排除和进行处理等方式对新闻内容提供背景,并提出中心议题"[①]。同样作为一种媒介批评理论,媒介构造理论显然比媒介偏见理论更加深刻和细致,因为"媒介的偏见"大都是一种显而易见的现象,而"媒介的构造"则要更隐秘和不易觉察得多。譬如,"在一个争议性的问题上,人们通常可以看到争论各方竭力以自己的术语去定义(define)或构造(frame)某个议题。例如,在对人工流产的辩论中,一方可能力图将争论表达为有关一个未出生儿童生命的问题;同时,另一方则说,这个争论问题实际上有关一位妇女对发生在自己身上变化的选择权利。在一定程度上,成功地说服他人接受自己对辩论议题的界定,其主张者实际已经赢得了这场争论。采用问卷调查的研究证实,公众对人工流产的意见可能仅仅根据问题措辞的变化而发生急剧的变化"[②]。1991年,艾英伽的研究发现,媒介构造的具体方式与媒介的责任归因有关,其最常见的表现是多数关于犯罪新闻的报道都倾向于强调那些与总体背景无关的零星事件,其结果是导致受众将引发这些事件的责任归结于个人,而不会归结于整个社会。譬如,在对恐怖袭击的报道上,电视节目可以着重说明人质的处理、爆炸的破坏等情况,也可以着重说明恐怖主义受到多种因素的影响,民族、宗教、经济、政治上的任何冲突都可能成为其诱因。显然,上述两种不同的报道方式对受众产生的影响截然不同:前者会引导受众认为相关问题的责任在于某个组织或个人,而后者则会引导受众认为这个责任在于宏观的社会环境。

媒介构造理论与前文中提到的框架理论亦有近似之处,我们甚至可以将框架理论视为媒介构造理论的一个研究方向。但细究起来,这两个理论之间仍然存在着细微的不同:首先,框架理论认为消息来源、新闻文本、新闻工作者、受众及社会文化等多种因素都是"框架",而媒介构造理论主要关心"媒介的框架",即媒介对争议事件的构造过程及其传播效果;其次,框架理论强调"媒介框架"与"受众框架"的博弈关系,认为对某一事件的最后"认定"是媒介的框架与受众的框架"协商"的结

[①] 转引自(美)沃纳·赛弗林、小詹姆斯·坦卡德著,郭镇之主译:《传播理论——起源、方法与应用》,华夏出版社,2000年版,第312页。

[②] (美)沃纳·赛弗林、小詹姆斯·坦卡德著,郭镇之主译:《传播理论——起源、方法与应用》,华夏出版社,2000年版,第312页。

果,而媒介构造理论则专注于媒介的事件构造对受众产生的潜移默化的根本影响。

回顾传播效果研究走过的曲折历程,我们发现,传播效果理论的兴替正是一部传播学发展史的缩影。时至今日,传播效果研究已经走过了一条肯定—否定—否定之否定的自我超越之路,并且在其持续不断的深化与完善中,各种新的理论成果和研究方向仍然层出不穷。可以肯定,随着网络媒介的兴起,传播效果研究必将再一次站到时代的潮头,显示其作为传播研究的重点的价值与意义,使传播学的理论体系变得更加科学、完整和富有解释力。

本章思考题

1. 传播效果理论的发展经过了哪几个阶段?早期的强大效果理论与新强效力论之间有何联系与区别?

2. 教养理论的主要观点是什么?它与社会学习理论的着眼点有何不同?

3. 为什么说使用与满足理论开创了以受众为中心的传播效果研究的新模式?这一新模式对于传播效果研究的意义何在?

4. 议程设置理论所秉持的媒介观是什么?它与李普曼的"虚拟环境"学说有何关联?

5. "沉默的螺旋理论"的基本思想是什么?你能否用自己所了解的某个传播案例来印证这一理论?

第六章 传播媒介论

在人类社会的信息传播活动中,传播媒介扮演着非常重要的作用。比如甲骨、竹简、纸张及与之对应的书报刊,还有形形色色的电子媒介,像广播、电视、磁带、光盘、网站、手机等,都是不同历史时期的主要媒介类型。甚至边城烽火、击鼓鸣金、飞鸽传信等,在特定场合也发挥着重要的传播媒介的作用。同时,传播媒介的演变与发展也是经济、技术、社会和文化等多种因素交叉作用的结果。本章主要讨论传播媒介的发展历史、概念和主要特征,常见媒介形态,重要的媒介技术及主要的媒介理论等。

第一节 传播媒介发展的历史

人类社会传播的发展史,在一定意义上就是传播媒介的发展史。因此,传播史的划分,常常以某个时期的主流媒介形态和特征来划分传播发展阶段,当主流传播媒介的形态和特征发生重大变化时,通常也就意味着一个新的传播阶段的到来。换句话说,一般而言,每一个传播阶段都有其特定的、不同于其他阶段的主流传播媒介体系。

一、传播媒介发展的五个阶段

人类对传播媒介的运用可谓历史悠久。远古时期,人类主要使用语言及非语言的符号来传播信息,比如利用表情、手势等进行沟通和交流;利用驿站传送情报,用飞鸽传送书信;此外,中国古代还曾利用烽火和鼓声传递信息。从记录方式和载体形态来看,总体而言,传播媒介一般分为口语媒介、手书媒介、印刷媒介、电子媒介、数字媒介五个阶段。当然,这五个媒介阶段的划分并不是互相排斥的,新型的媒介形态总是在已有媒介形态的基础上发展起来的,并产生重大的突破。比如,如果没有口语媒介的运用,就很难有手书媒介的产生;而印刷媒介的产生使文字、符号的复制变得更加方便、更加快捷,克服了手抄纸本、刀刻石片、火烙竹简等载体的不足。与此同时,在不同阶段的过渡期,可能是多种主流媒介并存,比如在当今社会,纸质媒介、广电媒介、网络互动媒介同时并存,相互影响。

每一阶段的主流媒介均有其独特的传播方式、主要载体形态、讯息表示方式等，如表 6-1 所示。

表 6-1　传播媒介演进的阶段划分及特征一览表[①]

媒介发展阶段	传播方式	起始年代	主要载体与媒介形态	媒介能源	讯息表示
口语媒介	双向	约 2 万年前	肢体、语言	体力	举止、声音
手书媒介	单向	约 5000 年前	龟甲、竹简、石头、布、纸张等	体力	文字、符号
印刷媒介	单向	公元 105 年	纸、印刷品	机械	文字、图形
电子媒介	单向	19 世纪中叶	电报、有线电	电力	文字
电子媒介	双向	19 世纪末	电话、无线电	电力	声音
电子媒介	单向	20 世纪初	广播电视、卫星	电力、电子	图像、文字、声音、图形
数字媒介	交互式	20 世纪中叶	CD、VCD、CD-ROM	电力、电子、光电子、硅晶	图像、文字、声音、图形、数字
数字媒介	双向	20 世纪后期	网络、线缆、无线电、卫星、光纤、半导体、集成电路、激光、计算机	电力、电子、光电子、硅晶	图像、文字、声音、图形、数字

第一次传播媒介革命是语言的产生和使用。据专家研究，在 2.5 万年至 2 万年前，人类的语言产生了。这是人类传播媒介向前迈出的重大一步。语言的产生和运用使人类可以将声音与所指的对象分离开来，在一定程度上可以将一些事件和经验进行抽象化的描述，使得传播的方式和信息内容也得到了扩展；语言使人类可以更加方便地记忆、传递、接收和理解信息。比如，大家在讨论某个事物时，可以离开被讨论的事物和对象，在另外一个场合和环境下进行讨论，而不影响大家对语言的理解和讨论的进行。比如，谈论老虎，不必看到老虎才能讨论。当然，语言从产生、初步运用，到发展成为传播媒介是一个漫长的过程，甚至中间还经历了很多曲折。但人类社会的生产和生活活动，需要语言成为传播媒介，也为这种转换提供了重要的环境和条件。随着人类生产和生活范围的扩展，交往群体规模的扩大，语言不但扩展了人类传播的范围，而且很大程度上推动了文明的产生和发展。比如远古时期，限于当时的技术和社会文明发展水平，人们的交往范围还很小，以自然部落为主，不同地方的语言和风俗差距较大。当然，不同的语言之间存在交流的障碍。《圣经》中有个关于巴别塔的故事，说是人类要建造一座通天塔，当时的人使用的是同一种语言，交流非常方便，所以，工程进展很快，很快就要修到天上了。上帝

[①] 本表系根据孟庆丰的《媒介技术的演进及其社会影响分析——基于技术哲学的思考》（南京理工大学，2007 年 6 月）的图表改编而得。

看到这种情形就很紧张,于是,让人们讲起了不同的语言。语言的不同使人们无法再像从前一样进行顺畅的沟通交流,所以巴别塔至今都没有建成。这个故事说明了语言对于人类信息交流和社会发展的重要作用。综前所述,语言既有表示的功能,是一种原始的符号,同时语言通过声音携带的能量可以传递一定的距离和范围,语言还是一种记录载体,储存在人们的脑海里,因此我们说,语言是一种媒介,并且是重要的媒介之一。

第二次传播媒介革命是文字的产生。文字是人造符号的一种,由于它的特殊地位和作用,我们说,文字的产生是人类继语言之后的另一个里程碑,它延伸了人际传播的距离,拓宽了人类交流的空间。由于语言离不开人的身体,语言传播是依靠人与人之间的口口相传,具有过而不留、难以保存的特点。其记录保存能力、传播范围、传播准确性均有一定的限制。文字的出现使得已有的各种图画符号的意义标准化、抽象化和规范化。大约5000年前,在古代埃及、两河流域和中国的一些地方,产生了文字。这些文字最早是图形,随着表达意义的日渐复杂化,这些图形逐渐抽象成文字。公元前4000年,在古代埃及出现了世界上最早的象形文字。在公元前3500年左右,殷商时代的中国出现了现今发现的最早的文字——甲骨文。大约公元前1700年,两河流域(底格里斯河和幼发拉底河中下游)的苏美尔人创造了楔形文字。其后,文字进一步发展,由地中海沿岸的腓尼基文字发展到希腊字母,再发展到罗马字。伴随着人类生产活动的发展,文字也不断地进步,文字承载的信息量不断加大和丰富。文字出现后,人们便开始致力于文字载体的寻找、运用和不断更新,泥土、石头、树皮、树叶、龟壳、骨头、羊皮、木竹、布帛、青铜器等先后作为文字的载体。中国古代人将文字刻在龟甲、青铜器、竹简上,写在丝帛上;古埃及人用树枝等蘸着染料将文字写在一种宽而柔的草叶上,史称"纸草";古罗马人将文字写在草皮和黏土上;而古代中亚两河流域的人把文字刻在未干的泥板上。文字的出现使信息的交流发生了很大的变化,信息可以离开人的身体而独立存在,传者与受者在时间和空间上可以分离,不仅"传受双方不必再面对面地交流了"[①],并且,还可以实现异步传播、纵向历时传播。

第三次传播媒介革命的标志是造纸术和印刷术的发明。文字虽然解决了语言信息不易保存的问题,但记录信息的材料依然笨重,传递信息的速度和效率依然不高,迫切需要一种更轻巧、更方便、更快捷的载体,以便实现短时间内在更大范围内的信息传播和交流。这个重要的革命性媒介就是纸张及其制造和印刷技术。公元105年,我国东汉的蔡伦发明了造纸术,用树枝、麻皮和破布等植物纤维制成了轻便的纸张,用于记载文字、传播知识和信息。造纸术后来传入欧洲,纸张逐渐代替羊皮和其他书写载体。纸张的优点在于价格便宜、轻便易携带,因而便于普遍运用

---

① 申凡、戚海龙主编:《当代传播学》,华中科技大学出版社,2000年版,第88页。

和传播。纸张的发明为印刷复制提供了关键性的复制材料。

与造纸相关联的另一场媒介技术革命就是印刷术的发明。公元7世纪的隋唐时期,中国出现了雕版印刷。公元1045年,我国宋代的毕昇发明了活字印刷。在这一时期,印刷版"邸报"盛行全国。公元1450年,德国金匠古登堡把中国制版、印刷与油墨等改造成金属活字印刷技术,发明了金属活字和活版印刷机,奠定了机械化印刷技术基础。金属活字印刷使得论文、书籍等信息的大量可复制和快速传播成为可能。到17世纪,印刷术已经遍及全球。"印刷术的发明以及商业发展的迫切需要,不仅改变了只有僧侣才能读书写字的状况,而且也改变了只有僧侣才能受高级教育的状况。在知识领域中也出现劳动分工了。新出现的法学家把僧侣们从一系列很有势力的职位中排挤出去了。"① 印刷媒介不仅大量传播了宗教经典,还使其他内容的书籍增多,廉价供应,推动了教育文化事业,加速了新思想的传播。正因为印刷术的发明和应用,纸张的媒介价值才更加凸显出来。以机器为代表的工业技术对传播过程的介入,以及"文字、纸张和印刷的结合,开创了印刷媒介传播的新时代"②。印刷复制技术的进步,不仅使书籍具备了近现代媒介形态,而且还使报纸、杂志等媒介产品形态完善起来,形成了以书籍、报纸、杂志为主流媒体的近现代传播繁荣时代。

第四次传播媒介革命的标志是电子通信技术和广播电视的发明。1844年,美国绘画家莫尔斯发明了电报,利用电流接通或断开使电磁铁状态发生变化,并在远端用机械装置记录下来,开创了电报传播的先河。1876年,美国聋哑学校教师贝尔发明了电话。贝尔在实验中发现,当开启或者切断铜线圈的电流时,线圈由于震动而发出声音,在利用导线传输后,就实现了电子化语音传播,从而扩大了语音传播的范围。而1851年的长距离通信电缆的成功铺设和应用,开创了电子传播新时代。1851年,世界第一条水底通信电缆——跨越英国和法国之间45公里长的英吉利海峡的海底电缆铺设成功,电报信号顷刻间就传送到对岸。1866年,耗巨资费时的横跨欧、美两大洲的大西洋海底电缆投入了使用,欧美两大洲之间实现"天涯若比邻"了。此后的二三十年间,电报电缆逐步连接了各国的主要大城市。1871年,英国大东公司在中国上海与日本长崎之间铺设了橡皮绝缘海底电报电缆。至1920年,英国建成了连接英联邦各国、环绕世界的电报电缆网,也引发了美、日等国铺设海底电报电缆的高潮。

有线电报电话的出现缩短了各大陆、各国家人民之间的距离感,加快了信息传播速度。但是,早期的通信技术还存在很多的不足。一是电报不能传递声音,且传送信息量小。虽然收发电报比传递书信时间短,但发一份电报依然需要很长时间,

---

① 《马克思恩格斯全集》,人民出版社,1995年版,第391页。
② 申凡、戚海龙主编:《当代传播学》,华中科技大学出版社,2000年版,第89页。

且通信双方无法即时交流与互动。二是有线通信电线电缆铺设检修费事、费时、费钱，比如，架设线路受到客观条件的限制，高山、大河和海洋等复杂的地形条件，会给线路的建造和维护带来很大的困难，有时甚至很难完成铺设工作。此外，为提高线路利用率，增加通信容量，导线、电缆日益变粗变重，施工和检修更加困难。三是只限于本条线路通信，移动目标（比如正在开动着的火车、轮船）无法接受通信信息。而极需要通信联络的海上船舶、飞机，因它们是会移动的交通工具，而无法用有线方式与地面上的人们联络。

1895年，意大利工程师马可尼发明了无线电报装置，用电波进行无线通信的实验首获成功；1901年横跨大西洋的远距离无线信号传递也获得了成功。利用无线电波传输信息的通信方式，能传输声音、文字、数据和图像等。与有线电通信相比，无线通信不需要架设传输线路，不受通信距离限制，可实现广播式传播，机动性好，建立迅速。但无线通信传输质量不稳定，信号易受干扰或易被截获，保密性差。1904年和1906年，号称"电器骄子"的二极管和三极管相继问世。1906年，美国人德法雷特发明了能产生电波、使微弱电信号得到放大并传送到远方的电子二极管，开创了电子科学的新应用领域。电子二极管和三极管的发明，为无线电广播的发展奠定了技术基础。

电声广播是通过无线电实现电子声音的广播。在一定地域范围内，一个发射电台按某个固定频率发送节目信号，而众多的接收者通过特定的接收装置都按这个频率接收节目信号。这样，就实现了一对多的广播。1920年，无线电（声音）广播系统KDKA电台在美国的匹兹堡诞生。它是世界上第一家广播电台，是无线电广播诞生的标志。电视广播是通过无线电实现电子影像的广播。1936年英国广播公司在伦敦建立了世界上第一个公众电视发射台。1941年，美国诞生首家商业电视台。但此时的广播质量不高，通信和广播效率也很低，浪费了无线电频率资源。1953年，美国开始出现彩色电视；1962年，美国的"电星一号"卫星开始传送电视节目；随后，在20世纪的五六十年代，有线电视系统开始出现。到20世纪80年代初，世界上已经有138个国家拥有电视节目传播系统，全球电视机总数达到4亿台，真正意义上的大众电子传播时代已到来。

第五次传播媒介革命的标志是基于数字技术、计算机网络技术和多媒体技术的数字媒介时代的到来。20世纪50年代开始，晶体管和电子计算机的应用、集成电路与超大规模集成电路的诞生，促进了模拟式通信广播向数字化、网络化通信广播的发展。

在电话通信方面，电话通信新技术的应用推动了电话通信的发展。程控交换机是一种用计算机控制的自动电话交换机（store program control），即存储程序控制的电子交换机。以此为基础建立了智能通信网：在原来通信网的基础上，为了快速、方便、经济、灵活地提供新的电信业务而设置的附加网络结构。有了程控交换机,可以在原有电话网络基础上实现增值业务,不必对原有交换机升级,不影响运行中的业务。还可以开设很多新型通信服务业务,比如广告热线、信息热线、订票热线、个人通信业务、电子投票业务、大众呼叫业务(同时多人热线服务)。

在广播电视以及音像视听媒介方面,数字化技术与电视的结合产生了数字电视、交互电视和点播电视、网络电视。由于数字压缩技术的重大突破,电视的数字化成为可能,电视节目的制作、发射、接收、还原显示等过程都是数字化的过程。数字电视具有高清晰度、高保真度、高利用率、抗干扰性强、交互性和可扩展性好等特点。交互电视与网络电视则是数字技术与电视技术相结合的另一个硕果,是一种受观众控制的电视技术,实现了电视与人的对话,可以实现电影点播服务、节目列表管理、新闻点播、远程购物、游戏和远程网络信息查询。数字声像编辑出版技术的应用,促进了从普通编辑技术到非线编辑技术的发展,从非交互编辑、半交互编辑发展到全交互编辑;记录载体也从记录模拟信号为主的音带、像带发展到数字媒介,比如 LD、CD、CD-I、VCD、DVD、CD-ROM、DVD-ROM。

在传统的造纸与印刷出版领域,普遍采用了数字技术,进行了重大改造和变革。数字技术改进了造纸和印刷工艺。特别是印刷业,广泛采用了电子排版和激光印刷,彻底地改革了过去的铅字排版、照相制版等旧工艺,提高了效率和质量,降低了成本,改善了生产环境。

在计算机网络与多媒体技术方面。从1945年第一台计算机诞生至今,掀起了多媒体和网络通信传播的发展浪潮。世界冷战时期的1964年,美国兰德公司提出了一个利用计算机网络通信应付核战争的计划,计算机网络应运而生。1969年,互联网的前身阿帕网(ARPANET,Advanced Research Projects Agency)在美国诞生。1993年,美国设立国家信息基础顾问委员会,指导建设美国信息高速公路。此后,欧洲各国,以及亚洲的日本、韩国等相继提出自己的信息高速公路计划。我国也于1994年开始实施"三金"(金桥、金关、金卡)工程,积极推进信息产业的发展。"信息高速公路"(Information Highway)的正式名称为"国家信息基础设施"(NII),其内涵是,由通信网络、计算机、数据库以及日用电子产品组成、能给用户提供大量信息的完备网络。理想目标是任何人可以在任何时间和地点,通过声音、数据、图像或文字表格相互传递信息。

特别是到了20世纪90年代末,互联网成为继报纸、广播、电视等大众传播媒介之后的第四媒介。网络的信息传播方式不断更新换代,各种各样的互联网应用形式充斥着人们的生活,BBS论坛、博客、播客、微博、社区网等成为许多人日常生活的基本需要。

与以往的电子媒介不同,虽然数字媒体同样也是以电磁波为媒介,但是由于信息的符号编码和组织方式发生了本质的变化,从而使人类的信息处理、记忆、传输和应用在质和量两个方面都实现了巨大的飞跃。

正因为有数字网络媒体的发展,全球"信息高速公路"得到很好的实现,融合现有计算机网络服务,以及电话和有线电视的功能,成为教育、卫生、商业、金融和娱乐等内容极其广泛的服务项目的载体,使全球的每一角落都能通过分布式智慧网络的联系分享信息,实现瞬息的相互交流和沟通。美国著名未来学者约翰·奈斯比特说,正如我们在经济上正成为一个单一的全球大市场一样,我们正朝着拥有一个单一的全球信息网络方向迈进。与此同时,我们也正努力拥有这样一种传播能力,以多种方式,比如通过声音、数据、文本或图像等方式,向世界任何地方的任何人,以光速传递任何信息的能力。同时,也可以看出,无论是信息高速公路,还是互联网,不仅仅是一种数字媒介,还是一种一体化的社会运行平台,还是人们的社会生活方式。人们的生活越来越明显地被网络化和媒介化了。

值得注意的是,当今的数字电子媒体时代,在发布信息、获取信息和传播信息更加方便、更加快捷的时候,也可能会出现信息更加分散的状况。一个人既可以有很多信息来源,也可以向很多媒介发布信息。比如,电视、广播、磁带、CD、移动电话、电子邮件、QQ类即时通信工具等,都是常用的信息源。甚至有人可能同时利用多种媒介、多种传播方式进行交流。

二、对传播媒介发展史的认识

通过对传播媒介发展的梳理和认识,我们可以在媒介发展历程、媒介发展的关键因素,以及媒介与社会的相互关系等方面,得到比较清楚的认识。

第一,传播媒介的演进是多个方面的。就信息表示方式而言,先后经历了由声音,文字加声音,声音与文字加影像等阶段;就物质载体形态而言,随着时代的变迁,传播媒介的物质形态也在发生相互替代的演变,由难以移动的媒介向轻易迁移的媒介发展。例如,贝壳、结绳、石头等最原始的实物媒介在被使用了相当长时间之后,逐渐被语言媒介所取代。然后,文字媒介的出现使得口语媒介的地位和作用发生了很大变化。尤其是当报纸等印刷媒介出现以来,手书媒介消失的速度加快了。电子媒介诞生后,传统的印刷媒介受到巨大的冲击,其影响力也日益下降。近些年美国、英国、德国等多数西方国家的报刊发行量显著下降,并且这种下降的趋势和速度在整体上难以遏制。[①] 美国麻省理工学院教授、媒体实验室创始人尼古拉·尼葛洛庞帝预言,书籍、报纸、杂志、视盘、磁带、电影都将数字化,数字化的生活将改变新闻选择的经济模式及大众传播媒介的本质,网络媒介将成为最主要的媒介。虽然有传播学学者认为,报纸媒介、广播媒介、电视媒介、网络媒介,将在一种相互补充的关系中,各自以新的形式生存和发展。但是,从互联网与数字媒介的

[①] 崔保国:《2006:中国传媒产业发展报告》,社会科学文献出版社,2006年版,第112~118页。

发展趋势来看,在可以预见的未来,以互联网为中心的媒介融合将成为主流,传统报刊、广播电视将被逐渐改造。

第二,传播媒介发展史告诉我们,媒介的掌控是由过去的上层社会和精英为主,逐步向专业阶层、平民阶层转变。自有文字媒介以来,媒介的每一次重大变革,都是媒介大众化进程的一次大突破。受记录载体的影响,古代的文字媒介只有少数人会识读,记录文字的载体也是龟甲、青铜等昂贵的材料,自然只有上层社会才有可能使用,记录的也是上层社会的活动,形成上层社会特有的文化记忆,有利于巩固上层社会特权和当时的社会结构。同时,社会发展和领土的扩张又需要更为轻便的传播媒介,快捷的传播方式,于是文字媒介逐步变得轻便,更为大众化。此外,媒介的发展还受到产业发展的影响。比如,书报刊三大媒介在成为主流媒介之前,其社会传播的范围和数量很有限,而在产业化运营的条件下,传播媒介则得到了巨大的发展和普及。而较之印刷媒介,互联网媒介更是具有平民化色彩、"草根"媒介色彩,网民比报刊读者具有更多的发言和交流机会,因而引领了新一轮的媒介大众化的进程。

第三,媒介是一种物质工具,传播媒介产生和发展的最直接动力在于媒介技术的发展。媒介技术的高低,决定着媒介体系的整体水平。媒介技术的变革,体现着科学技术的发展和进步。传播媒介的发展不仅源于社会生产力的发展,同时也推动着社会向更高层次进一步发展变革。科学技术发展到一定程度会使传播媒介发生突变。而在特定的社会条件下,传播媒介本身也会自觉地引进新技术来改造自己,使传播媒介在空间和时间上的功能都能进一步得到发展。当然,传播媒介的应用和普及也会反过来促进相关科学技术的发展。

第四,媒介不仅是一种物质工具,还是一种社会工具,是被用来服务于社会生产和生活的。当人们对于信息的需求量随着交流范围的扩大而相应地增大时,原先媒介的局限性便逐渐暴露出来了,促使传播媒介革新并改进;而新的传播媒介则在一定程度上适应并推动当时社会的发展。因此,媒介的发展总是与社会生产力的发展密不可分的,在农业社会向工业社会转变的过程中,大机器生产使工业化的印刷传播运作成为现实,传播媒介进入到印刷传播阶段,在此阶段,一些重要的思想学说得以复制、快速传播,使文化得到传承和沿袭,传播媒介的发展也促进着文化的发展。

第五,传播媒介的发展并不是单纯的媒介新生与消亡,一种媒介替代另一种媒介的过程,而是呈现叠加式的发展态势,是不断融合、共同发展的。新媒介在自身具有的优势基础上,兼并了传统媒介的部分特点。比如报纸作为平面媒介,可以看;广播延伸了人的耳朵,可以听;而随后出现的电视,则是融合了两者的特性,视听兼备。而多媒体则是集文字、声音、视频、图像等元素于一体,比如报纸网站大多是在传统报纸的基础上进行数字化、网络化而形成的,并添加了视频、读者互动、读者反馈等,但同时报纸本身又面对着报纸网站的挑战,也在吸取新媒体特点和受众理念对报纸本身进行改进。数字杂志、报纸网站、数字电视等的出现也正说明了传统媒介与新媒介进行融合,利用新媒介的优势扩大自己的影响与实力。

第六,传播媒介呈现由单向传播朝着双向传播发展的趋势。过去的大众媒介,基本上处于单向传播阶段。在这种传播媒介的作用下,信息的传播者和接受者无法即时进行交流沟通,反馈效果较差。随着多媒体技术的发展革新,人们之间的交流通过传播媒介进行即时交流成为现实。传播媒介作为交流工具,实现了"双向化"。

第七,在媒介的演化和发展过程中,新媒介与旧媒介是在相互补充和相互竞争中发展的。一种新的媒介出现了,不会一开始就完全改变原有的媒介格局,但也往往会与原有的媒介体系发生一定的竞争和冲突。通过这些新旧媒介之间的相互补充、竞争和调整,形成新的媒介体系。新媒介也会促使旧媒介发生某些变化,改善或者改变其不合适的形态和特性,并通过新媒介技术对它们进行改进和融合,或者借鉴新媒介的某种形式,比如报纸媒介借用互联网的超链接理念和方式,改进报纸的编排样式。同时新媒介也将分担旧媒介的部分功能,甚至覆盖旧媒介的功能。

值得注意的是,传播媒介发展的初期,各种媒介各自独立,各自发挥自己特殊的功能及产生不同的效果[①]。而今天的情形是,由于数字技术的作用,在媒介的演化方式上,由最初的单一媒介的演化,扩展到不同媒介的相互渗透、相互融合,形成一体化的趋势。

第二节 传播媒介的特征及分类

一、媒介及传播媒介

媒介是传播学中的核心概念之一。但是,在不同的学科、不同的语境中,媒介指代的对象及其含义均有所差异。即使是在新闻传播学科中,媒介的术语名称和含义也有很大的变化,比如,在新闻传播学科中,经常出现"媒介"、"媒体"、"传媒"等相似的名词术语,并且在不同场合,这些术语的含义并不相同,有时泛指一切传播媒介,有时专指新闻媒体,如广播、电视、报纸等,有时又指新闻工作机构。

"媒介"一词,最早见于《旧唐书·张行成传》:"观古今用人,必因媒介。"此处的

---

① 申凡、戚海龙主编:《当代传播学》,华中科技大学出版社,2000年版,第92页。

"媒介"是指使双方发生关系的人或事物①。在英文中,媒介"media"是"medium"的复数形式,其本义也是指使事物之间发生关系的介质或者工具。广义的"媒介"则指,凡是能使人与人、人与事物或事物与事物之间产生联系或发生关系的物质都称为媒介。就社会信息的传播而言,媒介首先表现为社会信息得以在空间上移动、在时间上保存的载体,是扩大人类社会信息交流范围和能力的中介物。比如,德弗勒认为"媒介可以是任何一种用来传播人类意识的载体或一组安排有序的载体"。还有一些学者认为,"传播媒介是负载、传播信息符号的中介性物质实体"②。在实际工作中,媒介通常用于指称书籍、报纸、杂志、广播、电视、电影、网络等及其生产、传播机构。因此,在日常的讨论中,媒介常常具有两种含义:既指信息传播的工具和手段,比如文字、图像等抽象的符号,以及报纸、书籍、光盘、电话、电视、电脑等承载信息的物质实体;也常常指"从事信息采集、加工、制作、传播的机构,例如,我们常说的'新闻媒体'"③。然而,将承担信息内容采制与传播服务的机构和传播物质载体及符号均统称为媒介,容易将媒介与传播者混同,不利于对媒介概念的界定,也不利于对媒介本身进行系统和深入的研究。

由于上述因素的影响,对于传播媒介由什么组成,大家的认识并不统一,有时指抽象的符号,如文字、图案、有象征意义的物体等,甚至常常将媒介等同于符号;有时指承载着信息的物质实体,如报纸、书籍、电话、电视、电脑等;有时是指传输途径和手段,比如,互联网、通信电缆,甚至是声波、光、电波;还有的时候则是指从事信息采集、加工、制作、传播的机构,如报社、出版社、电台、电视台等,比如,人们在会场上常说的"新闻媒体",实际上主要指的是报社或者电视台及其工作人员。可见,媒介的组成要素是多方面的,不仅仅是它的物质要素,也包括其符号、内容的,甚至社会的要素,因此,对媒介的认识往往也是多角度和多层次的。

不仅如此,传播媒介还是一个完整的体系。在传播的不同阶段,大家感受到的媒介是不同的,在采制阶段,使用的主要媒介是表示媒介和存储媒介,比如,信息表示是文字表示,还是图表表示,或是音像表示?存储是记录在纸上,还是记录在电子媒介上?打算用什么工具处理信息?到了传输阶段,就得考虑用什么传输媒介,是用有线电缆,还是用无线电波,或是用纸张和光盘?而在信息阅读和使用阶段,显示媒介就变得很重要,是电脑上播放和浏览,还是下载打印后阅读,或是以其他形式阅读?特别是在传播活动的各个不同阶段,涉及的媒介,既有相同的,也有不同的。比如报纸既可作为记录媒介,也可以作为传输媒介,还可以作为阅读媒介,存在于整个传播活动的各个环节。而光盘就不同了,光盘不能直接识读,需要借助

---

① 邵培仁:《传播学》,高等教育出版社,2002年版,第145页。
② 申凡、戚海龙主编:《当代传播学》,华中科技大学出版社,2000年版,第86页。
③ 宫承波:《传播学纲要》,中国广播电视出版社,2007年版,第131页。

特定设备才能被识读。因而,光盘可以作为记录媒介和传输媒介,但无法作为独立的阅读媒介,需要借助播放系统或者计算机及其显示装置才能完成阅读服务。

关于媒介的含义,还有一个重要问题需要讨论。是已经记录了信息的载体称为媒介,还是具有记录信息能力的载体称为媒介?这是常常被忽略的问题。当人们称书报刊为媒介时,实际上是将记录了信息的载体称为媒介,换句话说,是将信息或者说信息符号本身视为媒介的组成部分。

由此可以看出,传播媒介不仅仅是物质载体,还应该包括表示符号,以及相应的识读条件和环境。概括地说,所谓传播媒介,是指被用于能实现信息表示、记录、传输、识读的物质载体以及相应的符号和技术系统。

1. 物质载体

物质载体是传播媒介得以存在的基本要素。没有具体而实在的物质载体,信息符号及内容就无所依附、无法传播。即便是电子时代,媒介数字化了、虚拟化了,那也只是媒介的物质形态变得肉眼看不见了,依然是一种物质的存在。

2. 可承载的符号系统

传播媒介的另一个构成要素是符号。符号既与信息内容关联紧密,又独立于内容。可承载特定的符号是传播媒介与其他物体相区别的重要标志之一。需要指明的是,一定的物质载体总是与特定的符号相对应。抛开符号特征,单独讨论所谓传播媒介的物质实体就缺乏意义了。此处的符号是指与物质载体紧密结合着的符号体系,比如刻在石头上、写在竹简上的文字或者图形符号系统,以及与广播电视媒介相关联的声音、影像符号系统。当然,符号要成为媒介组成要素,需要技术的支持。即便是最原始的媒介,也需要人们之间的某种约定。这种约定就是一种技术,并且是一种媒介技术。

二、传播媒介的基本特性

传播媒介的特性是多方面的,既有自然属性、社会属性,还有技术属性。传播媒介的自然特性,也就是其物理特性,比如,有重量,有硬度,有电磁场,甚至还有生命周期,显示出媒介是一种物质实体,或者称为实体性。同时,传播媒介也有其社会属性,记录一定的社会符号和社会信息,具有负载性和中介性。此外,传播媒介还有一定的技术属性。广义地讲,技术属性也属于社会属性,但还是有其特殊性,符号的约定和设计,载体的生产制造,媒介实体的控制都是在一定技术条件下实现的。概括起来,传播媒介的基本特性主要有以下几个方面。

1. 传播媒介的物理特性

传播媒介的物理属性也称为媒介的物质实体性,具有一定的形状、大小、重量、材质。无论何种媒介总是体现其一定的物理特性。即使是一些传播媒介,如自然条件下的口语传播媒介依然具有其特定的物理特性。不同的物理特性决定了不同媒介的应用场合、生命周期、保存条件、社会接受程度等。摩崖石刻的物理特性决定了只能以在地传播、纵向传播为主。传播的范围比较小,但时间上可以传播得比较久远。

2. 传播媒介的信息特性

在一定技术条件下,传播媒介具有表示信息、记录信息的特性。在功能和作用上,传播媒介也主要是担负着记录信息、呈现信息、传输信息的任务。

3. 传播媒介的传播性

传播媒介的传播特性主要表现为载体在时间上和空间上的传递性。当然这种传递性可以是有形的,也可以是无形的。由于物质载体重量、传递速度的不同,不同的传播媒介具有不同的传播特性,特别是,不同传播媒介在时空维度上的传递特性有很大的差异,于是,出现了时空偏倚,形成了时间偏倚媒介和空间偏倚媒介两个大的类别。

4. 传播媒介的系统性

从系统论的角度来看,社会信息的传播是一个完整的社会系统,而传播媒介本身也是一个系统,甚至传播媒介系统中还可以有更多的子系统,比如符号系统、载体系统等,还可以有电子媒介系统、户外媒介系统等。传播媒介的系统性说明了媒介的各个组成部分、各个不同层次之间是有机联系的,不是孤立存在的。

5. 传播媒介的独立性

传播媒介的独立性是指媒介一旦形成,可以离开传播者独立地存在,也不会因为没有受众而消失。比如,一块石刻、一本图书、一张报纸,除去自然因素,不会因为离开了传者或者受者而不存在。另一方面,同一种媒介可以记录不同信息内容,反过来,同一个信息内容也可以采用不同的媒介,比如一首诗既可以写在纸上,也可以刻在石头上。虽然媒介形态有所不同,但是其符号系统和信息内容没有发生本质的变化。

6. 传播媒介的技术性

尽管传播媒介有其自然物理特性的一面,但传播媒介在本质上是人类社会技术进步的产物,具有明显的技术特性。姑且不谈现代的电子媒介和互联网是当今高新技术发展的产物,即便是古代的口语交流媒介、烽火传信,在现代人看来,似乎是"纯自然"的媒介,也包含着特定的符号约定,应该说是当时技术成就的体现。

7. 传播媒介的社会性

传播媒介的社会性主要表现为社会的中介性,为不同的社会群体内部和群体之间所使用,能体现传受群体的威望和社会分层;其负载的信息是社会信息,还原的也是社会图景;担负的是社会成员参与社会事务的平台和媒介。

三、传播媒介的分类

作为传递信息的载体和工具,媒介的形态随着技术的发展而不断演变,从最早的实物传播、口语传播、结绳记事到文字传播、印刷术的发明以及报刊书籍的盛行,再到广播电视、数字网络媒介等新型媒介的发展壮大,满足了传播者和受传者的多种需要。到目前为止,形成了多种媒介并存的格局。为了深入分析媒介,有必要对众多媒介进行一定的分类。传播媒介的分类方法很多,既可以按传播范围划分,也可以按传播的阶段划分,还可以按媒介的物理特性划分。

在具体分类时,主要根据媒介的传播范围、传播方式、物理特性等指标进行划分。当然,也可以根据时空偏倚度、受众参与程度、传播速度、保存时间、传播公信力等指标对媒介进行分类。

按媒介在不同的传播环节担负的作用而言,可以将媒介分为表示媒介、存储媒介、传输媒介、识读媒介等。有的媒介既可以充当表示媒介,又可以充当存储媒介、传输媒介,比如图书、报纸、期刊等。有的则只能充当传输媒介,比如无线电。

按媒介形态和物质属性来划分,可以将媒介划分为实物借用媒介、印刷媒介、电子媒介、交互网络媒介等几个大的类别。此处的实物借用媒介是指自然存在的物体被用作媒介,比如,石刻、鸡毛信等属于实物借用媒介。

按照信息的表达方式来划分,不同传播媒介所用的符号不同,有的媒介依赖文字和形象图案的表达,有的则依赖声音的传递,或者活动图像的传递,有的则依赖文字、声音、图像、影像的综合运用。相应地,媒介也可以划分声音媒介、文字媒介、声像媒介、综合媒介。书刊、石碑一般被认为属于文字媒介。而现在的网站被认为是综合媒介,具有文字、图像、声像、动画的综合表现能力。

按受众数量和传播范围,媒介可分为大众媒介、中众媒介、小众媒介、个人媒介。比如,信函一般被认为是个人媒介,甚至电子邮件也被认为是个人媒介,尽管可以同时发送成百上千份电子邮件。而报纸、杂志、电视和广播则属于大众媒介。

按交互方式,媒介可以划分为单向媒介、双向媒介、多向媒体。比如户外招牌、书、报、刊、广播、电视一般被视为单向媒介,而口语交流、电话、书信、互联网一般被称为双向媒体。至于 BBS、QQ 等,由于可以同时有多个交互存在,可以说是多向媒介。

按照媒介的实际展示环境和方式,分户外媒介和非户外媒介。户外媒介是指暴露在开放的户外空间中的传播媒介,如霓虹灯、户外灯箱、车站灯箱、公共汽车车体,主要用于传播广告信息。至于楼宇、车内、船内等一些公共场所的媒介,无论是电子媒介还是其他媒介,应该都算是户外媒介的特例,或者说广义上的户外媒介。而需要特定条件下才能接触和识读的媒介,可以称为非户外媒介,比如书刊、缩微胶片等。

按照媒介的信息传播诉诸受众感觉器官的不同,媒介可以分为视觉(动态视觉和静态视觉)媒介、听觉媒介、视听混合媒介。电视是典型的视听混合媒介。

由此可以看出,从不同的角度和指标,可以对媒介作出不同的分类。而不同类型的媒介可以用于传播活动的不同环节、不同方面、不同目的。不同媒介的有序组合可以组成合理的媒介体系,形成合理的传播格局。

第三节 传播媒介技术

传播活动与传播媒介的出现和发展既是社会运行的需要,也是技术发展的产物。传播和媒介发展史也告诉我们,传播活动,特别是传播媒介的重大变革,大多数是由媒介技术的发展而引起的。从甲骨文,到印刷术,到广播电视,再到如今的互联网,媒介技术在整个人类社会的进步中扮演着越来越重要的角色。本节主要讨论媒介技术的概念和内涵、主要的媒介技术及最新进展。

一、媒介技术概述

1. 技术概述

什么是技术?从不同的角度,可以给出不同定义。法国著名的技术哲学家雅克·埃吕尔认为,"技术是合理的、有效活动的总和,是秩序、模式和机制的总和","技术是在一切人类活动领域中通过理性得到的(就特定发展状况来说)具有绝对有效性的各种方法的整体"。① 著名传播学者麦克卢汉从"技术是人的延伸出发",认为,"技术是我们身体官能的延伸,无论衣服、住宅或是我们更加熟悉的轮子、马蹬,它们都是我们身体各部分的延伸。为了对付各种环境,需要放大人体的能量,于是就产生了身体的延伸,无论工具或家具,都是这样的延伸。这些人力的放大形式,人被神化的各种表现,我认为就是技术"②。

而在《美国国家技术教育标准》一书中,"技术"则是这样被定义的。"技术"可以指人类发明的产品和人工制品,盒式磁带录像机是一项技术,杀虫剂也是一项技术,也可以表示创造这种产品所需的知识体系,还可以表示技术知识的产生过程以及技术产品的开发过程。人们常常广义地使用"技术"一词表示包括产品、知识、人员、组织、规章制度和社会结构在内的整个系统,比如,讨论互联网技术时使用的这种广义的含义。③

由以上讨论可以看出,技术一般指称如下几个方面:一是指技术实践所产生或制造的物质工具、设备或人工物;二是指技术知识、规则、秘诀或概念;三是指工程或其他的技术实践,甚至包括与应用技术知识相对应的、应有的特定职业态度、范式与假定;四是指技术是人的创造力的表现,是人为了达到目的而在客观规律的无数可能性中所作出的创造性选择,是为着特定目的的实践活动。④

可见,技术是依照人们的意志和需求被发现、被发明的,在实际使用中也始终体现着人的目的。我们身边的许多技术都被广泛应用于各个领域,影响并推动着整个人类社会以及其他技术的发展,媒介技术便是其中之一。

2. 媒介技术的相关概念

媒介技术通常是指媒介设计、媒介制造、媒介应用和管理控制的知识体系和方案,以及相应的技术规范。媒介技术还表现为支撑信息得以传播的技术手段和知识的总称。另外一个与"媒介技术"概念接近的是"传播技术"。传播技术与媒介技术两个概念的所指有一定的差异,但在大多数场合,常常不做特别的区分。

所谓媒介技术,包含多重含义。一是指在表达、存贮、运载和识读信息过程中起中介作用的物理工具,比如印刷品、通信器材等;二是指有关媒介和媒介设计制造的知识、规则和概念;三是指不同媒介的选择和组合策略及应用方案;四是指媒介设计、制造、应用和管理领域中的职业规范和技术要求。从传播全过程中的支撑作用来看,媒介技术包括信息表示技术、信息记录技术、信息组织技术、信息传输与

---

① 转引自李芒:《论教育技术是"主体技术"》,载《电化教育研究》,2007年第11期。
② 马歇尔·麦克卢汉著,何道宽译:《麦克卢汉如是说》,中国人民大学出版社,2006年版。
③ 国际技术教育协会:《美国国家技术教育标准》,科学出版社,2003年版,第21页。
④ 孟庆丰:《媒介技术的演进及其社会影响分析——基于技术哲学的思考》(学位论文),南京:南京理工大学,2007年。

服务技术等。

尽管在当代人看来,有些媒介,比如人际交流的语言媒介,不需要复杂的现代技术的支撑,似乎是在谈话过程中表现出来的人类的一种生物能力,但本质上看来,依然是一种媒介技术和媒介技术的应用。而通过电子广播手段传播语言,则更是人类有意识地运用技术手段的结果。尽管电流和电磁波在自然界一直存在,但是,被人类社会拿来用于信息的传播,则需要相关技术去控制电流和电磁波,并按照人类的意愿和需求传播声音信息。一般情况下,媒介技术的概念用于比较窄的场合,比如将电视、网络称为媒介,而将制造电视机、建造互联网的知识和技能分别称为电视技术、网络技术。

3. 媒介技术的发展

如前所述,人类历史上经历过五次媒介的革命:语言的创造,文字的发明,造纸和印刷术的发明,电话、电报、电视等现代通信技术的运用,以及电子计算机和互联网的应用。每一次的媒介革命都是由媒介技术的革命直接推动的。可以说每一次媒介技术的创新都会带来新的传播媒介出现,进而影响人类社会政治、经济、文化及社会生活的方方面面,同时社会也直接反作用于媒介形态,技术与社会在互相影响中推动着人类文明的发展。

二、媒介信息表示与记录技术

通过一定的媒介及其机制,可以使信息从时间或空间的一点向另一点移动和传递,从而实现人们之间的信息交流和共享。但是,这种信息的传递、交换与分享需要借助共同的符号系统进行,也就是说信息交流的双方是在共享的意义空间中交流符号,而非信息本身。因而,需要将信息符号化,即信息的符号化表示。为满足信息接受者的特点和实际需要,可以采用不同的符号表达方式来表达同一信息内容。最常用的信息表达方式有文字、语言、图形、图像、声音和形体动作等几种。为了保障信息交流的正常和流畅,信息在符号化的过程中必须遵照一定标准。如通过语言交流要符合语法规则,甚至是文化习惯。那么,信息符号化过程中的这些约定和规则、专门知识、专门工具和技巧就是信息表示技术,或者称为信息表达技术。

利用计算机进行信息交流时也是如此,必须事先对各类信息制定统一的"编码"标准,通过计算机及其网络交流信息才成为可能。目前国际公认的信息表达技术规范有英文字符信息交换的 ASCII 码,汉字信息交换的国标码(GB2312),商品信息的条形码,网络数字音乐的 MP3 编码,以及静态图像压缩技术的 JPEG 标准和视频压缩技术 MPEG 标准等。这种按一定的标准去实现信息符号化,我们称之为信息符号表达的规范化和标准化,相应的技术称之为标准化技术。但是,信息的表示必须与有效的记录结合起来,才能实现信息的保存。比如,岩画、结绳等是人类历史早期记录信息的手段。纸的发明使信息记录、存储更加便捷,也使信息快速传播成为可能。随着人类社会信息量的剧增,信息记录技术也在不断地发展,出现了缩微胶卷、磁性介质、光盘等介质。

1. 古代信息记录技术

(1) 结绳记事。古人通过在绳子上打结记事,要记住一件事便在绳子上打一个结。看到一个结便会想到某件事情,记两件事便会打两个结,依次类推。但当事情太多时,便会产生混淆。因此,这个方法虽然简单却并不可靠。据说波斯王给了他的指挥官们一根打了60个结的绳子,并对他们说:"从你们看见我出征塞西亚人那天起,每天解开绳子上的一个结,到解完最后一个结那天,要是我不回来,就收拾你们的东西,自己开船回去。"可见当时记事的复杂和困难。此外,在石头上刻痕也是古人常用的记事方法,其原理同结绳记事一样,只能起到提醒的作用,不能完全对事情本身作记录。

(2) 甲骨文。中国商代和西周早期以龟甲、兽骨为载体的文献,是已知汉语文献的最早形态。刻在龟甲、兽骨上的文字早先曾被称为契文、甲骨刻辞、卜辞、龟板文、殷墟文字等,现通称为甲骨文。最早是由于商周帝王迷信,经常用龟甲、兽骨进行占卜,并把占卜的有关事情(如占卜时间、占卜者、占卜内容、预兆结果、验证情况等)刻在甲骨上,作为档案材料由王室史官保存。而刻制甲骨文的技术就是一种信息记录技术。除占卜刻辞外,甲骨文献中还有少数记事刻辞。甲骨文献的内容涉及当时天文、历法、气象、地理、方国、世系、家族、人物、职官、征伐、刑狱、农业、畜牧、田猎、交通、宗教、祭祀、疾病、生育、灾祸等,是研究中国古代特别是商代社会历史、文化、语言文字的极其珍贵的第一手资料。

(3) 竹简木牍。早期刻在甲骨和钟鼎上的文字,由于材料的局限,难以广泛地传播。加上当时掌握文字的人数量极少,且多属上层社会,其传播范围就非常小。直至竹简出现才使这一情况有所改变。竹简是战国魏晋时代的书写材料。是削制成的狭长竹片或木片,竹片称"简",木片称"札"或"牍",统称为简,现在一般说竹简。用毛笔墨书,每片写一行字,写成文的竹简需用绳子或牛皮条将其按顺序编串起来,称为"简牍"。在湖南长沙、湖北荆州、山东临沂和西北地区如敦煌、居延、武威等地都有过重要发现,其中居延出土过编缀成册的东汉文书。

(4) 纸草。纸草(papyrus,英文 paper 一词即源于此),是尼罗河三角洲盛产的一种植物,与芦苇相似。这种植物被切成长度合适的小段,经剖开压平,拼排整齐,连接成片,风干后就成了纸草。记录时,用芦苇秆等作笔,以菜汁和黑烟末制墨,在纸草上写字。但是时间长了纸草会干裂成碎片,所以极难保存下来。所幸的是,极少数用僧侣体写成的纸草文书流传于世,比如目前藏于大英博物馆的一份纸草文书,该草纸文书记载了古埃及人的算术和几何成就,相传是一位名叫阿摩斯的僧人从第十二王朝的一位国王的旧卷子上转录下来的。纸草记事为当代人了解有关古代社会提供了极其珍贵的材料。

2. 现代信息记录技术

所谓现代信息记录技术主要指工业化催生的现代造纸、机械式唱碟以及机械式印刷工业、模拟电子记录技术、数字信息存储媒介等技术。

造纸虽然古已有之,但只是在实现工业化之后,才真正使纸张成为大众化的信息记录媒介。而早期唱碟也是用机械方式在特定碟片上加工出特种高低不平、大小不一的凹槽印记,用于记录不同信息,然后用机械式唱机带动长针滑动而产生声音再现等效果。后发展到模拟电子信息记录技术,比如录音磁带、录像磁带、模拟电子唱盘等。

印刷技术最早开始于我国隋朝的雕版印刷,经宋代毕昇进一步的发展和完善,产生了活字印刷,并由蒙古人传至了欧洲。现代印刷则始于德国的古登堡,他因为成功地发明了由铅、锑、锡三种金属按科学、合理比例熔合铸成的铅活字,并采用机械方式印刷,而功勋卓著。按印版型式,印刷可划分为凸版印刷、平版印刷、凹版印刷及孔版印刷四类。20世纪90年代,计算机技术推进了印刷技术的数字化和网络化,由文字图形单色处理的桌面出版系统(DTP)演进到彩色图文一并处理的电子彩色出版系统(CEPS)。数字印刷、按需印刷、个性化印刷也逐渐开始盛行。而计算机直接制版技术(CTP)的出现更为印刷省去了制版环节。印刷技术是为知识的广泛传播与交流创造了条件,为大众传播创造了必要的条件。

伴随计算机技术、网络技术、通信技术的发展,数字信息存储介质诞生了,主要有数据磁带、硬盘、CD、CD-ROM、IC卡等形态。数字磁带类似于早期发行音乐用的磁带,但读写规则是数字记录模式。硬盘(简称HD,英文"hard-disk"的缩写)储存量巨大,是目前主要的数字存储设备。1956年,美国IBM公司制造出世界上第一块硬盘,该硬盘一问世就被广泛地用于计算机设备上。按照盘体内盘体直径的不同,硬盘分为3.5寸、2.5寸、1.8寸和1寸等型号(注:此处的"寸"为"英寸")。20世纪80年代后期,光存储媒介开始快速发展。1985年Philips和Sony公布了在光盘上记录数据的技术黄皮书。之后,CD盘、DVD盘、蓝光光盘等一系列光盘媒介就陆续发展起来。由于光盘制作较简单、成本较低,因此,光盘一经问世便得到了广泛的应用。光盘既是重要的存储介质,也是重要的数据传输介质。特别是在软件、音乐和电影作品的发行方面,光盘成为重要的数据载体。但光盘也有严重的不足。光盘以塑料盘片为基体,划痕、潮湿、干燥都会导致光盘变形,而影响对数据的读取。

三、媒介信息组织技术

1. 信息组织概述

如上所述,信息、符号都是媒介的组成要素,而信息不仅是被记录在媒介上,还具有一定的组织结构。因此,信息的组织结构及相关技术通常也被认为是媒介技术的一部分。这也进一步说明了,媒介技术不能简单地"物化"为物质载体技术。虽然常常将信息与媒介分开叙述,而实际上信息与媒介是不可分割的,信息技术与媒介技术也是紧密联系和融合的。

信息组织的目标是为了使信息单元之间的结构和联系更加有序。当这些组成要素的结构在时空序列中受到约束并呈现出某种规律性或者说合理性时,事物就处于一定程度的有序状态,反之则处于无序状态。信息的有序化是传播活动有效开展的必要前提。需要说明的是,社会信息的所谓有序和无序还常常与一个人的分析立场和社会角度有关系。立场不同,观察者所处的社会阶层不同,得出的看法和结论也会有所差别。

所谓信息组织过程,是指将信息从无序状态转换为有序集合的过程,即根据信息的外部特征和内容特征,以及信息组织要求,通过一定的规则、方法和技术,将信息按已定的参数和序列排列,使信息从无序集合转换为有序集合的过程。比如,网站信息编辑和管理就是一种信息组织工作,报纸编辑也是信息组织工作。信息组织是在系统科学理论指导下依靠专门的技术方法和手段对信息资源进行选择和整理,从而达到使这种资源得以被充分利用的目的。[①] 最初,信息组织的系统研究主要在图书情报学领域,而今,在传播领域也变得异常重要。只有按照传播要求和规律,将信息有序地记录在载体上,才能通过传播媒介系统完成有序、有效的传播。

信息组织工作主要包括信息选择、信息分析、信息描述与揭示以及信息有序化存储。从所采取的无序信息中,甄别出符合条件的信息,并从语法、语义和语用上按照一定的逻辑关系对信息进行加工整理、合理编排,以及信息特征的挖掘提取。

信息组织有多种模式,不同模式的选择往往直接影响到传播媒介的可传播性、可控制性、可用性。

2. 信息组织的主要技术

从技术实现的角度,信息组织涉及信息描述、信息组合、信息组织结构设计等方面,均需要相应的技术支持才能实现。首先是信息描述和标记技术,比如,根据

---

① 周晓英:《信息构建的基本原理研究》,载《图书情报作》,2004年第6期,第5~7页。

语义、应用和结构的需要对信息内容（包括数据、文件、规则、过程、体制）进行定义、标记、描述、识别、验证和解释；其次是信息的组合技术，比如，运用逻辑、语义、语法或结构方法对这些信息内容及其集合进行过滤、析取、链接、合并集成或重组；此外，还要根据用户的具体需要和应用环境调整优化信息的媒介形式、文献形式和系统形态。①

四、信息传输与服务技术

信息传输与服务的技术和方式多种多样，比如，过去的烽火通信、敲钟、信使，以及近现代的电话、驿站等都是特定的信息传输服务技术及应用。尽管在当代看来，这些技术上显得很简单，但就当时而言，应该说是最先进的传播技术，至少是最适合的传播技术和方式。

广义地讲，信息传播与服务技术涉及信息的采集、搜索、加工、存储、转换和通信等诸多方面的相关技术。因此，信息的记录技术与传输服务技术常常交织在一起，不易分得很清楚。但本章所讨论的信息传输与服务技术主要解决信息传输和扩散服务中存在的问题，比如，如何可靠地、可控地传输信息，需要传到甲地的信息，不能传到乙地。从某种意义上讲，传输技术几乎是通信技术的同义词，主要解决传输范围、传输效率和质量等方面的问题。造纸术和印刷术既是记录技术，也是传输技术，它们使人类社会拥有了空前强大的信息载体，同时也带来了快速方便的信息生产、加工处理手段，拓宽了信息传播的范围。而电话、电报、广播、电视、传真等现代信息通信与传播技术的出现和广泛应用，直接影响了信息传播的速度、内容和方式。②

五、当代媒介技术

当代媒介技术主要指以数字技术为基础的计算机、多媒体、互联网、手机和移动通信等新媒介技术。换句话说，当代媒介技术主要指以互联网为平台、以数字多媒体方式进行信息传播服务的技术，包括数字通信技术、互联网技术、网站设计技术、网站管理与服务技术等诸多方面。

在载体方面，主要有高度数字化的、精密化的媒介载体技术。比如，超大规模集成电路芯片技术、海量可靠存储技术、智能化网络存储技术等，以及手机内的 SD 卡、数码相机用的 Flash 卡、计算机常用的 U 盘、移动硬盘等。

---

① 陈光柞等：《因特网信息资源深层开发与利用研究》，武汉大学出版社，2002 年版，第 59 页。
② 何晓萍主编：《数字资源建设与利用》，江西科技出版社，2006 年版，第 52 页。

在信息编辑方面,主要有面向海量信息的多媒体编辑制作技术。以互联网为主的新媒介具有承载海量信息、多媒体信息和互动信息。这些海量多媒体信息的编辑加工和组织需要超文本、超链接等新媒体技术。网站超链接技术可以实现网站的导航索引和导读作用。但是,如何避免将读者引向不良的或者非法内容,如何防止侵犯被链接者的著作权,如何防止非法网络广告?都需要技术与管理的有效结合才能解决。

在信息组织模式方面,当前,数字环境下的信息组织模式主要有文件模式、超媒体模式、网页模式、数据库模式。文件模式是指文件层次的信息组织模式,以单个文件为单位共享和传输信息,包括文本文件、图形、图像文件、声频文件、视频文件、程序文件、压缩文件等多种非结构化信息。超媒体模式主要从超文本技术与多媒体技术结合的角度考察媒介信息的组织方式,通过超链接的方式将多媒体信息有效地组织在一起,既有超链接的传播特征,又具有多媒体的丰富表现力。网页模式是目前使用最为广泛的一种模式,它将多种数字信息资源用超文本标记语言(HTML)或可扩展标记语言进行结构化描述,再经过相应的浏览器而显示。数据库模式将所有已获得的信息以规范化的记录格式存储,用户通过关键词及主题词查询。此外,数字图书馆也是一种重要的信息组织模式,是下一代互联网上具有高度组织的超大规模资源库集群,以统一的标准和规范为基础,以先进的信息处理技术与计算机设备为手段,以分布式资源库群为支撑的一种信息组织模式。

由此可见,数字信息的组织模式很多,每一种数字信息组织模式适合特定的媒介。甚至一种媒介会有多种信息组织模式的组合应用,以适应不同的传播目的和要求。比如,信息组织的数据库模式就有可能需要与信息的主题划分相结合。

在传播服务方面,主要有网络化的传播服务技术,包括网页浏览技术、信息检索技术、信息推送技术和虚拟实现技术。BBS论坛服务、在线聊天、网络游戏、新闻网页服务、RSS(聚合内容共享)、信息内容推送、电子邮件、博客、WIKI(维基)多人协作写作、TAG(社会标签)、SNS(社会网络服务)等均是典型的信息传播和服务技术及应用。

信息检索技术是当代信息传播和服务最重要的技术,主要用于网络环境下的信息服务。目前有基于文本、图像、音频、视频的信息检索技术。搜索引擎,如Google、百度等,是信息检索技术的典型应用,通过网络搜索软件在网上自动搜寻网络中的相关信息,并对采集到的网络数字资源进行标引、著录,建立Web页索引数据库,在此基础上,实现网页搜索和查询服务。搜索引擎能够将数字环境下分散的、多种媒体的、多格式的、没有统一规范控制的数字信息资源进行一体化的搜索采集。当然,搜索引擎不可能穷尽互联网上所有的网页。因此,在有限时间和条件下,搜集到相对重要和准确的信息,就成为人们主要关心的问题。另一方面,信息搜索技术的广泛应用促进了媒介的智能化,对传播过程和传播管理产生了极大的影响。

在数字媒体管理和控制方面，主要开发了互联网管理控制技术，互联网宏观管理技术和微观管理技术，或者称互联网外部管理技术和内部控制技术。比如，某个网站或者网站群的外部监测和控制技术系统，就属于宏观管理技术和外部管理技术，主要用于对一个或者多个新闻网站、BBS论坛等发布的信息内容进行收集、监测和分析。网站的内部管理控制技术则属于微观管理技术和内部控制技术，包括网站内容审核与发布管理、网站超链接管理及控制等。

总而言之，当代媒介技术主要解决了数字化信息采集与组织、互联网发布平台、多媒体编辑制作系统、集成化信息服务界面、复合型传播通道及多样化接收终端等方面遇到的复杂技术问题。但面对互动、高速、开放、无边界的互联网，还存在着诸多问题，如网络信息暴力、不健康信息泛滥、侵犯知识产权等问题亟待解决，期待着媒介技术的进一步发展和突破。

第四节　当代主要大众传播媒介

大众传播媒介由于其特殊的功能和作用而受到广泛的关注，也是传播学研究中的重点。就目前而言，大众传播媒介主要分为三大类：印刷类大众媒介、电子类大众媒介、新媒介。印刷类大众媒介主要是指报纸、杂志、书籍，电子类大众媒介主要指广播、电视，而有大众传播功能的新媒介主要是指以计算机、互联网为基础的相关数字媒介。尽管不同的大众媒介之间存在很大的差异，但是，这些大众传播媒介的信息传播都具有速度快、范围广、影响大等特点，担负着新闻宣传、知识传播、舆论监督、社会服务和文化积累等多项功能，是当今社会的主流媒体形态。

一、印刷媒介及其传播特征

印刷媒介是以纸为物质载体，通过印刷技术实现复制，以文字图画和版面编排为表示符号的传播媒介，是当今主要的大众传播媒介类型之一，有书籍、报纸、期刊等具体的媒介样式。

书籍是以传播为目的，以文字为主，图表为辅，并具有相当多篇幅，装订成卷、成册的印刷物，主要记录和传播知识信息。报纸是以散页形式连续出版、向公众发行，供读者阅读的定期出版物，一般以刊载新闻信息为主。报纸通过印刷在纸张上的文字、图片、色彩、版面设计等符号传递信息。杂志，又称期刊，是一种装订成册、有固定名称和编号的定期出版物。杂志通过采用不同的期号，实现其连续不断又有固定时间间隔的出版传播。杂志具有明确的读者定位，部分杂志的内容专业性较强。就媒介的流转特性来看,报纸是散页形式,容易损毁,长久保存不易,到了读者手中的同一份报纸可供阅读的人数不是太多,但同一期报纸的总发行量很大,是通过大量复制和发行而实现大众传播的。而书籍和期刊是装订成册的,比较容易保存,可以较好地实现共时传播和历时传播。特别是图书,可以在不同的人之间传阅,或者保存在图书馆等公共场所被广大的读者借阅,甚至几十年前的书至今还在图书馆的借阅架上。

作为印刷媒介的组成部分,文字、图画、版面区划等媒介符号系统,给传播者提供了较丰富的信息表达、信息评价和信息传播的手段和工具,同时,也为读者提供了阅读的可选择性。比如,不仅可用文字和图表直接表达信息内容,还可以利用文字图表的大小、图文的空间组合和排列实现特定的信息评价和传播功能。

印刷媒介作为一种主要的大众传播媒介,有其独特的传播优势。

第一,印刷媒介蕴含着丰富的信息,信息量很大,可以实现信息的大量收集和大规模复制。在新闻报道方面,纸质媒介可以充分利用自身的媒介版面优势,提供某一问题的深度报道及相关信息,使人能深入明白报道事件和问题的来龙去脉以及发展始末。例如报纸的专题报道,可以作出深入详细的新闻报道,能够把内容详细深刻地展示给读者。这是印刷媒介之前的实物媒介所不能比拟的。在知识传播方面,一般而言,也只有书籍才能承载着更多、更系统的知识信息。

第二,印刷媒介较容易保存,生命周期较长,可以反复查阅,便于探索与研究,有利于扩大传播范围,取得累积性的传播效果。纸质媒介作为一种可以保存信息的物质载体,不仅是担负着共时传播和横向传递的大众传播媒介,还在相当大的程度上担负着信息的历时传播和纵向传递,并且实现着信息资料的保存价值。而迄今为止,广播电视等电子媒介的传播内容大多数还是稍纵即逝、难以保存的,但是印刷媒介却很容易将信息有效地保存下来,便于读者日后的检索和查阅。

第三,印刷媒介携带方便,阅读时对眼睛不易造成伤害。印刷媒介能满足人们随时随地阅读的需要。比如在旅途中、等公交车或者停电的时候,不用额外的设备支持,印刷媒介就可以满足人们的阅读需求和获取知识、信息的需求。此外,与一般的电子媒介不同,印刷媒介的文字图表显示采用的是光反射原理,光线柔和,阅读时不易疲劳,也不易对眼睛造成伤害。

第四,印刷媒介的阅读选择性强。换句话说,印刷媒介的读者具有很大的阅读主动权,可以实现读者的选择性阅读。读者在接受印刷媒介的时候,可以自由地选择阅读时间、阅读地点以及阅读方式,可以重复阅读和跳跃性阅读。报纸可以利用标题使读者迅速自由地选择所需要的部分来阅读。读者往往可以根据爱好和习惯去浏览印刷媒介上的信息,主观性比较强。读者甚至可以有选择性地对信息进行保存,剪报和报纸复印就属于选择性保存。

第五,印刷媒介既适合做大众传播媒介,也适合做分众传播媒介。专业化、专门化的报纸、杂志和书籍等印刷媒介以其专业的内容而拥有特定的读者群,形成印刷媒介的分众传播。此外,印刷媒介不仅在印刷技术和纸张质量上精益求精,各种装帧设计也越来越精美,极具收藏价值。

随着媒介技术的发展,与其他大众传播媒介相比,印刷媒介在具有以上优点的同时,也存在着不足的方面。

第一,虽然不同的印刷媒介其时效性各有差异,但印刷媒介的时效性总体上不如电子媒介。报纸杂志的时效性,显然没有广播、网络等媒介强。晚报、日报是时效性最强的印刷媒介,但当天上午发生的事情,晚上晚报才能报道,而日报则只能隔天报道。杂志的出版周期更长,对于新闻报道而言,其时效性较弱。究其原因,这是由印刷媒介的物质形态和技术属性所决定的。提高印刷媒介的时效性,必然带来成本上的增加。虽然印刷媒介的信息内容时效性不十分强,但是杂志和书籍可供保存和阅读的时间较长,可以重复阅读,还可以借给其他人阅读。因此,在相当一段时间内,书刊具有保留价值,而报纸的保存价值就相对弱一些。

第二,与网络媒介相比印刷媒介检索的便捷性差一些。这是由印刷媒介的物质特性和技术条件决定的。由于印刷媒介的笨重,很多图书、杂志和报纸即使是摆放在那里,也难以查找和检索。而网站则可以实现快捷检索。

第三,印刷媒介使用的抽象符号系统主要是文字、图表等,其识读需要读者具备基本的识字能力,对信息的理解则更要求读者具有一定的文化水平。因此,印刷媒介的使用受文化程度的制约。知识水平不高或者文化程度低的人无法或不能充分地使用这种媒介。遇到专业性强的印刷媒介,这种情形则更为突出。

第四,印刷媒介的信息表达形式有限,主要是文字和图表等方式。与广播电视相比,印刷媒介缺乏图声并茂的动感,也无法听到声音,没有广播电视节目亲切、活泼和自然。

第五,印刷媒介的发行受物流系统的制约性较大,其受众的地理范围有限。受地理、交通和成本因素的制约,印刷媒介的送达和扩散比较慢,送达成本比较高。过去,一张报纸送到偏远地方有时需要7～10天,现在交通、物流条件改善了,但有时送到偏远地方也还需2～3天,而且成本很高。在这种情况下,印刷媒介的受众范围应该说是受限制的。

第六,印刷媒介的互动性弱,与读者的互动方式少、互动频度低。印刷媒介本身缺乏与读者的有效互动方式和手段。读者只能借助于发信函、打电话等方式,通过出版机构的有关人员反馈信息。而反馈的信息需要等待较长的时间才能反映到媒介上。此外,印刷媒介无法直接记录读者阅读的情况,读过没有?多少人阅读过?无从得知。只能根据印刷量来推测发行量,通过发行量来推测阅读量。

二、广播电视媒介及其传播特征

1. 广播媒介

广播,原称电声广播,在我国简称为广播。广播是用电子技术装备起来的、以无线电为主要传输媒介的,以传输声音信号为主的,可以覆盖大范围地区的信息传播媒介系统。广播系统最初是以无线电传输为主,随着有线电缆的普及,目前已经有了有线与无线相结合的广播系统。广播以传播新闻为主,兼顾文化、娱乐、社会知识等方面的传播内容。广播媒介一般由录制系统、发射系统、传输控制系统、接收系统等几个部分组成。发射装置、接收设备和电波(无线或有线),以及接收装置是广播媒介传播信息的物质载体。广播服务的全过程包括节目采集、编辑、加工、制作,节目信号的发射和传输,节目声音信号接收与还原等过程。由于新技术的应用,广播系统数字化程度非常高,不仅可以传输声音信息,还可以传输文字信息。

作为大众传播媒介,广播媒介具有很多传播优势。首先,广播媒介主要属于听觉媒介,主要利用语音、音响、音乐三类声音符号传播信息。其次,广播媒介传播迅速。广播信息一旦制作完毕并发射,理论上来说,可以以每秒30万公里的光速传送信号,全球听众可以在同一时间收听到同一声音,是速度最快、时效性最强的传播媒介。第三,广播媒介覆盖面广。广播主要使用的是无线广播(包括卫星广播)信号,在当前技术条件下不受到地理范围的局限。但是,在广播发展的早期,由于技术条件的限制,高山往往成为屏障,甚至城市中的高楼林立,也会出现屏蔽现象。第四,广播媒介使用的主要是语音符号,属于自然语言,受众容易理解,收听广播节目一般不受听众文化程度的影响。因此,广播媒介的受众范围广泛。

在互动性方面。广播媒介的参与性经历了由弱到强的过程。虽然广播节目传播本身是一个时间维度上的线性过程,但是,听众可以通过电话或互联网与节目主持人沟通,参与到节目的互动中去。

除了上述特点之外,与电视相比,广播的收听装置体积较小,属于可移动式媒介。现在的收音设备更为轻便,甚至与手机、手表等随身携带工具结合在一起。因此,听众在收听广播节目时可以不受时间、地点、空间的限制和影响。

当然,广播媒介也有其不足之处,表现为听觉的模糊性,信息保存性差,选择性有限等。听觉的模糊性主要是因为广播节目常常受噪音干扰,收听常常产生模糊不清的情况。信息的保存性差主要是因为广播媒介借助电子信号传输,声音收听稍纵即逝。广播节目的可选择性较差主要是因为广播属于线性传播,按时间顺序安排节目内容,受众不能任意选择播出内容和播出时间。特别是过去,广播频道很少,节目的可选性就很小了。

2. 电视媒介及电影媒介

广义上说,电视也是广播的一种类型,早期称之为电视广播,后来简称为电视。电视媒介是指使用电子技术传播图像和声音的现代化传播媒介。它通过光电变换系统把图像、声音和色彩转换为信号,用电缆和天线发送出去,由接收端将电信号还原为图像、声音和色彩,重现在荧屏上。与广播媒介相似,电视媒介也是由录制系统、发射系统、传输控制系统、接收系统组成,是一个复杂的系统工程。仅电视节目接收系统(通常是天线加上电视机)就非常复杂了。

电视媒介除了具有与广播类似的传播速度快、受众范围广等特点外,还具有视听兼备、形象化表达等优势。所谓视听兼备是指电视兼具视觉与听觉两个通道,意味着它在一定程度上将报纸和广播的传输优势结合在一起。所谓形象化表达是指电视可以类似于照片那样直接再现现实生活,而且还是动态的画面,使受众有身临其境之感。另外,电视媒介的现场参与感强,感受性强,穿透力、影响力强,能产生一种独特的潜移默化的传播效果。由于电视媒介的表现手段多,因此,可以适应很多不同题材的内容传播。

当然,与广播媒介类似,电视媒介通常也存在选择性差、保存性差等方面的不足。不过随着数字技术的广泛应用,这些问题已经得到了较好的解决。通过数字化有线电视技术,目前的电视机可以接收100多个频道,同时,观众还可以知道每个频道当前节目的起止时间,以及最近2个小时内的节目主题和起止时间,基本实现了电视媒介的选择性。

至于电影媒介,在技术表现效果上,与电视媒介有相似之处,但在技术方法上,则与电视媒介有很大的差别。早期的电影是黑白的、无声的,即便电影和电视均可以记录和再现声音和画面,胶片时代的电影与电视两种媒介实现声音和画面的技术原理也有很大差别,其差别之一就是电影媒介是有形媒介,而电视媒介是无形媒介。在传播方式上,电影的发行方式类似于书报刊,通过一定数量的复制来实现传播,电视则是采用无线电技术实现广泛的传播。随着数字化技术的广泛运用,当今的电影媒介与电视媒介在制作技术上实现了很多交叉和融合。

三、新媒介及传播特征

1. 新媒介的概念

新媒介是一个相对的、变动的概念。在不同的媒介技术阶段,新媒介的具体形态是不同的。比如,相对于图书,报纸杂志是新媒介;相对于广播,电视是新媒介;"新"是相对于"旧"而言的。新媒介又是一个时间的概念,在一定的时间段之内,新媒介应该有一个相对稳定的内涵。新媒介同时又是一个发展的概念,科学技术的发展不会终结,人们对媒介的新需求也不会终结,因此,新媒介也不会只停留在一个现存的平台、一种特定的形态。

当今时代,所谓的新媒介是指在书报刊、广播、电视等传统媒介之后发展起来的新的媒介形态,包括网络媒介、手机媒介、互动电视等,是一个宽泛的概念。新媒介通常泛指利用数字技术、网络技术,通过互联网、宽带局域网、无线通信网、卫星等渠道,以及电脑、手机、数字电视等终端,向用户提供信息和娱乐服务的传播形态。在目前的经济技术条件下,互联网是新媒介的主体。[①]

因此,目前的新媒介实质就是数字化媒介,有以下要素和特征:一是基于计算机技术、通信技术、数字广播等技术;二是通过互联网、无线通信网、数字广播电视网和卫星等渠道;三是以电脑、电视、手机、PDA、MP4 等设备为终端的媒介;四是能够实现个性化、互动化、细分化的传播方式,部分新媒介在传播属性上能实现精准投放、点对点的传播,如博客、电子杂志等。

根据互联网实验室等机构的研究,新媒介分为以下几种类型:第一类是基于互联网技术的新媒介,包括电子杂志、电子书、网络视频、博客、播客、群组、其他类型的网络社区等;第二类是基于数字广播网络的新媒介,如手机电视、数字电视、车载电视、公交电视等;第三类是基于无线网络产生的手机短信、手机 WAP 等新媒介形式;第四类是跨网络的新媒介,包括 IPTV、跨国卫星广播电视、电子出版物等。

由此可以看出,当今的新媒介是指相对于报刊、广播、电视等媒介而言的,技术上是依托于数字技术、互联网技术、移动通信技术。

2. 新媒介的总体特征

关于新媒介的特征,许多学者曾进行过探讨。例如,曼诺维奇曾经提出了新媒介的五个特征,包括:①以数字的方式展示(numerical representation);②模块化(modularity);③自动化(automation);④可变性(variability);⑤转编码性(transcoding)。据有关互联网研究报告,新媒介传播特征归纳为互动性、主动性、个性化、移动化。[②]

1) 互动性

由于技术条件、信息采集方法以及单向传播模式的限制,传统媒介的信息传播过程中,媒介与受众的互动性难以体现。新媒介基于网络和通信技术所提供的信息路径和存在空间,强化了传播的双向性,媒介与受众之间的互动性传播得以实现。

---

① 匡文波:《2006 新媒体发展回顾》,载《中国记者》,2007 年 1 期。
② 互联网实验室:《2006—2007 新媒体发展报告》。

2) 主动性

新媒介时期的媒介形态更加丰富,传播行为更加自由,由于数字化带来的交互性,传者与受者之间的界限逐渐模糊,受众可以主动选择要接受的信息。受众更可以通过手机短信、博客、网络社区主动上传信息,突破传统媒介在话语权上传者主导的限制和壁垒。

3) 个性化

新媒介针对大众需求提供个性化的内容,传播过程强调信息传播者和信息接受者的平等交流,而"多对多"的信息交流方式使得受众之间可以同时进行个性化交流。新媒介为受众提供的个性化"窄播"、"点播"服务将取代传统媒介的"广播"模式。

4) 移动化

随着无线网络技术和通信网络技术的融合,网络应用将逐步移动化。媒介移动化源于人们对摆脱束缚、实现自由的强烈渴望,移动通信使人们可以摆脱"固定"的束缚,获得联系的便利和自由;互联网内容与服务越来越丰富,使用越来越便利,特别是移动上网的实现。[1]

3. 互联网、手机终端及电子出版物

(1) 网络媒介,主要指互联网。网络媒介作为通过电脑和网络集声、图、字等多种符号为一体的电子传播媒介,具有三个显著特点:①多媒体性,网络媒介将电脑、声像、通信技术合为一体,可同时呈现图像、文字、影像、声音等信息,以调动视觉、听觉、触觉等;②交互性,网站可以让受众按照自己的时间和意愿选择,还可以利用网上留言簿、论坛、SNS社区、即时通信软件等加强相互交流,在网络上,人们既可以是传者也可以是受者;③信息数字化,由于数字化技术的应用,传播告别了传统物理媒介的传递工作,使信息的存储、传递、处理变得快捷。

(2) 手机终端。手机最初只是移动式个人话音通信工具。短信的出现使得手机不但能收发语音,而且能收发文字,具有第一媒介报纸的功能;彩信的出现使得手机可以收发图片、文字和音频,具备了一定的广播功能;手机电视的出现使手机一定程度上具备了电视的功能;WAP和3G网络使得手机具备了互联网的功能。手机作为接收终端具有如下几个特点:①多媒介融合,手机终端融合了报纸、杂志、电视、广播、网络等媒介的特点,成为一种新的媒介;②传播速度快、范围广,借助移动通信网,手机短信、手机报可以在最短的时间内群发给每一个用户;③互动性强,手机终端可以随时随地发出和接收信息,不仅可以进行个体间联络,还可以进行群体之间的联络,用户既是受众,又是内容生产者;④移动性、个人性,与台式计算机

---

[1] 高丽华:《新媒体经营》,机械工业出版社,2009年版,第17页。

不同,手机具有很好的移动性、便携性、个人性。因此,手机也成为在线时间最长的传播媒介。

(3)电子出版物。电子出版物,是指以数字代码方式将图文声像等信息编辑加工后存储在磁、光、电介质上,通过计算机或者具有类似功能的设备读取使用,以表达思想、普及知识和积累文化,并可复制发行的传播媒介。电子出版物的主要媒介形态有软磁盘(FD)、只读光盘(CD-ROM)、交互式光盘(CD-I)、图文光盘(CD-G)、照片光盘(PHOTO-CD)、集成电路卡、(IC CARD)及网络出版物等。与纸质出版物相比较,电子出版物在信息的记录存储方式、存储介质和读取方式三个方面完全不同。电子出版物一般具有丰富的文字、图形、图像、动画等表现能力,以及快速便捷的检索查询方式,小体积、大容量的信息保存特点,可通过改进的图书发行和网络联机服务实现传播,内容更新快、获取快、传播快、质量高。①

从上述讨论可以看出,当前主要大众传播媒介有其特点和优势,也有其不足。比如,广播、电视虽声声悦耳、画面生动,却转瞬即逝,难以在记忆中长期保留。报纸信息成本低廉,价格相对较低,不必一次性投入大量资金,受众比较容易获得。电子媒介的设备投入较高,且需要特别接收设备,而且电脑还需要一定的操作技术。因此,在媒介运用上需要组合应用,不同媒介互补应用。

第五节　主要传播媒介理论

在传播学的诸多研究中,有一部分学者将媒介作为研究的中心,比如,英尼斯、麦克卢汉从媒介技术的分析开始,通过对媒介技术与社会之间的互动分析,专注于媒介及媒介技术对社会产生重大影响,不断地向传播学贡献着全新的研究视角和理论,提出了"媒介即讯息"、"媒介即环境"等一系列理论。

学界将这些以媒介为主要研究对象和研究中心的理论成果统称为媒介理论,其中如英尼斯的媒介偏倚论、麦克卢汉的媒介决定论和"地球村"(global village)理论、梅罗维茨的媒介情境论(也称媒介环境论)、布热津斯基的媒介失控论及斯蒂芬森的游戏论,等等。

一、英尼斯的媒介偏倚论

哈罗德·亚当斯·英尼斯是加拿大著名的经济史学家、传播学家。早期的英尼斯是位声名卓著的经济史学家和经济理论家;1940年之后,英尼斯沉浸在从古

---

① 林穗芳:《电子编辑和电子出版物:概念、起源和早期发展》,载《出版科学》,2005年第3期。

到今的经济与传播关系的研究之中。英尼斯是加拿大多伦多学派的鼻祖,也是麦克卢汉的老师。英尼斯在世时,其传播研究并未受到传播学界的重视。他的学生麦克卢汉如明星升空之后,人们才注意到英尼斯,人们也在麦克卢汉的著作中看到了英尼斯对这位学生的深刻影响。

《报纸在经济发展中的作用》是英尼斯的第一篇传播研究论文,认为报纸是推动市场的动力。他在20世纪50年代初,先后发表了《帝国与传播》、《传播的偏向》、《变化中的时间概念》等,还有上千页的未完成的手稿——《传播的历史》,一直未能出版。

英尼斯在《帝国与传播》和《传播的偏向》中不仅论述了媒介与帝国垄断之间的关系,还是论述了传播媒介的偏倚性问题。在英尼斯看来,传播媒介可以分为倚重时间的媒介和倚重空间的媒介。[①] 他认为,要了解各种传播媒介、传播思想、控制知识、垄断文化的实质,必先认识媒介的时间偏倚(time bias)和空间偏倚(space bias)的特性。他认为:偏向时间的媒介包括石头、黏土、羊皮纸等,它们共同的特点是比较耐久,能够克服时间的障碍,可以长期保存,便于对时间跨度的控制。时间偏倚媒介有助于树立权威,形成等级森严的社会体制,有利于传统和宗教的稳定性。然而这种媒介在空间传播上的困难使得它无法大规模地到达远方,容易导致社会传播空间上的不均衡。

偏向空间的媒介,如电报、纸张以及更早期的莎草纸等。它们的共同特点是,轻便易携,可以克服空间的障碍,可以实现媒介的远距离运送,便于对空间跨度的控制。空间偏倚媒介有助于帝国的扩张、知识的扩散以及世俗政权的建立。它能够帮助中央政权控制更大的疆界,有利于政治帝国的空间扩张和远距离控制,但是却有可能削弱中央的权威。

英尼斯认为,人类传播媒介演进史,是由质地较重向质地较轻,由偏倚时间向偏倚空间发展的历史,而且与人类的文明进步相协调。英尼斯反复论证了一个基本观点:"一种新媒介的长处,将导致一种新文明的产生。"由此出发,英尼斯以社会中占主导地位的传媒技术作为重要指标,将人类文明分为九个时期:埃及文明(莎草纸和圣书文字)、古希腊罗马文明(拼音文字)、中世纪时期(羊皮纸和抄本)、中国纸笔时期、印刷术初期、启蒙时期(报纸的诞生)、机器印刷时期(印刷机、铸字机、铅版、机制纸等)、电影时期和广播时期。

根据英尼斯的理论观点,偏倚时间的媒介强调传播者对媒介的垄断和在传播上的权威性、等级性和神圣性,但是,不利于权力中心对边陲的控制。例如,使用黏土和石头媒介的权力中心就只能在小区域内行使权力,而无法对广阔无垠的领土进行有效管理。偏倚时间的媒介的文化导向特征是以过去为中心,注重传统。以

---

① 徐桂权:《传播图景中的制度——由英尼斯的媒介理论谈起》,载《国际新闻界》,2004年第3期。

时间偏倚型媒介作为主流媒介的社会强调习俗、延续性、社区,注重历史的、神圣的、道德的事物,具有社会秩序稳定、等级森严的特征。[①] 偏倚空间的媒介是一种大众的媒介,强调传播的世俗化、现代化和公平化。因此,它有利于帝国扩张、强化政治统治,增强权力中心对边陲的控制力,也有利于传播科学文化知识。例如,文字传播和公路系统,就在较长时间内帮助罗马人维持了罗马这一大陆帝国的统治;印刷媒介的兴起,则摧毁了教会对传播的垄断,引发了宗教革命、文艺复兴和教育普及。空间偏倚型媒介的文化导向则是以现在和将来为中心,注重政治和科技。偏倚空间的媒介占控制地位的社会重视发展、科学和思想现代化,注重政治权威。其特征是建立高效的传媒系统以沟通来自远方的信息,等级性不明显。

英尼斯还认为,媒体是人类思维的延伸,而传播就是思想的扩张。在他看来,西方近代史是一种传播偏倚的历史,也是一部由印刷业兴起而导致的知识控制史。谁掌握了报业,谁就掌握了权力。但是,报业只有在优秀的知识分子手中,才会有理性的运作,才能提供全面的决策信息。根据英尼斯的观点,人类传播中的所有革新都意味着是对偏倚时间媒介的挑战,进而造成对时间偏倚的破坏,结果妨碍人们对事物的系统理解,特别是对西方文明的永恒问题的理解,于是现代大学和现代文明都面对着共同问题:如何建立道德的力量去与物质科学释放出的力量抗衡?"智力的工业化"和"机械化的知识"使军事、商业、政治受益匪浅,却使大学和文明日益没落。他的这种看法不仅悲观而且简单、武断,明显带有科技决定论的印记。

二、麦克卢汉的媒介理论

马歇尔·麦克卢汉是20世纪最富有原创性的传播学理论家,被誉为信息社会、电子世界的"圣人"、"先驱"和"先知"。麦克卢汉也是20世纪60年代至70年代国际传播学界最知名也是争议最大的学者。西方传播学界称他为"现代媒介分析的根"。麦克卢汉的著作主要有《机械的新娘》、《古登堡的灿烂新星》、《理解媒介:人的延伸》、《媒介即讯息》(与昆廷·菲奥尔合著)。他延续了英尼斯的研究思路,从媒介技术与历史进程的联系入手分析媒介,重点分析了媒介技术带来的人的感官比例、直觉形式的变化。

麦克卢汉在英尼斯的研究基础之上,以全新的思维方式提出了独特的传媒理论,引起了西方学术界和社会各界的极大关注,麦克卢汉启示录式的思想主要体现在他的代表作《理解媒介》这本书中,他提出一系列著名的论断,比如,媒介是人的延伸,媒介即讯息以及冷媒介和热媒介等。

---

① William Melody: Culture, Communication, and Dependency, New Jerey: Ablex Publishing Corporation, 1982, p. 6.

1. 媒介是人体的延伸

麦克卢汉认为媒介是人体的延伸。这是麦氏理解媒介的出发点,在他看来,任何媒介都是人体某器官的延伸,这些媒介都可以与人体发生某种联系,是人体或感官能力的延伸或扩展,比如文字是视觉的延伸,无线电通信是听觉的延伸,广播是人体耳朵的延伸,电话是声音和耳朵的延伸,电视是耳朵和眼睛的同时延伸。

麦克卢汉的媒介观是广义上的媒介,在他眼里,媒介是无时不在无处不有的,凡是能与人、与周围事物产生联系或发生关系的物质都是媒介。媒介不仅包括平常所说的报刊、广播和电视等典型媒介,还包括服饰、房屋、公路、汽车、手表等任何使人体和感官得以延伸的技术,任何可以传递信息的人造事物。

麦克卢汉在《媒介通讯:人体的延伸》一书的序言中,提出了"感官平衡"的概念,不同的媒介都会对"感官平衡"产生影响,进而影响到整个社会,因此当某一媒介在社会上占据控制优势时,人们所在的环境也会深受其影响。因此,麦克卢汉依据不同时期占据主导地位的传播手段的不同把人类社会划分为三个时期:口语传播时期、文字印刷时期及电子传播时期。

第一个时期是口语传播时期,也就是前文字传播时代,接收的感觉主要是靠耳朵来把握。这个时期可以说是一个由口语和耳朵所统治的时代。由于人们是通过与他人交往、通过社区活动来获取知识,所以这一时代又被称为部落阶段。

在第二个时期,在古登堡发明出印刷机之后,人们主要依赖于视觉功能,视觉功能凌驾于其他功能之上,占据统治地位。这一时期又被称为古登堡时代,在以文字和印刷技术为核心的阶段,人们依赖自己的视觉,把细节从整体中分化抽象出来,使人观察到单一的局部的世界,并且因为阅读只是个人的行为,文字印刷媒介要求人们独立思考,脱离了社区,促进了行为和思考方式的个人化发展,所以这一阶段也是部落被瓦解的阶段。

电子传播时期是麦克卢汉所叙述的第三个阶段。各种电子媒介的存在,充分调动了人的视觉和听觉,调动了人的中枢系统等,改变了人类在印刷时代单纯延伸视觉的状况,从而恢复了人类的"感觉平衡"。此外,电子媒介打破了时空界限,使人与人之间的时空距离骤然缩短,整个世界紧缩成了"地球村",人类社会在高级阶段上又重归部落文化。[①] 他说:"在机械化时代,我们实现了自身在空间中的延伸。如今,在经历了一个多世纪的电子技术的发展之后,我们已在全球范围延伸了我们的中枢神经系统,在我们的星球范围取消了时空。目前我们正在很快地接近人的延伸的最后阶段——意识的技术模拟阶段,在这个阶段,知识的创造性过程将被集体地、共同地延伸至整个人类社会,如同我们已通过各种媒介延伸了我们的感官和

---

① 张咏华:《媒介分析:传播技术神话的解读》,复旦大学出版社,2002年版,第63~65页。

神经一样。"①

可以看出,麦克卢汉的"媒介是人体的延伸"的理论,实际上是关于媒介的性质和功能问题的理论。当社会发明了新的媒介之后,新的媒介便会渗透到社会生活的各个层面,渗透到社会制度中,影响着人们的生活方式、思维方式,然后导致社会其他方面功能发生变化以适应这种新的媒介技术。

2. 媒介即讯息

在过去,人们把媒介看做承载信息或物质的工具,媒介本身不能决定或改变其运载的东西。1964年麦克卢汉提出了"媒介即信息"这一观点,改变了人们对媒介的传统认识。麦克卢汉指出,使人们生活真正发生变化的是那个时代的主导媒介,而不是其内容,因此媒介起着决定性的作用。特别是电子化时代,媒介具有前所未有的积极的能动作用。在麦克卢汉眼里,任何媒介的"内容"总是另一种媒介。"言语是文字的内容,正如文字是印刷的内容,如果有人要问'言语的内容是什么?'那么就有必要回答说,'它是思想的实际过程,这本身是言语的'"②。

人类社会有了某种媒介才可能从事与之相应的传播或其他社会活动,因此,传播媒介的变革本身总会给人类社会带来某种信息,引起社会的某种变革。麦克卢汉正是这样认为的,每种新媒介的出现,无论其所传信息具体内容怎样,新媒介本身就会给人类社会带来某些信息,并在一定程度上引起社会的某种变革。就这一意义而言,媒介本身就代表着时代的信息,即媒介即信息。③ 在麦克卢汉看来,传播媒介本身的更替才是造成社会变革的根本原因,决定社会发展的不是传播媒介传递的信息内容,而是这时代使用的传播媒介本身。从媒介是不同社会形态的重要印记来看,也在一定意义上也印证了麦克卢汉的分析和观点。

麦克卢汉凭借"媒介即信息"等媒介理论,推动了英尼斯的媒介分析研究,将传媒技术与人类文明的发展史联系起来,首先在西方学术界引起了巨大的震动,并逐步形成更大范围的学术影响。

3. "热媒介"、"冷媒介"

麦克卢汉的"热媒介"和"冷媒介"是他的媒介理论中最受争议的两个概念。麦克卢汉"区分冷热媒介的标准是媒介的定义性和参与性。定义性是指媒介表达信息资料的客体明确程度;参与性指的是媒介受众在接受、理解媒介所表达的信息时

---

① Mcluhar,Marshall: Understanding Media: The Extensions of Man, New York: McGrak Hill Book company,1964, p. 19.

② Mcluhar,Marshall: Understanding Media: 2nd ed. New York: McGrak-Hill Book company,1964, pp. 23~24.

③ 申凡、戚海龙主编:《当代传播学》,华中科技大学出版社,2000年版,第114页。

的主体参与程度"①。在此基础上,给出了冷热媒介的不同概念。

所谓"热媒介",就是参与度低的媒介。"热媒介"通常传递的信息量大,信息比较清晰、明确,完备度都很高,提供了大量高清晰的信息,不需要动员受众更多的感官和思维活动便能很好地理解信息的内容,因此,不需要受众的深度参与,受众的参与程度低,需要受众补充的东西也不多。属于热媒介的有书籍、报刊、照片等。

"冷媒介",相比较而言,就是受众参与度高的媒介。"冷媒介"通常传递的信息量小,信息的清晰度比较低,提供给受众的多是不充分的信息,清晰度和完备度都比较低,需要信息的接受者发挥想象力进行补充,在与冷媒介接触的过程中,需要动用很多的感官和思维活动才能合适地理解所传达的信息内容。属于冷媒介的有电视、电话、电影、谈话、漫画、象形文字、手稿,等等。

麦克卢汉以冷热的特性将媒介分类,使人们更加认识到不同媒介作用于人的方式不同,引起的心理和行为反应也不同,更加注意对这些媒介特性的研究。

4. 麦克卢汉的"地球村"理论

现在我们经常说的"地球村"这一说法同样出自麦克卢汉。在已有的理论基础上,麦克卢汉在20世纪60年代提出了著名的"地球村"概念。"地球村"既是麦克卢汉对人类未来乌托邦式的美好构想,也隐含着他对物质技术极度发达的人类社会的深刻焦虑。②

现代电子媒介的普及和发展,加上交通工具的发达,把人们之间的距离逐渐拉近,人与人之间的距离大大缩短,近乎实时的传播速度和强烈的现场感把世界上任何角落的人联系在一起。尽管在麦克卢汉生活的时代计算机网络还不普及,但麦克卢汉关于"地球村"、"重新部落化"、"意识延伸"的论述在如今的互联网时代和赛博空间一个个变成了现实,整个世界成了一个小小的"地球村"。

麦克卢汉设想"地球村"有三个特征。首先,在电子传播时代,生活在地球村的整个人类合为一体,部分与整体相互依存、相互影响。传播媒介在此过程中起着决定性的作用。其次,麦克卢汉认为,这种变化使民族、国家等概念瓦解和重构。"地球村"里,民族和国家不再具有空间上的界限,因为"地球村"消除了时间和空间。"地球村"里的人类面对的是全球责任,而不再是自家门前的那小片菜地。第三,麦克卢汉指出,在电子技术时代,人们的整体合一的需求就是对人类整体无限和谐的追求。这一点已被今天的"互联网"所印证,"电子技术将会使个人主义过时,迫使

---

① 申凡、戚海龙主编:《当代传播学》,华中科技大学出版社,2000年版,第115页。
② 纪莉:《论麦克卢汉传播观念的"技术乌托邦主义"——理解麦克卢汉的新视角》,载《新闻与传播研究》,2003年第1期。

人们相互间彼此依赖"。①

对于麦克卢汉的理论,学术界看法不一。有学者认为,麦克卢汉的"媒介即信息"观点值得重视,但被过分地渲染了;"媒介是人体的延伸"论断很有道理;而"冷媒介"、"热媒介"的概念则似是而非,实际意义不大。更多的学者认为,麦克卢汉的理论价值在于激起了研究各种媒介特点和智能的兴趣,使人们对媒介本身的认识和研究更加系统、更加深入。正如我国一位传播学者所认为的,"麦克卢汉的最大功绩在于,他把媒介放在一个广阔的历史、文化背景下加以考察,特别是强调指出了长期以来被人们忽视的媒介、技术(而非信息内容)本身对社会的独特影响,从而成为世界进入信息时代的思想先驱"。②

综上所述,麦克卢汉的媒介认识角度和方式开拓了媒介研究的眼界与范围,也使人们真正看到媒介作为客观存在自身的价值和作用,是对以往认为媒介不起作用、只有内容才起作用的认识所做的一种订正或完善。他的理论启示着我们在探索媒介内容意义的同时,要注重研究媒介技术和媒介形态及其在人类社会发展中的地位和作用。

三、梅罗维茨的媒介环境论

乔舒亚·梅罗维茨是美国知名传播学家,是媒介环境学派的代表人物之一。在1985年出版的《空间感的失落》一书中,梅罗维茨的媒介理论得到集中的体现。梅罗维茨冷静对待麦克卢汉的理论,从麦克卢汉的著作以及大家对他的争论中吸取营养,客观地继承了英尼斯、麦克卢汉的媒介理论,又融合了美国著名社会学家戈夫曼的社会互动论以及情境理论,吸收了戈夫曼的情境决定人们行为的合适性的观点、前台行为和后台行为的观点,在一个新的高度和层面上建立了一个有特色的媒介理论,即"媒介情境论",也称"媒介环境论"。

梅罗维茨认为,决定人们互动性质的,并非自然物理环境(场所),而是信息环境。而媒介的变化必然导致社会的信息环境以及整个社会环境的变化。特别是在现代社会里,媒介对社会环境的影响更为显著,其中,电子传播媒介对社会环境变化所产生的巨大影响更是其他媒介所不能比拟的。因此,媒介所形成的信息环境比一般的物质环境更为重要,因为信息环境影响更为广泛、更为深远。围绕媒介、情境和行为之间的相互关联,梅罗维茨提出了一系列具体的理论观点。

梅罗维茨提出的第一个理论观点是,情境(环境)就是信息系统,物质场所和媒

---

①② 张国良:《现代大众传播学》,四川人民出版社,1998年版,第113页,第113页。

介场所都是信息系统的一部分,而不是互不相容的两类。① 那么,如何判断一个具体的场所是属于物质环境还是信息环境呢?梅罗维茨认为,确定信息环境与物质场所的界限时,接触信息的机会是判断和辨别的一个关键因素。② 在这个信息系统内,信息不但在自然环境中流通,更是要通过媒介传播,因此,如同地点场所一样,运用媒介所造成的信息环境同样促成了一定的信息流通形式,甚至是决定了信息流通形式。

梅罗维茨的第二个重要观点是,每种独特的不同行为都需要一种独特的情境。对于某一特定的社会情境来说,人们需要始终如一地扮演自己的角色;不同情境的分离使人的不同行为成为可能。酒店服务人员在前台对顾客的服务语言和在后台议论顾客的行为,医护人员在病房跟病人的谈话与办公室内同事们之间的谈话不同,与他们所处的情境不同有关。但是,当顾客进入后台或者病人进入了办公室或者被某种媒介传播出来了,这个所谓的"后台"就变为了"前台",因为顾客(或者病人)有机会接触到后台所发布的信息。这里的后台和前台主要不是空间上的不同,而是其信息被接触的范围和机会不同,与使用的媒介有很大的关系。

当两种或两种以上不同的情境重叠时,会使该情境下的人们混淆不同的社会角色,令他们感到困惑、不知所措。比如,某位医生发现需要手术的病人竟是他多年未见的亲属。此时,就会形成两种情境的重叠,可能使这名医生发生角色混淆,他可能会感到自己难以在实施手术时保持镇静,这样的情形下,还由他主刀就不适宜。媒介不仅影响情境的形成和变化,在特定条件下,也会生产不同情境的重叠。

在梅罗维茨看来,情境还是动态的、变化的。情境的分离和结合形式是一个可变因素,而不是静态的。制约此情境的分离和结合形式的因素包括个人的生活决定和社会对媒介的运用情况。人们努力使自己特定的行为与特定的动态的情境保持一致,从而前后一致地演好某个规定的角色。但是,梅罗维茨指出,相安无事的人际交流情境,一旦遭到大众传播媒介的入侵,原先的和谐与平静往往会受到破坏,引起麻烦。大众传播媒介的运用常常混淆区分不同情境的界线,将那些只适合某些人观看的节目或者读物原封不动地给了整个社会来观看或阅读。有学者举例说,20世纪60年代后期黑人权利倡导者斯托克利·卡迈克尔在不同的特定物质场所里演讲,虽然既有忠实的黑人受众群,也有热情的白人受众群,但他能根据听众对象的特点设计自己的演讲内容和风格。但是,当他运用广播电视来讨论黑人权利时,就无法设计出一种让两者都欢迎的演讲内容。于是,他在大众传播中采用了适合人权运动主体——黑人受众群需求的办法,结果他的演讲激发了黑人受众

---

① 约书亚·梅罗维茨著:《消失的地域:电子媒介对社会行为的影响》,清华大学出版社,2002年版,第34页。

② 邵培仁:《传播学》,高等教育出版社,2000年版,第164~165页。

群的巨大热情,但却激起了白人受众群的敌意和恐惧。①

梅罗维茨的第三个理论观点是,电子媒介能促成不同情境的合并。电子媒介,特别是电视,打破了不同群体信息系统的分离状态。由于所用符号的简单性,电视节目既可以展示不同群体的视听形象,也打破了不同社会阶层受众群的界限,可以使不同社会群体都能基本明白电视节目的内容。电子传播媒介造成了社会情境形式的变化和融合,以往界限分明的社会角色现在变得模糊和混淆不清了,人们的社会角色也因此而发生变化。

首先,表现在电子媒介促成了不同类型的受众群的合并。梅氏认为,电子媒介不仅使在自然、物理环境中的团体传播的不同受众群趋向合并,也使许多世纪以来印刷媒介占统治地位造成的不同受众群趋向合并。印刷媒介要求传播过程的参与者有阅读能力及懂写作技巧,接受一定的教育,但这反过来也会影响和制约人们对印刷媒介的接触,从而形成适合不同文化层次和类型的受众群。相反,电视所展示的日常生活的视听形象,几乎是一种一看就懂的画面,观看电视的技巧极易掌握,无需接受特殊的训练和教育,创造了真正的"大众"。

第二,电子媒介还促成了原先接收顺序和群体的改变。原先,读者阅读印刷品时总是随着年龄和文化程度的增长,先读浅显、简单的,再逐步看深奥、复杂的;而观众看电视则不需严格遵循这个固定阶段和顺序,不必先看简单的电视节目,然后才能看复杂的电视节目。因此,原先印刷媒介的受众群体易于把握,现今电子媒介的受众是混杂的,不易把握的。

第三,电子媒介使原来的私人情境并入公共情境。比如,电视媒介可以具体生动地展现事件过程,人们通过电视可以观察到别人的私人行为,此时的"公域"与"私域"的界限难以界定,甚至不可能确定。梅罗维茨称之为"公共情境"合并"私人情境"现象②。此情形若任其发展,那么人将会成为日本传播学者所形容的"透明人",因为每个人都没有隐私,都处于被公众观察之中。③

不仅建立自己的传播媒介理论框架,梅罗维茨还将自己的媒介情境理论应用到具体的个案研究中。比如,梅罗维茨研究了电视对男性气质和女性气质的影响,发现电视融合了男女的信息环境,使得男女气质的差距在减小,共同的成分在增加。他还研究了印刷媒介与电视媒介在成年人与儿童影响上的差距,认为印刷媒介以文字符号为主,可以将儿童与成年人的信息环境隔开。通过书籍等印刷媒介,成年人可以隐藏很多残酷的社会事件,为儿童们构建一个合适的生活环境,而电视则可能将成年人和儿童的信息环境进行融合。

---

① ③ 邵培仁:《传播学》,高等教育出版社,2000年版,第168~169页,第169页。
② 田中初:《电子媒介如何影响社会行为——梅罗维茨传播理论述评》,载浙江师范大学学报(社科版),2006年第1期。

梅罗维茨的传播媒介理论有其创新之处,但也存在着一些不足。一是夸大了媒介对社会环境和人们社会行为的影响,几乎将媒介描绘成引起社会变化的唯一原因,忽视了影响人们社会行为的其他社会因素,具有"媒介本体论"的倾向。二是忽视了社会制度对媒介制度、媒介技术的影响,忽视社会意图对媒介管理、媒介使用的影响,过分强调了媒介的特点决定其传播方式和社会影响。三是梅罗维茨为了突出媒介本身的特点,将媒介与内容分割开来,忽视了媒介与内容的不可分性;或者将媒介特点和媒介内容混淆在一起,因而缺乏概念上的连贯性。

从英尼斯、麦克卢汉到梅罗维茨,媒介环境学派的理论一直被批评为"技术决定论"。他们过分夸大了媒介技术的作用,认为媒介技术在影响人的社会行为和社会环境方面扮演了唯一重要的角色,忽略了其他复杂社会因素的作用,特别是人的能动性。但是,应该承认,他们把媒介放到了一个广阔的社会、历史背景下加以系统的考察,特别是他们强调指出了长期以来被人们所忽视的媒介、技术(而非信息内容)本身对社会的独特影响,开拓了从媒介技术出发观察人类社会发展的视角,并强调了媒介技术的社会历史影响,这对我们认识媒介工具的重要性有很大的启发作用。

除了梅罗维茨之外,波斯曼对媒介环境学的发展也作出了重要的贡献。波斯曼曾提出"媒介是文化发展的环境"。依波斯曼看来,媒介即环境,甚至,技术也是环境,因为,媒介和技术都影响了世界,并且成为世界的一部分。他还认为,媒介不仅影响文化,而且媒介本身就是文化。[1]

四、布热津斯基的媒介失控论

兹比格涅夫·布热津斯基曾任美国总统的国家安全顾问、哥伦比亚大学战略学教授、乔治敦大学战略与国际问题研究中心高级顾问,是美国著名的政治家、战略家、国际问题专家。布热津斯基有很多著述,堪称美国当代政治领域里的权威学者。布热津斯基关于大众传播媒介问题的观点,大多集中在他1993年出版的《失去控制:21世纪前夕的全球混乱》(中文译名为《大控制与大混乱》)的著作之中。

布热津斯基提出的媒介理论反映和代表了当代美国政治界和传播界许多人的态度和见解,受到了西方和西欧各国的重视,甚至可能成为美国政府制定外交和传播政策的参考,进而影响到我国在内的世界各国的大众传播活动以及传播政策的制定与实施。[2] 布热津斯基主要有以下关于传播媒介的观点。

---

[1] 林永刚:《媒介环境学》,北京大学出版社,2007年版,第193页。
[2] 邵培仁:《预警、审判、挽歌——评布热津斯基的媒介失控论》,载《国际新闻界》,1996年第5期。

1. 世界强国的关键是文化力量及全球传播能力

在《失去控制：21世纪前夕的全球混乱》中，布热津斯基在书中一方面回顾了20世纪的历史进程，认为破坏性战争和极权主义使得西方社会个人道德水准下降，西方社会在不断地走向腐败堕落。布热津斯基作为美国人，重点关注的是美国在未来世界格局中的地位和作用。他认为，要保持美国在世界上独一无二的地位，关键在于当代美国的动力——不仅是经济和军事力量，还有文化力量，即他所谓的"道义的力量"，以及能否对全球的变动实施有益的影响。[①] 布热津斯基认为，在现代经济和大众传媒的影响下，民族国家的重要性正在减弱，一个全球的政治进程正在出现，正改变着并取代着传统的国际政治。在这一进程中，美国作为传播强国，引领着世界传播格局，作为主要的角色对世界其他国家的社会道德观念产生直接和深刻的影响。比如，他在其著述中描述，"全球传输和数据处理量的80%以上均起源于美国，全世界电影收视率的50%以上都是产于美国的影片"。

布热津斯基进一步指出，由于大国的失控，也包括对媒介的失控，世界将出现越来越不稳定的局面，地区性冲突日益加剧，大规模毁灭性武器扩散。他引用1992年詹姆斯·施莱辛格的结论："未来的世界秩序仍将是强权政治、民族对抗和种族关系紧张。"

应当指出的是，布热津斯基是站在一个政治家的角度来思考问题的，而且他的出发点是维护美国的利益，考察的是如何使美国在全球继续起一种"催化作用"。

2. 媒介是失控与混乱之源

在大众媒介中，电视被看成是"第二上帝"。布热津斯基认为，对于大多数人——特别是年轻人来说，电视是接触社会和接受教育的最重要的工具，正迅速地替代历来由家庭、教会和学校所起的作用。在对电视的作用进行分析之后，布热津斯基认为，随着全世界的观众越来越多地盯着电视机屏幕，电视等大众传播媒介对观众所施加在文化和哲学上的影响超越了过去任何一个时代，既有积极的影响，也应该为目前的大失控与大混乱趋势承担责任。

首先，电视"刺激了全球群众在物质上的攀比欲望"。正如鲍德里亚所言，"无论是在符号逻辑里还是在象征逻辑里，物品都彻底地与某种明确的需求或功能失去了联系"[②]。物质上的攀比思想只会点燃社会的沮丧和妒忌之火，而这又会导致社会动乱。

其次，电视引发了"全球范围内的精神危机"。布热津斯基认为，全球范围内正

[①] 洪长晖：《布热津斯基媒介理论述评》，载《东南传播》，2008年第11期。
[②] 鲍德里亚：《消费社会》（前言部分），南京大学出版社，2000年版。

面临着一场严重的精神危机,社会的凝聚力正逐步丧失,"持久的信仰原则被时髦的口号所取代,而无所不包的信条则让位给空洞的渴求",而这一切都与电视传播有密切的关系。

布热津斯基还重点批评了西方电视,性和暴力在整个电视传播内容中占有很大的比重,电视是导致社会道德败坏和文化堕落的罪魁祸首。布热津斯基认为,重商主义的美国电视所倡导的价值观念很成问题,过多地颂扬了自我满足,甚至视强暴和野蛮行为为正常现象,对年轻人产生了不好的影响。

3. 对媒介失控论的评价

布热津斯基的理论可以被看做"媒介失控论"的代表。与"媒介偏倚论"(英尼斯)、"媒介决定论"(麦克卢汉)及"媒介情境论"(梅罗维茨)不同,布热津斯基的"媒介失控论"不是单纯地在媒介科技与社会环境和人类行为变化之间作出因果推论,而是认为媒介技术的发展以及所产生的后果主要是各种社会力量的博弈结果。

尽管有所区别,可布热津斯基的理论依然强调媒介技术的强大力量,尤其是在全球范围内的强大力量。考虑到布热津斯基的理论出发点是维护美国全球利益的实现,他的理论可算是"文化帝国主义"的自我告白,即要求美国媒体在加强自身控制的前提下,在全球市场上扮演更为积极的角色,以推进和维护美国的战略目标。

尽管布热津斯基的媒介理论仅仅是其战略论述的一部分,而且他自己也声称"有些地方是对病情的诊断,有些地方是对后果的预断,有些地方则是作者的倡议",不过,考虑到其理论的现实意义,我们不得不承认,其中有闪光之处[①],对传播学的研究以及传播现实和政策的考察有一定的借鉴意义。

五、斯蒂芬森的游戏论

心理学家威廉·斯蒂芬森认为人类社会的传播活动很大一部分是为了自身的满足和快乐,并把大众传播视为游戏性传播,并认为"阅读新闻是一种没有报偿的传播——愉快"。1967年,斯蒂芬森在《传播的游戏理论》一书中,把人类的所有行为划分为工作与游戏两种,并进一步把传播活动也分为工作性传播和游戏性传播两种。他认为,几乎所有传播媒介的内容都含有一定的游戏和娱乐成分,甚至认为,媒介中的凶杀、暴力、庸俗和浅薄内容也如同在棋盘上的拼杀,无非是玩耍,是游戏。

威廉·斯蒂芬森认为,现代社会激烈的竞争加大了人的精神压力,疏远了人与人之间的关系,传播媒介无疑是一个可供选择的情绪发泄渠道,它的娱乐功能具有

---

① 洪长晖:《布热津斯基媒介理论述评》,载《东南传播》,2008年第11期。

发泄情绪的替代性作用。工作是为了谋生,有任务、有压力,所以不愉快;而游戏时,没有任务、没有压力,仅仅是为了开心。在斯蒂芬森看来,要想获得开心快乐,就应多做游戏。那么,在大众媒介普及的今天,在媒介上做游戏无疑是主要的。因此,与其功利性地把传播媒介当成工具,还不如以游戏为目的,把传播媒介视为玩具。相应地,载体、符号与信息等媒介组成要素也应有其相应的游戏特征。而当今国内外的传播娱乐化趋势似乎印证了斯蒂芬森的媒介游戏论观点。

斯蒂芬森的游戏论从游戏的角度强调了传播的消遣娱乐功能,有其独到之处,对帮助人们重视传播中的娱乐性内容和形式有促进作用,推动了大众文化的兴起和发展。但是,斯蒂芬森把传播的游戏性、媒介的工具化过分夸大,甚至认为,大众传播媒介仅仅是提供娱乐的一种玩具,这就值得商榷。因此,对其媒介理论和观点,大家在研究和应用时要加以分析和选择。

本章思考题

1. 简述传播媒介的发展阶段。
2. 当代媒介技术有哪些特点?试析当代媒介技术的趋势和影响。
3. 试析大众传播媒介的主要特征。
4. 简述麦克卢汉媒介理论的主要观点。

第七章 传播社会论

第一节 传播的功能

一、传播功能的理解

什么是传播功能？所谓传播功能，是指人类的传播活动所具有的目的、意义及其对社会所产生的各种影响和作用。自人类开始进行传播活动以来，特别是在大众传播产生之后，媒介在人们日常生活中的作用越来越重要，对传播功能的关注也逐渐成为传播学研究中的重要一部分。

"功能"一词在英文韦氏词典的解释为一个人或一个事物特别适合于或应用于某种情况或一个事物之所以存在的特定用途。《现代汉语词典》的解释是"事物或方法所发挥的有利的作用；效能"。根据这两项解释，我们不难发现，"传播功能"作为一个传播学要研究的重要概念，"原因"和"作用"分别成为传播功能定义中两个值得我们关注的层面。①传播功能是人类传播活动中的"原因"：任何人或组织在进行传播活动时，都具有一定的目的性。或收集信息，或交流观点，或获取知识，或解决问题，人类的传播活动都是具有一定目的、原因和意义的，否则人类的传播活动就没有进行的必要。②传播功能同时也是人类传播活动所产生的"作用"：人类所进行的传播活动对周围环境会产生一定的作用和影响。尤其是借助大众传播媒介而进行的传播活动，给我们社会的经济、政治、文化，甚至是人类的价值观念、思维模式都带来了极大的影响。媒介所发挥的作用及其对社会所产生的各种影响也是研究传播功能要关注的领域。

基于上述两个层面，传播活动的原因和作用从而成为我们必须了解的知识点。"人类社会为什么需要传播"、"传播给我们带来了什么"成为传播功能研究中不能不思考的话题。很多学者在这方面提出了自己的见解，例如社会学家罗伯特·默顿从结构功能主义理论出发，提出"功能分析范式"；哈罗德·拉斯韦尔从政治学的角度分析，提出"传播的三功能说"；还有美国学者马尔科姆·麦库姆斯和唐纳德·肖从实证研究的角度，提出传播的"议程设置功能"。但是这些学者均从不同的角度来观察和分析传播的功能,因此在传播学研究中,"传播功能"和"传播效果"的理论探讨往往被混淆在一起。有的学者从社会和受众角度来看待传播活动的影响,他们的理论倾向于传播功能研究;而有的学者从媒介和传播者角度来分析传播活动的影响,他们的理论则倾向于传播效果研究。从传播学的历史来看,由于受到美国的实用主义哲学的影响,传播效果的研究相对于功能研究来说,历史较长,而且成果较多。但是,随着人们对传播学认识的不断加深,以及受众在传播学研究中逐渐得到重视和肯定,人们对传播功能的研究也越来越关注了。

二、与传播功能相关的理论

1. 早期研究

20世纪以来,人们对传播力量的认识逐渐加深。例如两次世界大战中对于宣传战术的运用,1938年广播剧《火星人入侵地球》引发的恐慌事件等,让人们对传播的威力渐渐产生畏惧的心理。因此,传播的功能研究受到越来越多学者的重视,这便成为传播功能研究最初的出发点。最先对传播功能进行较为系统解释的是让·皮亚杰、爱德华·托尔曼和威廉·斯蒂芬森这三位心理学家。[①]

1) 让·皮亚杰的"社交性"和"自我中心"功能

瑞士儿童成长心理学家让·皮亚杰关注"人的知识是如何形成并进行传播的"。他从研究儿童的传播心理归纳出传播的两项功能:社交性功能和自我中心性功能。他认为,一个孩子在谈话时分为两种情况,一是与听者讲话,试图去影响对方或者交换意见;二是无意识谈话,对自己讲或者碰巧与人说话。

2) 爱德华·托尔曼的"工具"功能

美国心理学家爱德华·托尔曼则认为人类传播具有工具的功能,讲话不过起到与使用绳子和盒子等其他工具相似的作用,例如,儿童哭就是指望有人来安慰他们;发出某种声音他们就能得到事物和玩具,等等。[②]

3) 威廉·斯蒂芬森的"满足感"与"快乐感"功能

在第六章我们讲到过的英国心理学家威廉·斯蒂芬森在《传播的游戏理论》中认为,传播的功能在于获取满足感和快乐感。他认为工作和游戏是不同的,工作是面对现实和谋生,是一种为达到某种目的而进行的传播,结果是不愉快的;游戏是为了提供自我满足,结果是愉快的。[③]

以上三位学者从心理学的角度对人类传播行为的功能研究进行了初步的理论

[①][②][③] 威尔伯·施拉姆等著,陈亮等译:《传播学概论》,新华出版社,1984年版,第26~27页,第26~27页,第26~27页。

探讨,但是他们的研究更多的是考察传播对个人心理层面的影响,并未涉及组织和社会层面,而且他们的描述只关注到传播功能的某一个方面,解释也显得过于简单,因此无法提供一种完整而系统的理论。

2. 默顿与结构—功能主义

结构—功能主义(functionalism)是20世纪40年代至60年代最有影响力的社会理论,社会学家罗伯特·默顿在结构功能主义的视角下,将媒介视为社会有机系统的一部分,他认为媒介的功能是对社会系统的协调和平衡产生作用。

结构—功能主义者认为,社会是一个庞大的有机系统,由各部分分工合作,每个社会部门都具有特定的功能。通过彼此的协调和制约,这些功能的发挥将保持社会大系统的稳定。媒介系统也是社会大系统的一个子系统,媒介则是在履行其特定的维持这种平衡性的功能。默顿在《社会理论和社会结构》一书中认为,媒介的功能不能简单地分为"好的"和"坏的",而应该划分为"功能良好的"和"功能不良的",这种价值中立性使得功能主义者不愿意为媒介作出价值评判,而是通过调查研究,来判断媒介是否对社会履行了特定的功能。

结构—功能主义虽然纠正了早期"魔弹论"的错误,但其自身也具有一定的缺陷,例如,它的中立性的价值观使得功能主义者试图将所有现状合法化或是合理化。他们的观念有时过于保守,并且反对社会变革,忽视能动作用,因此遭到后来的文化研究学学者的批评。

3. 拉斯韦尔的三功能说

在众多学者对传播功能的描述中,属哈罗德·拉斯韦尔的三功能说最具影响力。1948年,拉斯韦尔在《传播在社会中的结构和功能》[①]一文中提出,传播具有三大功能:监测环境、协调社会、传递遗产。他还认为,驻外记者、外交官是监测环境的专门人才;编辑、记者和演说家是协调内部各部门的代表;父母与教师则是传递社会遗产的工作者。

监测环境,是指媒介及时反映现实生活的真实情况,并为人们提供信息资料的功能。拉斯韦尔认为,社会犹如一个生物有机体,周围的环境瞬息万变,人们必须时刻监测,发现危险信息,以确保生存的需要。而媒介就像这个社会有机体的"哨兵",能够准确及时地把周围发生的情况报告给人们,让大家能采取相应的策略和行动。

协调社会,是指媒介能把社会的各个部门有机地整合在一起的功能。拉斯韦

---

① H. Lasswell. The Structure and Function of Communication in Society, in Lyman Bryson (ed.) *The Communication of Ideas*. New York: Institute for Religious and Social Studies, 1948.

尔认为，社会的各个部门需要在充分沟通和协调的基础上，彼此合理分工，维持有序的社会生活。媒介提供各部门所需的信息、解释和评论，这样媒介就能扮演协调社会的角色。

传递遗产，是指媒介在延续文化传统和科学知识，传承价值观和社会规范方面的功能。这项功能以前主要由家庭、学校等社会组织来完成。现在大众传播在传递人类的精神遗产方面也起到了至关重要的作用。不仅如此，大众传播通过传递精神遗产的过程，对社会起到一种凝聚和整合的作用。

总之，社会就像一个有机体，媒介的监测环境功能相当于这个有机体的眼睛和耳朵；协调社会的功能相当于它的大脑；遗产传递功能则等同于它的遗传细胞，使得它的特征可以延续下去。[1]

4. 赖特的四功能说

1959年，美国学者查尔斯·赖特在《大众传播：功能的探讨》一书中对拉斯韦尔"三功能说"进行了补充，即在三功能说的基础上增加了媒介的第四大功能——娱乐功能。人们通常把这称为赖特的"四功能说"。赖特认为20世纪50年代以来电视在人们生活中扮演着日益重要的角色，这种社会现象让人意识到媒介不仅有监测、协调和传递等功能，还具有打发休闲时光的作用。人们接触媒介可以收听音乐、欣赏艺术，在业余时间陶冶情操，满足精神需求。此外，赖特还在拉斯韦尔"三功能说"的基础上加以改进，他把媒介的协调功能称为"解释与规定"，即指大众传播不仅仅是"单纯"的信息告知行为，而是对信息加以解释和评论，目的是引导和协调社会成员之间的一致性。赖特还将拉斯韦尔的传递功能称为"社会化"，即指大众传播将社会价值、道德标准和文化规范等精神遗产传递给一代又一代的社会成员，帮助他们融入社会，了解社会，并且维持社会的正常运转。

5. 拉扎斯菲尔德的三功能说

保罗·拉扎斯菲尔德和罗伯特. 默顿合写了《大众传播的社会作用》一文，将大众传播的社会功能归纳为以下三个方面。

赋予社会地位，是指当大众媒介对一个人、一个组织、一种社会现象和社会政策，甚至是一个社会问题进行广泛关注时，那么他（它）或他们（它们）将会成为社会瞩目的焦点，同时获得明显提升的知名度和社会地位。拉扎斯菲尔德和默顿认为，大众传播在广泛关注事物的同时，具有一种赋予名誉、声望、权威和社会地位的功能。

促进社会规范，是指大众传播可以通过揭露背离社会公共道德和规范的行为，

---

[1] 李彬：《传播学引论》（增补版），新华出版社，2003年版，第189页。

将它们曝光于社会强大的舆论压力之下,向公众提出警示的作用,从而发挥强调社会准则的功能,维护社会的稳定和道德规范。

麻醉功能,拉扎斯菲尔德和默顿不仅看到了大众传播在社会这个有机体中所起到的积极和维护作用,同时还向人们揭示了媒体也会给人类带来的消极作用。拉扎斯菲尔德认为,媒体让人们沉醉于虚幻的世界之中,得到精神满足的同时却丧失了参与社会实践的能力。他说:"这些为数众多的传播品只能使人们对社会的关心停留在表面,而这种表面性常常掩盖了群众的冷漠态度。由于把越来越多的时间用于阅读报刊、收听广播和收看电视节目,他们用于参加有组织的活动的时间也就越来越少。"[①]大众传播将人类淹没在如洪水般的信息世界里,人们被媒体所"麻醉",同时也丧失了参加社会实践的热情和行动力。

6. 施拉姆的传播功能说

作为传播学的集大成者,威尔伯·施拉姆将上述学者的理论研究进行了一番总结和改进。主要建立在拉斯韦尔的功能学说的基础上,施拉姆在1982年出版的《男人、女人、讯息和媒介》(中译本为《传播学概论》)一书中,从政治功能、经济功能和一般社会功能三个方面对传播进行了分析[②]。

政治功能,包括了媒体的监视、协调(主要指政治政策的制定和执行)和传递(主要指法律的传递)等功能。其中,施拉姆把大众传播媒介比喻为"社会雷达"。他认为大众传播就像社会的守望人一样,负责监测周围的环境,将信息告知公众,并作出分析和解释,帮助人们提高适应社会的能力。

经济功能,包括了媒体关于资源以及买卖等商业信息的发布,对商业广告的传播,从而起到促进商品销售,制定经济政策,活跃和管理市场,开创经济行为,并且推动社会经济发展的作用。

一般社会功能,包括了媒介的娱乐、协调(主要指促进社会规范)和教育(主要指知识和文化遗产的传递)等功能。通过传播对社会进行劝说、指挥和控制。

总体来说,施拉姆的观点比上述其他几位学者具有较为系统的指导性,在传播学知识的基础建设方面有着更为清晰的概括,而且施拉姆提出了大众传播的"经济功能",将经济作用纳入大众传播的社会功能,具有开创性的意义。

三、传播的主要功能

上述提及的关于传播功能的前一时期的研究,向我们展示了众多学者在该领

---

① 中国社会科学院新闻研究所世界新闻研究室:《传播学》(简介),人民日报出版社,1983年版,第169页。

② 威尔伯.施拉姆等著,陈亮等译:《传播学概论》,新华出版社,1984年版,第31~32页。

域所作出的杰出贡献。这些学者从自身的角度出发，有的提出三种功能、四种功能，有的提出社会层面的功能，有的提出个人心理层面的功能，有的强调传播功能的工具性，有的则强调传播的娱乐和消遣作用。但无论从哪一个角度出发，传播功能的研究经历了一个从分散到系统的过程。早期的研究学者也是基于前人的研究成果，逐渐将传播学的初步探讨发展成系统性的理论知识。同样，基于这些学者作出的理论贡献，生活在21世纪的我们对传播的功能则能有更进一步的认识。

1. 信息沟通功能

作为传播最基本也是最直接的功能之一，信息沟通是人类进行传播活动的根本目的。人们进行言语交流，通过媒介进行信息传播，都是为了完成一个信息传递的过程。离开了这一功能，传播也将毫无意义。施拉姆在《传播学概论》中这样提到："我们是传播的动物；传播渗透到我们所做的一切事情中。它是形成人类关系的材料。"[1]人们面对面谈话，协商问题，交流情感，展开社会活动，都是在通过沟通的方式，将各类信息传递给他人，让我们彼此联系在一起。

1）政治信息的沟通

在政治领域，大众传播最为常见的表现形式就是传达政策方针，反映领导人的政治思想，通过媒介渠道来实现政治信息的沟通。在许多国家，政府和政党机关都积极通过大众传播来宣传自己的政见、路线和主张。总体来说，大众传播在政治信息沟通方面具有两个方面的主要作用。一方面，大众传播起到自上而下传递政治信息的作用，它及时地将政府和领导人的方针告知社会成员，促进政策等信息的充分流通。另一方面，大众传播也起到自下而上反馈民意的作用，它把百姓的态度、意见和建议再次传达给政府和领导人，在双向、平等的信息流动的基础上，让政策得到良好实施，维护系统运作和社会稳定。

2）经济信息的沟通

大众传播不仅在政治领域进行有效的信息沟通，在经济领域也同样起到重要的桥梁作用。人类进行各类经济活动，例如进行买卖，了解经济政策，管理金融市场，开创经济行为，都与传播紧密相关。一方面，人类通过传播将各种有关经济的信息和资料进行传递，为社会提供经济行为的依据和基础。这包括我们常见的股市和房市的新闻报道，为我们提供大量而丰富的最新市场消息。另一方面，人类通过了解和掌握有关经济的信息和资料，对经济行为进行干预和调控。例如我们在了解股市和房市的信息之后，决定再次买入还是出售的行为。此外，人类通过经济信息的沟通，采取各种行为推动经济的发展，最常见的是广告促销，广告商采取各类劝服性的传播方式，诱发消费者的购买欲望，对受众的经济行为进行引导。

---

[1] 威尔伯·施拉姆等著，陈亮等译：《传播学概论》，新华出版社，1984年版，第20页。

3) 人类日常生活信息的沟通

传播在人类日常生活中起到的作用是非常重要的。一方面,我们通过传播来了解周围的环境和适应环境。例如,学生在课堂上学习,他学到各类科学知识,并在与其他同学相处的过程中学习如何融入社会;另一方面,我们还通过传播来交换知识和经验。例如,家庭主妇每天去菜市场购物,通过与其他主妇的交流,不仅了解到菜市场的最新行情,也掌握了许多购买的技巧和心得。此外,我们还通过传播来进行感情交流,丰富我们的生活。例如,白领通过网络交友的方式,结识素未谋面但却志同道合的朋友。总之,传播在我们的日常生活中无处不在,它让我们了解周围,适应环境,学习知识,提升经验,交流情感,丰富生活。我们每一天都在进行传播,每一天都在通过传播行为进行信息的沟通。

2. 社会整合功能

人类创造了社会,借助种种传播方式,先是建立了个体之间的联系,然后再建立起由若干人组成的群体,再之后则是由若干群体组成的社会。① 因此,人类的种种传播活动具有社会属性,对于由人类创造的社会系统来说,意义十分重大。"就表面来看,传播不过为社会的一种现象而已,但实质上,传播实乃形成社会与文化的要件,更为一切社会行动的动力。社会中各种成员,必赖传播而建立联系,由互通声气而结合在一起,进而使整个社会间的各个分子,产生共同的信念,接受共同的社会法则,产生和谐的社会关系。"② 在现代社会系统中,大众传播则对社会整合起到了十分重要的作用。具体来说,传播的社会整合功能表现在以下三个方面。

1) 促进文化统一化

自社会产生以来,人类在劳动与学习等一系列传播活动中产生了大量的文化成果。人类的文明通过传播活动得到积累和传承、修正和发展,这就使得我们能在一定的文化认同基础上,形成社会和国家。而且文化还会不断向四周扩散开来,与不同的文化之间相互渗透和融合,这也加速了人类社会的统一和向前推进。正如中国的文化在黄河流域发展起来以后,逐渐地与周围的文明彼此借鉴、吸收、认同并最终合而为一的过程一样,随着媒介科技的快速发展,各民族的文化之间更是进入了无论是在时间上还是在空间上的"融合"时代。无论你身处何地,都可以轻易地通过网络、电影、电视、广播和报纸了解世界范围的文化信息。在全球化的今天,东西方文化的相互了解、交流和合作,更促成了全新的世界文明和价值观念的形成。例如国际社会常常提及的"国际惯例"和"国际标准"即为一种全球文化相互融

---

① 申凡等:《传播媒介与社会发展——媒介功能理论研究》,人民出版社,2008年版,第2页。
② 王洪钧:《大众传播与现代社会》,正中书局,1987年版,第218页。

合的体现。正如控制论的创始人诺伯特·维纳所说,传播是社会的黏合剂[①]。传播不仅促进了不同文化之间的相互交流与合作,也加速了人类社会的统一。

2) 增强社会凝聚力

人类传播活动对维持社会的稳定和加强凝聚力也起到十分重要的作用。人类往往通过传播活动,按照一定的利益和目的,逐渐形成各种组织和团体。这些组织和团体为了能够让其成员团结在一起,会形成并制定一套规范和制度来约束其成员的行为,并让他们在价值和观念上保持认同,在行为上保持一致。从宏观的角度来看,一个社会往往通过形成一定的道德文化规范,把人们的行为约束在一定的社会秩序里,以保证社会系统有序运行。同时,通过政治法律思想的传播,建立相应的政治法律制度,控制并调解社会行为,保证社会内部的和谐统一。从微观的角度来看,一个家庭也往往按照社会习俗或家庭成员的生活习惯,通过约定来形成一定的规范,家庭成员彼此之间按照这样的要求和谐共处,各司其职,维护家庭的稳定和团结。例如父亲负责赚钱养家,母亲负责照顾家庭成员,夫妻通过交换意见和表达情感,达成分工的一致性,在家庭范围内形成一种凝聚力。

3) 平衡社会系统

在现代社会里,大众传播对社会的整合起到了非常重要的作用。一个社会系统若要稳定运行,其各个组成部分就需要共同合作,协调一致,不能发生错位和不协调的矛盾。大众传播就起到一种"润滑剂"的作用。首先,一个社会内部需要良好的信息沟通,在上面我们已经论述过,例如在传递国家政策、经济动态和文化知识等方面,大众传播起到的沟通作用是十分重要的。传统媒介不仅有效地把信息传递到社会每个角落,网络的诞生还使得信息的传递转向一种双向和平等的模式。无论是国家层面的政策制定还是个人的情感交流,大众传播为人类进行有效的信息沟通作出了巨大贡献。其次,一个社会内部的稳定运行还需要有效的信息协调。大众传播不仅传递信息,而且还起到信息协调的作用。在复杂的社会关系中,会产生很多分歧和误会,有的是源于利益的冲突,有的是源于文化的障碍。小到邻里关系,大到国际关系,矛盾的产生和协调都离不开传播活动。在全球化时代,各国之间积极开展外交活动,通过谈判来处理贸易摩擦,正是传播在发挥协调功能方面的一种体现。最后,一个社会内部的稳定还需要有效的监督体制,大众传播在监督功能方面的作用是极其强大的。例如曝光一些违背社会常理的行为,激起公众的谴责,形成强大的社会舆论,进行社会控制。因此大众传播不仅向上反馈民意,同时也监测社会环境,发现矛盾,协调处理,并最终平衡社会系统的有序运行。

---

① 杨善民:《传播在社会整合中的作用探析》,载《文史哲》,1998年第1期。

3. 教育功能

在现代社会里,除了通过家庭和学校教育之外,大众传播已经发展成为社会教育的主要渠道,这与当今飞速发展的传媒科技以及大众传播的广泛普及是分不开的。体现在个人发展中,大众传播也成为人类社会化过程中十分重要的一个环节,它在社会教育方面所发挥的作用具体体现在以下几点。

1) 进行社会教育

"一切文化传授活动都是传播活动;一切直接教育行为都是由传播实现的"[①]。通过大众传播媒介开办的教育项目就是通过传播行为对孩子进行教育的方式。在现代信息社会,人们每天都在接触大众传播媒介,看电视、读报纸、上网等都是在接收各种信息,丰富的知识就蕴含在这海量的信息中,人们通过长期接触这些信息,在潜移默化的过程中接受着大众传媒的教育。今天,大众传媒已经和家庭、学校一样,成为人们的主要"教育者"。与传统的家庭和学校的"指令性"教育方式,即告诉你该做什么、不该做什么有所不同,大众传媒的教育方式是一种"浸润"式的,不直接,但却渗入到人们生活的点点滴滴当中。此外,大众媒介的教育功能还表现在为人们提供"社会模特",供人"模仿"。"传播向受众提供的'社会模特',既有典型人,也有典型事,以期待受众获得与'模特'一致的价值观念,并在行为上向其靠拢。"[②]

2) 培养社会角色

一个人生活在社会里,就会扮演不同的角色。小时候是父母的孩子,上学后是老师的学生,工作以后是老板的员工,结婚之后是他人的丈夫或妻子,有了孩子以后又扮演着父母的角色。总之,人的角色在不断转换,每个角色背后都有一套约定俗成的行为规范。我们在成长的过程中,通过学习才了解到如何扮演这些不同的角色。大众传播同样发挥着这样的功能。它让受众在读书看报、看电视、看电影的过程中学习做人做事,它为受众提供一些模仿的对象,培养受众按照一定的社会规范去行动。

4. 娱乐功能

随着各类大众媒介,特别是电视,逐渐普及到千家万户,大众传播的娱乐功能越来越受到学者的重视。以前,学者们更多地强调大众传播的"社会教化功能",因为传播媒介掌握在少数人的手中,它承担的娱乐功能不多。但是在大众媒介普及到百姓人家的今天,传播的内容则趋向大众化、浅显化、易懂化,人人皆可娱乐的观点越来越受到关注。

传播学者克拉帕曾说,传播的娱乐内容可使受众忘掉忧虑焦急的问题而在心

[①②] 申凡、戚海龙:《当代传播学》,华中科技大学出版社,2000年版,第203、203页。

灵上获得舒解。① 波兹曼在《娱乐至死》②中提到美国社会在20世纪电视普及后不久,电视媒介的主要节目内容和形式就是娱乐,从音乐、游戏、竞技体育、肥皂剧到各式娱乐节目占据了美国家庭中的绝大部分休闲时间。尤其是在全球化的今天,媒介的娱乐功能更是将媒介的商品特性提高到了前所未有的高度,将此视为媒体市场竞争的利器。美国《时代》杂志称,到2015年前后,休闲娱乐经济在美国国民生产总值中将占有一半份额,发达国家将进入休闲娱乐时代。③

四、传播的消极功能

传播同世界上的任何事物一样,对社会产生促进作用的同时,也给社会带来一些消极作用。所谓传播的正功能,就是指媒介对社会发展的意义是积极的,有益于社会的稳定和和谐发展;反之,则是负面的、消极的。

1. 麻醉作用

1948年,拉扎斯菲尔德和默顿合著的《大众传播的社会作用》一文,是对传播的负功能最早进行的研究。他们认为大众媒介虽然具有"社会地位赋予"等方面的正功能,但同时也产生了对人的"麻醉作用"。人们通过媒介接受信息了解社会。但是如果信息过量,人们就无从选择,反而迷失在海量的信息世界里,失去了判断能力。我们每天一睁开眼,就被媒介所包围着,吃早餐的时候我们阅读报纸,上班的路上我们听着广播,休息的时候我们看着电视,无聊的时候我们在网络上闲逛。在大量信息的轰炸下,我们很容易失去理性和独立的思考能力,不假思索地跟随着大众媒介的信息潮流,渐渐地我们不再关心身边的人和事,不再热心参与社会组织活动,盲目地以为通过媒介对当代的种种问题做些了解就是参与了社会。

近年来,日本学者又提出了"电视人"、"容器人"这样的新词汇,就是指那些把闲暇时间都用在大众媒介上,却无法应付现实世界的人。这样的人由于接触电视过多,减少了与现实社会的交往,就像一个罐装的容器,封闭而孤独,但他们对于大众媒介却又有着极强的依赖性,大众传播媒介对他们来说就像"最高尚、最有效的一种社会麻醉品;中毒的人甚至都不了解自己的病端"。还有学者指出,现在的大部分新闻媒介传输的都是"娱信"(infotainment),它们导致社会市民接受不良的教育和熏陶,以至于大大减少了参与政治活动的时间。④

---

① Joseph Klapper:The Effects of Mass Communication, New York:Free Press,1960.
② 尼尔.波兹曼著,章艳译:《娱乐至死》,广西师范大学出版社,2004年版。
③ 周芳:《浅谈大众传播媒介的娱乐功能》,载《中国经贸》,2010年第12期。
④ Edelman,M.:Constructing the Political Spectacle. Chicago:University of Chicago Press,1988.

因此,我们要看到媒介的功能是一把双刃剑。大众媒介推进社会进步的同时,也会给我们带来很多副作用。除了上述的麻醉功能,大众媒介还引起了很多的争议。

2. 泛"娱乐化"

在当今社会,我们会发现大众传播媒介有一种过度娱乐化的现象。泛"娱乐化"指的是大众传播媒介在单纯追求经济效益的过程中,对低俗化、平庸化的娱乐文化的盲目追求,从而导致媒介过于强调娱乐的作用,而忽视其对社会的责任感和教育功能。美国文化传播学者波兹曼在《娱乐至死》中指出:"一切公众话语日渐以娱乐的方式出现,并成为一种文化精神。我们的政治、宗教、新闻、体育、教育和商业都心甘情愿地成为娱乐的附庸,毫无怨言,甚至无声无息,其结果是我们成了一个娱乐至死的物种。"波兹曼给沉醉在泛娱乐化中的人们敲响了警钟。现在的大众传播媒介充斥着暴力和色情的娱乐性内容,大量的负面信息潜移默化地影响着我们,尤其是那些正在成长中的青少年,这些负面的信息诱发受众偏离社会的主流价值观念和道德传统,从而采取违背社会规范的偏激行为。美国反电视暴力协会主席、精神病医师托马斯·雷迪斯基在对 16 个国家进行 750 次调查后发现,日常生活中出现的暴力,25%~50%的责任应由大众传播媒介负责。69%的英国公民也认为电视上的暴力已经构成社会问题,德国母亲同时呼吁取消电视暴力镜头。[①]

此外,以电视为代表的大众传播媒介降低了娱乐的门槛,使得普通百姓人人都有机会受到来自媒介的感官刺激。商业性的大众传播媒介为了吸引受众的眼球,一味地追求低层次和庸俗化的娱乐信息,降低人们的审美情趣,从而转移了社会公众对高雅艺术的注意力和鉴赏力,使得精英文化由于传播的泛"娱乐化"作用而与社会公众拉开了距离,受到作为工业化产物的"大众文化"的挑战,不利于社会文化的平衡健康发展。

3. 虚假信息的散播

媒介可以为善服务,也可能会为恶操纵。如果被居心叵测的人所控制,那结果将是十分可怕的。历史学家丹尼尔·波尔斯丁提出的"伪事件"(pseudo-events)一词,很好地说明了这一现象。他发现有一些公关部门会故意制造一些"事件",然后通过媒介的报道,成功地塑造企业及其产品的正面形象,或使某些人在公众心目中拥有高尚的、有魅力的人格。既然形象和人格可以通过媒介塑造,事件也可以通过媒介捏造,这使得许多虚假信息被某些人恶意操纵,有意图地通过媒介被散播出去,从而对某些国家、组织和个人产生负面的作用。例如在 2008 年中国北京举办

---

① 胡正荣:《传播学总论》,北京广播学院出版社,1997 年版,第 161 页。

奥运会的期间,一些西方媒体故意歪曲新闻事件,从偏激的角度来解读中国政府的行为,例如法新社在奥运前夕对拉萨"3·14"暴力事件的造假新闻,《纽约时报》对中国政府在奥运期间实施的临时措施进行歪曲解读等,从而对中国的国家形象造成不利影响。此外,一些娱乐公司也会故意"包装"旗下的明星,塑造其虚假的一面,甚至还编造和利用一些事件来"炒作"他们的人气,这些散播"伪信息"的传播行为,极大程度地破坏了社会传播的正常秩序,也错误地引导受众对社会现象的认知和判断能力。

4. 跨文化传播的不对等

随着信息技术的快速发展,我们的社会也加速迈进了全球化的时代。世界范围内的卫星电视直播、影视节目的全球发行,都给我们带来了前所未有的文化享受。但是来自不同地区文化节目的频繁交换,也给世界范围内的文化交流带来了许多冲突和矛盾。以美国为代表的西方国家拥有实力雄厚的文化产业,在全球范围内的文化贸易中占尽优势。与此同时,美国又通过 WTO 这样的国际组织大力主张推行文化产品的自由贸易体制,期望将包含有美国价值观和规范的文化产品传遍全球,从而借势在文化领域中发挥"软实力",影响全世界。由于实力的悬殊,目前世界各地的本土传媒产业都在经受美国好莱坞的强烈冲击,本土文化也在好莱坞制造的大众文化的围攻下不得不步步退让,有些国家则坚持采取"文化保护"政策来维持传统文化的生存。

大众传播媒介在创造和强化国家意识方面扮演着重要的角色。但是如果一个国家、民族的本土媒介受到外界的强烈冲击,甚至被市场排挤,被外国媒介所取代,那这个国家、民族的文化传统和社会稳定性都将受到强烈的冲击。[①] 文化霸权理论(cultural imperialism)就是基于这样的推论而提出的,文化霸权理论的支持者认为美国通过其强大的文化产业在全球的广泛传播,将自己的文化价值观强加于其他国家和地区,以达到主宰全世界的意识形态和文化信仰为目的,从而对全世界进行主导性支配。塞缪尔·亨廷顿在《文明的冲突》中也指出,未来世界格局的矛盾将集中在文化的冲突,建立一个有利于商业全球化的环境的努力将激起传统文化的反抗。与此同时,还有很多发展中国家的学者看到,美国在文化贸易上的优势直接强化了它在世界格局中的霸主地位,借助大众传播媒介的力量,美国向世界传播它的普世精神,破坏了其他国家的本土文化,从而形成一种新的"文化殖民"。有关传播的基本功能和消极功能如表7-1所示。

---

① 斯坦利·巴兰,丹尼斯·戴维斯著,曹书乐译:《大众传播理论:基础、争鸣与未来》(第三版),清华大学出版社,2004年版,第357~358页。

表 7-1 传播的基本功能和消极功能

基本功能	消极功能
信息沟通功能： 政治信息的沟通； 经济信息的沟通； 人类日常生活信息的沟通	跨文化传播的不对等： 信息传播的不对等； 各国家/民族之间的文明冲突； 文化霸权
社会整合功能： 促进人类文明发展； 增强社会凝聚力； 平衡社会系统	麻醉作用： 电视人和容器人； 减少社会实践； 对社会现实漠不关心
教育功能： 进行社会教育； 培养社会角色	虚假信息的散播： 制造假新闻，歪曲、偏见和炒作； 破坏正常、健康的传播秩序
娱乐功能： 放松、度过休闲时刻	泛"娱乐化"： 逃避现实、引导文化低俗化发展

第二节 大众传播与社会控制

一、传播与控制

社会要有序运转，必须管理。社会系统的各个部分，也会在互相依存中互相制约，于是就出现了无处不在的社会控制。对于大众传播来说，社会的运转系统也总会从各个层面以各种手段对传播行为进行控制，以使它按既定的社会运行轨道运转，从而保证社会的稳定与主流价值的连贯性。那么，大众传播的社会控制就是指一定社会的统治者或者其他社会力量对大众传播活动实行的各种方式的控制行为了。

现代社会的国家都会允诺本国人民有表达思想的自由，这是社会民主的基本权利的体现。而大众传播则集中体现了这种权利，即表现公民知的权利与言的权利。然而，任何国家又都会以法律的形式约束这种权利，会将大众传播纳入社会制度的轨道，以种种管理措施制约和控制本国的大众传播媒介。正是基于这一点，传播学把考察和分析各种制度在大众传播活动中的作用看做是自己的一个重要研究领域，把这种研究称为"控制研究"。控制研究包括两个方面：一是考察外部制度对传媒机构及其活动的控制和影响，二是考察传媒机构内部的制度对信息生产、加工和传播活动的制约。

关于控制传播的因素,各个国家有所不同。但从媒介发展的角度来看,对媒介运作产生直接影响和控制的因素有政府和执政党的因素、市场(经济、商业、技术)的因素,以及公众的社会控制因素。

人类很早就有了传播与控制的思想,也产生了一些关于控制传播的理论观点。其中有些理论观点对传播控制产生过重要的影响,有的至今仍为人们所重视和借鉴。但总体说来,对控制传播系统的理论研究,是在大众传播学兴起之后。

一般认为,对这方面的系统研究肇始于"把关人"理论的提出。1947年社会心理学家列文提出了这一理论,之后怀特、麦克内利、巴斯验证和发展了这一理论。但是以上研究有共同的缺陷,即把对新闻传播的控制仅仅看成新闻从业人员的个人行为。布里德访问了美国东北部中型报纸的120名记者后,在1955年撰文揭示:新闻机构编辑记者的把关行为,其实受着内部政策和纪律的有力约束。也就是说,这些表面上的控制者,实际上受到更高层次的控制。

二、西方传播控制的理论

1. 施拉姆等人《报刊的四种理论》

传播学界关于"控制分析"的理论,最有影响的就是弗雷德·赛伯特、西奥多·彼德森和威尔伯·施拉姆三人在1956年合著的《报刊的四种理论》一书的相关阐述。这本书自问世以来在美国经验学派的领地被奉为权威。其成果表明大众传播活动是人类最基本的活动之一,它的活动离不开特定的社会历史背景,这一背景会对传播行为产生很大的影响。书中所说的报刊,实际上是指整个大众传播事业。与以往的微观研究不同,这本书从宏观上考察了传播的控制力量。该书认为,从中世纪以来,报刊(实际上包括电影、广播、电视等大众传播媒介)控制产生过或存在着四种理论体系,即集权主义理论、自由主义理论、社会责任理论和苏联共产主义理论。"报刊总带有它所属社会和政治结构的形式和色彩,特别是报刊反映一种调节个人与社会关系的社会控制的方式。"[①]这种研究是站在西方社会的立场思考问题,并且带有当时冷战时期思维的印象,可以作为我们学习"控制分析"的参考。

1)集权主义理论

集权主义理论是15世纪中叶欧洲封建专制主义体系的产物。自15世纪近代印刷术在欧洲出现以后,一直到16—17世纪早期报纸的诞生,这个时期欧洲都处于封建专制主义时期。"报刊与其他公众通讯的形式一样,既然发生在一个已经有

---

① 威尔伯·施拉姆等:《报刊的四种理论》,新华出版社,1980年版,第1~2页。

高度的组织的社会里,报刊与那个社会的关系自然要受到当时管理社会的基础的一些基本原则所决定。"①

例如,在英国,专制制度盛行了约二百年之久。它曾采用过出版专利制度、"检查制",以及法院对违反公认的既定的法律条例的行为提出公诉等方法控制报刊。而且,"在这个时期,这种控制方法似乎比别种方法更成功"②。著名的英国作家约翰逊博士清楚地总结了集权主义理论,他说道:"每个社会都有维持和平和秩序的权利,因此就有权禁止宣传带有危险倾向的意见。"

集权主义传播制度随着资产阶级革命在18—19世纪的胜利而逐渐消亡,但集权主义理论在现代各个历史时期和各个社会仍有所表现。例如法西斯主义的宣传。集权主义出现在特定的历史阶段,但是其影响和给社会带来的灾难并不仅仅局限于那个特定的时代,现代社会仍然有其生存的空间。

2) 自由主义理论

自由主义,作为一种社会的和政治的制度,形成一种固定的体系,各种机构都在它的轨道范围内活动。自由主义理论是在封建统治逐步瓦解的过程中确立起来的,是自由竞争资本主义时代的产物。

宗教革命成为西方自由主义产生的根源。17—18世纪,欧洲启蒙运动兴起,开始重视人的价值,以权利、自由为主体的自由主义思想也得到了广泛传播,代表人物有荷兰的斯宾诺莎、英国的洛克等。英国诗人、政治家约翰·弥尔顿在《论出版自由》(1644年发表)里第一次公开表述了有关言论和出版自由的思想,奠定了自由主义传播理论的基本原则。另外,托马斯·杰弗逊、约翰·密尔等都曾对"自由"理论进行了阐述。自由主义传播制度理论强调的是自由传播的权力,强调政府管制越少越好,人民言论自由越多、越多元化越好。

但是,需要明白的是,自由主义理论只是主张用一种更加非正式的控制手段,那就是通过自我修正过程以及通过消息、评论、娱乐市场的自由竞争来代替国家的监督。这种过程要比集权主义的指令好些。但是,实际上,国家通过很多机构可以对公众通信工具加以特别的限制。前面已经阐述,哪里有传播哪里就有控制,控制不可避免,只是存在的方式和控制的手段有异。以美国为例,虽然新闻业被"独立宣言"的作者、美国的第二任总统杰斐逊称为"第四种权力",但是美国政府也同样用各种硬性控制和软性调控来影响传播活动。在美国,经济控制比政治控制的影响力更大。19世纪末,黄色新闻的泛滥就是典型的例子。

尽管从一定的意义上讲,自由主义传播理论是历史的进步,但是,随着时代的发展,它的缺陷逐渐显现出来,在实践中受到抨击,并得到修正和完善。

---

①② 威尔伯·施拉姆等著,中国人民学新闻系译:《报刊的四种理论》,新华出版社,1980年,第9、22页。

3）社会责任理论

社会责任理论的大前提是：自由是伴随着义务的；而享有我们政府特权地位的报刊，就对社会承担当代社会的公众通信工具的某种主要职能。19世纪末20世纪初，资本主义进入了垄断阶段。随着黄色新闻的泛滥，人们逐渐意识到，放任自由的大众传播事业会危害社会，传播工作者应该担负起教育公众的社会责任。在20世纪40年代，社会责任理论的思想在自由主义的基础上发展起来。

社会责任理论的主要内容和原则包括：传媒的活动必须在现存法律和法规的范围内进行；传媒的报道必须符合真实性、客观性等专业标准；大众传媒具有很强的公共性，因而必须对社会和公众承担一定的责任和义务；公众有权要求传媒从事高品位的传播活动。

比较而言，集权主义理论倡导的是绝对的控制，自由主义理论倡导的似乎是绝对的不控制，而社会责任论就是两者的中和。从理论上讲，社会责任理论相对完善和合理，但实际上，它过高地估计了媒介的自律行为，缺乏相应的现实基础，还停留在纸上谈兵的阶段。而大众传播活动，始终无法彻底摆脱商业利益和社会责任的双重压力，只能尽力在两者之间寻求尽可能的平衡。正如约瑟夫·普利策所言："只有最高的理想、兢兢业业的正当行为、对于所涉及的问题具备正确知识以及真诚的道德责任感，才能使得报刊不屈从于商业利益，不寻求自私的目的，不反对公众的福利。"[①]在社会责任理论下，言论自由是以个人对于他的思想、对于他的良心的义务为基础的。

4）苏联共产主义理论

在《报刊的四种理论》中，施拉姆等用苏联共产主义来表述第四种控制体制，特指"苏联的共产主义理论"。与其说它是科学的立论，不如说是意识形态的利益表达。在《报刊的四种理论》的作者看来，这种传播理论与体制不过是集权主义传播理论与体制的继承和延续。这些观点与当时东西方对立的冷战思维分不开，后来连西方的学者也对此进行了批评。

2. 阿特休尔《权力的媒介》

美国当代著名媒介批评家和新闻学者赫伯特·阿特休尔在《权力的媒介》（Agents of Power,1984）提出了有别于《报刊的四种理论》对新闻体制的分类，他认为"报刊的四种理论"是冷战思维的产物，无论资本主义的新闻事业还是社会主义的新闻事业，都是服务于主流意识形态的。阿特休尔的核心观点是，任何新闻媒介都是一个国家或社会中政治、经济、权力的代理机构。

阿特休尔在分析世界范围内不同的新闻媒介体系后，形象地把它们比作一部

[①] 约瑟夫．普利策：《新闻学院》，载《北美评论》，1904年5月，第178期。

有不同主题、旋律和变奏的交响乐,进而把这部交响乐划分为三个乐章,并将这三个乐章分别命名为:"市场经济"乐章、"马克思主义"(计划经济)乐章、"进步中世界"(发展中世界)乐章,来代表三种媒介体系。① 阿特休尔的"市场经济"乐章大致上是指发达或较发达资本主义世界的媒介体系,"马克思主义"乐章大致上指以苏联为代表的信奉马克思主义理论的社会主义国家媒介体系,"进步中世界"乐章大致等同于第三世界或发展中国家的媒介体系。阿特休尔主要从新闻事业的目的、新闻事业的信条以及新闻自由的不同观点,对三种新闻媒介体系进行了比较。

关于新闻事业的目的,阿特休尔认为不管新闻媒介处于何种政治、经济或社会制度之下,其任务均是打着社会责任的旗号追求自己认为的真理,既定目的都是所谓的为人民服务。这一追求是使用新闻媒介的人民通过被告知或受教育的途径体现的。但是在"马克思主义世界"媒介体系和"进步中世界"媒介体系里,新闻媒介既定的目的之一是政治性的。在"市场经济世界"媒介体系里,情况则相反,新闻媒介的任务是超脱政治,站在中立的立场上公正地报道消息。但在这点上,"市场经济世界"媒介体系的维护者是在自欺欺人,因为无论如何,新闻媒介都无法超脱政治。具体内容如表7-2②所示。

表7-2 不同新闻媒介体系中的新闻事业的目的

	市场经济世界	马克思主义世界	进步中世界
关于新闻事业的目的	追求真理	寻求真理	服务于真理
	尽社会责任	尽社会责任	尽社会责任
	以非政治方式进行告知或教育	(以政治方式)教育人民并争取盟友	(以政治方式)进行教育
	公正地为人民服务,并拥护资本主义学说	通过要求拥护社会主义学说而为人民服务	通过寻求与政府合作为人民服务,为各种有益的目的进行变革
	作为监督政府的工具	统一观点,改变行为	作为争取和平的工具

关于新闻事业的信条,阿特休尔认为三个媒介体系之间存在很大的分歧。每一个媒介体系关于其新闻媒介坚持客观报道的声明无不遭到其他两个媒介体系的挖苦嘲弄。在所有的信条中,最引人关注的是"进步中世界"媒介体系信奉新闻媒介用于双向交流,真正的新闻工作当是共同参与的过程,读者会对信息进行筛选提炼。这是其他两个媒介体系中没有的。在"市场经济世界"媒介体系里,新闻媒介如同其他机构一样均服从于同样的市场规律,市场为消费者提供选择。"马克思主义世界"媒介体系相信新闻媒介是为群众的需要和利益服务的,读者参与新闻制作

---

① 阿特休尔著,黄煜、裘志康译:《权力的媒介》,华夏出版社,1989年版,第316页。
② 张国良:《20世纪传播学经典文本》,复旦大学出版社,2003年版,第493页。

的过程。具体内容如表7-3①所示。

表7-3 不同新闻媒介体系中的新闻事业的信条

	市场经济世界	马克思主义世界	进步中世界
关于新闻事业的信条	新闻媒介不受外界干涉	新闻媒介改变错误的意识,并教育工人使之具有阶级觉悟	新闻媒介是一支联合力量,而不是一支破坏力量
	新闻媒介为人民的知晓权服务	新闻媒介满足人民的客观需要	新闻媒介是有益于社会变革的工具
	新闻媒介力求获得真理并反映真理	新闻媒介促进实际变革	新闻媒介是社会公正的工具
	新闻媒介公正、客观地进行报道	新闻媒介客观报道事物的现实	新闻媒介旨在用来沟通记者与读者之间的双向交流

关于对新闻自由的观点,阿特休尔认为没有哪一个媒介体系公然反对言论自由。在"市场经济世界"媒介体系里,强调的是信息的自由。但实际上,如果缺少相应的智慧、教育、背景、场合和知识等,这些信息对人们也毫无用处。列宁宣称"市场经济世界"媒介体系里的新闻自由只是富人享有的自由,其媒介内容直接或间接地受到商业势力的影响,充当广告机构和跨国公司的开路先锋。在"进步中世界"媒介体系里,保证个人的心灵自由比个人得到大堆信息的自由更重要,所以以挽救国家沉沦为名压制新闻的做法是常见的,他们愿意压制某些他们感到是危及国家安全的消息的发表。每一个"进步中世界"媒介体系里的国家都赞成制定国家和国际的新闻政策。"马克思主义世界"的和"进步中世界"的媒介体系都认为政治干预是自然的,它具有潜在的好处。然而,如何干预,应该怎样干预,理论家们却未能达成一致。具体内容如表7-4②所示。

表7-4 不同新闻媒介体系中的新闻自由的不同观点

	市场经济世界	马克思主义世界	进步中世界
关于新闻自由的不同观点	新闻自由意味着新闻记者不受外界控制	新闻自由意味着全体人民的意见得以发表,不仅仅是富者的意见	新闻自由意味着新闻工作者的心灵自由
	新闻自由是指新闻媒介不屈从于权力,不受权力操纵	新闻自由必须反对压迫	新闻自由的重要性次于国家存亡之重要性
	新闻自由不需要国家新闻政策来保证	需要一项国家性的新闻政策,以便保证新闻自由采取正确的形式	需要一项国家性的新闻政策来对自由提供合法保障

①② 张国良:《20世纪传播学经典文本》,复旦大学出版社,2003年版,第497页,第505页。

三、传播的内部控制

1. 布里德潜网说

华伦·布里德是著名的传播学控制分析专家,他在对美国数十家报社和120多名记者进行调查后,写出了《新闻编辑部的社会控制:功能分析》一文,提出了"布里德潜网说"。他认为在报社内部存在着一种看不见摸不着,却又控制有力的无形网络。比如一个刚刚毕业的新记者,朝气蓬勃、干劲十足地按自己的想法去工作的时候,却不断在报社内部碰钉子,有手脚被捆住的感觉,这就是布里德说的潜网。这是编辑部里工作习惯、业务传统的体现。"通过从业者之间的闲谈以及其他途径,新来者摸索着领导人的兴趣所在、他的关系与性格。在报道会议上,从业员汇报自己发现的线索,领导们讨论如何加以报道时,可以从领导们的言谈中得到启示。"[1]这张网使一个报社能按照自己的编辑方针运转下去,使报纸的风格具有一定的稳定性;同时,也可以约束那些新参加进来的编辑、记者,使他们能按本报的传统与规矩行事,以保持报社传统的连贯性。这是报纸发展过程中约定俗成的东西,不一定有人对它进行解释与说明,但它却在实际中调节着报社内部的人际关系和操作流程。

布里德指出,任何社会的主要问题都在于维持秩序和加强凝聚力,保持价值体系的一致与完善是最重要的事情,因为意识形态混乱会导致整个社会的崩溃。尽管大众传播者有各种公约、规范、准则来约束,以期自律,但是在大众传播活动中,传播者的个人特点、自身因素无不影响着传播活动。比如编辑对用词的选择,评论家对话题的选择等都受个人知识背景、偏好等多方面因素的影响。人永远是社会的人,传播者也不例外,他只能在社会为他编织的网中打上自己的烙印,进行着自己的传播活动。因此,我们所说的大众传播媒介组织内的潜网,实质上是社会控制体系在媒介内部的反映与媒介的个性传统的体现。

2. 传播的内部控制

1) 对传播者的控制

政府、企业和受众都是从外部对大众传播施加影响的,而内部控制则是大众传播机构及其从业人员对自己所实施的约束,以保证传播机构的良好声誉,减少或者避免社会的批评。这实际上是一种媒介自律。具体体现在,一是制定一系列守则和道德规范。世界不同国家、地区和一些国际性行业组织,先后就大众传播活动制

---

[1] 沃纳丁·赛弗林等:《传播学的起源、研究与应用》,福建人民出版社,1985年版,第220页。

定了一系列公约、规范、守则等。它们是在长期的传播实践中,为维护传播活动的有序进行和传播行业的健康发展而形成和完善的,也是在不同国家和民族的传统道德及其文化背景的基础上产生的。比如联合国在1948年和1954年先后制定了《国际新闻自由公约草案》和《国际新闻道德规约》。并且,每一个传媒机构都有自己的基本方针和工作政策,要求本机构的工作人员一一遵守。二是成立各媒介联合组织,对各成员进行监督。如中华全国新闻工作者协会、全国晚报协会、全国地市报协会等,通过这种协会组织来进行相互之间的监督和约束。三是设立反馈机构,把传播者、受传者和传播效果等研究结合起来,举办民意测验,征求受众的意见,及时修正媒介自身在工作中出现的问题。如美国的"盖洛普民意测验所",我国大众传播机构内部的"通联部"、"群众工作部"及各类"调查中心"等都是类似的组织。不少报纸版面和广播电视节目中开辟的"读者来信"、"听众信箱"、"观众之友"、"为您服务"等专栏也起着对传播者的控制和指导作用。[1]

2)对传播内容的控制

在外人看来,记者写什么不写什么是有绝对自主权的。但是,这绝不说明记者的采写是不受控制的。比如他的选题要符合本报、本台的编辑方针、相关栏目的具体要求,甚至要适合值班总编的口味,相关编辑的习惯,等等。正如本书第三章讲到的美国学者怀特研究一家报纸的编辑筛选稿件的过程,就是典型的通过"把关人"对传播内容与形式进行审核,决定取舍或给予修改的过程。

这些控制,通过编辑部的报道计划、报道提示体现出来;也通过值班编辑的谈话、总结,反映出来;还会通过编辑部内部的评奖活动,向采编人员树立一个典型,引导大家向这个典型看齐,从而把提倡什么、反对什么表现出来。在美国有"普利策新闻奖",影响了国外众多编辑记者;我国则有一年一度的"中国新闻奖",各省市的"好新闻"奖。改革开放以来,各新闻媒体内部为了打破大锅饭,还实行了对稿件评分制度,如不同的版次、不同的位置的稿件给予不同的分值,记者发表稿件的积分和他的奖酬挂钩,以及报社内部的走廊上挂的评报,等等,都是对传播内容进行控制的一种或隐或显的形式,都在无形之中鞭策着新闻从业人员对传播内容的把握。

3)对传播渠道的选择

在信息社会,大众传播的媒介和渠道越来越广泛,而且出现了越来越普遍的媒介融合、媒介产业化、媒介集团化倾向。比如一家报社,可能既有主报(如日报),又有系列子报,还有若干杂志,有网络版、外文版等。那么,在媒介融合的环境下,总编室拿到一个题材,他们首先想到的应该是哪个媒介使用最合适,以及怎么把不同的处理方式分别给予相关的媒介。例如,如果是突发性事件,在时效的及时性上没

---

[1] 申凡、戚海龙:《当代传播学》,华中科技大学出版社,2000年版,第222页。

有能超过网络、广播的,之后是电视,再后才是报纸、杂志了;而对于有深度的题材,显然报纸、杂志更胜一筹。

除此之外,根据传播内容和受众不同,"把关人"也会选择具体的传播渠道。比如我国传播媒介中独有的"内参"这种传播形式,把一些不适合公开刊登的问题与事实,写成"内参",供领导机关了解情况以及决策参考;同样,趣闻、花边新闻上都市报、晚报,大政方针上机关报,专业技术性强的内容流向专业报,都是对传播渠道的选择。

四、传播的外部控制

布里德的研究也指出,在维护自己社会的一致性的时候,媒体会高度重视社会的外部方面,甚至在价值观发生冲突时,大众媒介有时为了尊重社会习俗、公众行为规范和秩序安定而牺牲了重大事件报道的准确性。他发现,报纸一般都为本城镇及其领袖说好话。[①] 这里体现的是传播外部控制,即社会各个方面对它的控制作用。

传播学学者德弗勒认为,出现这种现象是因为媒介系统处在社会这个大系统之中,媒介的功能是在社会大系统中行使的,必然要受到社会系统的影响,乃至控制。

1. 从德弗勒模式说起

传播学学者德弗勒研究了美国的媒介系统,认为虽然媒介自成一个系统,但它们已深深渗透到社会的五个基本体制之中,即与美国的经济体制、政治体制、家庭体制、宗教体制、教育体制密不可分。[②] 在此基础上,1966年德弗勒提出了美国大众媒介体系模式(见图7-1)。这个模式把大众传播置于其他机构的影响范围之内,这些机构直接影响传播者、信息和公众之间的关系。

我们知道,社会是个大的运行系统,它由众多子系统组成,像政治系统、经济系统、文化系统等,大众传播就是其中的一个子系统。政治系统掌握了政治资源,而传播系统掌握着传播资料,双方既互相制约又互相依赖。大众传播的地位与作用是由社会大系统授予的,它必然要受制于整个社会系统。也就是说,任何社会的运行,都要有自己的文化传统、价值取向和政治、经济等制度的规范来管理。统治阶级的这一套意识形态,要动员各种社会手段来维护。大众传播既是这种维护的手

---

① 沃纳丁·赛弗林等:《传播学的起源、研究与应用》,福建人民出版社,1985年版,第223页。
② 梅尔文·德弗勒、鲍尔·洛基奇著,杜立平译:《大众传播学诸论》,新华出版社,1990年版,第140页。

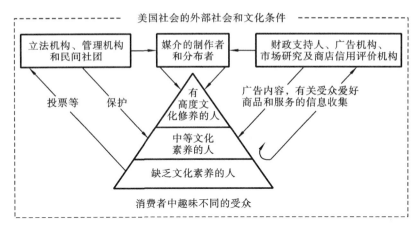

图 7-1 德弗勒的美国大众媒介体系模式图（据德弗勒 1970 年著作绘制）

段，又是社会系统的一部分，因此作为一种体制化、组织化的新闻传播活动，它必然要承担起保持社会价值体系一致性的责任，但同时也把自己的价值体系与高层系统的价值要义统一起来。这样来看的话，新闻机构就是一个与社会诸方面发生多边联系的组织，它的传播是不可能自行其是的。

这个模式解释的是一种自由主义或自由市场模式中的大众传播。

模式的重点集中在德弗勒所称的美国媒介体系中的"低级趣味"内容的功能上，这种内容带有不良的道德倾向与有害的社会效果以及低劣的美学和知识价值而经常受到批评。

在这个模式中，德弗勒按受众的趣味与偏爱，将受众分为高、中、低三个层次而加以分析；把金融和商业机构作为向媒介制作提供资金、购买广告时间和空间的机构，分析他们从与媒介相关的商业活动中获得的收入；政府和民间公共法规和控制机构向媒介制作者和发布组织施加各种压力，以获得消费者的选票与政治支持；作为从大众传播媒介经营中谋利的媒介制作者和发布组织，在面对自己传播对象的群体的时候，不能不顾及自己财政来源方面的态度和政治体系的影响。这种适应公众偏爱状况，在自由主义的体系中会影响媒介机构的标准与动力，最可能引起其传播内容与形式的变化。[①]

2. 政治控制

现代社会里的大众传播，是传达政治理念的平台，是形成社会舆论的阵地，是国家与社会稳定的晴雨表。从政治角度来讲，大众媒介既可以成为一个政府执政的得力工具，也可以成为颠覆一个政权的利器，因此世界上任何政府都十分重视对

---

① 丹尼斯·麦奎尔等：《大众传播模式论》，上海译文出版社，1987 年版，第 120～122 页。

大众传播的控制。只是由于各国的政治体制与文化传统的不同,控制的方式、手段、程度有所不同罢了。

立法是政治控制的主要手段之一。常见的有著作权法、新闻法、广告法、图书出版法、广播电视与电影管理法、煽动叛乱罪法、诽谤罪法,等等。立法是针对大众传播的由国家制定或认可的,由国家以强制方式保证实施的具有普遍效力的行为准则。立法的目的在于保障符合本国社会与国家利益的大众传播活动,打击不利于社会运行的大众传播活动。目前我国尚没有能涵盖一切传播领域的法律文件。在已有的这方面的法律文件中,涵盖面最广的是2002年2月1日施行的《出版管理条例》。该条例所称的出版物指的是报纸、期刊、图书、音像制品、电子出版物等。此外,随着改革开放和民主法制建设的完善,在广播电影电视领域,计算机及网络领域,我国都颁布了专门性的行政法规。

行政管理也是政治控制的一个重要手段。常见的有准入制,即政府主管部门审查批准后媒体组织才具有的创办权、经营权;征税制,对媒体及广告征收不同比例的税收,以管理传播媒介的市场;内容审查制,有的在出版前审查,有的在出版后审查,以保证媒体的内容不违反政府的相应规定;惩罚制,对违规的媒体通过警告、罚款、停业整顿乃至吊销执照等方式进行处罚,管理出格的媒体。

政府对大众传播的控制除限制之外,也有扶持与鼓励的手段。比如对国家创办的媒体、公共媒体与新兴媒体的政策扶持、经济支持,乃至直接参与;对符合政府管理期望的媒体的表彰、奖励,等等。

3. 经济控制

在对大众传播活动进行控制的因素中,人们目前更加关注的是市场(经济)因素的作用,特别是由于媒介的产业化、商业化和跨国媒介集团的发展,经济的控制因素所发挥的作用被提到了空前的高度。

投资是经济控制的主要手段之一。这主要是通过投入资金成为股东,乃至控股一个媒体;通过兼并,使其他媒体成为自己集团的财产等。投资的目的是为了回报,这种回报既有经济的收益,也有政治性上的话语权掌握在自己集团中的收益。而大众媒介的所有权,决定了大众传播的话语权,这样投资者就可以影响媒体的编辑方针、立场、经营方式、人事安排等大政方针,从而使媒体听自己的话,为自己集团说话。这在西方号称"专业主义"的客观公正原则下,也是十分普遍的现象,因此施拉姆说:"经济的控制远比政府的控制对美国大众媒介施加的影响更为有力。"[1]

广告是经济控制的又一有力手段。在市场经济下的媒介生存,广告是它的主要经济来源。比如20世纪80年代,美国"报纸的广告收入占其总收入的75%,杂

---

[1] 威尔伯·施拉姆、威廉·波特著,陈亮等译:《传播学概论》,新华出版社,1984年版,第189页。

志占50%,而广播电视几乎是百分之百"①。经济的投入,使广告主不仅能要求大众媒介按自己的意愿设置版面、栏目,以广告或其他形式宣传自己的经营活动、产品,而且遇到对自己有负面影响的问题时,自己投放广告的媒体也多采取沉默的态度。

4. 社会道德、习俗控制

道德是人类在共同生活中形成的由经济关系所决定,用善恶的标准去评价,依靠社会舆论、内心信念和传统习惯来维持的一类社会准则。② 传播活动的道德控制除了传播者的自我道德控制外,还有赖于制定和执行传播职业道德准则。职业道德准则是指与人们职业活动紧密联系的具有自身职业特征的道德准则、规范的总和。传播活动的职业道德和工作规范的内容,受制于不同国家的不同政治制度和文化背景。世界上还有许多国家建立了新闻评议会,作为传媒职业道德的评判机构,它可以对违规的当事人和媒介进行行业内的评判和奖惩。

习俗是习惯和风俗的合称,又和宗教有着密不可分的联系。习俗是人类社会最早出现的行为规范,自然也是最早地用于传播控制的社会规范。而宗教是以神的崇拜和神的意旨为核心的信仰和行为准则的总和,是人们对现实世界的一种虚幻的歪曲的反映。宗教也属于社会的上层建筑。在人类历史上,宗教不仅在思想上起过统治作用,在政治上也起过统治作用。尽管习俗和宗教等文化力量对大众传播的控制比起政治、经济的力量要小得多,但是它们仍然以渗透的方式,潜移默化地控制了大众传播。

5. 受众控制

在大众传播中,受众往往处于"被传播"的弱势地位。那么,他们还可以控制"强势"的传播媒介与传播者吗?答案是肯定的。我们不要忘记,受众是大众传播的目的,是传播信息消费的用户,是传播效果的评价者。这就如同商家与商品使用者的关系一样,不符合使用者要求的商品就没有市场,这样一来商家自然会重视使用者这个"上帝"的要求了。大众传播的受众通过反馈的方式,控制大众传播。比如他们可以给编辑部写信、打电话,表达他们的诉求;或通过舆论的形式,对大众传媒中不满意的内容和形式施加压力;更严重的,还会通过立法机构,以法规的形式约束大众传媒。因而,无论什么样的报社、电台、电视台都不敢无视受众的意见,并会根据这些意见去改进传播。同时,很多媒体还设置专门的机构,定期有计划地收集受众的意见,以改进工作,同时也提高自己的市场竞争力。

---

① 本·巴格迪茨:《传播媒介的垄断》,新华出版社,1986年版,第125页。
② 申凡、戚海龙:《当代传播学》,华中科技大学出版社,2000年版,第233页。

在市场经济下,受众控制大众传播的另一个更为有力的武器是订阅率、收视率、收听率,这些是大众传媒市场生存的生命线。如果一家报纸的订阅率降低,它每版的广告收费就得降低,这就影响到了它的生存。因此,它就必须重视读者的需求、意见,甚至去迎合读者以提高订阅率。不少电视台在管理栏目的时候,把收视率低的栏目砍掉,换上新的栏目,就是十分残酷的受众控制的表现。

6. 技术控制

技术本身不是一种社会力量,而是一种手段,但是技术一旦被人掌握,就会对传播产生强有力的控制作用。技术的发展是经济发展的结果,但是在大众传播活动中,技术控制和经济控制以不同的形式存在着。现代传播本身就是高科技的传播,高科技对传播活动的控制效应是难以估量的。[①]

技术控制主要体现在两方面,一是每一种大众媒介都有独特的技术手段,都有自己的看家本领,技术手段能控制传播活动的过程和效果等,这是一种防御性的控制。不同的媒体具有不同的媒介特征,不同的传播组织所掌握的技术、设备在先进程度上也有差别,所以传播的内容、方式和效果就会不一样。另外,在大众传播活动中,技术手段存在着侵犯性控制,也就是技术对传播活动进行干扰,侵犯他者利益的控制。人们以技术手段控制传播,主要起始于广播诞生之后。一个国家为了遏制敌国外患利用广播向本国公民传播对本国政府不利的信息,常会发射干扰电波使对方的广播不能有效传播。而在网络社会,这种技术控制的情况更为复杂,计算机病毒、网络犯罪等也给社会造成了很大的危害。

总之,大众传播作为社会信息系统,传播控制是多重社会力量和因素共同作用,多种手段并用、多个层次并行的一种社会现象。

第三节 传播与文化

一、传播与文化的关系

1. 文化的定义和内涵

关于文化的定义,长期以来莫衷一是,众说纷纭。

美国人类学家克罗伯和克拉克洪在1952年总结了166个关于文化的定义。

[①] 申凡、戚海龙:《当代传播学》,华中科技大学出版社,2000年版,第238页。

这些定义分别来自世界上著名的人类学家、社会学家、心理分析学家、哲学家、化学家、生物学家、经济学家、地理学家和政治学家等。这些学者的研究领域涵盖了大部分人文社会科学和自然科学。鉴于本节内容，我们选取了一位人类学家和一位文化学家对文化下的定义。英国人类学家泰勒在他的名著《原始文化》中提出，从最为广泛的民族志的意义上看，文化或文明是一个综合性体系，它包括知识、信仰、艺术、道德、法律、习俗，以及作为社会成员的人所学到的其他能力和习惯。美国文化学家克拉克洪也认为"(集团的成员所共同拥有的)某些观点、感受方式、信仰方式，这便是文化"①。可以看到，从人类学到文化学，都肯定了文化概念的丰富性和包容性，并有着基本一致的认识。

在文化研究领域，目前基本能够达成一致的关于文化的定义，是指一个民族经过长期积淀而形成的生活方式，是由作为社会成员的人所获得的，包括人的思维、行为、言语，以及知识、信念、艺术、道德法则、法律、风俗及其他能力和习惯的复杂整体，具有继承性、层次性、多样性等特征。

英国文化研究者威廉斯曾经说过，"文化"这个词汇是英语语言中最复杂的词汇。根据他的考证，从18世纪末开始，西方语言中"culture"一词的词义与用法前后发生了重大变化。在18世纪末以前，文化主要指自然成长的倾向和人的培养过程等。但是到了19世纪，文化本身变成了某种东西。它首先是用来指心灵的某种状态或习惯，后来又指一个社会整体中知识发展的一般状态和各类艺术的总体。到19世纪末，文化开始意指"一种物质上、知识上和精神上的整体生活方式"。

关于文化的内涵，威廉斯列出了三种解释。①作为艺术活动的文化。这个意义上的"文化"被认为是一个描述音乐、文学、绘画、雕塑、戏剧、电影的词语。②作为一种"生活方式"的符号的文化，无论这种生活方式是属于"一个民族的，一个时期的，一个群体的，或者普遍意义上的人类的"。威廉斯认为，这个意义上的文化主要是探究一种服装样式、一种语言规则、一套行为规则、一个信仰系统、一种建筑样式等。③作为一种发展过程的文化，用以描述知识、精神与美学发展的一般过程。② 从上述解释可以看出，威廉斯将文化的内涵从艺术领域的实践扩展到了人类日常的生活方式，这就给我们当代的文化研究提供了广阔的天地。

2. 传播与文化的关系

传播与文化是无法分离的。不存在没有文化的传播，也不存在没有传播的文化，二者仿若一枚硬币的两面，互为表里。

一方面，传播如果要达到预期的目的，必须遵循一定的规则，这些规则本身就

---

① 转引自石川荣吉：《现代文化人类学》，中国国际广播出版社，1988年版，第5页。
② 汤普森著，冯建三译：《文化帝国主义》，上海人民出版社，1999年版，第10页。

是文化的一部分。传播所依赖的工具、语言文字等本身都是文化的一部分。同样的道理,一个社会的传播制度、传播系统、传播内容和传播现象都是这个社会文化的表征和反映。因此传播其实就是文化的传播。

另一方面,从本质上看,文化是人类借助符号传达意义的行为。所有的文化都需要借助传播手段才能够成为社会文化。中西先进观念和思想也正是通过传播得以扩散,从而发挥出它们巨大的作用。从专制者对传播的控制到革命者对传播的利用,都可以探查传播在人类历史发展中所蕴含的巨大能量。

从历史发展的进程来看,可以将传播与文化的关系概括如下。

首先,人类历史上传播的过程与文化演进的过程一直相互影响和制约。从宏观的视野来看,传播与文化处在同一个动态系统中,每一个人都不可避免被裹挟其中。文化与传播、信息与媒介,长期以来是融为一体的。传播从信息到渠道,从接受到反馈,文化从内容到载体,从阐释到意义读解,都彼此交叉,相互影响,共生共息。

其次,传播媒介的不断变革是促使文化日渐丰富并变迁的中介力量。由于文化就是社会生活本身,文化表现为一种历史的和当下的存在,因此文化生长的方式绝不是自由的、自足的和纯粹的,而是历史上各种群体冲突和抢夺的领域,是意识形态的战场。正如西欧印刷术的兴起对于宗教改革,西学东渐对于五四新文化运动的作用一样,传播对于文化生长的作用是不可估量的。

再次,现代的大众媒介是文化走向大众、走进日常生活的物质与技术载体。19世纪中期以来,现代传媒改变了传统的文化生产和传播方式。电子媒介的出现,为人类传播带来的时间和空间的突破,使传播的效率和效果取得了质的飞跃。以报纸、广播、电视、互联网为代表的现代传媒,对普通大众进行铺天盖地的传播,从而极大地推动了文化的普及。如果没有大众媒介,普通人就很难享受到文化的权利。

最后,大众社会中传播与文化的融合导致了文化的媒介化及媒介文化的出现。随着传播技术的不断发展,报纸、广播、电影、电视、网络等各种传媒成为人们生活不可或缺的部分。一方面,传媒在日常生活中几乎无处不在,它向人们展现日常生活的方方面面,人们通过传媒窥见斑驳陆离的社会景观,消遣自己的闲暇时间,而传媒的内容也成为人们共享的一种公众资源,它为人们找到生存世界的认同,有利于重新建构社群的、公共的文化。另一方面,传媒不仅观照我们的生存世界,也建构了我们的思想内涵、生活方式和文化选择。大众的许多社会常识与文化认知都来源于传媒,或者说传媒在一定程度上塑造了人们的文化价值观,也影响了社会整体文化观的形成。

可见,文化与传播关系紧密,实际上在很大程度上同构、同质。[①] 文化因传播

---

① 爱德华·萨丕尔著,陆卓元译:《语言论》,商务印书馆,1985年。

而繁华,传播以文化为精义。

二、传播承载着文化

媒介是文化发生的场所,也是文化的载体。科技发展带来媒介变革,不仅改变了媒介形态,也塑造了新的文化形态。换句话说,"媒介的形式偏好某些特殊的内容,从而能最终控制文化。某个文化中交流的媒介对于这个文化精神中心和物质中心的形成有着决定性的影响"[①]。

从这个意义上说,根据人类传播方式演进过程的每一个独特的阶段,我们可以解释人类文化发展在不同阶段的特殊性。我们将其概括为:与口头传播时代相联系的口语文化、与印刷出版相联系的印刷文化、与新兴电子媒介相联系的电子文化。

1. 传播中的文化变迁

1) 口语文化

在原始部落时代,口语具有崇高的权威和效力。相比书面语,口语承载着更为丰富的情感内容,例如人们用语调、语气传达喜怒哀乐等丰富的思想感情。在此过程中,人们不仅口口相传,而且调动周身其他器官辅助进行互动和交流。这种口语文化,极大影响了当时人们对世界的观察和体验。我们从古希腊的雅典文明中就可以感受到当时人们对口语的倚重,不朽的古希腊神话就是口语文化传播的结晶。口传时代的文化也为我们印证了这样一句论断:"语言无愧于一种原始而不可或缺的媒介,它使我们成为人,保持人的特点,事实上还定义了人的含义。"[②]

2) 印刷文化

众所周知,近代诞生的印刷术帮助我们创立了现代科学,从而取代了古代以来亚里士多德学派的古典科学。印刷术的推广还使人们的注意力从外界转向了内心。人们的阅读状态和阅读习惯开始转变,从某种程度上而言,自我省察式的和内向型的阅读造就出了我们现在意义上的受众。随之而来的出版业和报业的产生和勃兴也成为历史文化逻辑的必然结果。

从另一个角度来看,印刷术的出现还导致了一种新的文化形态,一种不同于口语或书写传统的文化形态。加拿大传播学学者哈罗德·亚当斯·英尼斯非常重视媒介技术对文化的重塑,他认为,印刷品尤其是书刊创造了一种全新的思维方式,即所谓的线性思维。印刷文字,特别是说明文的线性结构的影响一直延续到现在。而这种影响在出版业的发展上体现得尤其深远。

[①②] 尼尔·波兹曼著,章艳译:《娱乐至死》,广西师范大学出版社,2004年版,第11、11页。

3）电子文化

时至今日,以广播、电视和网络为代表的电子媒介已经经历了一个世纪的发展历程。电子媒介的出现让人们逐渐了解到,媒介的意义在于参与或间接指导着我们的生活。

传播媒介在相当程度上左右社会的组织形态和文化形态。从壁画到象形文字,从书刊到电视,每一种媒介都为人们记录、表达思想和抒发情感提供了新的方式,从而创造了一套套独特的话语符号。我们可以从这种角度理解麦克卢汉的"媒介即信息"。传播什么并不重要,关键是使用什么媒介。

在口语传播中,人们通过人际交往和直接介入异地的群体活动来获取知识,其文化特征表现为亲密性、狭窄性。而文字和印刷媒介的兴起让阅读成为了一项私人的活动,人们重新回到了各自的内心世界,这种文化特点是独立性、内省性、重理性。到了电子文化时期,电子媒介打破了人与人之间的时空距离,把整个世界连成了一个"地球村",大众化、普及性成为了这个时期的特征。

2. 传播中文化的社会意义

人与传播的关系源远流长,传播渗透于人类社会生活的方方面面,而社会就是一张主要由传播支撑的充满符号意义和各种关系的网。在人的各种传播行为中,文化的传播为人们提供所属社会的基本道德规范,使得特定的群体成员形成几近一致的社会认同,并通过信息的阐释、舆论的引导、关系的协调等,最终将社会整合成为一个协调共振的有机体。

在社会学的视野中,社会整合指社会的各个群落、各个环节、各种要素通过互相包容、彼此协调并有机重组,逐步发展成为一个体系健全、结构合理、功能完善的有机整体的过程。对于当代社会而言,社会整合是维持社会稳定和发展的重要保障;而要实现社会的有机整合,传播的文化功能就是关键性的要素之一。

1）文化协调社会关系

一方面,人们通过传播活动发展出各种社会交往,其中文化的传通促进了社会成员相互间的交流和沟通,不仅促使人与人之间、人与社会之间、人与环境之间的关系更加密切,而且也有利于人们正确地认识社会,把握社会,从而更好地适应环境、驾驭并改造环境。另一方面,当社会的内部和外部环境发生变化时,传播中的文化能够通过信息解释、舆论引导、观点说服、意见沟通等方式,促使社会成员达成最大限度的理解和共识,从而实现社会各组成部分协调统一、和谐共存的目的。

施拉姆曾经形象地指出,传播中的文化"就像血液在心血管系统里循环一样,为整个有机体服务,根据需要有时集中在这一部分,有时集中在另一部分,维持身体各部分的接触,保持接触和平衡以及健康"①。对于任何社会而言,文化的传播参与了社会机体的协调、促进了个体的社会化进程,并为社会成员搭建起了普遍的社会交往平台。

2）文化普及、推广社会规范

社会规范指的是社会共同体为维持正常的社会秩序而设置的某些既定的或被期待的行为准则和价值规范体系。在维持社会秩序的过程中,传播中的主体文化成为普及、推广社会规范的一种有效的非强制性手段。在社会化的过程中,各种文化模式和文化交流活动所提供的社会规范体系,几乎涵盖了个体生存的方方面面,例如衣食住行、礼仪风俗、行为交往、价值判断等。个体与社会的互动越多,他参与文化交流的频次就越高,受到社会规范的普遍制约也越显著。这些文化经传播后,不仅为社会成员普遍推行了特定的、公认的、有一定束缚力的社会规范,而且可以将个人或群体的各种背离社会规范的言行置于强大的舆论压力之下。

3）文化辅助社会控制

社会控制是通过社会共同体的力量使其成员遵从社会规范、维持社会秩序的动态过程。在人类的各种社会组织中,社会控制主要是通过两种方式实现的:一是包括政权、法律、军队等在内的国家机器控制,二是依靠宗教、礼俗、教育等非强制性手段所形成的文化控制。

在现实的社会生活中,社会的风俗礼仪、伦理规范、宗教信仰、哲学艺术等文化要素经传播之后,不仅建构了个体成员的思想价值观念,而且在无形中约束和控制着社会成员的各种社会活动。可以说,传播中文化的控制,归根结底是实现对人的文化行为的控制,并以此辅助国家机器的强制力控制。它力图将人的思想和行为都纳入主流社会规范体系之内,从而维持社会共同体的有序和稳定。

4）文化形成社会认同

文化学者费斯克将认同界定为"个体将自我身份同至少另外某些身份相融合的过程"②。一般情况下,认同与人们的性别、身份、种族、文化观念等因素密切相关。社会认同得以形成的前提在于人们在某种维度上能够产生相同或相近的文化态度、思想意识及观念的认同感,而传播中的文化就充当了个体寻求与其他成员之间达成某种认同的重要载体。尤其是随着人类社会的不断演进,人们的社会身份日趋多元化,个体对他人乃至群体、社会的认同维度也日益多元。这时,文化在传播过程中的作用日渐凸显。文化经传播可以促进个体之间的信息互递和思想交

---

① 威尔伯·施拉姆、威廉·波特著,何道宽译:《传播学概论》,中国人民大学出版社,2010年版,第19~20页。

② 约翰·费斯克等编,李彬译:《关键概念:传播与文化研究辞典》(第2版),新华出版社,2004年版,第127页。

流,能够帮助社会成员以适当方式标示出自己与社会其他成员如何相融,以何种方式相融,以及在哪些领域相融等。

3. 传播与大众文化

关于大众文化的诸种理论和纷争兴起于20世纪20年代。由于这个时代的特点,有学者将当时的社会称为"大众社会"。关于大众文化的研究,我们通常以德国的法兰克福学派和英国的伯明翰学派为主要代表。两个学派都源自马克思的批判理论,而区别在于法兰克福学派承袭了马克思主义的理论旨趣和辩证的方法论,伯明翰学派则将马克思主义的政治立场诉诸实践。

1) 大众文化的定义和特点

如同文化的定义一样,中西方研究者关于大众文化的定义也是纷繁复杂、莫衷一是。金元浦教授在总结了西方研究者的12种关于大众文化的定义的基础上,提出他的见解。他认为今天的大众文化是一种特定的范畴,它主要是指兴起于当代都市的,与工业化密切相关的,以全球化的现代传媒(特别是电子传媒)为介质,进行大批量生产的当代文化形态。同时也是一种处于消费时代或准消费时代的,通过消费意识形态来筹划、引导大众的,并采用工业化运作方式的当代文化形态。

通过对上述定义的分析,我们大致可以描摹出大众文化的几个特点。首先,大众文化具有商品性。大众文化是伴随着文化工业的大量生产、复制和销售而诞生的,大众文化下的大众行为属于一种与商品买卖伴生的消费行为,不同的是它在大部分时候具有"二次销售"的模式,也就是同时兼有商品销售和文化销售的特征。其次,大众文化具有通俗性。大众文化并不仅是大众的文化,也是包含社会上分散的人数众多的"一般个体"的文化,它代表着广大处于社会中下层的社会群体。再次,大众文化具有流行性。大众文化很多时候又被认为是通俗文化的象征,它通过创造大量的消费符号激起社会追求时尚的消费热潮。最后,大众传媒具有依赖性。传媒技术的革命使各种信息的无限复制和全球扩散不再是神话,这也为大众文化的形成和发展奠定了基础并产生广泛而强大的传播效果。

2) 大众传播与大众文化

"从一定意义上说,文化的本质就是传播,没有传播就没有文化的传承、增值与重构;没有传播,也就没有文化的冲突、变迁与控制。"[①]大众传播是一种建立在现代传媒基础之上的传播活动,与大众文化密不可分,因此,有学者指出,当代文化研究的中心是大众文化,而大众文化的研究中心是大众传播。一般情况下,我们将报纸、广播、电视等传统媒介和网络等新兴的数字媒介所形成的传播活动都归为大众传播。大众传播充当大众文化的载体,大众传播的过程可以被视为大众文化的传

---

① 崔欣、孙瑞祥:《大众文化与传播研究》,天津人民出版社,2005年版,第149页。

播过程。

我们可以将大众文化的传播特点归纳为如下几方面。第一,大众文化是一种在大众传播过程中形成的文化形态,它的传播依靠有组织的媒介活动。第二,大众文化经由大众媒介传播,便具有了形成大众的认知、引导大众的态度、介入大众的日常生活的能力。第三,大众传播活动中涉及多种传播媒介,包括报纸、期刊、书籍、广播、电影、电视和网络等。生活在当代社会的大众,不仅能够体验丰富多彩的媒介呈现的世界,同时也耳濡目染,被大众媒介创造的大众文化所包围。第四,大众传播的内容会使接收对象发生潜移默化的改变。这种改变不一定直接作用于受众,但由于受众是在为大众文化所包围的社会中生活,所以大众传播可以通过改变社会文化,进而间接地改变生存于其中的受众。

三、传播学的文化研究

1. 文化传播的社会批判

从古希腊亚里士多德创立修辞性批评学开始,文化的传播与意义的解读就始终与批判的视野交织而行。进入20世纪以后,在大众传播空前繁荣和全球化的背景之下,批判理论也将关注的目光频频投向方兴未艾的传播学领域。由于批判取向关注的是宏观的权力问题,并认为知识也是一种特权,因此,尽管他们对社会行为很感兴趣,但更为关注的是那些"宣扬特定的意识形态、建立并且维持权力以及颠覆某些群体和阶级利益的话语"[①],尤其是那些体现了权力结构的媒介文本内容。

在几大重要的批判理论思想传统中,有代表性并产生深远影响的包括:第一,西方马克思主义对文化-意识形态领域的关注,开启了传播学分析的新视角,代表人物及其研究包括卢卡奇的"物象化"理论、柯尔施的意识形态现实性研究、葛兰西的"霸权"理论等;第二,阿尔都塞在葛兰西"霸权"理论的基础上,建构了宏大的结构主义视角,创立了"意识形态国家机器"学说;第三,以盛产批判性社会理论而闻名的法兰克福学派则将大众文化与意识形态的商品化联系起来,揭示了"文化工业"在现代社会的消极作用;第四,传播的政治经济学则代表了一种宏观的视野,它关注宏观的传播与社会的关系,也就是将传播视为一种经济力量对社会产生影响,同时还关注社会政治力量、经济权力机构对传播活动的控制,这个学派强调以一种"历史的"、"制度的"视野来研究传播现象。后现代主义立足对文化—意识形态中心的解构,尤其关注新技术和跨国资本全球重组过程中所产生新的政治、文化和身

---

① 斯蒂芬·李特约翰著,史安斌译:《人类传播理论》(第七版),清华大学出版社,2004年版,第244页。

份认同等问题。

可见,社会批判诸种理论均包含着对价值观的批判,从整体来看,它是对传播制度和传统科学的双重批判。它们的发生和发展穿越了从20世纪20年代到当代社会的不同历史时期,虽然视角各有差异,但都为传播研究的深入提供了一种值得重视的途径。

2. 文化传播与文化研究

"文化研究"一词在西方学术界有着特定的内涵,指的是由英国伯明翰大学当代文化研究中心建立的学术传统。这个中心于1964年成立,1972年发表了第一期《文化研究工作报告》,报告宣称"将文化研究纳入理性的地图",从而标志着文化研究的开端。这个学术团体的研究方向和学术成果被后人称为"伯明翰学派"或"英国学派"。

英国在第二次世界大战之后,经济上快速发展。随着国家高福利制度的推行,人们普遍以为天下大同的时代已经降临,而这种盲目乐观的情绪实则掩盖了社会不公和阶级差异。与此同时,以大众化、娱乐化为特点的美国流行文化借助现代传媒技术在欧美社会广泛流行开来,使得当时的社会文化逐渐趋向美国文化,日渐失去了原有的创造性和活力。

文化研究学派就是在这样一种社会背景下兴起的。最初的研究者多半是工人阶级出身,受到英国新左派观点的影响,他们试图从文化、权力和意识形态等角度出发探讨各种社会文化现象。他们研究工人阶级内部的文化,希望证明工人阶级原有的价值体系与文化结构并没有随着福利国家的确立以及美国文化的侵袭而消失。他们热情地肯定工人阶级在消费大众文化产品时所具有的能动性,相信他们能够作出符合自身需求的选择。

伯明翰学派的奠基人主要有四位:理查·霍加特、雷蒙·威廉斯、E. P. 汤普森和斯图尔特·霍尔。他们于不同时期在伯明翰大学当代文化研究中心工作,他们的研究成果成为文化研究典范。其中,对文本意义的解读是文化研究的重要工具。在大众文化的研究中,对媒介文本的解读更具有重要意义。美国学者本·阿格尔归纳了文化研究的四个特点。

(1) 跨学科的研究。传统学科在研究文化时是相对孤立封闭的。文化研究超越了传统学科分类的限制,形成一个崭新的跨学科的研究领域。跨学科也成为文化研究者们追求的研究旨趣。例如伯明翰大学当代文化研究中心的一批早期代表人物,就来自文学、历史学、社会学等多个学科领域。

(2) 广义的文化研究。广义的文化概念是文化研究一直所强调的,认为文化是"人类生活的全部方式"。这种立场与人类学意义上的无好坏高低之分的文化概念十分接近。文化研究抵抗英国主流文学界的文化精英主义,将那些被传统的文化理论嗤之以鼻的电视文化等纳入他们的研究范围，积极肯定其中的文化价值，努力促使大众文化实践的合法化。在这个意义上，文化研究与大众文化研究常常被等同起来对待。

（3）拒绝文化二分法。文化研究希望建设起一个无所不包的大文化领域，因此研究者们拒绝高雅文化与低俗文化的二分法，而是愿意将不同文化形态看成是合理的文化表现。例如阿多诺秉承传统美学思想撰写的《美学理论》被认为是20世纪最杰出的美学著作，但书中只分析高雅文化。而文化研究的学者们则普遍接受存在于社会之中的各种文化，并不介意是属于高雅文化还是低俗文化。

（4）文化是实践与经验的结合。将文化界定为既是经验又是实践是文化研究的重要特点之一。所以文化研究的内容不仅包括艺术领域如电影、小说、音乐的文本，同时也研究它们生产、流通和消费的过程，研究普通人如何解读和体验这些文化。

四、网络传播中的文化

网络传播集中了传统媒介如报纸、广播、电视等的所有功能，其现代化的数字化技术还创造了许多传统媒介所无法完成的功能。有鉴于此，网络传播中的文化现象必然会呈现出更为多元复杂的特点。

1. 网络与跨文化传播

一般来说，跨文化传播指的是拥有不同文化背景的人群之间的交流互动，强调文化差异对彼此交流活动的开展所产生的影响。在互联网的世界中，麦克卢汉"地球村"的寓言变成了切实的景象。在网络时代，地球就是一个村落，远在天边的人们可以像村中邻居一样实现即时即刻的交流和互动。当然，这样的接近只是一种数字技术上虚拟的事实，它与现实社会中的村落有着天壤之别。众所周知，在现实世界的村落中，人们生活在相同的文化氛围中，彼此间平等、和谐。而网络世界的社区通常集聚了文化背景、宗教信仰、价值态度等迥然不同的人们，这样的虚拟村落将不可避免地面临文化冲突和交流不对等的情况。

网络传播中的由跨文化形成的冲突通常表现在如下几方面。一方面是因价值观差异造成的冲突。这类冲突主要发生在媒体网站等大众传播机构，大多数网站立足本国本地区受众的同时，还面向海外进行着跨文化的传播，文化差异不可避免会引起对不同意识形态话语的拒斥；在BBS、论坛、微博等以人际传播和群体传播为主体的网络空间里，不同国家或民族的网民之间存在着价值观的不同；在网络广告的传播上，不同文化背景的受众可能会产生截然不同的解读和接受效果。这些都是基于不同文化下不同思维与行为习惯所造成的冲突。比如东方人的思维是图形化的,而西方的思维是直线化的。在网络传播中,西方人习惯直抒胸臆,而东方人往往比较委婉含蓄等。①

2. 网络传播与"文化帝国主义"

自从"地球村"概念被麦克卢汉提出之后,学界的质疑声就一直没有停止过。反对者认为麦克卢汉忽视了媒介在发展演变过程中受到的国家、阶级和其他社会力量的干涉,同时对跨国贸易中的分工和不平等关系缺乏重视,对世界范围内强势区域与弱势区域之间知识沟的扩大估计不足。例如,在国际传播中美国主导着世界,它会从美国国家利益出发,制造出一整套包含美国式发展模式、行为方式和价值观的传播产品,并通过该国强大的传播系统向全球播散。

有鉴于此,西方学界展开了关于"文化帝国主义"的研究,专门针对由信息传播不对等所形成的文化"侵略"现象。研究发现,西方少数发达国家凭借高技术手段大批量生产和复制符合该国利益的文化商品,并通过大众传播媒介向他国扩散。通常这些文化商品都蕴含着以消费主义为主导的价值观,显然是对欠发达国家进行文化上的植入和侵略。

如今网络传播技术的推广更加速了文化传播的速度和广度。多媒体的传输手段使网络传播的信息形式多元,数量惊人。这些都为强国的强势文化传播提供了更优越更便捷的平台。这促使研究"文化帝国主义"的学者们把目光投向了网络世界。存在于网络中的文化帝国主义较之过去表现得更为复杂,主要表现为以下几方面。首先,数字技术和互联网技术都始于美国,并至今受其控制。这使得整个网络的搭建和应用都是以英语为基础的,也从源头上为它成为网上强势文化提供了支持。其次,某个国家或地区的资讯丰富程度和科技发达程度决定着该国跨国信息流的流向。显而易见,信息总是从资讯和技术发达的国家流向资讯和技术相对落后的国家,那么这里的强弱对比自然不利于落后的国家。再次,西方强国掌控着互联网的技术标准,这种垄断必然导致技术被执行时的强制性。另外,在域名注册、电子商务、操作系统等互联网使用方面,网络文化帝国主义的现象也比比皆是。

3. 网络传播与大众文化

网络传播与大众文化具有天然的亲和性。具体表现为以下几个方面。首先,从传播技术看,网络拥有先进的多媒体数字化传播手段,是传播大众文化最合适的平台,流行音乐、在线电影、网络小说等通俗内容的传播将大众吸引到网络中来。尤其是网游对大众的吸引力更为强大,其所吸引的玩家无论从数量上,还是从多层次的角度上,都堪称是大众文化的受众代表。其次,从经济效益看,网络同样实践

---

① 彭兰:《网络传播概论》,中国人民大学出版社,2001年版,第365~368页。

着"二次销售理论"。网络先是通过制造引人入胜的网络产品,吸引尽可能多的网民,赚取点击率;再将这些网民"卖"给网络广告商,最终获得可观的经济效益。这也就意味着必须关注大众这个基本的消费群体。最后,手机短信和微博为网络创造了新的赢利模式也是大众消费项目的代表。短信和微博所蕴含的巨大利润空间与受众的数量有直接的联系,为了更好地开发和把握新的网上业务,网络媒体必须以大众为主要的传播对象,根据大众的需求创造和推出更多多媒体、交互型网上业务。

从另一个角度来看,受众的参与也大规模地加速了网络大众文化的传播。人们在网上的一切创作与互动,基本都是在模仿大众文化的生产模式,网民们的传播行为也在很大程度上成为了大众文化的竞技场。可以这样说,网络使大众文化的传播从传统的大众传播渠道进入到了以网络为载体的新的大众、人际、群体传播混为一体的渠道中,使大众文化有了更新更强大的发展空间。

本章思考题

1. 传播功能的早期研究成果有哪些?代表人物的主要观点是什么?
2. 什么是传播的消极功能?传播的基本功能和消极功能之间是什么关系?
3. 怎样认识《报刊的四种理论》?
4. 谈谈传播的外部控制。
5. 大众文化有什么特征,为什么大众传播是大众文化生产和流行的渠道?

第八章 传播研究方法论

传播研究分为定量与定性两种研究类型。每种研究类型都使用几种特定的研究技术,在资料形式和研究风格上存在一定共性,但也有不同之处。本章由于篇幅所限,主要介绍定量研究的三种资料收集方法:抽样调查、内容分析和控制实验。

第一节 抽样调查法

抽样调查也叫实地调查,是一种社会学的研究方法,后来成为传播学研究的常用方法之一。传播学的研究对象通常是某一群体,而往往群体的数量是庞大的,需要收集的数据类型和数据量也十分庞杂。例如,我们要研究武汉市居民报刊阅读习惯,通常情况下是无法做到对全体武汉市民进行问卷普查或者逐个访谈的,一是由于时间有限,二是研究经费及人员配置都很难达到如此高的标准。在这种情况下,研究者往往需要从研究对象群体中抽取一些样本(sample)进行研究。

抽样调查在社会学、政治学、经济学、传播学等领域,都得到了广泛的应用。一些国家的中央政府大量采用抽样调查来了解其就业与失业、收入与支出、住房状况、教育、营养等方面的情况。调研机构利用民意测验观测各种现实问题的公众舆论。

一、方 法 简 介

1. 抽样的概念

1) 总体(population)

总体是构成它的所有元素(element)的集合,而元素(element)则是构成总体的最基本的单位。总体是具有某种统计特征的一类事物或者人群的全部个体的总称,在调查中通常用符号 N 表示。

例如,要对《人民日报》2011 年上半年的头版内容进行研究,那么这段时间内《人民日报》头版上的所有文章就构成了研究的总体。而其中的每一篇文章都是构成这个总体的元素。

2) 样本(sample)

样本是从总体中按一定方法抽取的一部分元素的集合,它可以看做总体的子集。样本也可以指从总体中按照一定方法抽取出来的每一个元素。比如,要从《人民日报》2011年上半年的头版中抽取6周的新闻作为研究对象,那么这6周内的所有新闻就构成了研究样本的集合,每一条新闻都是研究的一个样本。

3) 抽样(sampling)

抽样是指从总体的所有元素集合中,按照一定的方式选择样本的过程。比如,从论坛中的100000个帖子中,依据某一种抽样方法,抽取1000个帖子作为分析样本;或者从某高校的10000名在校学生中,依据一种抽样方法选择300名学生作为调查样本。

4) 抽样单位(sampling unit)

抽样单位是从总体中抽取出来的基本单位,抽样单位与构成总体的基本元素可能并不一致。比如,从一个城市的所有市民中,抽取2000个市民,那么其中的每个市民既是构成全部市民总体的元素,又是我们抽取的2000个样本的抽样单位。再比如,当我们从这个城市中抽取600户家庭,以这600户家庭中的所有成员作为研究的样本,则抽样单位(家庭)与构成总体的元素(市民)就不一样了。

5) 抽样框(sampling frame)

抽样框又叫做抽样范畴,它是从总体中一次直接抽样得到的抽样单位的清单。比如,从一所中学抽取200名学生作为样本,则这200名学生的名单就是这次抽样的抽样框。

6) 参数值(parameter)

参数值也叫做总体值,它是关于总体某一变量的描述,或者是总体某种特征的综合数量表现。要得到总体的参数值,需要对总体中的每一个元素都进行测量或研究,但经费及人力的限制等客观条件常常使我们无法做到。因此,只能通过样本的统计值推断总体的参数值。

7) 统计值(statistic)

统计值也叫做样本值,它是整个调查样本中某一变量的综合描述,或者是调查样本的某种特征的综合数量表现。样本值是样本的所有元素估算得到的结果,是相应的总体值的估计量。例如,样本的平均网龄这一统计值,是通过对所有样本的网龄进行加总平均后计算得到的。

抽样的目的之一,就是通过样本的统计值去推算总体的各种参数值。由于对每一个总体进行抽样时,即使是采用相同的抽样方法,也会得到不同的样本,因此每一个样本的统计值都只是总体参数值的估计量,它们或多或少地存在一定的偏差。而进行抽样设计,就是尽可能地使抽取的样本的统计值接近总体的参数值。

8) 抽样误差(sampling error)与非抽样误差(non-sampling error)

抽样调查中的误差可以分为两类,一类是抽样误差,另一类是非抽样误差。

抽样误差是指由于抽样本身的随机性,而导致的用样本的参数值推论总体值时的误差。因为样本只是总体的一部分,用部分样本数据估计总体数据,不可能完全相同,因此抽样误差是不可避免的,但可以通过合理的抽样方法加以控制,使它尽可能减小。

非抽样误差是指除抽样误差以外的、由于各种原因而引起的误差,在各种方式的调查中都存在。产生于抽样调查的各个环节,即调查及抽样设计、调查实施与数据采集以及数据的汇总分析与处理等过程中。

9) 置信度(confidence level)与置信区间(confidence interval)

置信度又称置信水平,它是指总体参数值落在样本统计值某一区间内的概率,或者说,是总体参数值落在样本统计值某一区间中的把握性程度。它反映抽样的可靠性程度。比如,置信度为95%,则说明总体参数值落在样本统计值某一区间的概率为95%,或者说,我们有95%的把握认为,总体参数值将落在样本统计值周围的某一区间内。

置信区间是指在一定的置信度下,样本统计值与总体参数值之间的误差范围,它反映抽样的精确性程度。置信区间越大,误差范围越大,抽样的精确性程度就越低;反之,正好相反。

很显然,当置信区间扩大时,置信度将会相应增加。置信度和置信区间提供了决定研究样本大小的基础。当研究者决定了可以允许的抽样误差范围时,便可以依此范围计算出所需的样本的大小。比如,一项研究希望有95%的把握让研究结果与总体参数值的差值在±5%的范围内,那么,样本容量至少需要400。表8-1给出的数据显示了抽样调查时的样本容量与置信水平、置信区间之间的关系。

表8-1 样本容量与置信水平、置信区间的关系

置信区间/(%)	置信水平	
	95%	99%
±1	9604	16589
±2	2401	4147
±3	1067	1849
±4	600	1037
±5	384	663
±6	267	461
±7	196	339

2. 抽样调查的特点

抽样调查的目的是"调查部分以了解总体",其运作原理是根据样本的特征统计值来推论总体的参数值特征。我们知道,每一项研究都会受到时间、人力和经费的限制而无法实现全部个体的全面普查,从而不得不在庞大的总体中抽取一定数量的样本进行研究。为了确保抽样调查的数据能够用来代表和推算总体,抽样调查的样本必须注意以下准则。

(1) 随机性原则。随机性原则即构成总体的每个元素或单位被抽取的机会是均等的。因此,能够保证被抽中的单位在总体中的均匀分布,代表性强,也不致出现倾向性误差。

(2) 科学的抽样技术。根据研究对象的特点,要采用合适的抽样技术以获得有代表性的样本。

(3) 合适的样本规模。样本规模是根据调查误差的要求,经过科学的计算确定的,在调查样本的数量上有可靠的保证。

(4) 可控的抽样误差。抽样调查的误差,是在调查前就可以根据调查样本数量和总体中各单位之间的差异程度进行计算,并控制在允许范围以内,这样的话调查结果的准确程度就会较高。

抽样调查与普查、典型调查和个案调查等方法相比,具有许多优点。

(1) 调查费用和人力消耗较少。使用这样的方法,减少了需要调查的对象,使抽样调查比整体调查节省时间、人力和物力,可以使调查人员素质得到保障,从而提高调查和研究的质量。

(2) 调查的精确度较高。虽然从理论上说,普查的精确性比抽样调查要高,但在实际的调查研究中,常常会遇到总体数量庞大的普查任务,比如我国的人口普查,动辄需要成千上万的人员,而这些人员的素质参差不齐,调查数据的可信度与结果的精确性往往打了折扣。抽样调查由于工作量相对较少,可以使用素质较高的调查人员,并进行专门的充分的培训,从而保证调查结果的精确性。抽样调查所依据的是概率论原理,即在总体中被抽作样本的个别单位虽各有差异,但当抽取的样本单位足够多时,个别单位之间的差别会趋于相互抵消,因而"样本"的平均数接近总体平均数,以部分可以说明总体[1]。例如,投一枚硬币,得到的可能是正面,也可能是反面。但是,经过长期的实验和观察的结果发现,得到正面和反面的比例均为 1/2。

(3) 调查的速度快。抽样调查使得调查研究的工作量减少,调查的速度自然也会提升。所以对于一些时效性较强的调查,通常采用抽样调查的方法进行。

---

[1] 吴增基、吴鹏森、苏振芳:《现代社会调查方法》,上海人民出版社,2003 年版,第 102 页。

(4) 调查的结果具有可推断性。抽样调查的一个基本特征就是可以依据样本的结果推断总体,依据概率理论,可以知道这种调查结果的可信度有多高。

3. 抽样调查的类型

按照抽样方法是否符合概论原理,抽样调查可以分为概率抽样和非概率抽样。

1) 概率抽样(probability sampling)

概率抽样是按照随机原则进行的抽样,组成总体的每个元素或单位被抽中的概率相同。采用概论抽样技术可以有效避免样本出现系统性偏差,样本对总体有很强的代表性。因此概率抽样仍然是社会科学研究中选取大型和具有代表性样本的重要方式。

概率抽样的关键在于保证总体中的每一个个体都有同等的机会入选样本,即要保证抽取的过程是随机的。它主要包括简单随机抽样、系统抽样、分层抽样、整群抽样和多阶段抽样等。

(1) 简单随机抽样(simple random sampling)。

简单随机抽样又称完全随机抽样,是概率抽样的最基本形式。它是从总体中不加任何分组,完全随机地抽取调查单位。完全随机抽样中,每一个单位被抽取的机会都是均等的。

简单随机抽样有两种常用的方法,即抽签法和随机数字表法。

抽签法:将总体单位按照 1—N 编号,将这些号码写在一张张小纸条上,打乱顺序放入暗盒中,搅拌均匀,然后不加任何选择地从中任意抽取样本,直到数量到达所需的样本数量为止。

随机数字表法:首先根据总体单位数指定随机数字表中多少数字连成一组;其次随机地决定以某行某列的数字为起点,然后从左向右或者从上向下地查出数字,与查出的数字相同的总体单位编号即为样本。如果遇到重复的号码或者超出总体数的号码则舍弃不用,补充其他的号码,直到抽满一定数目的样本为止。[1]

简单随机抽样的优点在于,研究人员不需要对研究总体做过多的调查,他们可以方便地找到一组具有代表性的对象,排除了分类带来的误差。

(2) 系统抽样(systematic sampling)。

系统抽样又称为等距抽样或者机械抽样。它是将总体各单位按照一定的次序进行排列,再计算出某种间隔,然后按照这一固定的间隔抽取样本单位。系统抽样和简单随机抽样一样,需要有完整的抽样框,样本的抽取也是直接从总体中抽取元素,而无其他中间环节。

系统抽样的具体做法是:

---

[1] 秦伟、吴军等:《社会科学研究方法》,四川人民出版社,2000 年版,第 107 页。

首先,将总体中的所有元素按照某一顺序编号;

其次,用总体规模除以样本规模 $K=\dfrac{N}{n}$(其中 K 为抽样间距,N 为总体规模,n 为样本规模);

再次,从编号为 $1-K$ 的个体中随机确定一个个体为抽样的起点,记为 S,自 S 开始,每隔 K 个个体就抽取一个,即所抽取的个体的编号为 $S,S+K,S+2K,\cdots$直到抽满所需要的样本数量为止;

最后,将所有抽取的个体合起来,就是一个样本。

(3) 分层抽样(stratified sampling)。

分层抽样又称为类型抽样或者分类抽样,它是将总体中的所有元素按照某种特征或者标志(如性别、年龄、职业、教育程度等)划分成若干类型,然后在各类中采用简单随机抽样或者系统抽样的办法抽取一个子样本,最后,将这些子样本合起来就构成了总体的样本。在分层抽样中,被划分成的类就叫做"层(stratum)"。

分层抽样的具体做法如下。

第一,按照某一种或者某几种特征对总体进行分层。比如,按照性别、年龄、职业、受教育程度等将研究总体划分为几个群体。一般来说,研究者应该选择对调查中的测量现象有很大影响的因素作为分层标准。比如,调查某公司职工购买书籍的情况,考虑到"文化程度"是影响职工购书的重要因素,便可将"文化程度"作为分层的标准。

第二,确定在各层中抽取样本的数量。此时,可采用等比例和不等比例抽样两种方法进行。等比例分层抽样,是指各层在样本中所占的比例与它们在总体中所占的比例相同,这种方法使用得较为普遍。不等比例分层抽样,一般用于各层的单位数量相差悬殊,若仍按照等比例抽样,可能会因为某一层的样本数量太少而难以代表该层的实际情况。比如,某高校有学生 10000 人,本科生、硕士生和博士生的比例为 6∶3∶1,若在该校抽取一个 100 人的样本,则博士生只能取 10 人,数量太少。此时,我们就可以使用不等比例抽样,将本科生、硕士生和博士生均抽取 33 人。需要注意的是,这是一个非概率抽样,在对统计结果作推断时,需要进行加权处理。

(4) 整群抽样(cluster sampling)。

整群抽样又称为区域抽样,它与前几种抽样方法的最大区别在于,它的抽样单位不是单个的个体,而是一个群体。它是从总体中随机抽取一些小的群体,由这些小群体中的所有元素构成研究的样本。比如,某大学有 100 个班级,每个班级有 30 名学生,要从这 3000 名学生中采用整群抽样的方法挑选 300 名作为样本。则需要从 100 个班级中抽取 10 个班级,由这 10 个班级的全部学生构成调查所需要的样本。

整群抽样的显著优点在于,它能够简化抽样的过程,极大地节省时间和经费,同时还能够相对地扩大抽样的应用范围。但是,整群抽样的这些优点是以其分布面不广、样本相对于总体而言代表性较差为代价的,增加了产生误差的机会。

值得注意的是,当总体是由若干个有着自然界限和区分的子群(或类别、层次)所组成,同时,不同子群相互之间差别很大,而每个子群内部的差别不大时,适合于分层抽样的方法;反之,当不同子群相互之间差别不大,而每个子群内部的异质性程度较大时,适合采用整群抽样的方法。[①]

(5) 多阶段抽样(multi-stage sampling)。

多阶段抽样又称多级抽样或者分段抽样。在调查对象数目庞大、分布很广的情况下,很难直接抽取调查单位,常常需要采用多阶段抽样的方法,即按照抽样单位的隶属关系或者层次关系,把抽取样本单位的过程分为两个或两个以上阶段进行抽样。

多阶段抽样的具体做法如下。先从总体中随机抽取若干大群,再从这几个大群内抽取几个小群,这样一步步抽下来,直到抽到最基本的抽样单位为止。比如要在某县抽取若干居民进行健康状况调查,可按照县—乡—村—居民的顺序,分为三个阶段进行抽样。第一阶段,从全县所有的乡中抽出若干个乡。第二阶段,从选取的若干个乡中抽出若干个村。第三阶段,从抽取的若干个村中抽出若干个居民。每一阶段都必须严格按照随机抽样的原则进行。这三个阶段中,前两个阶段是过渡性的,只有第三个阶段才能抽到调查单位。

多阶段抽样的主要优点在于:一是抽样前不需要总体各单位的完整名单,各阶段的名单数较少,抽样工作简单易行,适用于较大范围的、样本数量较多的抽样调查;二是抽出的样本相对集中,便于调查的组织和调查工作的展开;三是可以使抽样方法更加灵活和多样化,在抽样调查的各个阶段可以根据具体情况分别采用不同抽样方式。各阶段的抽样数目和比例,也可以根据实际情况来定。值得注意的是,务必在类别和个体之间保持平衡或者合适的比例。

2) 非概率抽样(nonprobability sampling)

社会科学研究中有时候也会遇到无法选择概率样本的情况,这时候只有采用非概率抽样。非概率抽样是按主观意向进行的抽样,在这种情况下,组成总体的每个元素或单位被抽中的概率是不均等的,因此样本的代表性不能够得到保证,有发生倾向性偏差的风险。由于不能计算抽样误差,因此不能从概率意义上控制误差并以此来保证推断的准确性。但是,在一些情况下,严格的随机抽样几乎无法进行,例如调查对象的总体边界不清,无法制作抽样框,这时只能采用非概率抽样。

在市场调研中,非概率抽样因其便捷、经济、无需抽样框等优点经常被采用,它

[①] 风笑天:《社会学研究方法》,中国人民大学出版社,2005年版,第136页。

可以用于调查的设计开发、探索性研究、分析概率抽样调查结果等许多的方面。例如,在调查的设计开发过程中,调查目标的系统陈述、问卷设计、问卷测试、问卷调查、抽样设计等环节采用非概率抽样,能够便捷地收集被调查者的各种信息,有助于调研人员形成想法,拓展思路,得出结论。①

非概率抽样主要包括偶遇抽样、判断抽样、定额抽样和滚雪球抽样等。

(1) 偶遇抽样(accidental sampling)。

偶遇抽样又称为方便抽样或者自然抽样,它是指研究者根据实际情况,以自己方便的形式选择那些恰当的地点、时间里出现的人作为样本。我们经常看到电视上的记者在街头或者公共场合拦住过往的行人作调查、取得资料的形式就是偶遇抽样的一种。这种方法具有相当的可行性,而且实施起来十分容易。但是这种方法有其自身的局限性,即样本的代表性较差。

偶遇抽样与随机抽样看似有些相似之处,以至于常常有人认为偶遇抽样就是随机抽样。但实际上,偶遇抽样不能保证每个元素都有相同的概率被抽中,而往往是那些研究者最先碰到并且最方便接触的人具有更大的选中机会。因此,偶遇抽样得到的研究结果在推广过程中应该十分谨慎。

(2) 判断抽样(judgmental sampling)。

判断抽样又称立意抽样(purposive sampling),它是指研究者根据研究的目标和自己主观的分析来选择和确定研究对象的方法。用这种方法,必须要求研究者对他所研究的总体有充分的了解与判断力,否则,抽取的样本的代表性就会大打折扣。

通过判断抽样挑选样本的最常用的方法就是找"平均人"的方法,即找到总体中的典型,比如要了解中产阶级的生活方式,研究者可以找一些他们认为是典型的中产阶级的人员进行研究;想要了解大学生的消费情况,则可以找一些能够代表大学生消费水平的"平均"型学生来了解。

(3) 定额抽样(quota sampling)。

定额抽样又称为配额抽样,它是指依据总体的一些特征或者某些控制指标,如年龄、性别、教育程度等,在总体中按分配比例抽取样本。配额抽样分为两个阶段:第一,分配配额,即将总体按照一定的特征或控制指标分类,在通常情况下,样本中这些特征的比例与他们在总体中的比例应该是相等的;第二,根据主观判断或者方便抽样,人为地抽取样本。比如,预测美国选民选举投票的前景,如果一个城市的共和党选民占60%,民主党选民占40%,假定要选取300名选民作为样本,则样本中共和党选民为180名,民主党的选民为120名。

---

① 李红艳:《传播学研究方法》,中国传媒大学出版社,2008年版,第130页。

(4) 滚雪球抽样(snowball sampling)。

滚雪球抽样是一种特殊的抽样方法,当研究者无法了解总体的情况时,可以先从总体中的少数成员入手,对他们进行调查,通过他们了解到还有哪些是符合条件的人;再去寻找那些人,并且询问他们知道的人。这样,如同滚雪球一样,研究者就可以通过了解到的有限的人群,找到越来越多的具有相同性质的被调查人群。

滚雪球抽样的困难在于,有时碰到敏感性问题,会难以追踪下去,因为被调查的人群往往出现不合作的情况,这样就难以得到预期的样本数。因此在最初就要找到尽可能多的符合调查要求的人员。由于滚雪球抽样方法产生的样本的代表性不能确定,因此,这种方法通常适用于探索性研究。

3) PPS(probability proportion to size)抽样

在一些实际操作中,有时概率抽样很难使样本中的每一个元素都有同样被抽中的概率。例如,要从几百家北京的报纸中抽取 20 家进行调查,一个有 1000 多名员工的报社,与仅有 30 名员工的报社所占的地位是不同的。如果按照概率抽样的话,样本的代表性和精确度都很难保证。当总体各单元之间的差异非常大时,有必要考虑使用非概率随机抽样方法,即赋予各单元一个不同的入样概率,使大样本的入样概率大,小样本的入样概率小,从而提高评估量的评估精度。这种方法就叫做 PPS 抽样方法。

PPS 抽样方法又称不等概率抽样法、概率比例抽样法、标准组群抽样法、按容量比例概率抽样法。其具体做法如下。在第一阶段,每个子群按照其所包含的元素数量,被分配大小不等的抽取概率。大的群比小的群拥有更大的概率。但在第二阶段,从每个群中抽取相同数量的元素。通过两个阶段的不等概率抽样,使得总体中的每一个元素被抽到的概率相同。用公式来表示 PPS 抽样原理,即为:

$$每个元素被抽中的概率 = 抽取的群数 \times \frac{群的规模}{总体的规模} \times \frac{平均每个群中要抽取的元素}{群的规模}$$

二、研 究 步 骤

抽样调查是由点代面的调查方法,为了保证达到以样本推断总体的目的,抽样调查对于程序的要求非常严格。在使用抽样调查进行研究时,需要遵循以下步骤。

1. 界定总体

界定总体就是根据研究的需要,确定调查对象的范围,从而确定抽取样本的对象和依据样本作出推断的范围。倘若研究总体界定不当,即使采用严格的抽样方法,也会导致抽取的样本缺乏代表性。

1936 年,美国的《文摘》杂志曾因为错误地界定总体而导致了一场失败的民意测验。在当年的总统大选之前,《文摘》杂志依据电话号码簿和车牌号编制了抽样框,再从这些号码中抽取出一部分样本,寄出了1000万张询问投票的明信片。然后,《文摘》杂志根据回收的200万份结果预测了共和党候选人兰登将以领先15%的得票率获胜。然而选举结果却令预测者们大跌眼镜,民主党候选人罗斯福才是最后的胜利者,且其得票率反超兰登20%。

《文摘》杂志预测大选结果失败的原因在于,他们依据电话号码簿和车牌号进行抽样,那些没有家庭电话和私人汽车的选民就被排除在调查范围之外。而1933年美国的经济大萧条导致一部分家庭没有能力安装电话和供养私人轿车,但这部分人又是选民的主力军之一,劳动阶层希望民主党人当选为总统。其结果就是《文摘》的预测南辕北辙。

要进行成功的抽样调查,必须了解和掌握总体的结构及各个方面的情况,样本必须取自明确界定后的总体,而依据该样本得到的调查结果也只能相应地推广到这种最初界定的总体范围中。

有效的总体界定方法,是先按照调查目的的要求定义一个理想总体,即目标总体。再根据实际情况对这种理想总体加以修正,形成调查总体。这样就能够明确地识别被排除的部分,使我们能够对推断的局限性作出估计。

2. 编制抽样框

一般来说,样本是从抽样框中抽取出来的。要得到一个良好的抽样框也是不容易的。抽样框通常是不完全的,或者一部分是模糊不清、难以辨认的,或者含有未知的重复部分。比如,对于人口调查,制定完全准确的抽样单位一览表是不可能的,因为每天都有人出生和死亡;人们也可能更换住址,或者提供错误的住址和电话号码。特别是做较大规模的调查,因调查包含易变的总体,建立充分良好的抽样框是比较困难的,而且在时间和金钱上的花费都很大。较好的解决办法是理出家庭住址,以此为抽样框,从中抽取样本。因为家庭住址是比较固定的,这样的话就不容易发生遗漏等问题。

如对某一城市18岁以上的大学生进行抽样调查时,就需要该市全部18岁以上的大学生的名单,并进行统一编号,建立抽样框。当最新名单难以得到时,还应对现有名单进行检查和整理,才能使用。如果抽样分多个阶段、在几个不同城市的抽样层次上进行时,就需要建立多个相应的抽样框。在上述例子中,如对18岁以上的大学生进行多阶段抽样,需要从全市的所有大学中抽取10所大学,再从每所大学中抽取10个院系,最后从每个院系中抽取30名学生。这样,就需要分别收集全市所有大学的名单,每所大学中所有院系的名单,以及每个院系中所有学生的名单,形成三个不同层次的抽样框。

3. 确定样本数和抽样方法

样本大小不仅影响它自身的代表性，还直接影响到调查的费用和人力成本。确定样本数，一般应该考虑三个因素：调查总体的规模大小、总体内部的差异程度和对调查结果的精确度的要求。一般来说，调查的总体规模越大，所需的样本数量就越多；总体内各单位的差异程度较大的，样本数量应该尽量多一些，反之，就可以少一些；对调查结果的可信度和精确度要求越大，则抽取的样本数量应越多。

统计学中通常认为，样本的数量要大于30个（也有专家认为至少要50个）。这是因为，当样本规模大于30时，无论总体的分布如何，其平均数的抽样分布将接近于正态分布。但在社会科学的研究中，样本规模至少不能少于100个。这是因为，在社会科学的研究中，研究者不仅仅需要以样本整体为单位来计算平均数、标准差、相关系数等统计量，还需要将样本中的个案按照不同的指标划分为不同的类别，进而分析不同类别之间的差异和不同变量之间的关系。

抽样方法可以分为随机抽样和非随机抽样。调查者可以根据研究的目的和要求，结合要研究的总体的具体情况，选取不同的抽样方法。比如，研究并非要将得到的结论推广至总体，而是为了调查变量之间的关系，则可以考虑用非随机抽样。再如，有时研究者受到来自委托方的时间压力，调查不可能经历太长的时间，调查也应该采用非随机抽样。

4. 抽取样本

抽取样本时，应该严格按照所选定的抽样方法，从抽样框中抽取一个个抽样单位，构成样本。由于抽样框建立的先后和抽样方法的不同，有的抽样可以在实施调查之前就完成，但较多的抽样是在实施调查的过程中和调查同时进行。

比如，要在一个乡抽取100名60岁以上的老年人进行调查，由于乡村的人数不多，且名单统计较为齐全，则研究者可以先从总体中抽取100名老年人的名单。等其他准备工作做好了以后，按照事先抽取好的名单进行调查即可。但若是针对某省的60岁老年人进行调查，且调查的人数为2000人，则由于人员名单数量庞大，实际抽样也较为麻烦，则需要采用多阶段抽样的方法进行。

5. 样本质量评估

抽样的目的是用样本来推断和评估总体的某些特征，所以样本的统计值能否很好地代表总体的参数值，是抽样的核心问题。样本质量评估，就是对样本的质量、代表性和误差等进行初步的检验和衡量，其目的在于防止因样本的偏差过大导致的失误。衡量样本质量的主要依据是系统偏差与抽样误差。

样本评估的基本方法是将可得到的反映总体中某些重要特征及其分布的资料

与样本中的同类指标的资料进行对比。若二者之间的差别很小,则可认为样本的质量较高,代表性较强;否则,样本的质量和代表性就不够。例如,我们要在某大学做一次抽样调查,假设该校有20000名学生,我们需要从中选取400人的样本。首先,可以从该校获得一些数据,如各年级学生的比例,男女学生的比例等,然后看这400人中各相关比例是多少,如果与总体的比例接近,则说明样本的代表性较好,反之则说明代表性不够。

三、案例分析

为了达到理论联系实际的目的,这里举两个实际抽样的例子,案例一是对网络论坛的帖文进行研究时的抽样方案,案例二是对我国六城市居民上网行为进行调查时的抽样方案。前者适用于内容分析的前期抽样,后者适用于问卷调查的前期抽样。读者可根据实际调查的需要进行参照。

1. 案例一:2006年下半年强国社区中日论坛帖文研究抽样调查方案[①]

关于中文网络论坛帖文的研究,大致有三种样本抽取方法:一是全部抽取,以一段短时间内论坛中若干讨论区的全部发帖作为研究样本;二是主观判断,根据某个讨论区总体大小和研究需要,设定样本量和抽取发帖;三是指数判断,利用论坛提供的统计数据(如帖子点击排行、十大热门话题榜等)选取研究样本。以上三种基本上都属于判断抽样,也是目前中文网络论坛研究中较为常用的非概率抽样方法。

如何对国内知名网络社区强国社区的中日论坛的帖文进行抽样呢?以下是对该论坛2006年下半年的帖子进行抽样调查时的步骤。

1) 研究对象和抽样总体

研究对象是指2006年7月1日—2006年12月31日强国社区中日论坛内发布的所有帖子,包括主帖和回帖。为了简化操作和突出重点,研究者仅将相关论坛半年中发布的所有主帖作为抽样总体。以主帖的分布构建抽样框,而将跟随主帖的回帖看做主帖的一部分同时进行分析。这样就统一了抽取样本的特征且兼顾了样本信息的完整性。

2) 抽样单元

对论坛信息做历时性的研究,抽样单元大小的选择以时间区隔单位作划分,可以是日、周、月或是年等各个级别。

研究者通过对中日论坛的观察和统计,论坛对话串主帖发布时间与其跟帖时

---

① 余红:《网络时政论坛舆论领袖筛选模型初探》,载《新闻与传播研究》,2008年第2期。

间一般存在2天左右的差异,极个别讨论串有更大的时间跨度(回帖与主帖的发布时间间隔3天及以上)。研究者通过对中日论坛进行观察和统计,并参考了一些既有的研究成果,认为中日论坛的日常话题活跃期基本为一周,之后便被新的话题淹没。因此,研究者将"周"作为初级抽样单元。考虑到存在"月内周"和"跨月周"两种类型,其中"跨月周"包含了月初和月末,因此在抽样时对两种类型的"周"需要区分考虑。

3) 抽样方案的选择

第一步采用分层抽样和简单随机抽样相结合的方法抽取星期。2006年7月1日—2006年12月31日期间,共有26周,其中22个月内周,4个跨越周。前者占所有周总数的85%,后者占15%。研究者基于研究经费和时间的限制,选取其中6周作为研究样本,按照月内周和跨月周各自所占的比例,在研究时抽取5个月内周和1个跨月周作为样本。抽样采用分层抽样的方法,即视月内周和跨月周为2个不同的层,分别建立月内周和跨月周抽样框。再采用简单随机抽样的方法,分别抽取5个月内周和1个跨月周。为了保证样本的分布平均,原则上在每个月抽取一个样本,遇到重复的月份则放弃。最后抽取的样本如下:

2006年7月2日—7月8日(月内周)
2006年7月30日—8月5日(跨月周)
2006年9月3日—9月9日(月内周)
2006年10月8日—10月14日(月内周)
2006年11月19日—11月25日(月内周)
2006年12月24日—12月30日(月内周)

第二步采用整群抽样,抽取选中时间段的所有主帖及其回帖,这些讨论串便是所需要的研究样本。

2. 案例二:我国六城市居民上网行为抽样调查方案[①]

1) 调查的总体和样本

调查选取我国6个城市所有18岁以上的居民(包括外来人口,但不包括因年龄太大等生理原因不能接受调查者)。

在每个城市选取500位居民,即6个城市共抽取3000位居民进行调查。

调查的分析单位为个人。

2) 抽样程序

本次调查采取多阶段随机抽样的方法进行:首先,从每个城市的所有城区中抽取5个城区。其次,从每个抽中的城区中抽取2个社区,即每个城市共选取10个

---

① 风笑天:《现代社会调查方法》,华中科技大学出版社,2005年版,第265~266页。

社区(或街道办事处)进行调查。再次,从每个被选中的社区(或街道办事处)中抽取 2 个居委会。这样,每个城市共抽取 20 个居委会。再次,从每个被抽取的居委会中抽取 25 户居民家庭。最后,从每个被抽中的家庭中抽取 1 个 18 岁以上的成员。

3) 抽样的步骤与方法

第一阶段:从城市中抽取城区。

采用简单随机抽样的方法,列出全市所有城区的名单,进行从小到大的顺序编号,再用抽签法抽取其中 5 个城区。假设某市有 8 个城区,编号为 1—8,将城区的名称和对应的编号分别写在小纸条上,将每张小纸条折叠,放入暗盒中混合,从中抽取 5 张小纸条,上面写的城区名称就是选取的样本城区。

第二阶段:从城区中抽取社区(或街道办事处)。

采用简单随机抽样的方法,列出每个城区中的全部社区(或街道办事处)的名单,进行从小到大的顺序编号,再用抽签法抽取其中 2 个社区(或街道办事处)。假设每个城区有 10 个社区(或街道办事处),编号为 1—10,将社区(或街道办事处)的名称和对应的编号分别写在小纸条上,将每张小纸条折叠,放入暗盒中混合,从中抽取 2 张小纸条,上面写的社区(或街道办事处)名称就是选取的样本社区(或街道办事处)。

第三阶段:从社区(或街道办事处)中抽取居委会。

采用系统抽样的方法,先列出每个社区(或街道办事处)的全部居委会名单,按照从小到大的顺序编号,然后计算抽样间隔,即抽样间隔=居委会总数/2。假定某个社区(或街道办事处)有 20 个居委会,那么抽样间隔为 10。然后将 1—10 号分别写在 10 张小纸条上,将每张小纸条折叠,放入暗盒中混合,随机抽取 1 张,假定抽取的号码为 6,那么这个号码就是第一个抽中的居委会号码;第二个抽中的居委会号码为 6+10=16。

第四阶段:从居委会中抽取居民。

获得该居委会中所有居民户的名单,将其顺序编号。然后计算抽样间隔,(考虑到实际调查中可能出现的拒访、搬迁、无人在家等实际情况,抽样的规模按照样本实际比例的 2 倍来抽,即每个居委会抽出 50 户居民家庭),抽样间隔=居民户总数/50。假定某居委会有 336 户居民,先将他们按照顺序编号,计算出抽样间隔为 336/50=6.7,取整数为 7;然后,将 1—7 分别写在 7 张小纸条上,将每张小纸条折叠,放入暗盒中混合,随机抽取 1 张,假定抽取的号码为 3,则从第 3 户开始,每隔 7 户抽取一户。这样,最终可以抽取第 3,10,17,24,…,325,332 共 47 户居民,再加上第 2 户、第 9 户及第 16 户,共 50 户居民。

第五阶段:从居民中抽取被调查人。

从被选中的居民户中,随机抽取一名 18 岁以上的有上网行为的人作为调查对象。

四、问卷设计

问卷(questionnaire)是传播学实证研究收集资料的有效工具,它包括了一系列的问题与陈述。无论问卷是何种形式或用于何种目的,问卷设计必须配合研究,针对研究进行设计。

1. 问卷的基本组成

问卷是调查研究中用来收集资料的主要工具,它的形式是一份预先精心设计好的,用来测量人们的行为、态度和特征的问题表格。研究者所需要了解和掌握的那些变量特征、各种测量指标,就是通过问卷中的问题反映出来的。问卷主要有两种类型:一种叫自填式问卷,即由调查员发给(或邮寄给)被调查者,由被调查者自己填写的问卷;另一种叫访问式问卷,即由调查员按照问卷内容向被调查者提问,并根据被调查者的回答来填写问卷。

一份完整的调查问卷通常包括问卷名、封面信、指导语、问题及答案、编码等几个部分,每一部分都有特定的内容。

1) 问卷名

问卷名即问卷的标题,它是对调查主题的概括说明,以使被调查者能够一目了然地获悉可能要回答哪方面的问题。在确定标题时,要尽量做到简洁、醒目,最好能引起被调查者的兴趣。

2) 封面信

封面信的基本作用是为了向被调查者说明与调查有关的活动背景和相关事项,以争取被调查者的理解和信任,赢得他们的支持和配合,又称卷首语(cover letter),一般置于问卷主体之前。被调查者是否接受调查并认真填写问卷,在很大程度上取决于封面信的质量。特别是用邮寄问卷的方式进行的调查研究,封面信的影响更为显著。封面信的语言应简明扼要,诚恳可信,篇幅不要太长,一般以两三百字为宜,以免影响被调查者阅读。一般来说,封面信应该交代如下内容,说明调查主办者的身份,说明调查的主要目的,说明调查的大致内容,说明调查对象的选取方法和意义,说明调查的保密措施并致谢。

3) 指导语

为使被调查者在填写问卷时避免误解和出错,问卷中需要用指导语告知被调查者回答问题的方式和具体要求等。有些问卷的填答方法比较简单,指导语可以在封面信中用一两句话统一交代就可以了。比如,"请在合适的选项方框中打'√'";有些指导语则附在调查的具体问题之后,对填答要求、方式、方法、过程和范围等予以补充说明;有时为了便于被调查者更方便地了解填写规则,也可将指导语集中放在封面信之后,以"填表说明"的方式给予统一说明。

4) 问题及答案

问题和答案是问卷的主体部分,也是问卷设计的主要内容和关键所在。根据调查者设计问题的不同方式,可分为开放式问题、封闭式问题和半封闭式问题。

开放式问题指在问卷上只提出问题,不列出答案,由调查对象自由回答的问题。开放式问题的长处是提问较为容易,对象的回答也较为真实,往往可以得到意想不到的材料;其弱点是一般只能作定性分析,难以作精确的定量分析。开放式问题通常适用于研究者不清楚研究结果或打算预测回答结果时,因此经常用于探索性、预备性的研究。

封闭式问题指不仅要提问,而且要列出可供选择的答案;限制回答的方式和数量,让被调查者选择所赞同的答案的问题。封闭式问题包含多种类型。①肯否式,列出的答案只有两个:正、误,或对、错。②多项选择式,也称菜单式,即每个问题后列出多项答案,让调查对象选择,选择的数量可以限制也可以不限制。③等级式,提出问题,让调查对象选择程度。根据表示程度的方式不同,又可以分为数字式、线段式和文字式。④定距式,所谓定距式,就是指选择答案不是一个点,而是一个区间。封闭式问题能够保证回答具有更高的一致性,并且比开放式问题更易于进行分析,所以应用更为普遍。但由于列出了答案,很容易使一个不知道如何回答或没有看法的回答者猜着回答,甚至随便乱答,且有可能忽略一些重要的答案。

半封闭式问题兼有封闭式问题与开放式问题的特点,也就是说既列出答案,又留有被调查者自由回答的余地。半封闭式问题有两种形式:一种是在选择答案中增加"其他"选择项。值得注意的是,如果调查对象经常填写"其他"这一栏,说明答案设定得不够合理,没有列出最主要的选项。另一种形式是在列出的答案后加上了解动机、理由类问题,以了解调查对象回答的原因与动机,弥补封闭式问卷的不足。

一张问卷可采用多种不同的问题类型。具体采用何种类型的问题主要根据调查对象的特点和研究问题而定。一般对象多采用一些封闭和半封闭的问题;但向相关问题的专家进行调查时,就不用过多地采用封闭式问题,因为专家可能会对封闭式问题所给出的答案不满意,从而拒绝回答或不能很好地合作。调查涉及的问题较多且简明扼要时,可采用封闭式问题;涉及的问题较为集中且要求详尽表述时,则可采取开放式问题。

5) 编码及其他资料

为了将被调查者的回答转换成数字,以便输入计算机进行处理和统计分析,需要将回答结果进行编码。所谓编码(coding),就是赋予每一个问题及其答案一个数字作为它的代码,它有预编码和后编码两种类型。后编码(postcoding)是在调查问卷收集上来以后再进行的,预编码(precoding)则是在问卷设计的同时完成。实际调查中,研究者多采用预编码。编码一般放在问卷每一页的最右边。

问卷中除包含以上内容外,往往还包括另外一些相关资料,如问卷编号、访问日期、调查员及审核员姓名、被调查者的住址及联系方式、被调查者合作情况等。

2. 问卷设计的基本步骤

问卷制作过程主要包括前期准备、设计问卷初稿、评估及试用、修改定稿四个基本步骤。

1) 前期准备

开始设计问卷之前,首先应针对所研究的课题进行一定的探索性研究,了解课题的基本情况,确定研究假设。课题基本情况的了解可通过查阅文献资料,增加对课题的熟悉程度,找出前人的研究成果和不足;其次,可以通过个别访谈和开座谈会的形式,研究者围绕调查课题,与各种对象(一般是与研究课题相关的人)交谈,并注意观察他们的特征、行为、态度,了解样本的基本状况,从而避免问卷中的问题表达含糊不清,也有利于答案的设计。在此基础上,研究者可以确定问卷设计纲要,其中应该包括问题的形式、问卷的内容、自变量和因变量及一些具体的调查项目等。

2) 设计问卷初稿

在前期准备工作的基础上,就可动手设计问卷初稿了,这一阶段主要是将抽象的研究课题转化为具体指标的过程。方法主要有两种,即卡片法和框图法。

卡片法的主要思路是从具体问题出发,然后到测量变量,再到研究假设。具体操作方法如下:第一步是根据探索研究得到的对于课题的印象,将具体的每一个问题写在一张卡片上;第二步是根据问题的内容,将具有相同内容的问题的卡片放在一起;第三步是将每一组问题卡片按照合适的询问顺序加以排列;第四步是排定各组的顺序,使卡片连成一个整体;第五步是根据被调查对象填答是否方便等因素,对问题的顺序加以调整,对不当之处加以修改,并将卡片上的问题按确定的顺序写在纸上,形成问卷初稿。

而框图法的思路正好相反,它先从研究假设开始,然后到测量变量,最后到具体问题。操作方法如下:第一步是根据研究假设和所需资料,在纸上画出问卷的各个部分及其前后顺序的框图;第二步是具体写出每部分中的问题与答案,安排好顺序;第三步是根据被调查对象填答是否方便等因素,对所有问题进行检查修改,从而产生问卷初稿。

在实际问卷设计中,一般将两种方法结合使用:先根据调查内容的结构,确定问卷的各个部分及其顺序;然后将各个部分的具体问题以卡片的形式加以编制;最后调整问题的顺序,形成问卷初稿。

3）评估及试用

问卷初稿不能直接用于正式调查，必须对问卷初稿进行试用和修改，这对于问卷设计至关重要。问卷初稿试用的具体方法有两种，一种是客观检验法，一种是主观评价法。客观检验法是选择一些典型样本进行试调查，通过对试调查结果的分析，对问卷进行修订。试调查样本一般为 30 人至 50 人。试调查是问卷设计的重要步骤，它有两个目的：一是考察问卷的信度、效度；二是进一步发现具体缺陷，如问题的难度、分量、顺序是否合适，问题的内容是否合理，语言的表述是否确切等，以便加以改正。主观评价法则是将问卷初稿分别送交该研究领域的专家、其他研究人员以及典型的被调查对象，请他们对问卷初稿进行阅读与分析，根据他们的经验来指出问卷的不妥之处。在问卷试用中，应将两种方法结合使用才能使问卷设计得更加完善。

4）修改定稿

根据上述方法找出问卷中存在的问题后，研究者应对问卷初稿中存在的问题进行认真分析与修改，最后定稿。这样，问卷就可以正式用于实地调查了。

3. 问卷设计的原则

设计调查问题时，应该注意一些最基本的事项。

1）提的问题要紧扣研究主题，内容准确集中

问卷调查的目的决定了问卷调查的内容与形式，每一条款都应非常直接地对准一个具体的问题或论题。

2）避免使用术语和缩略语

研究者所提的问题应首先考虑被调查对象的阅读能力和理解能力，避免艰深的专业用语，应使用大众传播媒介常用的词汇。

3）避免含义不清的字眼

问卷用语应准确明了，防止模棱两可，引起歧义。

4）陈述简短

陈述要尽可能简洁，问题越长，回答的工作量就越大，由此可能引起的误差和偏差也就越大。

5）表达中立

问卷表达尽量使用中性词，避免带有偏见性、导向性和提示性的表述。

6）尽量不要涉及敏感性话题及个人隐私的问题

在西方国家，婚姻、年龄、收入都是敏感问题，一般都应避讳。

7）合理安排问题顺序

因为问题的顺序安排可能会导致问卷的顺序效应，即前面问题的存在改变了调查者对后面问题的回答模式。一般情况下，应将被调查者感兴趣、熟悉的、简单

易答的问题放在前面,先问非敏感的问题,个人背景资料通常放在结尾,开放式问题放在最后。此外,要尽可能地使用结构式的问答题,即将内容上相互有联系的问题放在一起,以保持被调查者的注意力及思路顺畅。无结构的项目条款通常容易导致大量低质量数据产生。

8) 对可能的答案进行仔细的分类

有效的分类系统必须满足三条原则:①穷尽的;②互斥的;③类间的差异大于类内的差异。类别设定既不太宽,又不太窄;既不太多,又不太少。

4. 问卷投放

问卷调查的质量不仅取决于问卷的设计,也取决于问卷从发放到回收各个环节的工作。问卷发放时必须关注两个问题:一是要有利于提高问卷的填答质量,二是要有利于提高问卷的回收率。

在社会科学的研究中,问卷调查的方式有多种,主要分为两种类型:一是自填式问卷法,二是结构式访问法。

自填式问卷法(self-administered questionnaire)是指调查者将调查问卷发送给(或者邮寄给)被调查者,由被调查者自己阅读和填答,然后再由调查者收回的方法。结构式访问法(structured interview)则是指调查者依据结构式的调查问卷,向被调查者逐一提出问题,并根据被调查者的回答在问卷上选择合适的答案的方法。

其中,自填式问卷法分为个别发送法、集中填答法和邮寄填答法三种;而结构式访问法又分为当面访问法与电话访问法两种。

1) 自填式问卷法

自填式问卷法的优点是成本较低,可以节省时间、经费和人力;具有较高的匿名性,对于敏感性问题、涉及个人隐私问题的调查最适合采用自填式问卷法。同时,自填式问卷法能够避免人为因素的影响。这是由于自填式问卷法采用统一的设计和问题排序、选项表达,能够在一定程度上排除调查人员给回答者带来的影响。

但是自填式问卷法的问卷回收率较低。这是由于它完全是依赖于被调查者的态度是否合作来决定的。不过,依靠某些调查组织或机构来进行自填式问卷调查,给予被调查者一定的物质或精神报偿,能够保证较高的问卷回收率。其次,这种调查方法要求被调查者拥有一定的文字阅读能力和理解能力。此外,调查资料的质量往往得不到保证。这是因为采用自填式问卷时,被调查者常常是在没有调查人员在场的情况下填答,会出现错答、缺答、乱答的情况。

自填式问卷法包括以下几种类别。

(1) 个别发送法。

个别发送法是自填式问卷法中最常用的一种。它的操作步骤是研究者将印制好的问卷交给调查员,调查员们依据事先抽取好的样本,将问卷逐个发放到被调查者手中,讲清楚调查的意义和要求,标明重点注意事项,请被调查者填答,并约定时间、地点收取。① 例如,对某城市的大学生的择业倾向进行调查,可以派调查员到学生宿舍发放问卷给被选为样本的大学生们,请他们当场填答后回收问卷,也可以请他们在两天内将问卷填好,上交给所在班班长,再由班长统一回收后交给调查员。

个别发送法的优点是比较节省时间、经费和人力;调查员当面对被调查者解释调查的目的和说明问卷中的提问项,能够保证填答的有效性和问卷的回收率。但它存在的不足是调查范围受到一定的限制,毕竟调查员的数量、时间和精力有限。但综合其优点与不足,个别发送法在所有问卷投放方法中是资料收集效果最好的,因此该方法被广泛应用于多项社会科学的调查中。

(2) 集中填答法。

集中填答法是指通过某种形式将被调查者集中起来,每人发放一份问卷;接着由研究者统一讲解调查的主要目的、要求、问卷的填答方法等事项,然后请被调查者当场作答,统一回收问卷的方法。收回问卷的方式可以采用投入问卷回收箱的办法,以消除集中填答所带来的某些心理顾虑。

集中填答法要比个别发送法的成本低,并且能够保证问卷的回收率和填答质量,能够在某个时间段内收回大量的问卷。② 但是这种方法的使用范围有限,一般适合对于学生,以及单位配合下的问卷调查,并且在填写过程中,被调查者容易受到"团体压力"的影响,不利于客观表达自己的看法。

(3) 邮寄问卷法。

邮寄问卷法也是收集资料的基本方法,它的具体做法是:调查者把印制好的问卷封好,像邮递信件一样通过邮局寄给被调查者,被调查者填完后再将问卷寄回调查机构或调查者。除了寄送问卷外,随邮件还要附上一封说明信和贴好邮票的回邮信封,信封上写好回邮地址和收信人(或收信单位),以方便被调查者将填答好的问卷顺利寄回。

邮寄问卷法能够不受空间的距离限制,调查范围较大。同时,它还特别省时、省力、省钱。可以说,邮寄问卷法是问卷调查方法中最便宜、最方便、代价最小的方法。

但是,邮寄问卷法的实施存在很多障碍,真正实施后,实际效果往往也很差。它有两个突出的缺陷:一是很难找到一份现成的和完整的总体成员的姓名、地址及

---

① 风笑天:《社会学研究方法》,中国人民大学出版社,2005年版,第177页。
② 仇立平:《社会研究方法》,重庆大学出版社,2008年版,第205页。

邮政编码名单,这导致邮寄调查的样本往往无法抽取,问卷也不知道寄给谁;二是问卷的回收率难以保证,这是邮寄问卷法的一个致命弱点。有许多的主、客观因素会导致被调查者放弃问卷调查的工作,比如嫌麻烦,觉得无聊,认为与自己无关,没有时间,遗忘等,这些都会阻碍调查问卷寄回调查者手中。正因如此,调查研究较少采用邮寄问卷法。

下面是美国社会学家所进行的一项邮寄调查的回收情况(见表8-2),通过表格可以看出,没有跟踪催促的,回收率仅为46.2%,而通过发跟踪信提醒或催促的,总的回收率达到77.3%。

表8-2 某次邮寄调查的问卷回收统计[1]

批　　次	占发出问卷总数的百分比/(%)
发出问卷后第一批寄回	46.2
发出第一封跟踪信后又寄回	12.2
发出第二封提醒信和问卷后又寄回	8.8
电话提醒后又寄回	10.1
总回答率	77.3

如何提高邮寄问卷法调查的回收率和资料的质量,需要调查者在实际调查中加以探索。但有些事项必须注意,比如强调调查者身份的正式性、非营利性,它会使被调查者确信调查的合法性和价值,从而起到使被调查者愿意填答并寄回问卷的作用;封面信语气要委婉,增加被调查者合作的可能性;还可以用跟踪信或提醒电话帮助提高回收率。

2) 结构式访问法

结构式访问法又称标准化访问法,它是指访问员根据结构化、标准化的问卷提问,把被调查对象的回答填写在问卷上。结构式访问法的优点是能够对调查过程加以控制,获得很高的回答率,适合任何被调查对象。但它的缺点是成本很高,需要调查者逐个访问被调查者,耗时长且花费较大。此外,结构式访问法对于比较敏感的问题或涉及个人隐私的问题不太适合。

结构式访问法包括以下几种类型。

(1) 当面访问法。

当面访问法是一种以口头语言为中介,调查员与被调查者面对面进行交往和互动的过程。其基本操作方法是:研究者先选择和培训调查员,然后由这些调查员严格按照问卷提出的问题、问题的顺序、问题与选项的具体要求对被调查者进行访谈,并严格按照调查方案的规定亲自记录调查对象的回答。

---

[1] 肯尼思·D.贝利:《现代社会研究方法》,上海人民出版社,1986年版,第227页。

当面访问是调查员与调查对象以口头语言为中介进行面对面交往互动的过程,这种交往互动贯穿整个资料收集过程之中,调查员阐述问题的语气,解释疑惑的程度,以及调查员的动作、表情、衣着、年龄等个人因素,调查对象对不同调查员提出问题理解的差异、对调查员的主观印象等,都会影响资料收集的质量或客观性,因而这种方式对调查员的访谈技巧、应变能力的要求就比较高。

当面访问法独有的调查特点,使它具有调查回答率高、调查资料的质量较好以及调查对象的适用范围广这三个优点。一方面,由于当面访问法是调查员与被调查者面对面的访谈,因而被调查者拒绝合作或者半途而废的情况比较少见,所以调查的成功率较高。另一方面,由于调查员在场,能够对被调查者进行观察,且能够控制被调查者回答问题的质量,因而调查的真实性和准确性大大提高,收集到的资料质量较好。

但是,调查员与被调查者之间的互动有时会影响到调查的结果,导致回答的偏差。且由于当面访问法的匿名性较差,会影响到被调查者回答问题的态度以及提供的答案的真实性。同时,调查费用高、历时长,也是对该类型调查的一种挑战。

(2)电话访问法。

电话访问法是指调查员通过打电话的方式与被调查者联系,并在对话中对被调查者进行调查访问的方法。

电话访问法的操作步骤是:由经过挑选和培训的调查员依照一定的方法抽取电话号码,然后逐一拨打,在电话中根据访谈问卷的内容进行访问,同时记录调查对象的回答,这些记录将被转换成数据进行分析。

电话访问法是在电话普及率高,个人对私人空间比较注意保护的情况下采用的收集资料的方法,是发达国家比较流行的一种调查方法。它的最大优点是简便易行、成本较低,尤其适合比较简单的问卷调查,例如民意测验,并且具有很好的匿名性,不会产生心理压力。但是通过电话访问的拒访率较高,经常会出现电话无人接听或是被调查者没有时间配合调查的情况,同时电话访问对被调查者的选取难以具备很强的代表性,都是在有电话者中间选取被调查者的,并且此项调查不宜进行太长时间,一般以10分钟左右较为合适。因此它不太适合学术性、研究性调查。

当计算机逐渐普及后,电话访问法又与计算机结合使用,发展成为计算机辅助电话访问,即"计算机辅助电话访问系统"(computer assisted telephone interview system,简称CATIS)。计算机辅助电话访问的最典型工作方式是:调查员坐在计算机前,面对计算机屏幕上显示的问卷向被调查者提出问题(这些被调查者都是由电脑以随机的方式进行拨号抽中的),并将被调查者的回答直接录入计算机;研究人员在主机上监控和管理所有调查员的访问进展,及时解决各种特殊问题。当电话访问结束后,所有被调查对象的数据都已经录入计算机,在机器汇总后可以直接用SPSS软件进行统计分析。

这种电话访问法的主要优点是十分迅速,不但通过电话访问能够快速地找到被调查者并进行调查,而且收集得到的数据能够直接进入计算机,采用 SPSS 软件进行分析。此外,调查中也便于对调查员进行监督和控制,使得调查质量比当面访问更容易得到保证。

以上介绍的自填式问卷法和结构式访问法各有利弊,分别适用于不同的调查课题和调查对象。从总体来看,当面访问法自然是最好的调查方法,其次是电话访问法、集中填答法和个别发送法,最差的是邮寄问卷法。电话访问法适合简单的问卷调查;个别发送法和邮寄问卷法最好有一定的组织机构作为背景,集中填答法对于面向学生的调查比较有效。各种方法的大致比较如表 8-3 所示。

表 8-3 某次邮寄调查的问卷回收统计[①]

	个别发送法	集中填答法	邮寄问卷法	当面访问法	电话访问法
单位成本/分	2	3	3	1	2
适用范围/分	2	1	2	3	2
问卷长度和难度/分	2	2	1	3	1
效度和信度/分	1	2	1	3	3
无反应/分	2	3	1	3	3
总分/分	9	11	8	13	11

根据统计,报刊投递问卷的回收率为 10%~20%;邮寄问卷的回收率为 30%~60%;发送问卷的回收率为 80%~90%;访问问卷的回收率可达 100%。问卷的回收率是影响问卷质量的一个关键因素,回收率过低会影响调查的结果。根据有关专家研究测定,成功的问卷回收率应达到 70% 以上,而 50% 的回收率是送发问卷调查的最低要求,如果回收率不到 50%,那么该问卷调查已失败,此调查就应终止。

第二节 内容分析法

一、方 法 简 介

内容分析,简而言之,就是用系统的方法分析传播的信息内容。20 世纪 50 年代,美国学者贝雷尔森发表权威著作《内容分析:传播研究的一种工具》,确立了内

[①] 仇立平:《社会研究方法》,重庆大学出版社,2008 年版,第 206 页。

容分析法在大众传播学中的地位。真正使内容分析方法系统化的则是奈斯比特,他运用内容分析法研究美国社会变化的动态和趋势并主持出版享誉全球的《大趋势》一书,促使越来越多的研究者开始接受并使用这一方法。从此,内容分析法与抽样调查法、控制实验法一起并称为传播学三大研究方法。

对于内容分析的定义,国内外的说法莫衷一是,其中贝雷尔森的观点影响最为广泛,他认为:"内容分析是一种对传播内容进行客观的、系统的、定量的描述的研究方法。"

卡特赖特提出的定义也指出:"内容分析"与"编码"可以交换使用,指以客观的、系统的以及定量的方式,扫描任何符号的行为。

美国社会学家默顿则对内容分析定义如下:内容分析是一种考察社会现实的方法,在这种方法中,研究者通过对文献的显性内容的特征的系统分析,得到与之相关的潜在内容的特征的推论。[1]

柯林杰将内容分析定义为:内容分析是以测量变量为目的的,对传播进行系统、客观和定量分析研究的一种方法。[2]

通过以上梳理,我们倾向于贝雷尔森对内容分析法的定义,并从中归纳出内容分析的三个关键词,即系统性、客观性和定量性。

1. 系统性

内容分析采取科学的抽样方法,按明确无误、前后一致的程序抽取,每个分析单位都有相同的机会被抽中;分析过程也是用系统的、相同的方法处理,分析的内容是按明确的课题设计和一致的规则来确定,资料的统计是按预先设计的程序,通过计算机进行的。

2. 客观性

内容分析的内容均为现有文献资料,样本抽样、变量分类的定义和操作应该明确、全面,研究者按照明确的标准和程序进行研究,研究人员的主观态度和偏好不能影响研究结论,即使不同的研究者用同样的方法研究同样的内容得出的结论也应当相同。

3. 定量性

内容分析的基本目的在于把一种用言语表示的而非用数量表示的文献转换为

---

[1] (德)阿特斯兰德:《经验性社会研究方法》,中央文献出版社,第187页。
[2] Kerlinger, Fred N.: Foundations of Behavioral Research, 3rd ed., New York: Holt, Rineart & Winston, 1986.

用数量表示的资料。① 它能对分析内容进行准确的数量描述,排除了研究者的主观判断,使研究结果更具有可信性,有助于向受众或社会解释、分析检验对象。

内容分析的研究范围非常广泛,适用于传播的一切信息内容,文本中的单字、话语的含义、图画、象征符号、观念、主题,任何有交流价值的信息,都可以作为内容分析的对象。这些信息的载体可以是小说、谈话、杂志、文件、广告、报纸、电影等,形式则可以是图像、声音或者文字等。事实上,任何信息或某一信息的任何方面,只要研究者可以稳定地捕捉到它们(如文字、音频或视频等),都可以将它们作为内容分析的对象。内容分析通过考察人们所写的文章、书籍、日记、信件,所拍的电影、电视及照片,所创作的歌曲、图画等,来了解人们的行为、态度和特征,进而了解和说明社会结构及文化变迁。②

内容分析的研究一般分为两个层次:一是揭示"说什么",即信息内容;其二是发现"如何说",即传播形式。因此,内容分析的对象包括以下方面。③

① 信源或信息的发送者;
② 发送信息的原因;
③ 信息发送的渠道;
④ 信息的实际内容;
⑤ 信息发送取得的效果;
⑥ 信息的接收者。

哪些研究类型适宜于运用内容分析法?首先是比较分析,比如,我们可以就同一内容对不同媒介进行比较分析;传播媒介对社会个体或团体的描述是否客观,所传播的内容和真实性的一致性如何,也常用内容分析方法,如通过对比国内几家省级报纸有关大学生就业情况的报道与实际情况相比较,说明报纸对大学生就业情况的报道是否反映了真实情况。其次,内容分析也特别适用于研究变化。如我们可以通过内容分析的方法观察20世纪50年代、60年代、70年代、80年代与90年代《人民日报》头版版面的变化,来揭示时代变迁对新闻媒介的影响。

内容分析方法隐含的假设是:通过研究这些传播信息所发现的行为模式、价值观念和态度,反映出并影响着创造和接受这些信息的人们的行为、态度和价值观。默顿曾提出一个内容分析的目标模式(见图8-1)。④

从中可以看出,内容分析不是孤立的分析,它与社会现实、传播者和受众之间存在着一定的联系。从表面上看,内容分析的目标是揭示传播内容的倾向、特征或

---

① 陈波等:《社会科学方法论》,中国人民大学出版社,1989年版,第190页。
② 风笑天:《社会学研究方法》,中国人民大学出版社,2001年版,第225页。
③ Ole R. Holsti:Content Analysis for the Social Sciences and Humanities,MA:Addison-Wesley,1969, p.95.
④ 卜卫:《试论内容分析法》,载《国际新闻界》,1997年第4期。

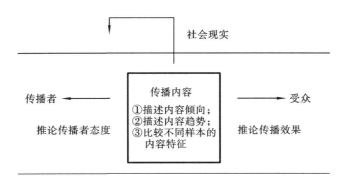

图 8-1 内容分析的目标模式

趋势。但实际上,研究者不可能完全脱离社会现实去做分析,或为分析而分析。[①] 研究者以某种社会价值观来考察媒介内容,并试图得出关于社会现实、传播者和传播效果的结论,而内容分析则为研究者提供了分析的工具或规则。

内容分析的主要目的是分析传播内容所产生的影响,因此,内容分析是对整个传播过程的分析,实际上是效果的分析。

二、研 究 步 骤

内容分析将非定量的文献材料转化为定量的数据,并依据这些数据对文献内容作出定量分析和关于事实的判断和推论。美国学者罗杰·维姆和约瑟夫·多米尼克将内容分析分为 10 个步骤,这 10 个步骤是:提出问题或假设,确定研究的范围,选择适当的样本,确定分析单位,制定分析内容的类目,建立量化系统,训练编码员,对分析内容进行编码,分析资料,提出结论并给予解释。[②]

根据研究的实际情况,我们可以将以上步骤简化为:抽样——研究者提出研究问题,确定研究范围并抽样;分类——即确定分析单元和类目系统,制定分类表;编码——对所选取的材料进行定量处理与计算;统计分析;得出结论。

内容分析的步骤归纳如图 8-2 所示。

1. 抽样

研究者对传播媒介进行研究的第一步是提出研究假设。研究者往往通过反复阅读媒介信息的内容形成研究的问题或假设。这种假设可以来自个人预感和常识,也可以从已有的理论、类似研究结果或实际问题中得出。但是,内容分析要避

---

① 卜卫:《试论内容分析法》,载《国际新闻界》,1997年第4期。
② 转引自李本乾:《描述传播内容特征 检验传播研究假设——内容分析法简介》,载《当代传播》,2000年第1期,第41页。

免为研究而研究的问题,不能因资料现成便于列表显示等缘由就进行所谓的研究。为此,确定研究的最终目标并加以清晰的表述是十分必要的。设计得较好的研究主题或假设,能提高内容分析类目的准确性和灵敏性,也有助于产生更具价值的资料。①

确定内容分析的研究主题后,接下来要明确研究范围并对研究文献进行抽样。确定研究范围就是要详细说明所分析内容的边界,通常可以根据主题领域、时间段、媒介种类、传播的信息等指标来确定。例如,《北京青年报》10 年(1998—2007)关于下岗职工报道的研究,其中研究的媒介是《北京青年报》,时间跨度从 1998 年到 2007 年 10 年间,研究的信息是对下岗职工的新闻报道。研究者在抽样时就只能在这些指标限定的范围内抽取文章样本进行分析。

内容分析的抽样程序与一般的社会调查抽样方法大致相同,如果供内容分析的资料非常有限,可以对相关资料作全面的总体分析;但在通常情况下,对所有与研究主题相关的材料进行统计分析是不可能的,所以需要采用随机抽样方法,抽取其中一部分进行研究。

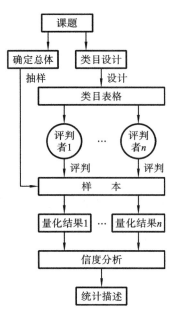

图 8-2　内容分析的步骤

尽管内容分析的抽样方法比实地调查抽样方法要容易得多,但仍要注意按"随机原则"进行,可以采用随机数表、抽签法、电脑抽样等方式进行。同时应避免出现"周期性误差",如避免每 7 天抽一次,否则会导致所选取的样本都集中在每个星期的同一天。大多数对大众媒介的内容分析多采用分段抽样法。

内容分析中的抽样常常从杂志、报纸、电视节目、广告或其他类似文献的标题或期号中进行;还有一些则是在作者、书籍、章节、段落、句子、短语、词汇等层次上进行的。② 抽样通常分为三个主要阶段:首先是名称抽样,如要研究都市报的评论特色,就需要从全国所有都市报中抽取若干种报纸进行研究;其次是时间抽样,如按照报刊期号、栏目等进行抽样;最后是内容抽样,即研究者在以上已抽取的样本中选择要分析的内容。

在样本数量上,抽取的样本数在绝对数量上要达到"足够大"或"相当大"。一般来说,样本数在合理的情况下,越大越好。如果选择样本太少,研究结果就可能

---

① 转引自李本乾:《描述传播内容特征　检验传播研究假设——内容分析法简介》,载《当代传播》,2000 年第 1 期,第 41 页。

② 风笑天:《社会学研究方法》,中国人民大学出版社,2005 年版,第 231 页。

不具有代表性;如果随机选择的样本量较大,尽管一般很少出现不具有代表性的结果,但会造成任务太重。那么,究竟选择多少样本数为宜?一般而言,依研究的目的和研究对象而定,没有一个统一的标准。如研究对象发生的频率越低,则选取的样本数就应越多;反之,选取的样本数就可相对较少,但一般不宜少于30份。

2. 分类

抽样后,就开始进入内容分析设计的最主要部分——分类。分类的目的是建立明确的类目系统(又称分析维度),形成特定的概念框架,并据此制定分类表,从而对分析单位进行归类。分类表是观察和测量传播内容的统一标准尺度。分类是内容分析中最主要的部分,类目系统的构成是根据研究的内容和主题不断变化的,贝雷尔森指出,特定的研究必须建立起明确的类目并使之适用于该项研究,因为它是保证内容分析"客观性"和"系统性"的主要手段。

分类表形成与确立的方式有两种:一是根据研究理论或过去研究成果形成与确立;二是根据研究者的需要自行确立。关于一般传播媒介内容的分析,通常有一套惯用的分类方式,如将报纸新闻分成国际新闻、国内新闻、社会新闻、经济新闻等不同类目。分析单位可以是栏数、具体词语、文章主题,甚至整篇新闻报道等。[①]

分析单位是指描述或解释研究对象时所使用的最小、最基本的单位。伯格指出,如果你们要分析文本材料,那么分析单位可能是字词、题目、体裁、段落、项目(例如书或信件)、概念、语意或者是以上各项的合并。[②] 选择分析单位与具体的研究目标、研究总体密切相关,并以它们作为确定和选择的基础。如在对电影中的暴力倾向问题的研究中,可以将影片分解成若干场面,并按随机抽样原则抽取其中一部分进行研究,其中场面就是分析单位。

一般而言,分析单位越小,其所收集的信息越具体,统计结果亦越精确。更重要的是,小的分析单位可在事后合成大的分析单位;但反之则不成立。假如我们要研究传统媒介对气候变化的报道,可先以句子为分析单位,统计有关文章中每一正面或负面提及气候变化的句子,然后将其归总到以文章为分析单位,这样可以既见"树木"又见"森林"。当然,采用小分析单位的内容分析所需要的时间、人手、资金等往往会几倍、几十倍于采用大分析单位的研究。这时就需要在资料的精确程度与实际操作的可行性之间作出平衡。[③]

类目又称分析维度,制定类目系统,即确定分析单位的归类标准。对一般传播

---

① 胡正荣:《传播学总论》,北京广播学院出版社,1997年版,第225页。
② Berg, Bruce L: Qualitative Research Methods for the Social Sciences. 3rd ed. Boston: Allyn and Bacon, 1998.
③ 柯惠新、祝建华等:《传播统计学》,北京广播学院出版社,2003年版,第43页。

内容设计标准时,首先要给类别下明确的定义,在编码过程中不需要研究者揣测、解释或注明;其次,类目必须是在进行内容分析判断之前预先制定,不能一边分析,一边适应性地修改补充;再次,有效的类目系统应该完备周详,要保证所有分析单位都能被纳入其中某一类目;另外,类目之间应该是互斥和独立的,一个分析单位只能放在一个类目中,若出现包容或兼容的情况(如国内新闻包含地方新闻),分类中就要给予限定;最后,类目系统还应具有可信度,应能得到不同的编码员的一致认同。

类目的建构既不能单纯地来自理论,也不能来自先验的玄想,它只能来自于对于文献的认真、仔细、深入的分析和研究,通过识别文献内容之间的相同与不同之处而确立。"唯有通过让类别从被分析的文献中显目的方法,相互排斥和穷尽无遗的目的才能达到。未经事先仔细检查文献,无疑会排除掉许多重要的类别,而包括许多多余的或不必要的类别。"①

3. 编码

编码即根据分类标准将原始资料转变成标准化的形式的过程,这样就可以利用机器来处理和分析这些资料。② 为了简化编码工作,一般需要使用标准化表格,即编码单(或称分类统计表)。编码单是对文献材料进行观察和记录的工具,在某种程度上与调查问卷的格式比较相似。研究员进行编码时要为每一个观察单位准备一份编码单。如要进行一项CNN与中央电视台对美国总统访华报道倾向差异的研究,我们需要分别抽取两个电视台的若干电视新闻报道进行内容分析,就需要为每一段电视新闻报道记录一份编码表。使用编码单既可简化编码工作,又便于以后统计。当然我们也可以借助计算机技术完成这项重复性工作,以提高工作效率。

在编码过程中,我们经常看到分类方法中有一个类别"其他",代表那些不能归入已建构的类别中的分析单位。从本质上来说,使用"其他"类别,说明该分类方法是不成功的。使用"其他"类别过多,表明该分类体系不够完善。一般而言,如果有10%的分析单位被列入"其他"类别中,就应当重新修改该类目系统,或重新检查编码步骤了。

另外一点需要注意的是,在阅读研究材料以便进行编码时,编码者常常会因为阅读顺序的影响而在评价标准上形成定势或惯性,进而影响对研究材料进行分类时的统一性和客观性。为了避免这种情况发生,可以打断研究材料的本来顺序,以排除编码者在连续阅读过程中主观上分析标准变化所产生的误差。

---

① 肯尼思·D.贝利:《现代社会研究方法》,上海人民出版社,1986年版,第428页。
② 艾尔·芭比:《社会研究方法》,华夏出版社,2005年版,第311页。

内容分析的量化主要涉及类目、等距和等比三种测量尺度。

类目尺度(nominal level)是计算分析单位在每个类目中出现的频次。例如，要研究国内媒体报道大学生就业的情况，就要计算与大学生就业有关的议题在国内各类报纸中出现的百分比。

等距尺度(interval level)可以构造量表使研究者获得分析单位的某些特征，这种量表能够增进研究分析的深度，使表面的资料更具分析意义。如在研究电视广告中女性的形象特征时，从"独立的"到"依赖的"分为五个程度等级，由编码者通过研究作出评判。

等比尺度(radio level)测量常用于对空间和时间的分析。如对特定事件或现象报道的篇幅、播出时间等进行测量来分析涉及一些特定事件或现象的社论、广告和新闻报道的特征。

要保证内容分析的客观性，测量和程序必须具有信度。内容分析经常涉及数量相当多单位的编码资料，需要多个编码员来编码资料。编码员之间的一致性就显得尤其重要，它决定内容分析数据的信度。因此编码完成后需要进行信度计算。两个编码员之间信度计算的方法有霍尔斯提公式：

$$K = \frac{2M}{N_1 + N_2}$$

其中，K 为信度，M 代表两个编码者一致的编码数，N_1 和 N_2 分别代表第一个和第二个编码员的编码总数。一般认为霍尔斯提一致性分数达到 0.95 视为可接受的编码信度。

为了提高编码员之间的信度，需要对编码者进行培训。如果编码员对于某些研究类目的判断存在分歧，则需要协商、沟通，乃至修改完善研究类目，重复编码过程，直到得到可接受的信度为止。

4. 统计分析

将研究内容按分类表的分类方式编码归类后，需要用数量来反映其基本趋势与内在结构。

内容分析常用描述性统计方法，反映各种类别所占的比例、各种分析单元出现的频数等。例如，通过统计传播媒介中"中东"这一词汇出现的次数，并将它们换成褒（＋）、贬（－）或中性（0）的符号，人们以此确定被调查的传播媒介对中东问题的关注程度和倾向性。内容分析中常用的数量概念有绝对数、平均值、百分比三种。绝对数是反映某一特定类别中"事件"在样本中出现的次数，平均值是特定类别中"事件"出现的平均次数；百分比则是该事件出现次数同样本整体之比。

内容分析中也使用推理的统计方法揭示传播内容的特征，如方差分析、卡方分析、相关分析等。依据变量不同的测量层次，采用合适的统计方法。类目尺度变量的相关性分析,采用卡方检验;等距尺度和等比尺度类型的数据,采用 t 检验、方差分析和 F 检验等。

系统的内容分析往往可以揭示受众不易明显察觉的媒介叙述重点和趋势。[①] 当研究者得出一组说明传播内容特征的数据后,需要对这组数据进行解释,即说明数据的意义。例如,一项关于儿童电视节目的内容分析显示,30%的广告是零食和糖果。那么,30%这个数字究竟是高还是低? 这时,研究者面临着应该报告"足足30%的广告属于这一类",还是报告"只有30%的广告属于这一类"? 显然,研究者需要进一步的比较,如把它与广告中的其他产品或与成人节目中的广告相比,可能30%是较高的数字。

研究人员要对量化数据作出合理的解释和分析,并与文献的定性描述判断结合起来,提出自己的观点和结论。分析结果还要经过信度和效度的检验,才具有最终说服力。

三、注 意 事 项

内容分析是通过分析传播内容的变化来推论传播现象背后深层次质的变化,优点是花费不大,研究数据直接来源于研究对象,容易获得材料,其结果可定量计算,可研究任意时间跨度的事件等。

但内容分析也有其不足之处。如现有的文献资料是否客观是不能预测的,样本的代表性也很难确定,如果研究者的判断失误,他所选择的材料不能如实地反映问题的真实情况,那么在其后的研究中,无论其研究步骤和方法如何精确,也不能得出与事实相符的结论。

其次,由于很难有统一的价值观念,内容分析的结论常常受研究人员所采用的分类方法和操作定义的限制,因为研究人员在课题设计,特别是分析单位数量、分类办法、语义定义等方面都会有十分主观的选择和诠释。例如,要研究媒介实施舆论监督的伦理问题,研究人员对语义的区别可能会有相当的不同。而分类方法和操作定义常常会影响到内容分析的结果。虽然可以在有关理论经验的基础上或相关研究的基础上做到提前确定编码的类目,可是保证所谓的客观性是很难完全做到的。

内容分析法的目的是弄清或测验媒介中本质性的事实和趋势,对事物的发展作出预测,但这种研究方法在研究内容和研究方式上都只能做到"尽量"客观,所以不能认为内容分析是纯客观的研究。

[①] 胡正荣:《传播学总论》,北京广播学院出版社,1997年版,第225页。

四、案例分析

利用内容分析方法对大众传播媒介进行分析与解读正受到越来越多研究者的欢迎。内容分析常常用于下述目的:描述内容所表现的趋势,说明它们所提供的信息来源之特征,审视交际中那些不合标准的内容,分析劝说的方法,分析文本与风格,说明读者对提供给他们的信息的意见,描述表达的方式方法。[1]

美国社会学家 M. 贾诺维茨对内容分析的作用进行了概括与总结:①分析某一传播媒介(或整体传媒)内容的短期或长期趋势;②对于一个国家的各种传播媒介对同一问题的报道进行比较分析,对不同国家的同一种媒介的内容进行比较分析;③用以判断传播媒介内容是否符合特定标准,研究传播媒介的传播方法及某一方的传播战术;④用以了解科学、文化知识的传播情况以及观察社会文化、科学材料普及的过程。[2]

例如,《新闻与传播研究》2007 年第 2 期的一篇论文利用内容分析法探讨了 1979—2005 年间我国主流报纸媒体上的党员形象和经济/知识精英形象,重点考察了国内主流媒体对党员形象和精英形象的报道现状和刻板印象,对主流媒体所呈现的这两类角色进行了比较分析。[3]

文章将研究范围限定在 1979—2005 年间我国主流报纸媒体上的党员形象和经济/知识精英形象,为了达到这一研究目的,文章选择了三份具有代表性的党报,并随机抽取 10 个年度中的 606 篇报道进行分析。文章对抽取的每篇新闻报道从报道议题、新闻信源、党员形象和精英形象四个维度进行分类。如其中报道议题被编码为:

- 政府/政治
- 工作经验/成就
- 先进事迹
- 经济发展/企业改革
- 社会冲突性议题
- 反贪/反腐
- 违法/违纪/犯罪
- 其他

---

[1] 肯尼思·D. 贝利:《现代社会研究方法》,上海人民出版社,1986 年版,第 424 页。

[2] David L. Sills. International Encyclopedia of the Social Science, 3 vol., New York: Macmillan, 1968, p. 45.

[3] 夏倩芳、张明新:《新闻框架与固定成见:1979—2005 年中国大陆主流报纸新闻中的党员形象与精英形象》,载《新闻与传播研究》,2007 年第 14 卷第 2 期。

文章中对较为含糊的"社会冲突性议题"进行了明确的补充解释。文章在建构类目时还通过预研究的方式提高类目系统的完备性、客观性与明确性。如对"党员形象"类目系统的建构。

在预研究中,我们针对所分析的每一篇报道,就该报道中的党员(也可能是经济或知识精英)的形象予以归纳,其方式是用最能体现该人形象的3~5个形容词。其后,对所有的形容词按照其所出现的频率排序,并将意义相近的形容词合并,建构出一个初步类目,然后以这个类目对另一部分报道编码,在此过程中逐渐修正类目系统。

编码员分别记录了以党员和经济/知识精英为报道对象的文章数量,每篇文章中与某一类群体相关的报道议题、新闻来源,以及新闻中所反映的党员或经济/知识精英的形象特质(如勤勉/踏实/责任/能力/创新/智慧等)、身份特征(包括姓名、职务、年龄、性别、政治面貌、教育背景和经济背景)。研究发现,呈现党员与经济/知识精英形象的概率与报道的议题显著相关。呈现党员形象的报道更可能集中于先进事迹、政府/政治、反贪/反腐、违法/违纪/犯罪议题,而呈现经济/知识精英形象的报道更可能集中于工作经验/成就、经济发展/企业改革议题。具体统计数据如表8-4所示。

表8-4 不同类别精英形象的呈现与报道议题的关系

	政府/政治	工作经验/成就	先进事迹	经济发展/企业改革	社会冲突性议题	反贪/反腐	违法/违纪/犯罪	其他议题	总计
党员	42 (11.9%)	70 (19.9%)	167 (47.4%)	7 (2.0%)	12 (3.4%)	23 (6.5%)	22 (6.3%)	9 (2.6%)	352
精英	4 (1.6%)	76 (29.9%)	100 (39.4%)	50 (19.7%)	4 (1.6%)	1 (0.4%)	6 (2.4%)	13 (5.1%)	254
总计	46 (7.6%)	146 (24.1%)	267 (44.1%)	57 (9.4%)	16 (2.6%)	24 (4.0%)	28 (4.6%)	22 (3.6%)	606

$\chi^2 = 101.74, d.f. = 4, p = .000.$

研究结果显示,对党员和精英形象的身份建构看,媒体上的党员群体极少(10%)被描绘为经济/知识精英。由此文章得出的结论是:我国主流报纸中的党员形象和精英形象,基本上是相互分离的。

研究发现,时代变迁和媒体市场化作为社会环境皆影响到党员和精英形象的呈现,随着时代的变迁和传媒市场化的推进,党员和精英的形象皆有显著变化。但文章同时指出,在媒体中党员往往避免被描绘为精英,而随着改革开放的不断发展,我国党员群体的构成发生了巨大变化,大量经济/知识精英进入党员队伍,党员与经济/知识精英之间已有相当高的重合度。因此,媒体对党员与精英形象的描绘存在与事实不相符的地方。

新闻报道中党员框架与精英框架的刻意分离,尤其是党员框架滞后于时代要求而精英框架却获得优势表达,将直接影响到党员在公众中的形象。本研究的结论提示媒体和宣传管理部门,有关党员形象的报道应走出过度意识形态化的藩篱,遵循新闻传播的规律。

在研究过程中,为提高内容分析的信度,研究者提前对编码员进行了培训,并在编码完成后通过测量"编码员间信度值"对编码结果进行了检验。

以上案例基本上涵盖了内容分析的各个步骤。随着现代社会的发展,信息传播工具将日益增加,信息内容也会进一步扩大。通过对各种媒介所承载的信息进行系统的分析以发现和预测社会和文化变化的趋势,将会逐渐成为社会科学研究的一个重要方面,内容分析法也将在社会科学研究中得到更加广泛的应用。

第三节 控制实验法

控制实验研究法起源于自然科学,后引入到社会科学研究领域,20世纪初在心理学研究中得到成功应用。目前,控制实验法广泛运用于心理学、社会学、传播学、教育学等学科,与抽样调查和内容分析法一并组成社会科学研究的重要方法。本节主要介绍控制实验法的基本定义、构成要素、实验设计以及其中的控制和效度等问题。

一、方法简介

1. 定义

控制实验法又可称为实验法。在杨治良的《实验心理学》一书中,他对实验法做了如下解释:"实验法不等于自然观察法(naturalistic observation)。在使用自然观察法时,研究者只能被动地仔细观察和记录研究对象在自然状态下所发生的情况,而不能有任何干预。虽然长期的、系统的观察也可以发现事物之间的规律,例如天文学中的规律大部分是这样发现的。但这种观察只能等待所要观察的事物出现时才能进行,受到了自然条件的限制。而实验(experiment)则是人为地去干预、控制所研究的对象。实验者可以创造条件,引发所需要的事件来观察其变化;为了验证,可以创造同样的条件进行重复观察。与自然观察法相比较,实验法是探寻事物之间的规律的一种更加有效的办法。"①

社会学意义上的实验法亦相类似。社会学百科全书中对实验的定义为:"由研究者对一个变量的操纵和对结果的有控制的观察和测量所构成的任何研究。"风笑天在《社会学研究方法》中则进一步将实验定义为:"一种经过精心的设计,并在高度控制的条件下,通过操纵某些变量,来研究变量之间因果关系的方法。"②

传播学意义上的控制实验法主要从以上两个学科借鉴而来。美国学者约翰·C.雷纳德在《传播研究方法导论》中认为,实验"指在控制其他所有影响因素的情形下,研究者探究其操控变量的效应,实验的目的是为了建立因果关系"③。国内一些学者认为,"实验研究是根据一定的研究假设,系统地操纵一个或多个变量,并观察这种操纵对其他变量的影响,从而发现因果关系的一种方法"④。

在综合以上相关概念的基础上,本书将控制实验法定义为:根据一定的研究假设,在精心妥善地控制和操纵自变量的情境下,探讨其对因变量的影响,从而建立并提出两者的因果关系的一种研究方法。

由此可见,控制实验法的目的就是,在精心设计的情境中,观察并发现两个变量之间是否具有因果关系。表 8-5 将控制实验法与其他研究方法做了简单比较。

表 8-5 各主要研究法综合比较

研究策略	研究问题类型	控制程度	同时事件或历史事件
个案法	how,why	不控制	同时事件
实验法	how,why	可控制	同时事件
调查法	who,what,where,how many,how much	不控制	同时事件
二手资料分析	who,what,where,how many,how much	不控制	同时或历史事件
自然观察法	who,what,where,how many,how much	不控制	同时事件
历史法	how,why	不控制	历史事件

2. 基本要素

1) 主试和被试

主试,即实验人员,设计并控制实验过程,从中收集资料,建立理论关系。

被试,即实验对象,在主试设计的实验中对主试发出的刺激作出反应。

---

① 杨治良:《实验心理学》,浙江教育出版社,1997年版。
② 风笑天:《社会学研究方法》,中国人民大学出版社,2005年版,第188页。
③ 约翰·C.雷纳德:《传播研究方法导论》(第三版),中国人民大学出版社,2008年版,第256页。
④ 李红艳:《传播学研究方法》,中国传媒大学出版社,2008年版,第147页。

2）变量

变量是指性质或数量上可以变化的事物的属性,其两个基本特点是变化性和可观测性。控制实验中的变量主要涉及自变量、因变量和额外变量。

(1) 自变量,也被称为实验刺激、刺激变量或原因变量,是由主试确定并控制的、假定可以引起其他变量变化的变量。通常情况下,实验中的自变量都是二分变量,只有两个取值:有和无,即给予实验刺激或不给予实验刺激。

(2) 因变量,也被称为反应变量或结果变量,是由被试反应,由主试观察并测量、假定会随自变量的变化而变化的变量,是自变量造成的结果。因变量的测量要有信度和效度。

(3) 额外变量,指实验中可能对因变量产生影响但主试不打算研究的变量。由于其必须被加以控制,也被称为控制变量。

3）前测和后测

在一项实验设计中,通常需要对因变量进行前后两次相同的测量,即前测和后测。

前测是指施加实验刺激之前对因变量的测量;后测是指施加实验刺激之后对因变量的测量。实验人员通过对比前测和后测的结果,来分析评估实验刺激即自变量对因变量所产生的影响。

4）内部效度和外部效度

内部效度:实验结果反映出的自变量和因变量之间的因果关系。

外部效度:实验结果可以应用到其他相似情境中的程度。

5）控制

控制是指实验人员用来剔除干扰变量的影响或使其影响维持恒定的方法。在实验法中,一定要确保除了前测后新引入的变量外,其他所有要素都在控制中。可以说,没有控制,就没有实验。

3. 基本原理

简单来说,控制实验法的基本原理就是假设变量 A 和变量 B 之间存在因果关系,进而通过操纵变量 A 来分析并证明它是造成变量 B 变化的原因。在实验研究中,实验人员首先必须作出自变量 A 会导致因变量 B 变化的假设,再进行实验设计;实验开始时,在没有受到 A 影响之前,先观察 B 的情况,对它进行测量(前测),然后,引入自变量即实验刺激 A,再引入 B,并对引入 A 后 B 的变化情况进行测量(后测);最后比较前后两次测量的结果。如果前后两次的情况发生变化,则可初步认为 A 是导致 B 变化的原因,即 A 和 B 之间的因果关系成立。这就是控制实验法的基本原理。

控制实验法的基本特点有:

① 实验研究是在人为设定的情境中进行的；
② 实验人员严格操纵和控制自变量，并观察和分析其对因变量的影响；
③ 实验目标是建立和揭示变量之间的因果关系。

4. 优缺点

（1）优点：可以确立因果关系；具有很强的可重复性，实验结果可复制；研究过程科学严谨，控制力较强，内部效度高。

（2）缺点：人为操控，故"现实性"较弱；实验情境比较单一，不能保证外部效度；实验人员的主观因素可能会对实验结果产生一定影响。

5. 分类

按照不同的标准，可将控制实验法作多种不同分类。

按照自变量的数量，可分为单因素实验、双因素实验和多因素实验。

按照实验的组织方式不同，可分为对照组实验和单一组实验。这些将在实验设计中详细说明。

按照实验环境的不同，可分为实验室实验和实地实验。实验室实验是指实验人员在人为控制的实验室环境中操控自变量、测量因变量的一种研究方法。这种方法最重要的特征就是研究者能够控制自变量和因变量，通过这种控制可以消除许多外来因素的影响，使得实验室实验具有较高的内部效度，但外部效度有待进一步考量。例如衡量浏览过网站某些特定信息后，网民对待一个事件的看法是否有变化。实地实验是指在自然的现实的环境下，实验人员对实地环境进行某种处理，尽可能控制一个或多个自变量，并对因变量予以清晰定义，以观察并测量其变化的一种研究方法。与单纯的实地观察法相比，实地实验不仅可以对自变量施行控制，而且也保持了研究环境的真实性。

按照实验人员和实验对象是否知情，可分为单盲实验和双盲实验，等等。单盲实验是指为了得到更加真实准确的实验结果，只有实验人员即主试知情，实验对象即被试不知情的一种研究方法。双盲实验是指为了避免主试和被试双方的主观期望效应，在进行实验时让被试和主试对实验都不知情的研究方法。其实验结果分析也由另一没有参加实验操作的主试来进行。

二、实验步骤与设计

1. 实验步骤

控制实验研究的方法与其他传播学研究方法一样，遵循从确定选题和假设直到得出研究结果的基本过程。但控制实验法又具有自己的独特性。纽曼曾详细列举了实验研究的 12 个具体步骤[①]：

① 从一个有关因果关系的简单明白的假设开始；
② 根据实际条件决定一种合适的实验设计用来检验假设；
③ 决定如何引入实验刺激或如何创造一种引入自变量的背景；
④ 制定一种有效的和可信的因变量的测量；
⑤ 建立实验背景，并对实验刺激和因变量测量进行预实验；
⑥ 选取合适的实验对象或个案；
⑦ 随机指派实验对象到不同的组，并对他们进行详细指导；
⑧ 对所有组中的个案进行因变量的前测；
⑨ 对实验组进行实验刺激；
⑩ 对所有组中的个案进行因变量的后测；
⑪ 告诉实验对象有关实验的真实目的和原因，询问他们的实际感受，尤其是当实验对象在某些方面被欺骗时，这种说明就更为重要；
⑫ 考察所收集的资料，进行不同组之间的比较，并运用统计方法决定假设是否被证实。

虽然并不是每一项实验都完全包含以上所有步骤，同时这些步骤的前后顺序也不一定完全严格地固定不变，但它仍然较好地勾勒出了大多数实验研究的实际过程。

概括而论，进行一项实验研究的步骤大致可分为以下几个大的步骤。

（1）确定自变量和因变量，对它们进行操作定义。

提出研究假设，在自变量和因变量之间建立因果关系。例如在"记忆广度"实验中，研究目的为揭示识记方法对记忆广度的影响，由此确定的自变量为识记方法（组块识记、逐个识记），因变量为记忆广度（被试在一次呈现条件下能准确回忆的刺激数量）。

（2）确定实验设计类型和研究程序。

被试间设计：每个被试只接受一种自变量水平的处理，完全随机化（随机选择和随机分配）。例如，两组学生接受两种学习方法的训练，对比两组的结果是否存在显著不同。

被试内设计：每个被试接受所有自变量水平的实验处理。例如，让被试先接受系列提问教学法，再接受自学辅导教学法，看教学方法对学习成绩的影响。

配对组设计：通过前测将被试随机分成实验组与控制组，对实验组进行实验处

---

① W. L. Neuman: Social Research Methods: qualitative and quantitative approaches, Allyn and Bacon, 1994, p. 176.

理,控制组不进行实验处理,两组都进行后测。这个设计兼有被试间设计和被试内设计的特点。例如,通过智力测验,将智力水平相同的被试随机分成两组,对实验组进行实验刺激,控制组不接受刺激,然后比较两组后测结果,看两组是否存在显著的差异。

混合设计:两个以上自变量处理,其中每个自变量的处理方式是不同的。例如,一个自变量采取被试自身设计(重复测量),另一个自变量采取被试间设计。再如,考察文章生字密度与主题熟悉性对阅读理解的影响,将生字密度分为高、中、低三个水平作为被试内变量,将主题熟悉程度分为熟悉和不熟悉两个水平,另一组学生阅读生字密度不同、主题不熟悉的文章,看他们的阅读成绩是否存在差异,此为混合设计。

(3) 预实验和正式实验。

预实验可以及时发现问题,及时对实验程序进行修正和确定;实验过程中要注意随机取样和随机分配的技巧,对自变量要有明确的操作定义,以便因变量的测量,同时注意控制无关变量。

(4) 分析数据,写出实验报告。

2. 实验设计

实验设计是实施实验的证据,它决定了一项实验的具体内容。无论哪种类型的实验,其设计一般都依实验的组织方式而定。

1) 坎贝尔与斯坦利的记号系统

实验设计往往使用一套符号、方法及标准。研究者为了标清在实验中做了什么,逐步发展起来一套符号系统。其中,最为著名的是坎贝尔和斯坦利提出的符号系统。[①] 这套系统中主要有3个字母符号:O 表示实验中的因变量;X 表示实验人员对因变量的一次观察;R 表示随机分配样本(R_1 为实验组,R_2 为控制组),用以控制系统偏差。

2) 单组前后测设计

要素:实验组、自变量、因变量,以及随机指派。

实验设计如下所示:

被试组	前测	实验刺激	后测
R	O_1	X	O_2

步骤:选择被试,在给予其实验刺激前进行测量,然后给予实验刺激,之后再对被试进行测量,最后比较前测和后测的结果,从而得出结论。通常采用两个相关样本平均数差异的显著性检验,以检验前后两次测验平均数的差异显著性。

---

① 艾尔·芭比:《社会研究方法》,华夏出版社,2005年版。

举例:检验一个网络论坛某事件的讨论对论坛网民态度的影响。首先确定实验时间段,在发表讨论帖之前对被试进行态度测量,在实验时间段结束后再进行测量,进而得出结论。

优点:相同的被试接受前测和后测,"差异的选择"和"被试的流失"可被有效控制。

缺点:实验结果可能受到"历史"、"被试差异"、"工具"等因素的干扰,内在效度很低,故少用为宜。

3) 双组前后测设计

双组前后测设计,也称静态组比较设计。

要素:实验组、控制组、前测、后测、自变量(实验刺激)、因变量,以及随机指派。

实验设计如下所示:

被试组	前测	实验刺激	后测
R_1	O_1	X	O_2
R_2	O_1		O_2

步骤:①随机指派被试到实验组 R_1 和控制组 R_2;②对两组被试同时同情境进行前测;③对实验组给予实验刺激,对控制组不给予;④对两组被试再次进行测量,即后测;⑤将前后两次的测量结果进行对比分析,找出差别,得出实验刺激(即自变量)的影响。

实验刺激的影响＝实验组的差分(O_2-O_1)－控制组的差分(O_2-O_1)

相比单组前后测设计,加入控制组,就容易观察并说明在实验组的全部影响中,究竟有多少真正的原因,又有多少是其他外部因素影响。由于没有给予实验刺激,所以控制组差分代表的就是这种外在因素的影响。这样,用实验组差分减去控制组差分,实际上就是从总的影响中减去外部因素的影响,剩下的便是实验刺激(自变量)的影响了。

若实验组差分(的绝对值)比控制组差分(的绝对值)大,则说明自变量对因变量有影响;若实验组差分(的绝对值)与控制组差分(的绝对值)相等,则自变量影响为零,即对因变量不起任何作用;若实验组差分(的绝对值)比控制组差分(的绝对值)小,则说明自变量对因变量的影响是负向的。

举例:假设要验证这样一个假设——观看新闻将使大学生减少对公务员考试的盲目热衷。首先,从选定的学校中随机抽选出若干名大学生,按姓氏笔画将他们排序,然后采用随机化的方法,将其中序号为单数的一半被试分到实验组,序号为偶数的另一半被试分到控制组。其次,在保证无特殊重大事件可能会影响到这两组学生的两周中进行实验。先用"对考公务员态度量表"对两组学生同时进行一次测量,即前测;分别得到实验组和控制组的前测态度得分;一周后,对实验组的学生播放选定的有关公务员考试的相关新闻以及评论,但控制组的学生不看这些新闻。

再一周后,对两组被试进行第二次相同的态度测量,即后测态度得分。最后将前后测的测量结果进行比较,相减得到态度改变程度分数。

4) 所罗门三组设计

双组前后测设计可以帮助我们排除包含在实验组总差分中的前测的影响。然而,除了前测的影响,前测和实验刺激,即自变量之间还会产生一种"交互作用效应"(interaction effect),即两者的交互作用所产生的另一种外部施加的影响。例如,大学生们回答前测的态度量表中的问题时,看到一些与公务员考试相关的新闻后,他们很有可能会将两者联系起来,意识到实验的目的可能与公务员考试的态度有关,因而在进行后测时,他们可能作出某种违心的回答。因此,我们必须排除这种干扰,以得出实验刺激的真正效果。

所罗门三组实验就是针对这一问题而设计出来的。它在双组前后测实验设计的基础上,又增加了一个控制组 R_3。新增的 R_3 组没有前测,只有实验刺激和后测。实验设计如下:

被试组	前测	实验刺激	后测
R_1	O_1	X	O_2
R_2	O_1		O_2
R_3		X	O_2

由于新增的 R_3 组有实验刺激,而无前测,所以这个组中因变量的任何变化都只能归因于实验刺激,所以,有了 R_3 组,我们就能计算出前测与实验刺激交互作用所造成的影响。

5) 所罗门四组设计

虽然所罗门三组设计已经考虑了多种因素的影响,但仍然存在缺陷。因为,除了前测和自变量的交互作用以外,还存在着实验外部因素的影响。三组设计中的两个控制组测量结果中,都可能包括我们还不知道的外部因素的影响。为了进一步从实验组的总差分中排除这种可能存在的外部因素的影响,所罗门设计了更为复杂的四组实验设计。

这种实验设计是在三组实验设计的基础上,再增加一个 R_4 组,对此控制组既不给予前测,也不给予实验刺激,只有一个后测。实验设计如下:

被试组	前测	实验刺激	后测
R_1	O_1	X	O_2
R_2	O_1		O_2
R_3		X	O_2
R_4			O_2

由于 R_4 组既无前测也无实验刺激,所以在该组中所发生的任何变化都是实验外部因素影响的结果。

所罗门四组设计的优点在于：实验人员可以检测前测的可能效果，同时也比较容易排除前测可能带来的外部因素影响。这个较理想设计的缺点在于：缺少足够的保持不变的实验场所和实验设备，时间和经费消耗大，寻找相同被试困难，等等。

三、研 究 效 度

控制实验的效度是指实验所能揭示事物的本质规律的有效程度。控制实验研究就是为了揭示事物或现象之间的因果关系，但由于各方面一些因素的限制，不同实验所揭示的这种因果关系的可靠性程度是不一样的，也就是说，实验的效度不同。

1966年坎贝尔和斯坦利提出了研究的内部效度(internal validity)和外部效度(external validity)的概念。这一对概念提出后得到广泛的认可。一个好的控制实验最好能同时具备较高的内部效度和外部效度。但实际上研究者往往更关注内部效度，因为如果研究不具有内部效度，其研究假设建立的因果关系不能成立，也就更谈不上研究结果的可推广性或普适性了。

1. 内部效度

所谓内部效度是指实验中自变量的有效度能被准确估计的程度，或者说自变量和因变量之间因果关系的明确程度。如果对实验中的额外变量控制不充分，那么这些额外因素的效应可能与自变量发生混淆，得出因果关系的结论不是完全有把握。此时就说这个实验缺乏内在效度。

一般来说，下面的这些因素常会与自变量发生混淆，降低实验内部效度。

1) 历史

在实验过程中，与实验变量同时发生，并对实验结果产生影响的特定事件。

2) 成熟

实验过程中，随着时间的变化延续，被试生理和心理逐渐成熟。

3) 选择

实验过程中，由于没有采取随机化的方法来选择和分配被试，因而造成实验处理前后组的不对等。

4) 测验

在前测及后测的测量中，由于被试做过前测有了经验，故后测的成绩较前测好。

5) 被试流失

实验过程中，由于种种原因使实验组或控制组中有较多被试流失，这样会使组间不等的情况出现，从而使结果的可信度降低。

6) 统计回归

实验处理前选择了在某一特征方面具有极端分数的被试,实验处理后的测验分数有回归到平均数的趋向。

7) 仪器的使用

不同的观察时点,可能因为实验测量工具或仪器变形或实验人员身心发生改变,而造成不同的结果。

8) 霍桑效应、安慰剂效应和期望效应等

在现实生活里做实验,对照组成员经常要被剥夺某种被认为有价值的东西。在这种情况下,对照组成员会觉得受到了差异对待而变得自暴自弃,或者表现得超乎寻常地活跃。或者实验人员觉得对照组被剥夺了某种有价值的东西而在实验过程中对控制组成员"关爱有加",提供某种补偿。

上面提到的因素都威胁了实验研究的内在效度。有鉴于此,实验者发展了一些技术以处理这些问题。例如前面讨论的几种实验设计如果在配合选择与分派被试者等方面选择了适合方式,即可以不同程度地规避某些内在无效度问题;如果能够做到完全双盲和随机化,采用所罗门四组设计几乎可以控制上述所有内在无效度问题。

2. 外部效度

所谓外部效度是指实验研究的结果能被推广到实验条件以外类似情境的程度。任何一项实验研究的研究者都想将其结果推广,希望能用自己的研究结果对同类现象作出解释,预测和控制。这就需要提高实验研究的外在效度。

要达到比较好的外部效度,应该注意控制以下几个因素。

(1) 增加被试的代表性。

选取被试时一定注意随机化和代表性的问题,抽样要随机,要增加取样的层次,这样会使被试样本的代表性增大。

(2) 克服实验的过分人工情境化。

一般的实验室实验都是在严密控制条件下进行的,这样的结果用来解释日常生活中的问题,可能不太切合实际。

(3) 考虑变量操作性定义的片面性。

四、案例分析

1. 案例 1

假设:观看电影将使大学生减少对老年人的偏见。

首先,我们从学校中随机抽选出若干名大学生,按姓氏笔画将他们排序,然后采用随机化的方法,将其中序号为单数的一半学生分到实验组,序号为偶数的另一半学生分到控制组。接着,我们在保证无特殊事件会影响到这两组学生的两周中实施这一实验。我们先用一组涉及对老年人态度的量表对两组学生同时进行一次态度测验。分别得到实验组和控制组的前测态度得分(记为 BE 和 BC)。一周后,我们对实验组的学生放映一场反映老年人生活、困难、需求,以及老年人对社会和家庭的贡献等方面内容的电影,但控制组的学生不看这场电影。又过了一周,我们再次对这两组学生进行第二次量表测验。分别得到实验组和控制组的后测态度得分(记为 AE 和 AC)。偏见量表上的得分越高表明对老年人的偏见越大,且两次测量得到下列结果(尽管两个组前测的实际得分可能会由于随机误差而略有差别,这里为方便起见,假定两者相同,都为 84 分):

BE=84 分,AE=60 分;
BC=84 分,AC=82 分。
则 AE−BE=(60−84)分=−24 分,AC−BC=(82−84)分=−2 分;
那么,

$$观看电影所产生的影响 = (AE-BE)-(AC-BC)$$
$$= [-24-(-2)]分 = -22 分$$

即观看电影将明显减少大学生对老年人的偏见。

2. 案例 2

假设:教师称赞行为将增强学生创造力。

操作性定义应清楚而明确地界定"称赞"、"批评"及"创造力"三个变量。

研究者将学生以随机分派方式分为接受"称赞"的实验处理组及接受"批评"的控制处理组。经实验后,以测量创造思考力之测验分别测量两组学生的创造力,然后应用变异数分析来比较两组学生创造力分数的差异显著性。

本例中,研究者所操作的变量为"称赞"和"批评",此变量称为实验变量,通常又称为自变量;因这个变量的影响而发生改变的变量(创造力)则称为因变量。

3. 案例 3

假设:说教性言论将使网民对某一特定事件的态度更加模糊、多元。

设计:首先,我们从特定的有代表性的某一网络论坛中随机抽选出若干名较活跃网民,按姓氏笔画将他们排序,然后采用随机化的方法,按序号平均分配为四个组。接着,在保证单一网络事件言论影响且无其他特殊事件影响的情境下,对前两小组同时分别进行一次对于事件的态度测验,分别得到第一组实验组和第二组控制组 1 的前测态度得分(记为 BE 和 BC)。一周后,再对实验组和第三组控制组 2

的被试加入说教性一边倒性质言论,并注意连续灌输,但第二组控制组1和第四组控制组3不接触这些言论。再过一周,我们再次同时对四组被试进行第二次量表测量。分别得到实验组、控制组1、控制组2和控制组3的后测态度得分(记为AE、AC、AB和AA)。

本章思考题

1. 抽样调查的具体步骤主要有哪些?
2. 采用抽样调查法,调查人们对2010年央视春节晚会植入广告事件的看法。
3. 内容分析的主要目的、步骤和意义是什么?
4. 请就研究问题"《人民日报》和《南方周末》对2011年全国两会关注内容的侧重点有所不同吗?"进行研究设计。
5. 与抽样调查、内容分析法相比,控制实验法具有什么优势?
6. 请对"课程互动能够提高学习效率"进行一次控制实验设计。

参考文献

[1] 沃纳·赛弗林,小詹姆斯·坦卡德.传播理论——起源、方法与应用[M].郭镇之,译.北京:华夏出版社,2000.

[2] 丹尼斯·麦奎尔,斯文·温德尔.大众传播模式论[M].2版.祝建华,译.上海:上海译文出版社,2008.

[3] 徐宝璜.新闻学[M]//新闻文存.北京:中国新闻出版社,1987.

[4] 埃德温·埃默里,迈尔克·埃默里.美国新闻史[M].苏金虎,等,译.北京:新华出版社,1982.

[5] E.M.罗杰斯.传播学史——一种传记式的方法[M].殷晓蓉,译.上海:上海译文出版社,2002.

[6] 中国社会科学院新闻研究所世界新闻研究室编.传播学[M].北京:人民日报出版社,1983.

[7] 张国良.现代大众传播学[M].成都:四川人民出版社,1998.

[8] 郭庆光.传播学教程[M].北京:中国人民大学出版社,1999.

[9] 威尔伯·施拉姆,威廉·波特.传播学概论[M].陈亮,等,译.北京:新华出版社,1984.

[10] 威尔伯·施拉姆,等.报刊的四种理论[M].中国人民学新闻系,译.北京:新华出版社,1980.

[11] 陆扬,王毅.文化研究导论[M].上海:复旦大学出版社,2006.

[12] 徐佳士.资讯爆炸的落尘[M].台北:台湾三民书局,1997.

[13] 张隆栋.大众传播学总论[M].北京:中国人民大学出版社,1993.

[14] 申凡,戚海龙.当代传播学[M].武汉:华中科技大学出版社,2000.

[15] 联合国教科文组织.多种声音,一个世界[M].北京:中国对外翻译出版公司,1981.

[16] 吴文虎.传播学概论[M].武汉:武汉大学出版社,1999.

[17] 丹尼斯·麦奎尔.大众传播理论[M].崔保国,李琨,译.北京:清华大学出版社,2006.

[18] 梅尔文·德弗勒,鲍尔·洛基奇.大众传播学诸论[M].杜立平,译.北京:新华出版社,1990.

[19] 丹尼斯·麦奎尔.受众分析[M].刘燕南,等,译.北京:中国人民大学出

版社,2006.

[20] 李彬.传播学引论[M].北京:新华出版社,1993.
[21] 宋昭勋.非言语传播学[M].上海:复旦大学出版社,2008.
[22] 周晓明.人类交流与传播[M].上海:上海文艺出版社,1990.
[23] 特伦斯·霍克斯.结构主义和符号学[M].瞿铁鹏,译.上海:上海译文出版社,1987.
[24] 斯蒂芬·李特约翰.人类传播理论[M].7版.史安斌,译.北京:清华大学出版社,2004.
[25] 格兰·斯帕克斯.媒介效果研究概论[M].何朝阳,王希华,译.北京:北京大学出版社,2008.
[26] 林文刚.媒介环境学[M].北京:北京大学出版社,2007.
[27] 舒咏平,陈少华,鲍立泉.新媒体与互动广告传播[M].武汉:华中科技大学出版社,2006.
[28] 许良.技术哲学[M].上海:复旦大学出版社,2004.
[29] 让·鲍德里亚.消费社会[M].刘成富,全志钢,译.南京:南京大学出版社,2000.
[30] 王洪均.大众传播与现代社会[M].台北:正中书局,1987.
[31] 石川荣吉.现代文化人类学[M].周星,等,译.北京:中国国际广播出版社,1988.
[32] 汤普森.文化帝国主义[M].冯建三,译.上海:上海人民出版社,1999.
[33] 彭兰.网络传播概论[M].北京:中国人民大学出版社,2001.
[34] 吴予敏.传播与文化研究[M].北京:北京大学出版社,2007.
[35] 詹姆斯·罗尔.媒介·传播·文化——一个全球性的途径[M].董洪川,译.北京:商务印书馆,2005.
[36] 肯尼思·D.贝利.现代社会研究方法[M].上海:上海人民出版社,1986.
[37] 艾尔·巴比.社会研究方法[M].10版.邱泽奇,译.北京:华夏出版社,2005.
[38] 彼得·阿特斯兰德.经验性社会研究方法[M].李路路,林克雷,译.北京:中央文献出版社,1995.
[39] 陈波,等.社会科学方法论[M].北京:中国人民大学出版社,1989.
[40] 琼恩·基顿.传播研究方法[M].邓建国,张国良,译.上海:复旦大学出版社,2009.
[41] 戴元光.传播学研究理论与方法[M].上海:复旦大学出版社,2003.
[42] 袁方.社会学研究方法教程[M].北京:北京大学出版社,2004.

[43]　杨治良.实验心理学[M].杭州:浙江教育出版社,1997.
[44]　约翰·C.雷纳德.传播研究方法导论[M].3版.李本乾,等,译.北京:中国人民大学出版社,2008.
[45]　尼尔·波兹曼.娱乐至死[M].章艳,译.桂林:广西师范大学出版社,2004.
[46]　爱德华·萨丕尔.语言论[M].陆卓元,译.北京:商务印书馆,1985.
[47]　张咏华.大众传播社会学[M].上海:上海外语教育出版社,1998.
[48]　翁秀琪.大众传播理论与实证[M].台北:台湾三民书局,1993.
[49]　风笑天.社会学研究方法[M].2版.北京:中国人民大学出版社,2005.
[50]　阿特休尔.权力的媒介[M].黄煜,裘志康,译.北京:华夏出版社,1989.
[51]　张国良.20世纪传播学经典文本[M].上海:复旦大学出版社,2003.
[52]　库利.人类本性与社会秩序[M].包凡一,王源,译.北京:华夏出版社,1999.